Digitale Fotografie
für Dummies

Digitale Fotografie für Dummies - Schummelseite

Coole Ausdrücke aus der digitalen Fotografie

Sie stecken in einem Aufzug zusammen mit 25 Digital-Fotografen fest? Sprengen Sie einfach einige der folgenden Ausdrücke in die Konversation ein, und kein Mensch wird glauben, dass Sie eigentlich keine Ahnung haben. (Den echten Durchblick bekommen Sie selbstverständlich erst, wenn Sie die restlichen Seiten des Buchs gelesen haben ...)

Ausdruck	Erklärung
CCD, CMOS	Zwei unterschiedliche Arten lichtempfindlicher Computerchips, die in Digitalkameras dazu verwendet werden, Bilder aufzuzeichnen.
CompactFlash, SmartMedia, MultiMediaCard, SecureDigitalCard, MemoryStick	Fünf verbreitete Wechselspeicherformate für Digitalkameras.
Kompression	Presst große Bilddateien zusammen, um Speicher zu sparen.
Digicam	Die coolere Art, Digitalkamera zu sagen.
dpi	Dots per Inch, engl. für Punkte pro Inch. Mit dieser Maßeinheit wird angegeben, wie viel Farbpunkte ein Drucker pro Inch (2,54 cm) drucken kann.
Dye-Sub	Diese Druckertechnik gibt digitale Bilder in hervorragender Qualität aus.
Jaypegged	Sprich Dschäipeckt; Umgangssprache für ein Bild, das mittels JPEG-Kompression gespeichert wurde.
Megapixel	Eine Millionen Pixel oder mehr; Digitalkameras mit hoher Auflösung werden 1-, 2-, 3-, 4- oder 5-Megapixel-Kameras genannt.
Pixel	Kleine Farbquadrate, aus denen digitale Bilder – wie ein winziges Mosaik – zusammengesetzt sind.
ppi	Pixel pro Inch; je mehr Pixel ein digitales Bild pro Inch enthält, umso besser wird die Bildqualität bei der Ausgabe mit einem Drucker.
RGB	Ein Farbmodell, bei dem die Farben aus rotem, grünem und blauem Licht zusammengemischt werden. Digitalkameras nehmen ausschließlich RGB-Bilder auf.
Interpolation	Bildgröße oder Auflösung ändern, indem Pixel hinzugefügt oder entfernt werden.
Auflösung	Anzahl der Pixel pro Inch (ppi); Je höher die Auflösung, umso besser die Bildqualität.
Scharfzeichnungsfilter	Bildbearbeitungswerkzeug, mit dem man digitale Bilder nachträglich schärfen kann.

Digitale Fotografie für Dummies - Schummelseite

Eine Führung durch die Dateiformate

Vertrauen Sie diesen Dateiformaten, wenn Sie digitale Bilder speichern.

Format	Beschreibung
TIFF	Dateien, die in diesem Format gespeichert sind, können sowohl auf Macintosh- wie auch auf Windows-Computern geöffnet werden. Es bleiben alle Bilddaten erhalten, doch ist die Datei wesentlich größer als bei anderen Formaten. Nicht für Bilder geeignet, die im World Wide Web publiziert werden sollen.
JPEG	JPEG-Dateien können sowohl auf Macintosh- wie auch auf Windows-Computern geöffnet werden. JPEG kann Dateien erheblich komprimieren, doch zu starke Kompression wirkt sich in sichtbarem Verlust der Bildqualität aus. JPEG ist eins der beiden populärsten Dateiformate für World-Wide-Web-Anwendungen.
GIF	Nur für den Gebrauch im World Wide Web zu empfehlen. Das Format bietet die Möglichkeit, Bilder stellenweise durchsichtig zu machen, so dass der Hintergrund der Webseite hindurchschaut. Doch GIF-Bilder müssen auf 256 Farben reduziert werden, wodurch die Bildqualität oft sichtbar leidet. GIFs können von Macintosh- wie auch von Windows-Computern gelesen werden.
BMP	Verwenden Sie dieses Format nur für Bilder, die als Windows-Systemressource dienen sollen, zum Beispiel als Desktop-Hintergrund.
PICT	Verwenden Sie dieses Format nur für Bilder, die als Macintosh-Systemressource dienen sollen, zum Beispiel als Desktop-Hintergrund.

Nützliche Tastatur-Kurzbefehle

Mit diesen Tastenkombinationen können Sie in den meisten Bildbearbeitungsprogrammen Basisbefehle aufrufen.

Aufgabe	Windows-Kurzbefehl	Macintosh-Kurzbefehl
Ein existierendes Bild öffnen	Strg+O	⌘+O
Ein neues Bild erzeugen	Strg+N	⌘+N
Bild speichern	Strg+S	⌘+S
Bild ausdrucken	Strg+P	⌘+P
Auswahl ausschneiden und in die Zwischenablage legen	Strg+X	⌘+X
Auswahl kopieren und in die Zwischenablage legen	Strg+C	⌘+C
Inhalt der Zwischenablage in das Bild einfügen	Strg+V	⌘+V
Das gesamte Bild auswählen	Strg+A	⌘+A
Letzte Aktion rückgängig machen	Strg+Z	⌘+Z
Programm schließen	Strg+Q	⌘+Q

Julie Adair King

Digitale Fotografie für Dummies

Übersetzung aus dem Amerikanischen von Claudia und Oliver Leu, Überarbeitung von Michael Hußmann und Marion Thomas

mitp

Die Deutsche Bibliothek –
CIP-Einheitsaufnahme

Ein Titeldatensatz für diese Publikation ist
bei Der Deutschen Bibliothek erhältlich

ISBN 3-8266-3051-3
3. Auflage 2002

Übersetzung der amerikanischen Originalausgabe:
Julie Adair King: Digital Photography For Dummies, 3rd Edition

Printed in Germany

Cartoons im Überblick

von Rich Tennant

»Das ist der Beweis, auf den wir gewartet haben. Diesesmal haben die Diebe aus Versehen ein Selbstportrait geschossen, als sie die Kameras klauen wollten.«

Seite 25

.. und jetzt kommt ein digitales Bild von meinem Vater, wie er dem Polizisten, der ihn gerade wegen Geschwindigkeitsübertretung angehalten hat, 20 Euro zustecken will.«

Seite 99

»Die Leute von der Service-Hotline sagen, egal was passiert, nur keine Angst zeigen oder weglaufen.«

Seite 141

Dwayne versucht, die Ausschneiden- und Einsetzen-Funktion seines Computers zu umgehen.

Seite 201

» ... und hier bin ich mit Cindy Crawford. Und hier bin ich zusammen mit Madonna und Celine Dion ...«

Seite 283

»Ich habe diese beiden Strolche gerade dabei erwischt, wie sie im Mulitmedialabor Bilder von Lehrern in gewöhnliche Hausschweine gemorpht haben.«

Seite 297

Fax: 001-978-546-7747
Internet: www.the5thwave.com
E-Mail: richtennant@the5thwave.com

Inhaltsverzeichnis

Teil III
Von der Kamera über den Computer ans Licht der Welt 141

Einführung

Im Jahre 1840 kombinierte ein cleverer Brite mit dem langen Namen William Henry Fox Talbot Licht, Papier, einige Chemikalien und eine hölzerne Kiste und produzierte damit die erste fotografische Abbildung. Damit legte er den Grundstein für die moderne Fotografie mittels Filmmaterial. Über die Jahre ist der Prozess, den Talbot erfand, verfeinert worden, und Menschen auf der ganzen Welt entdeckten den Spaß an der Fotografie. Man begann mit Bildern von Babys und Pferden zu handeln. Man stellte seine Werke auf Tische, Kaminsimse und hängte sie an Wände. Und nach und nach fand man auch endlich heraus, wofür die kleinen Klarsichttaschen in den Portemonnaies gut sind.

Heute, 150 Jahre und einige Wiederholungen von Raumschiff Enterprise nach Talbots Entdeckung, stehen wir am Anfang eines neuen fotografischen Zeitalters. Die Ära der digitalen Kameras hat begonnen und mit ihr ein neuer und aufregender Umgang mit der Fotografie. Die digitale Fotografie hat sogar eine völlig neue Kunstform ins Leben gerufen – eine Kunstform, die so neuartig ist, dass die großen Museen mittlerweile Ausstellungen veranstalten, in denen die Arbeiten von Fotografen, die digitale Kameras verwenden, gezeigt werden.

Mit einer Digitalkamera, einem Computer und etwas Bildbearbeitungssoftware können Sie eine ganze Welt kreativer Möglichkeiten erforschen, die in der traditionellen Fotografie einfach nicht existiert. Selbst wenn Sie nur minimale Computerkenntnisse haben, können Sie sehr leicht ein Bild aus einer digitalen Kamera nach Ihren Wünschen gestalten. Sie können Elemente verschiedener Bilder miteinander zu einer Fotomontage kombinieren und Spezialeffekte erzeugen, die mit herkömmlichen Methoden nur sehr schwer oder gar nicht möglich sind.

Praktisch gesehen reduziert die digitale Fotografie drastisch den Zeitaufwand täglicher Anwendungen. Mit ein paar Klicks auf die Maustaste können Sie Farbverfälschungen ausbessern, unerwünschte Hintergrundelemente entfernen und sogar die Bildschärfe anheben.

Digitale Fotografie gibt Ihnen sogar die Möglichkeit, visuelle Informationen so gut wie ohne Zeitverlust auf der ganzen Welt zu verteilen. Ein paar Minuten nachdem man ein Foto geschossen hat, kann man es tatsächlich schon an Freunde, Kollegen oder sonstwen auf der ganzen Welt weitergeben, indem man es als Anlage an eine E-Mail anhängt oder im World Wide Web veröffentlicht.

Durch die Mixtur aus fotografischer Kunst und den Produkten des Computerzeitalters bieten digitale Kameras einerseits neue kreative Möglichkeiten und andererseits ein wertvolles Kommunikationswerkzeug. Genauso wichtig ist der Spaß, den man mit digitalen Kameras haben kann. Wann kann man das schon einmal über Computerequipment sagen?

Warum ein Buch für Dummies?

Digitale Kameras gibt es schon seit einigen Jahren, doch lange nur zu Preisen, die sich nur wenige leisten konnten. Heute findet man Einsteigerkameras für 250 Euro schon manchmal im ALDI, was aus dem Traum vom exotischen Spielzeug ein reales Produkt für sterbliche Menschen wie Sie und ich macht. So komme ich also dazu, worum es in diesem Buch geht (na endlich ...!).

Wie jede andere neue Technologie sind auch Digitalkameras auf den ersten Blick ein wenig befremdlich. Schlendern Sie nur mal durch den Gang mit den Digitalkameras im nächsten Computerfachgeschäft, und Sie werden mit technischen Ausdrücken und Abkürzungen nur so überhäuft – CCD, Pixel, JPEG-Komprimierung und so weiter. Diese High-Tech-Ausdrücke mögen ja für den, der seit Jahren mit Digitalkameras arbeitet, Sinn machen. Sind Sie jedoch ein durchschnittlicher Computernutzer, dann wird ein Verkäufer mit dem Satz »Dieses Modell hat einen Megapixel CCD und kann 60 Bilder auf einem CompactFlash mit JPEG-Komprimierung speichern ...« Ihnen sicherlich so spanisch vorkommen, dass Sie die Hände über dem Kopf zusammenschlagen und zurück zu den Regalen mit normalen Kameras laufen.

Tun Sie das nicht! Bewaffnen Sie sich stattdessen mit der dritten Ausgabe von *Digitale Fotografie für Dummies.* Dieses Buch erklärt Ihnen alles, was Sie wissen müssen, um ein erfolgreicher digitaler Fotograf zu werden: nach welchen Gesichtspunkten man eine Kamera aussucht, wie man Bilder aufnimmt, bearbeitet und schließlich ausdruckt. Und um das alles zu verstehen, müssen Sie noch nicht einmal ein Experte für Computer oder Fotografie sein. *Digitale Fotografie für Dummies* spricht Ihre Sprache – ganz normales Deutsch – angereichert mit ein paar witzigen Einwürfen, damit das Ganze noch mehr Spaß macht.

Was finden Sie in diesem Buch?

Digitale Fotografie für Dummies deckt alle Aspekte der digitalen Fotografie ab. Das beginnt bei der Beratung für den Kauf einer Kamera, egal ob Sie sie vornehmlich im Printbereich einsetzen wollen oder beispielsweise für Publikationen im World Wide Web. Einiges in diesem Buch ist vor allem für Neulinge im Bereich der digitalen Fotografie geschrieben, die noch das passende Equipment suchen. Die meisten Kapitel jedoch sind an Besitzer von digitalen Kameras gerichtet, die mit diesen Geräten bessere Ergebnisse erzielen wollen. Zusätzlich zu den allgemeinen Hintergrundinformationen, wie man mit einer solchen Kamera eigentlich umgeht, finden Sie Anleitungen für die Bildbearbeitung, wie zum Beispiel der Einstellung der Helligkeit und des Kontrasts oder wie man Fotomontagen anlegt.

Manche Bildbearbeitungen werde ich in Form von Arbeitsschritten erläutern, die Sie dann in dem weit verbreiteten Bildbearbeitungsprogramm Adobe Photoshop Elements nachvollziehen können. Sollten Sie statt mit diesem Programm mit einem anderen oder mit einer älteren Version des Programms arbeiten, so ist auch das kein Problem. Die Basiswerkzeuge zur Bildbearbeitung, die ich in diesem Buch beschreibe, funktionieren in allen Bildbearbeitungsprogrammen sehr ähnlich – zum Beispiel sind die Schneidewerkzeuge in den unterschiedlichen Programmen von der Handhabung her immer gleich. Und die generelle Konzeption bei der digitalen Bildbearbeitung ist sowieso immer die gleiche, egal welches Programm Sie verwenden. Dieses Buch bietet Ihnen also die solide Basis, die Sie benötigen, um die einzelnen Schritte der Bildbearbeitung zu verstehen und dann sehr einfach auf Ihr Bildbearbeitungsprogramm zu adaptieren.

Dieses Buch ist zwar für Anfänger und fortgeschrittene Digitalfotografen geschrieben, doch gehe ich von einem gewissen Basiswissen im Bereich des Umgangs mit Computern aus. Sie sollten zum Beispiel wissen, wie man Programme startet, Dateien öffnet und schließt und sich in der Windows- oder Macintosh-Umgebung zurechtfindet (je nachdem, welches System Sie verwenden). Natürlich ist es auch nützlich, wenn man weiß, an welcher Stelle man seinem Computer eine Ohrfeige gibt, wenn er sich mal wieder nicht so verhält, wie man es sich wünscht. Sollten Computer für Sie genauso völliges Neuland sein wie die digitale Fotografie, dann sollten Sie sich zusätzlich zu diesem eines der folgenden Bücher anschaffen (wiederum abhängig vom System, mit dem Sie arbeiten): *Windows 98 für Dummies* oder *Windows XP für Dummies* von Andy Rathbone oder *Mac für Dummies* von David Pogue, bzw. *Mac OS X für Dummies* von Bob Le Vita.

Speziell meinen Macintosh-Freunden muss ich mitteilen, dass ich zwar alle Screenshots in diesem Buch mit einem Windows-Computer gemacht habe, der Inhalt jedoch für beide Systeme – Windows und Macintosh – gilt. Überall, wo es möglich war, habe ich Bearbeitungsschritte für beide Systeme beschrieben.

So, da Sie jetzt alle wissen, dass ich im Krieg der Computersysteme eines der wenigen neutralen Wesen bin, können wir fortschreiten mit einer kurzen Zusammenfassung der Themen, die Sie in diesem Buch *Digitale Fotografie für Dummies* erwarten.

Teil I: Ein Blick durch den digitalen Sucher

Dieser Teil des Buchs gibt Ihnen eine Einführung in das Abenteuer der digitale Fotografie. Die ersten zwei Kapitel helfen Ihnen zu verstehen, was man mit digitalen Kameras alles machen kann (und was nicht) und wie sie grundsätzlich funktionieren. Mit Hilfe von Kapitel 3 finden Sie die richtige Kamera für Ihre Zweck, während Sie in Kapitel 4 eine Einführung über Zusatzausrüstung und Accessoires bekommen, die die digitale Fotografie einfacher, besser und spaßiger gestalten.

Teil II: Achtung, Fertig, Belichtung!

Sie haben Großes vor? Doch Ihre Bilder sind immer zu dunkel, zu hell, unscharf oder einfach nur langweilig? Bevor Sie jetzt vor lauter Frust Ihre Kamera an der nächstbesten Wand zertrümmern, lesen Sie lieber diesen Teil des Buchs.

Kapitel 5 verrät Ihnen nämlich das Geheimnis, wie man perfekt belichtete und scharfe Bilder macht, und gibt ihnen noch einige Tipps, wie Sie zu spannenderen Bildkompositionen kommen. Die technischen Fragen werden in Kapitel 6 geklärt, dort geht es um die Wahl der Auflösung und der Kompressionsraten. Zusätzlich finden Sie noch Informationen darüber, wie man Bilder aufnimmt, die zu einer Fotomontage oder einem Panoramabild zusammengesetzt werden sollen, und wie man aktionsreiche Szenen oder Bilder im Neonlicht aufnimmt.

Auf Deutsch gesagt bewahrt Sie dieses Kapitel vor einem vorsätzlichen Digitalkameramord.

Teil III: Von der Kamera über den Computer ans Licht der Welt

Wenn Sie Ihre Kamera nun randvoll mit Fotos haben, müssen Sie sie ja auch irgendwie aus dem Apparat herausbekommen. Die Kapitel in diesem Teil des Buchs erläutern Ihnen, wie man das bewerkstelligt.

Kapitel 7 behandelt den Prozess des Bilddatentransports von der Kamera in den Computer und zeigt Ihnen, wie man die ganzen Bilder speichert und katalogisiert. Informationen zu den verschiedenen Möglichkeiten, Bilder auszudrucken, und zu den entsprechenden Druckern finden Sie in Kapitel 8. Und Kapitel 9 beschreibt die Vorgehensweise bei Bildern, die für die Veröffentlichung in elektronischen Medien gedacht sind – auf Webseiten, als Anlage von E-Mails oder auf dem selbst gestalteten Desktop-Hintergrund.

Teil IV: Tricks der digitalen Art

In diesem Teil des Buchs bekommen Sie eine Einführung in die Bildbearbeitung. Kapitel 10 erläutert einfache Reparaturen an Problembildern. Natürlich sollten Sie eigentlich, nachdem Sie Kapitel 5 und 6 gelesen haben, keine allzu schlechten Fotos mehr schießen. Doch sollte hin und wieder mal etwas schief gehen, kommt Kapitel 10 zu Hilfe und zeigt Ihnen, wie man Belichtung, Kontrast und Schärfe nachbessert und unerwünschte Bilddetails entfernt.

Kapitel 11 zeigt Ihnen, wie Sie einen Bildbereich auswählen, kopieren und dann in ein anderes Bild einsetzen. Dort lernen Sie auch, wie man Staub und andere unerwünschte Bildelemente verdeckt. In Kapitel 12 präsentiere ich Ihnen einige fortgeschrittene Bildbearbeitungstricks, zum Beispiel wie man Bildcollagen macht, wie man in ein Bild hineinmalt oder wie man Spezialeffekte anwendet.

Behalten Sie dabei immer im Hinterkopf, dass dieses Buch Ihre kreative Lust an der Bildbearbeitung eigentlich nur anregen und Ihnen eine solide Grundlage für die Erforschung Ihres Bildbearbeitungsprogramms bieten soll. Wenn Sie tiefer gehende Informationen über ein bestimmtes Programm haben wollen, habe ich etwas für Sie: Der mitp-Verlag hat einige ... *für Dummies* Bücher im Programm, die sich mit den besten Bildbearbeitungsprogrammen befassen, wie Adobe Photoshop Elements und Adobe Photoshop. (Der Vollständigkeit halber muss ich dazu sagen, dass ich an letzterem mitgearbeitet habe. Beides sind jedenfalls gute Bücher, sagt meine Oma wenigstens, und ich vertraue auf ihr Urteil.)

Teil V: Der Top-Ten-Teil

In den meisten Fällen sind die hinteren Teile von Büchern für die Informationen reserviert, die nicht interessant genug sind, um einen Platz auf den vorderen Seiten zu bekommen. Nicht so in diesem Buch! Hier ist jeder Absatz so informativ wie der Rest des Buchs.

Nehmen wir zum Beispiel Anhang A. Dort finden Sie ein Glossar mit Fremdwörtern aus der Welt der digitalen Fotografie. Und in Anhang B gibt es einen Führer, der Ihnen zeigt, was alles Tolles auf der CD drauf ist, die hinten im Buch steckt. (Sind Sie schon neugierig? Im nächsten Abschnitt wird schon ein Teil des Geheimnisses um die CD gelüftet.)

Was ist auf der CD?

Die CD, die hinten im Buch festgeklebt ist, ist randvoll gepackt mit nützlichen Dingen. Für Anfänger haben wir hier zum Beispiel ein Programm namens Kodak Picture Easy. Das ist ein wirklich einfach zu handhabendes Programm, mit dem Sie Ihre Bilder öffnen, mit den Basisfunktionen bearbeiten und ausdrucken oder elektronisch verbreiten können. Spaß an der Bildbearbeitung bringt auch das Programm Adobe Photoshop Elements. Mit Photoshop Elements können Sie eine ganze Menge an Ihren Fotos verbessern, verschlimmern oder verschlimmbessern. Es wird uns deshalb (und weil es ein echt gutes Preis-Leistungsverhältnis hat) in diesem Buch begleiten.

Darüber hinaus enthält die CD Demoversionen von sehr vielen Bildbearbeitungs- und Katalogisierungsprogrammen. Ich habe noch eine paar Beispielbilder hinzugefügt, damit Sie auch ohne eigene Fotos schon mal mit der Bildbearbeitung anfangen können.

Die Icons in diesem Buch

Wie auch schon in den anderen Büchern aus der Serie … *für Dummies* werden auch in diesem Buch wichtige Stellen mit unterschiedlichen Icons hervorgehoben. Hier ist eine kleine Einführung über die Bedeutung der einzelnen Icons, die in *Digitale Fotografie für Dummies* verwendet werden.

Dieses Icon will Ihnen sagen, dass ein bestimmtes Produkt oder Bild, das ich gerade beschreibe, auf der CD hinten im Buch zu finden ist. Sie können das Programm dann selbst ausprobieren oder das entsprechende Bild öffnen und dann mit der Technik, die an dieser Stelle erklärt wird, experimentieren.

Wie ich schon vorher angemerkt habe, zeige ich hin und wieder Arbeitsschritte, die man mit dem Programm Adobe Photoshop Elements ausführen soll. Dieses Icon markiert solche Stellen. Aber auch wenn Sie ein anderes Bildbearbeitungsprogramm verwenden, können Sie die Arbeitsschritte recht einfach auf dieses Programm adaptieren – also ignorieren Sie in einem solchen Fall diese Passagen bitte nicht einfach.

Mit diesem Icon sind Passagen markiert, die Sie auf jeden Fall behalten sollten. Ihr Leben wird dann garantiert einfacher und stressfreier, glauben Sie mir.

Immer genau in dem Moment, in dem Sie glauben, dass Sie das nötige Fachvokabular draufhaben, das Sie benötigen, kommt auch schon ein weiterer Haufen neuer Ausdrücke auf Sie zu, die von Ihnen verstanden werden wollen. Textstellen, die mit diesem Icon ausgezeichnet sind, machen aus Fachchinesisch verständliche deutsche Sätze. In vielen Fällen ist es gar nicht so wichtig, all das genau zu wissen, was da geschrieben steht, aber Sie werden Ihre Freunde damit beeindrucken können.

Das Tipp-Icon weist auf Abkürzungen hin, die Ihnen überflüssige Arbeit ersparen. Außerdem finden Sie hier Tipps, wie Sie bessere Bilder kreieren und typische Digitalfotografie-Probleme lösen können.

Wenn Sie dieses Icon sehen, sollten Sie aufmerksam werden – Gefahr ist im Verzug! Lesen Sie die betreffende Passage, damit Sie nicht in Schwierigkeiten geraten, und lernen Sie, wie Sie sich im Falle eines Falles selbst wieder aus der Patsche helfen können.

Die Konventionen in diesem Buch

Zusätzlich zu den Icons gibt es in *Digitale Fotografie für Dummies* noch weitere Konventionen. Wenn Sie beispielsweise einen Befehl aus einem Menü wählen sollen, dann sehen Sie zuerst den Menünamen, dann einen kleinen Pfeil und danach die Bezeichnung des Befehls. Sollen Sie zum Beispiel den Befehl Ausschneiden aus dem Menü Bearbeiten wählen, dann sieht das so aus: »Wählen Sie Bearbeiten/Ausschneiden«. Hin und wieder können Sie den Zugriff auf einen Befehl auch beschleunigen, indem Sie zwei oder mehr Tasten auf einmal drücken, statt sich durch die Menüs zu klicken. Diese Tastaturkurzbefehle sehen folgendermaßen aus: »Drücken Sie [Strg]+[A]«, was bedeutet, dass Sie die Befehl-Taste herunterdrücken und dann den Buchstaben A eingeben sollen. Danach müssen Sie die beiden Tasten natürlich wieder loslassen.

Was lese ich zuerst?

Die Antwort auf diese Frage hängt ganz von Ihnen ab. Sie können mit Kapitel 1 anfangen und das Buch chronologisch bis zum Index durchlesen, wenn Sie wollen. Oder Sie fangen bei irgendeinem Kapitel an, das Sie am meisten interessiert.

Dieses Buch ist so angelegt, dass Sie es von Anfang bist Ende lesen können, ohne sich dabei zu langweilen. Die Informationen werden jedoch so präsentiert, dass Sie einzelne Abschnitte lesen und verstehen können, ohne die vorangegangenen oder nachfolgenden gelesen zu haben. Benötigen Sie also Informationen zu einem bestimmten Thema, dann können Sie direkt darauf zugreifen, ohne vorher seitenweise Exegesen lesen zu müssen, die mit unwichtigen Details gespickt sind.

Das Einzige, was dieses Buch definitiv (wenn auch bedauernswerterweise) nicht kann, ist, die gesamten Informationen über einen magischen Weg in Ihren Kopf zu teleportieren. Sie können das Buch also nicht einfach auf den Schreibtisch oder unter das Kopfkissen legen und warten, bis der Inhalt osmotisch in Ihr Gehirn gelangt ist (wir erinnern uns: Osmose ist die Diffusion durch eine semipermeable Membran). Sie müssen es schon aufschlagen – das Buch, das eine und das andere Auge meine ich – und richtig lesen ...

In dem hektischen Leben, das wir leben, ist es leichter gesagt als getan, sich Zeit zum Lesen zu nehmen. Aber ich verspreche Ihnen, dass Sie Ihre Fähigkeiten in der digitalen Fotografie verzehnfachen, wenn Sie sich nur täglich ein paar Minuten mit diesem Buch beschäftigen. Gott weiß, vielleicht sogar verelf- oder verzwölffachen. Überflüssig zu sagen, dass Sie darüber hinaus auch noch eine völlig neue Art der Kommunikation entdecken werden, ob Sie nun beruflich damit zu tun haben oder zum Spaß oder sogar beides.

Digitalkameras sind die große Sache in den nächsten Jahren. Und mit *Digitale Fotografie für Dummies* sind Sie mit allen nötigen Informationen gewappnet, um die Vorteile dieser leistungsfähigen Werkzeuge ausnutzen zu können – schnell, einfach und mit einem Schmunzeln auf den Lippen.

Teil I

Ein Blick durch den digitalen Sucher

»Das ist der Beweis, auf den wir gewartet haben. Diesesmal haben die Diebe aus Versehen ein Selbstportrait geschossen, als sie die Kameras klauen wollten.«

In diesem Teil ...

Als ich noch in der High School war, beharrten die Biologielehrer darauf, dass es nur einen Weg gibt, etwas über die verschiedenen Tierchen zu lernen, die auf unserem Planeten herumwuseln: sie aufzuschneiden und in ihren Innereien herumzupulen. Meiner Meinung nach hat es noch nie zu etwas geführt, tote Tiere zu sezieren, außer dass die Jungs die Mädchen damit geekelt haben, dass Sie vorgaben, ein in Formaldehyd getränktes Körperteil der armen Kreaturen zu schlucken.

Aber im Gegensatz dazu, dass ich jegliche Seziererei an unseren Mittieren verabscheue, habe ich äußerst großes Vergnügen daran, neue Technologien zu sezieren. Meiner Erfahrung nach ist es von Vorteil zu wissen, wie eine Maschine funktioniert, wenn sie für dich arbeiten soll. Denn dann hat man die Möglichkeit, ihre Fähigkeiten voll auszuschöpfen.

Und deswegen wird in diesem Teil des Buchs eine Maschine, die man unter dem Namen Digitalkamera kennt, seziert. Kapitel 1 zeigt einige Vor- und Nachteile der digitalen Fotografie auf, während in Kapitel 2 schon das Gehäuse der Kamera geöffnet wird, damit Sie besser verstehen können, wie dieses Ding seine großartigen Taten vollbringt. In Kapitel 3 beleuchten wir die verschiedenen speziellen Kamerafeatures, damit Sie mit dem nötigen Background selbst entscheiden können, welche Kamera die richtige für Ihre Zwecke ist. Kapitel 4 bietet Ihnen den gleichen Service für die Zusatzausstattungen und die Programme zur digitalen Bildbearbeitung.

Also gut, dann kann es ja losgehen. Jeder zieht jetzt seinen Kittel über und macht sich bereit, sein digitales Versuchsobjekt zu sezieren. Und ich bitte die Jungs, keine Kamerateile durch den Klassenraum zu flitschen oder sich Kabel in die Nase zu stecken, okay? Hey, damit sind auch Sie gemeint!

Spiel, Spaß und Spannung ohne Film

1

In diesem Kapitel ...

- Die Unterschiede zwischen Digitalkameras und herkömmlichen Kameras
- Einige wirklich hervorragende Anwendungsbereiche für Digitalkameras
- Die Vor- und Nachteile der digitalen Fotografie
- Mit welchen Ausgaben man rechnen muss

Ich liebe es, in Computerläden herumzuhängen. Es ist nicht so, dass ich ein durchgedrehter Computerfreak wäre, der sich am Anblick von Modems und Festplatten ergötzen kann – es macht einfach Spaß, sich anzuschauen, welche neuen Spielzeuge ich dieses Jahr von der Steuer absetzen könnte.

Sie können sich sicherlich vorstellen, wie ich mich gefreut habe, als die ersten Digitalkameras in den Ladenregalen standen, die selbst bei meinem mageren Einkommen erschwinglich waren. Hier hatte man ein Gerät, das nicht nur Zeit- und Arbeitsaufwand mindert, sondern gleichzeitig auch noch ein ziemlich cooles neues Spielzeug ist, an dem die gesamte Familie, alle Freunde und sogar fremde Menschen, die ich auf der Straße treffe, Spaß haben.

Wenn Sie auch schon mit Ihrer Bank, Ihrem Vorgesetzten oder sonst jemanden gesprochen haben, der für die Investition in eine Digitalkamera zuständig ist, kann ich nur sagen »Los geht's« – aber nichts überstürzen ... Bevor Sie Ihr Geld loswerden, sollten Sie sichergehen, dass Sie wissen, wie diese neue Technologie funktioniert. Verlassen Sie sich dabei bloß nicht auf die Erklärungskünste eines so genannten Fachverkäufers. So viel ich beobachten konnte, wissen die meisten Verkäufer nicht mal ein Bruchteil von dem, was eine Digitalkamera kann bzw. nicht kann. Das Resultat sind desinformierte Menschen, die durch fehlendes Verständnis der digitalen Fotografie die falsche Kamera kaufen und am Ende unzufrieden und frustriert sind.

Es gibt nichts Schlimmeres als ein neues Spielzeug ... ähm, ich meine eine neue Investition, die nicht den ursprünglichen Erwartungen entspricht. Wissen Sie noch, wie das als Kind war, als man diese neue Action-Figur in der TV-Werbung durch die Landschaft fliegen sah und, wenn man das Ding dann endlich zu Hause hatte, stand es einfach nur da und hat sich einfach keinen Millimeter bewegt? Damit Sie sicher sein können, dass Ihnen das mit einer Digitalkamera nicht passiert, habe ich in diesem Kapitel die Spreu vom Weizen getrennt und erkläre Ihnen, was für und was gegen die digitale Fotografie spricht.

Film? Wir brauchen keinen bescheuerten Film!

Wie man in Abbildung 1.1 sieht, gibt es Digitalkameras in allen Formen und Größen. (In Kapitel 3 können Sie sich weitere Kameras anschauen.) Doch obwohl die Features und Fähigkeiten der einzelnen Kameras sehr unterschiedlich sind, geht die Entwicklung im Grunde genommen bei allen Kameras in die gleiche Richtung: die Vereinfachung des Prozesses, digitale Bilder herzustellen.

Für den Fall, dass das alles Neuland für Sie ist, möchte ich etwas genauer werden. Wenn ich von einem *digitalen Bild* spreche, dann meine ich damit ein Bild, das man mit einem Computer anschauen und bearbeiten kann. Digitale Bilder sind wie alles, was Sie auf dem Computer sehen, nichts als kleine elektronische Datenhäppchen. Der Computer analysiert diese Daten und präsentiert Ihnen das Bild auf dem Bildschirm. (Wenn Sie mehr darüber wissen wollen, wie digitale Bilder funktionieren, schlagen Sie Kapitel 2 auf, dort finden Sie detaillierteste Details …)

Abbildung 1.1: Verschiedene Digitalkameras, die heutzutage auf dem Markt sind. Im Uhrzeigersinn von oben links: Casio QV-4000, Canon PowerShot S30, Nikon Coolpix 995 und Fuji FinePix F601.

Digitale Bilder sind nichts Neues. Schon seit Jahren werden mit Programmen wie Adobe Photoshop oder Corel PHOTOPAINT Bilder digital erzeugt und bearbeitet. Aber bevor es Digitalkameras gab, erforderte es einigen Zeitaufwand, wenn man einen schönen Sonnenuntergang oder ein süßes Babyfoto in digitale Form bringen wollte. Erst musste dafür das Bild mit einer herkömmlichen Kamera geschossen werden, dann der Film entwickelt und danach der Abzug oder das Dia *digitalisiert* (in ein Computerbild umgewandelt) werden. Dazu verwendet man ein Gerät namens *Scanner*. Gehen wir davon aus, dass Sie nicht gerade zufällig eine voll ausgestattete Dunkelkammer und einen Scanner im Westflügel Ihres Anwesens haben, dann bedeutet diese Methode einige Tage Wartezeit und die Mitarbeit verschiedener Menschen, die schließlich auch bezahlt werden wollen.

Mit herkömmlichen Kameras und einem Scanner zu arbeiten, ist immer noch die am weitesten verbreitete Methode, digitale Bilder zu erzeugen. Doch mit Hilfe einer Digitalkamera geht das Ganze wesentlich schneller und bequemer. Während traditionelle Kameras Bilder auf Filmmaterial einfangen, speichern Digitalkameras das, was sie sehen, auf Computerchips. Auf diese Bilder kann Ihr Computer dann direkt und ohne Umwege zugreifen. Film, Filmentwicklung und Scanner sind hierbei überflüssig – Sie drücken den Auslöser und voilà: Da ist Ihr digitales Bild. Wenn Sie das Bild verwenden wollen, müssen Sie es nur noch von der Kamera in den Computer transferieren, was auf unterschiedliche Art und Weise passieren kann (siehe Kapitel 7). Bei einigen Kameras können die Bilder sogar direkt an einen Fotodrucker gesendet werden, man benötigt nicht einmal einen Computer!

Toll, aber wozu brauche ich digitale Bilder?

Die digitale Welt eröffnet Ihnen ein Feld künstlerischer und praktischer Möglichkeiten, die Sie mit der traditionellen Fototechnik einfach nicht hinbekommen. Hier sind nur ein paar Vorteile, die die Arbeit mit digitalen Bildern bringt:

✔ **Sie behalten die Kontrolle über die Qualität des Bildes.** Bei herkömmlichen Fotos haben Sie, sobald der Film die Kamera verlässt, keine Kontrolle mehr über die Bilder. Jetzt liegt alles in den Händen des Entwicklers. Wenn Sie mit digitalen Bildern arbeiten, können Sie Ihre Aufnahmen mit Bildbearbeitungsprogrammen wenn nötig selbst aufpeppen. Sie können Verfälschungen des Kontrasts oder der Farbbalance korrigieren, unscharfe Aufnahmen verbessern und unerwünschte Elemente ausschneiden, zum Beispiel Ex-Freunde oder Ex-Freundinnen.

Die Abbildungen 1.2 und 1.3 zeigen es ganz deutlich: Im oberen Bild sehen Sie das originale digitale Foto. Das Bild ist überbelichtet, man sieht einen Fuß eines anderen Schwimmers im oberen Anschnitt, und von links ragt ein schwer zu identifizierendes Element in das Bild hinein. Ich habe das Bild mit Adobe Photoshop Elements, einem Bildbearbeitungsprogramm nicht nur für Anfänger, das zusammen mit den meisten Digitalkameras geliefert wird, geöffnet, und nach nur ein paar Minuten Bearbeitungszeit hatte ich das Bild, das Sie darunter in Abbildung 1.3 sehen. Ich habe die störenden Elemente entfernt, die Helligkeit und den Kontrast eingestellt und dann den Bildausschnitt verkleinert, damit das Hauptmotiv besser zur Geltung kommt.

Es ließe sich selbstverständlich einwenden, dass dies alles auch mit der traditionellen Fotografie möglich wäre, man muss eben nur den Hintergrund, die Belichtung und den Bildausschnitt beachten, bevor man abdrückt. Doch wenn man Kinder oder andere bewegliche Motive fotografiert, muss man schnell auslösen. Hätte ich mir also die Zeit genommen, wirklich alles perfekt einzustellen, bevor ich das Foto aufgenommen hätte, dann hätte ich die Gelegenheit, dieses Bild aufzunehmen, längst verpasst. Das soll natürlich nicht heißen, dass man sich keine Mühe geben sollte, Fotos so gut wie möglich zu schießen, doch sollte etwas daneben gehen, kann man viele Bilder mittels Bildbearbeitung retten.

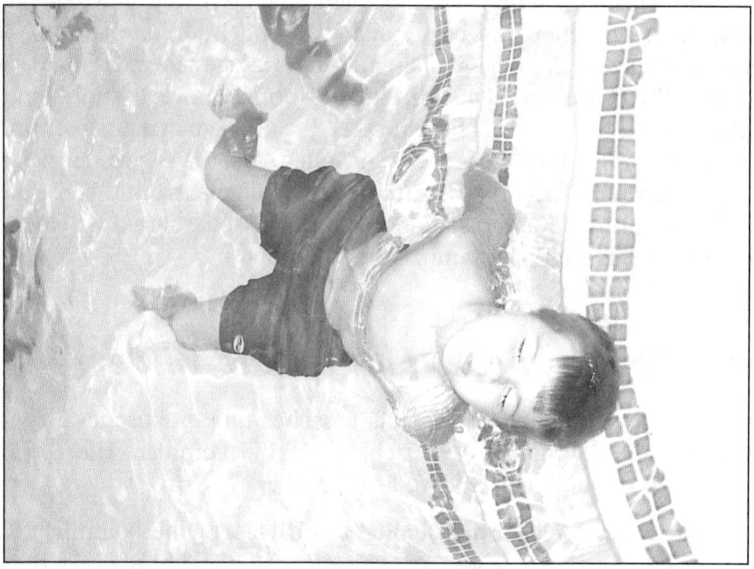

Abbildung 1.2: Das Originalfoto dieses kleinen Schwimmers ist überbelichtet und hat einen langweiligen Ausschnitt.

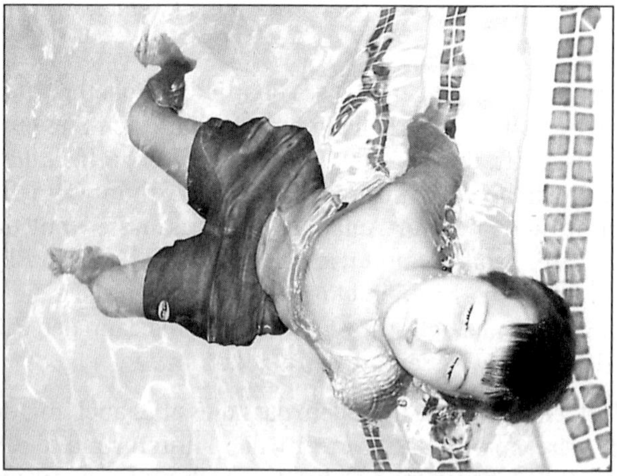

Abbildung 1.3: Mit ein wenig Bildbearbeitung kann ein mittelmäßiges Bild zu einer schönen Ferienerinnerung werden.

- **Sie können Bilder – fast ohne Zeitverlust – an Freunde, Familienmitglieder oder Kunden versenden, indem Sie sie an eine E-Mail anhängen.** Diese Fähigkeit ist ohne Zweifel der größte Vorteil der digitalen Bilderwelt. Journalisten beispielsweise, die in weit entfernten Ländern arbeiten, können ihre Bilder quasi direkt nachdem sie sie geschossen haben, an die Redaktion schicken. Händler können Bilder ihrer Produkte direkt nach oder während eines Gesprächs an Kaufinteressenten verschicken. Oder, um ein Beispiel aus meinem eigenen extrem spannenden Leben heranzuziehen: Wer sich in seiner Freizeit auch noch als Antiquitätenhändler beschäftigt, kann sich Funde anderer Händler ansehen, ohne auch nur den Fuß vor die Tür zu setzen. Als ich versuchte, einen alten dänischen Druck zu identifizieren, habe ich zum Beispiel eine Nachricht an eine Antiquitäten-Newsgroup im Internet gesendet. Ein Herr aus Dänemark bot mir seine Hilfe an, benötigte dazu jedoch ein Foto des Drucks. Kein Problem. Ich nahm meine Digitalkamera, machte ein Bild des Drucks und sendete es via Email. Ich bekam die Antwort am nächsten Tag. Ist das nun ein tolles Zeitalter, in dem wir leben, oder nicht?

  Auch das kann man natürlich mit traditioneller Fotografie und der Post erledigen – es ist ja auch toll, jedes Jahr zu Weihnachten 9 x 13 Glanzabzüge von Haustieren mit Weihnachtsmützen im Briefkasten zu finden. Mit digitalen Bildern jedoch geht das alles in Minuten und nicht Tagen. Die elektronische Zustellung von Bildern ist nicht nur schneller als die reguläre Post oder sonstige Kurierdienste, sondern auch bequemer. Man muss keinen Umschlag adressieren, keine Briefmarken suchen und auch nicht zum Postamt oder zum nächsten Briefkasten fahren.

- **Sie können Bilder Ihrer Produkte, des Bürogebäudes oder einfach nur ein Portrait des Chefs in den Webauftritt Ihres Unternehmens einbauen.** Ein Bild ist, einem alten Sprichwort zufolge, mehr wert als 1000 Worte. Das gilt vor allem dann, wenn Sie mit Menschen Geschäfte machen, die am anderen Ende der Welt wohnen. In Kapitel 9 finden Sie alles, was Sie brauchen, um ein Bild für das World Wide Web vorzubereiten.

- **Digitale Bilder lassen sich in Datenbanken einfügen.** Führt Ihr Unternehmen beispielsweise ein Telefonmarketingaktion durch, dann können Sie digitale Bilder der Produkte in eine Datenbank einfügen. Der Telefonoperator kann diese dann abrufen und dem Kunden im Telefongespräch beschreiben. Vielleicht möchten Sie ja auch – wie ich in Abbildung 1.4 – Fotos von Produkten in Ihre Inventarliste aufnehmen.

- **Sie können eine Menge Spaß bei der Erkundung Ihrer künstlerischen Ader bekommen.** Mit einem Bildbearbeitungsprogramm können Sie abgedrehte Spezialeffekte anwenden, Ihrem Lieblingsfeind einen Bart malen und noch auf vielen anderen Wegen die Realität verzerren. In Kapitel 12 wird erklärt, wie Sie mehrere Bilder zu einem zusammenbauen, also eine Fotomontage herstellen können, die man in Farbtafel 12.3 und 12.4 sehen kann.

- **Gestalten Sie Ihr eigenes Briefpapier, Ihre Visitenkarte, Ihren Kalender, die Kaffeetasse, ein T-Shirt, eine Postkarte und so weiter.** In vielen einfachen Bildbearbeitungsprogrammen finden Sie Mustervorlagen für solche Anwendungen. Man wählt ein Design aus, und setzt sein Foto in die Mustervorlage ein.

Nachdem Sie das Bild in eine der Vorlagen eingesetzt haben, können Sie Ihr Kunstwerk mit einem Farbtintenstrahldrucker auf spezielle Druckbögen ausdrucken, die von den Firmen wie Kodak, Epson oder Hewlett-Packard angeboten werden. Sollten Sie keinen solchen Drucker besitzen, dann können Sie Ihre Datei auch in einem Copyshop in Ihrer Nähe ausdrucken lassen oder per Email an einen der vielen Digital-Druckservices im Internet schicken.

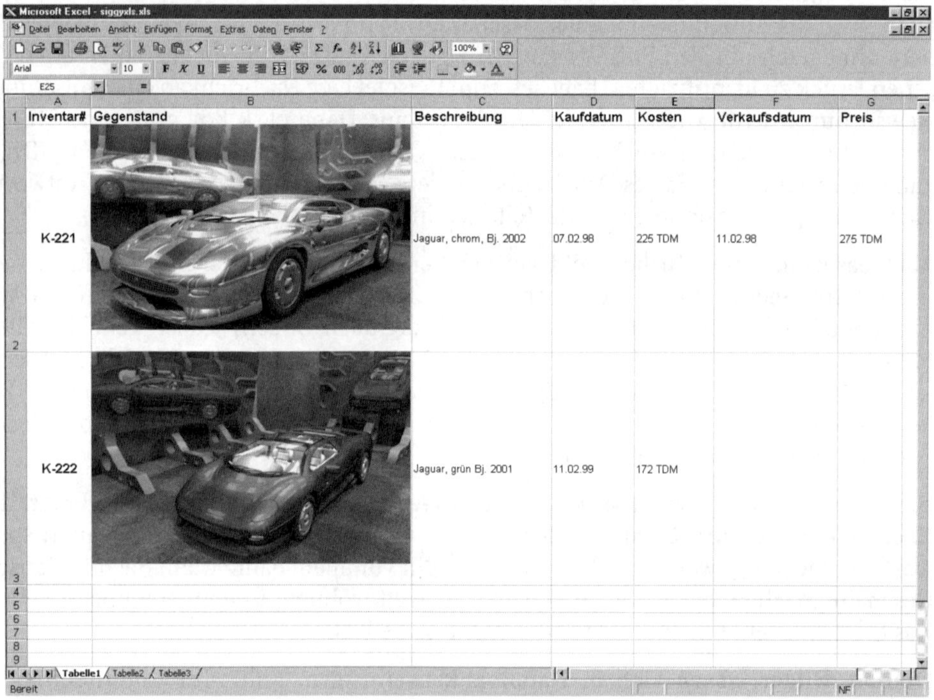

Abbildung 1.4: Sie können digitale Bilder in Listen einsetzen, um beispielsweise eine Inventarliste anzulegen.

- ✔ **Digitale Bilder lassen sich auch in Multimediapräsentationen einbinden, die man z.B. mit den Programmen Microsoft Powerpoint, Corel Presentations, Adobe Persuasion erzeugen kann.** Einige Digitalkameras sind zusätzlich mit einem Videoausgang ausgestattet, mit dessen Hilfe Sie Ihre Bilder auf dem guten alten Fernseher betrachten und auf Video aufnehmen können.

Diese Vorteile sind nur ein Grund dafür, warum die digitale Fotografie sich so schnell entwickelt. Was Komfort, Qualitätskontrolle, Flexibilität und Wirtschaftlichkeit angeht, ist diese Technologie der herkömmlichen Fotografie haushoch überlegen.

Was ist denn nun der Nachteil?

So wundervoll die digitale Fotografie auch sein mag, so hat sie doch einige Haken. Fairerweise muss ich deshalb in der folgenden Liste einige Probleme beschreiben, mit denen der Digital-Fotograf konfrontiert wird:

- ✔ **Die Druckqualität:** Ein Problem bei digitalen Bildern ist die Druckqualität. Die Hersteller haben in den letzten Jahren schon eine Menge erreicht. Man kann für ca. 250 Euro schon einen Fotodrucker kaufen, der ziemlich nah an traditionelle Fotoabzüge herankommt. Doch muss man für eine solche Qualität auch eine hochauflösende Digitalkamera verwenden, die wenigstens 400 Euro kostet. Günstigere Kameras produzieren Bilder mit geringerer Auflösung, die einfach nicht genug Bildinformationen enthalten, um hochwertige Ausdrucke zu bekommen, außer man druckt nur sehr sehr kleine Formate – maximal 6 x 7 cm. (In Kapitel 2 finden Sie eine ausführliche Erläuterung des Begriffs Auflösung und wie sich die Auflösung auf die Druckqualität auswirkt.) Niedrig auflösende Bilder können jedoch ohne Probleme für die Bildschirmdarstellung im World Wide Web oder für ein Multimediapräsentation verwendet werden.
- ✔ **Die Qualität des Ausgangsmaterials:** Bilder, die von preisgünstigen Digitalkameras stammen, benötigen meist noch einige Nachbearbeitung. Die Farbbalance muss korrigiert werden, genauso die Schärfe und der Kontrast. Kameras aus dem oberen Preissegment erzeugen bessere Bilder – natürlich immer in Abhängigkeit von den Fähigkeiten des Fotografen – benötigen jedoch auch hin und wieder ein wenig Hilfe in der Schärfeabteilung. Glücklicherweise erleichtern uns die heutigen Bildbearbeitungsprogramme diese Korrekturen und die meisten Digitalkameras werden im Paket mit solchen Programmen verkauft. In den Kapiteln 10 bis 12 finden Sie weitere Informationen über die Bildbearbeitung, und auf der CD hinten im Buch sind sogar einige Demoversionen bekannter Bildbearbeitungsprogramme.
- ✔ **Die Aufnahmezeit:** Nachdem Sie den Auslöser einer Digitalkamera gedrückt haben, benötigt die Kamera einige Sekunden, um das Bild im Speicher abzulegen. In dieser Zeitspanne können Sie kein weiteres Bild schießen. Dadurch wird es vor allem dann schwierig, wenn man Bilder von aktionsreichen Szenen aufnehmen will, wie zum Beispiel bei der Sportfotografie. Die meisten neueren Digitalkameras bieten einen kontinuierlichen Aufnahmemodus, mit dem Sie eine Serie von Bildern mit einem Druck auf den Auslöser schießen können. Dadurch wird die Wartezeit zwischen den Bildern zwar reduziert, aber dafür müssen Sie für solche Bilderserien auf den Blitz verzichten und bei manchen Kameras eine niedrige Bildauflösung wählen. Auch die Serienbilder wollen abgespeichert werden, weshalb sich den in schneller Folge geschossenen Aufnahmen wiederum eine Wartezeit anschließt. Kapitel 6 bietet weitere Informationen zu diesem neuen Feature.
- ✔ **Die Lernphase:** Um ein digitaler Fotograf zu werden, muss man einige neue Konzepte verstehen und sich neue Fähigkeiten aneignen. Wenn Sie mit dem Computer vertraut sind, sollte es Ihnen nicht allzu schwer fallen, mit der digitalen Fotografie zurechtzukommen. Sind Sie aber ein Neuling in beiden Bereichen, digitale Fotografie und Computer-

technik, dann müssen Sie einige Zeit investieren, um Ihre neuen Freunde kennen zu lernen. Eine digitale Kamera mag sich zwar oberflächlich vom Aussehen und Feeling her kaum von einer herkömmlichen Kamera unterscheiden, doch der Inhalt des Geräts kommt von einem anderen Stern als der Ihrer alten Pocketkamera. Dieses Buch soll Ihnen den Prozess, ein digital Fotografierender zu werden, so leicht wie möglich gestalten, nur müssen Sie den nötigen Willen mitbringen, genügend Zeit zu investieren, die Informationen, die dieses Buch enthält, zu lesen.

Da die Hersteller die digitale Bildtechnologie immer weiter verfeinern, können Sie mit ständiger Verbesserung der Bildqualität und der Aufnahmezeiten rechnen. Weniger optimistisch bin ich, dass irgend etwas, das mit dem Computer zu tun hat, in der nächsten Zukunft auch einfach zu lernen sein wird. Mein Computer zwingt mich dazu, jeden Tag irgend etwas neues dazuzulernen – meist auf die brutale Methode. Andererseits braucht es aber auch einigen Aufwand, bis man professionell mit herkömmlichen Kameras umgehen kann.

Ob die digitale die traditionelle Fotografie als meistgebrauchtes fotografisches Medium ersetzen wird oder nicht, wird sich in der Zukunft zeigen. Höchstwahrscheinlich wird jedes dieser beiden Medien sich eine Nische in der Welt der Fotografie sichern. Machen Sie also in Ihrer Kameratasche Platz für eine Digitalkamera, aber verkaufen Sie Ihre alte Kamera nicht gleich auf dem Flohmarkt. Die digitale sowie die traditionelle Fotografie haben beide einzigartige Vor- und Nachteile. Sollten Sie also mit der einen Option die andere ersetzen wollen, würden Sie Ihre kreativen Möglichkeiten und Flexibilität erheblich einschränken.

Sagen Sie mir einfach, wohin ich das Geld überweisen soll

Digitales Fotoequipment war vor nicht allzu langer Zeit noch so teuer, dass es einzig hochrangigen Fotostudios oder Grafikagenturen vorbehalten war. In den letzten Jahren jedoch sanken die Preise für Kameras, Drucker und anderes nötiges Equipment drastisch, sodass sich auch Menschen wie Sie und ich diese neue Technologie leisten können. Die digitale Fotografie ist aber immer noch nicht wirklich billig. Wenn Sie ganz von vorne anfangen müssen – also noch nicht einmal einen Computer besitzen – dann müssen Sie mit Ausgaben von mindestens 1500 Euro rechnen, um das günstigste (gerade noch brauchbare) Setup (Computer, Kamera, Drucker) zu kaufen. Legen Sie lieber noch 500 Euro drauf, wenn Sie eine hochauflösende Kamera und einen Drucker mit besserer Qualität wollen.

Die digitale Fotografie bietet dafür aber auch Vorteile für das Portemonnaie, mit denen die Anfangsinvestitionen wenigstens zum Teil wieder hereingeholt werden können. Beispielsweise können Sie mit einer digitalen Kamera so viel herumexperimentieren, wie Sie wollen, ohne sich Gedanken über Film- und Entwicklungspreise zu machen. Sie können ein Bild aufnehmen, und wenn es Ihnen nicht gefällt, dann löschen Sie es einfach wieder. Wenn Sie ein sehr produktiver Fotograf sind, kann sich allein diese Ersparnis über die Zeit sehr stark bemerkbar machen.

Die folgenden Abschnitte umreißen die verschiedenen Kosten, die die digitale Fotografie mit sich bringt. Die Preise, die hier erwähnt sind, gelten für das Erscheinungsdatum dieses Buchs – in der Zeit, in der Sie dieses Buch gerade lesen, sind die Preise sehr wahrscheinlich schon wieder gefallen. (Wenn nur alle Preise ständig so stark fallen würden, wie im Computersektor!)

Kameras

Digitale Kameras, die auf den breiten Markt abzielen, liegen zwischen 250 und 500 Euro. Dabei muss beachtet werden, dass Kameras am unteren Ende dieses Preissegments nur niedrig auflösende Bilder erzeugen und nicht mit einem Zoomobjektiv und Zusatzfeatures wie einer Serienbildfunktion ausgestattet sind.

Das Thema Auflösung wird in Kapitel 2 im Abschnitt *Auflösung ist alles* haarklein zerlegt. Aber um es kurz zu umreißen: Niedrig auflösende Kameras erzeugen Bilder, die man nur für die Darstellung auf einem Fernseh- oder Computerbildschirm verwenden oder sehr klein ausdrucken kann (6 x 7 cm oder kleiner). Wenn Sie Bilder in einem größeren Format ausdrucken wollen, dann brauchen Sie eine Kamera mittlerer bis hoher Auflösung, für die Sie mindestens 400 Euro anlegen müssen.

Eine eigene digitale Kamera zu besitzen ist zwar mit Abstand das Komfortabelste, doch sollten Sie sie nur selten einsetzen, dann macht die Anschaffung nicht sehr viel Sinn. Stattdessen sollten Sie dann Ihre Bilder konventionell schießen und sie danach scannen und auf eine Foto-CD oder Diskette packen lassen. Diesen Service bieten viele Copyshops und Fotoentwickler mittlerweile an. Alternativ dazu können Sie eine digitale Kamera auch für ein paar Tage mieten. Ein Kameraladen in meiner Nähe vermietet digitale Kameras für ca. 30 Euro pro Tag (abhängig vom gewählten Modell).

Eine Kamera zu mieten ist vor allem dann eine gute Option, wenn Sie normalerweise mit niedrig auflösenden Bildern auskommen und nur hin und wieder hochauflösende benötigen. Statt 800 Euro in eine hochauflösende Kamera zu investieren, geben Sie ein paar hundert für ein niedrig auflösendes Modell aus, das Sie für Ihre Alltagsarbeiten verwenden. Für spezielle Anforderungen mieten Sie sich dann das entsprechende Gerät. Rufen Sie die Fotoläden in Ihrer Nähe an, und erkundigen Sie sich, wo man in Ihrer Gegend eine digitale Kamera mieten kann.

Bildbearbeitungs- und Druckequipment

Abgesehen von der Kamera selbst benötigen Sie für die digitale Fotografie einen Haufen Peripherie wie Hardware und Software, nicht zuletzt einen recht leistungsstarken Computer, mit dem Sie die Bilder ansehen, bearbeiten und ausdrucken können. Sie brauchen eine Maschine mit einem guten Prozessor, einen Pentium PC oder einen Power Mac. Außerdem sollte dieser Computer auch mit mindestens 64 MB RAM (mehr ist auf jeden Fall besser) und einer großen

Festplatte mit viel leerem Speicherplatz ausgestattet sein. So viel wie ich weiß, muss man für ein solches System inklusive Monitor mindestens 1000 Euro ausgeben.

Eine weitere Investition erfordert die Aufgabe, die Bilder auch zu Papier zu bringen. Farbdrucker für den Heimbereich und kleine Firmen rangieren zwischen 75 und 500 Euro, wobei bei niedrigeren Preisen auch die Druckqualiät von digitalen Bildern drastisch abnimmt. Die magische Grenze für gute Drucker liegt derzeit ungefähr bei 250 Euro.

Zusätzlich bilden auch noch die Bildbearbeitungssoftware, Bildspeicherungs- und Übertragungsgeräte, spezielles Fotodruckpapier und Akkus für die Kamera, Kostenfaktoren, die mitgerechnet werden müssen. Und ich habe noch nie ein Gerät gesehen, das Akkus so schnell klein kriegt wie digitale Kameras. Wollen Sie es obendrein noch so richtig wissen, dann kaufen Sie sich auch noch spezielle Linsen, Lampen, ein Stativ und anderes Spielzeug dazu. Kapitel 4 gibt Ihnen einen schönen Überblick über Zusatzgeräte, deren Bandbreite von unerlässlich über hilfreich bis einfach nur zu »cooles Spielzeug« reicht.

Nein, eine digitale Dunkelkammer einzurichten ist nicht billig! Na ja, bei der traditionellen Fotografie ist das ja auch nicht gerade günstig, wenn man ernsthaft damit arbeiten will. Und wenn man an all die Vorteile der digitalen Bildwelt denkt, vor allem wenn Sie europa- oder sogar weltweit arbeiten, fällt es auch nicht mehr so schwer, die Ausgaben zu rechtfertigen. Falls Sie jetzt ein wenig verunsichert sind, schauen Sie in den Kapiteln 3 und 4 nach. Dort finden Sie alle Details über die verschiedenen Komponenten, die für die digitale Fotografie notwendig sind, und einige Tipps, an welchen Ecken und Enden Sie, wenn nötig, noch ein bisschen sparen können.

Die Wissenschaft erklärt alles

2

In diesem Kapitel ...

- Wie digitale Kameras Bilder aufzeichnen
- So sehen Ihre Augen – und Digitalkameras – Farben
- Die völlig schmerzlose Einführung über Pixel, ohne Nebenwirkungen
- Ein Ausflug in die trüben Gewässer der Auflösung
- Die Analyse des untrennbaren Zusammenhangs zwischen Auflösung und Bildgröße
- Ein Blick auf Blenden, Verschlusszeiten und andere Aspekte der Bildbelichtung
- Darf ich vorstellen: die Farbmodelle
- Ein Tauchgang in die Bittiefen

Wenn technische Erläuterungen bei Ihnen Magengeschwüre hervorrufen, dann sollten Sie sich für dieses Kapitel lieber mit einer Krankenhauspackung Maloxan ausstatten. Die folgenden Seiten sind randvoll mit technischem Blabla, das Physiklehrer und ähnliche Schlauköpfe vor Glück in die Hände klatschen, Normalsterbliche aber eher seekrank werden lässt.

Leider Gottes werden Sie aber nie wirklich erfolgreich digital fotografieren, solange Sie sich nicht mit den physikalischen Prinzipien dieser Technik beschäftigen. Aber keine Angst: In diesem Kapitel steht Ihnen der ideale Laborpartner bei, wenn es um so wichtige Themen wie Blenden, Verschlusszeiten, Auflösung, Bittiefe usw. geht. Tja, es tut mir leid, in diesem Kurs werden keine Kleintiere seziert, und Sie dürfen auch nicht die Proteinstruktur Ihres Daumennagels analysieren. Doch werden Sie hier einer Digitalkamera die Haut abziehen und deren Eingeweide studieren. Dieser Kurs ist keine Pflichtveranstaltung, jedoch bekommen Sie hier die Fundamente für erfolgreiche digitale Fotografie vermittelt.

Von Ihren Augen zum Speicher der Kamera

Eine traditionelle Kamera erzeugt ein Bild, indem sie eine Portion Licht durch eine Linse auf Filmmaterial fallen lässt. Dieses Filmmaterial ist mit lichtempfindlichen Chemikalien beschichtet, sodass überall dort, wo Licht auftrifft, eine chemische Reaktion stattfindet, wodurch der Vorläufer eines Bildes aufgenommen wird. Während der Filmentwicklung wird mit noch mehr Chemikalien aus dem Vorläufer ein echtes Bild hergestellt.

Digitale Kameras arbeiten zwar auch mit Hilfe von Licht, doch ohne Film. Stattdessen nehmen sie Bilder mit Hilfe eines *Image Arrays* auf. Das ist die etwas coolere Bezeichnung für »ein Haufen lichtempfindlicher Computerchips«. Zur Zeit gibt es diese Chips in zwei Geschmacksrichtungen: CCD für *Charged Couple Device* und CMOS für *Complimentary Metal-Oxide Semiconductor*. (Nein, das wird nicht in der Klausur vorkommen, also können Sie es auch direkt wieder vergessen.)

Einerseits haben CCD und CMOS beide spezifische Vor- und Nachteile (siehe Textbox *Der Krieg zwischen CCD und CMOS* in Kapitel 3), aber beide Chips verrichten prinzipiell die gleiche Aufgabe. Wenn Licht auf sie fällt, geben sie ein elektrisches Signal ab, das von dem Prozessor in der Kamera analysiert und in digitale Bilddaten übersetzt wird. Je mehr Licht, desto stärker die elektrische Ladung.

Nachdem die elektrischen Impulse in Bilddaten verwandelt sind, werden diese wiederum im Speicher der Kamera abgelegt. Das kann ein Chip in der Kamera sein, eine austauschbare Speicherkarte oder sogar die gute alte Diskette. (In Kapitel 3 und 4 finden Sie Weiteres über die unterschiedlichen Speicheroptionen.)

Zugriff auf die Bilder, die Ihre Kamera aufgezeichnet hat, bekommt man, indem man die Bilddaten vom Speicher der Kamera in den Speicher des Computers transferiert. Manche Kameras kann man auch direkt an einen Drucker anschließen und die Bilder gänzlich ohne die Zuhilfenahme eines Computers ausdrucken.

Bedenken Sie bitte, dass die vorangegangenen Abschnitte wirklich nur einen sehr groben Überblick über die Funktionsweise der digitalen Bildaufzeichnung bieten. Ich könnten allein über die verschiedenen CCD-Typen schon ein ganzes Kapitel füllen, aber davon hätten Sie nicht viel, von einem brummenden Schädel abgesehen. Außerdem müssen Sie sich nur selten Gedanken machen, worum es sich bei diesem ganzen CCD- und CMOS-Zeug handelt, nämlich dann, wenn Sie eine Kamera kaufen.

Das Geheimnis lebendiger Farben

Genau wie traditionelle Kameras erzeugen auch digitale Kameras Bilder, indem sie die Lichtmenge einer Szene »lesen«. Aber wie übersetzt die Kamera diese Helligkeitswerte in die Farben, die Sie auf dem Endprodukt, dem Bild, sehen? Bei näherem Hinsehen stellt sich heraus, dass sie diese Aufgabe ähnlich wie das menschliche Auge bewältigt.

Um zu verstehen, wie eine digitale Kamera – und Ihre Augen – Farben wahrnehmen, müssen Sie zuerst einmal wissen, dass man Licht in drei Primärfarben zerlegen kann: Rot, Blau und Grün. In Ihrem Augapfel gibt es für jede dieser Farben entsprechende Rezeptoren. Jeder Rezeptor misst die Helligkeit des einfallenden Lichts in der jeweiligen Farbe – die Rotrezeptoren die Intensität des roten Lichts, die Grünrezeptoren die des grünen Lichts, und die Blaurezeptoren messen die Intensität des blauen Lichts. Das Gehirn kombiniert die Informationen dieser drei Rezeptorengruppen in Ihrem Kopf zu einem farbigen Bild.

Da sich die meisten Menschen in ihrem Leben nicht allzu viele Gedanken über die Mischung von rotem, grünem und blauem Licht zur Erzeugung anderer Farben machen müssen, ist dieses Konzept auf den ersten Blick nicht für jeden einleuchtend. Deshalb möchte ich mit einer Analogie auf die Sprünge helfen. Stellen Sie sich vor, Sie stehen in einem abgedunkelten Raum und haben eine Taschenlampe, die rotes, eine die grünes und eine die blaues Licht abgibt. Wenn Sie nun alle drei Taschenlampen auf den gleichen Punkt richten, bekommen Sie wieder weißes Licht. Schalten Sie alle Lampen aus, bekommen Sie Schwarz. Und indem Sie die Intensität der einzelnen Taschenlampen regulieren, können Sie fast jede Farbe des Regenbogens erzeugen.

Wie Ihre Augen nimmt auch die digitale Kamera die Lichtintensität – auch *Helligkeitswert* genannt – des roten, grünen und blauen Lichtanteils auf. Dann werden die Helligkeitswerte der jeweiligen Farben in unterschiedlichen Abteilungen der Bilddatei abgelegt. Profis aus der digitalen Bildwelt nennen diese Abteilungen auch *Farbkanäle*. Nachdem die Helligkeitswerte nach dieser Methode aufgezeichnet wurden, mischt die Kamera die Farben wieder zusammen, um das Bild zum Beispiel auf dem Display als Vollfarbbild anzuzeigen.

Bilder, die mit Hilfe dieser drei Primärfarben erzeugt werden, nennt man RGB-Bilder. Die Buchstaben stehen, wie man unschwer erraten kann, für die Farben Rot, Grün und Blau.

In ausgefuchsten Bildbearbeitungsprogrammen wie Adobe Photoshop können Sie die einzelnen Farbkanäle sogar anschauen und unabhängig voneinander bearbeiten. Abbildung 2.1 und Farbtafel 2.1 zeigen ein Farbbild, das in die einzelnen Farbkanäle Rot, Grün und Blau zerlegt worden ist. Bemerkenswert ist dabei, dass die einzelnen Farbkanäle einfache Graustufenbilder enthalten. Das liegt daran, dass die Kamera einfach nur die Lichtintensität für die einzelnen Farbkanäle aufzeichnet: viel, wenig, maximal, minimal, usw. – nur mit wesentlich mehr Zwischenschritten.

Ich gehe mal das Risiko ein, Sie zu verwirren, und verrate Ihnen, dass nicht alle digitalen Bilder aus drei Kanälen bestehen. Wenn Sie ein RGB-Bild in einem Bildbearbeitungsprogramm beispielsweise in ein Graustufenbild umwandeln, werden die Helligkeitswerte aller drei Kanäle zu einem einzigen Kanal zusammengemischt. Und sollten Sie ein Bild in den *CMYK-Farbraum* umwandeln, um es auf den Offsetdruck vorzubereiten, dann bekommen Sie sogar vier Farbkanäle. Jeder dieser Farbkanäle steht dann für eine Druckprozessfarbe (Cyan, Magenta, Yellow und Black). Mehr über dieses faszinierende Thema finden Sie auch in dem Abschnitt *RGB, CMYK und andere kunterbunte Abkürzungen* im weiteren Verlauf dieses Kapitels.

Lassen Sie sich von diesem ganzen Farbkanal-Krempel nicht aus der Fassung bringen – damit müssen Sie sich wahrscheinlich erst wieder auseinandersetzen, wenn Sie genügend Erfahrung in der Bildbearbeitung gesammelt haben. Ich habe das Thema nur deswegen angeschnitten, damit Sie für den Fall, dass irgendwo RGB draufsteht – und das steht ziemlich oft irgendwo – wissen worum es geht.

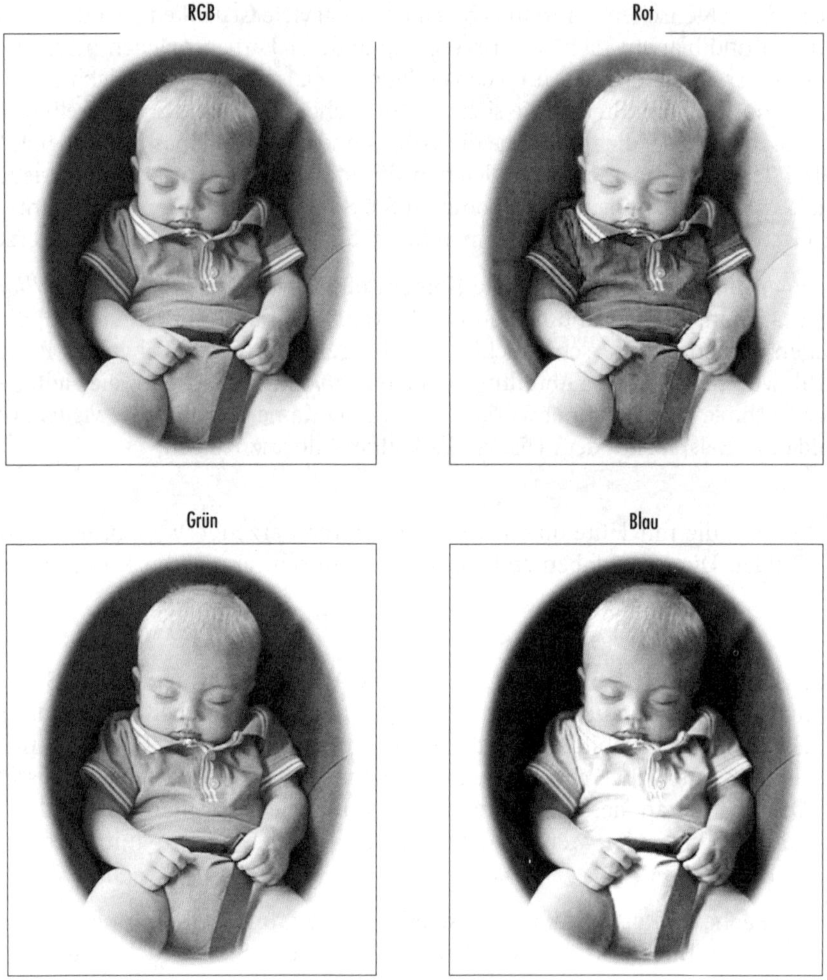

Abbildung 2.1: Ein RGB-Bild enthält drei Farbkanäle, die jeweils die grünen, roten oder blauen Helligkeitswerte repräsentieren.

Auflösung ist alles

Ohne Zweifel ist die *Auflösung* der wichtigste Faktor, den Sie verstehen müssen, um die Qualität Ihrer digitalen Bilder zu verbessern. Ohne die richtige Wahl der Auflösung werden Sie von Ihren Bildern enttäuscht sein, egal wie aufregend das Motiv, wie perfekt die restlichen Einstellungen oder wie toll die Lichtverhältnisse sind.

Mit anderen Worten: Überspringen Sie diesen Abschnitt auf keinen Fall!

Pixel: die Bausteine jedes Bildes

Haben Sie je das Gemälde »Ein Sonntagnachmittag auf der Insel La Grande Jatte« des französischen Malers Georges Seurat gesehen? Seurat war Meister einer künstlerischen Technik namens *Pointillismus*, bei der Szenen durch Millionen kleiner Farbpunkte komponiert werden, die mit der Spitze des Pinsels auf die Leinwand getupft sind. Wenn man ein pointillistisches Gemälde von einer gewissen Entfernung aus betrachtet, verschmelzen die Punkte zu einem zusammenhängenden Bild. Nur wenn man nahe genug an das Bild herangeht, sieht man die einzelnen Farbflecken.

Digitale Bilder funktionieren ähnlich wie pointillistische Bilder. Nur dass sie statt aus kleinen Farbkleksen aus sehr kleinen farbigen Quadraten aufgebaut sind, die man *Pixel* nennt. Der Ausdruck Pixel stammt aus dem Englischen und ist aus den Worten *picture* und *element* zusammengesetzt. Wäre das nicht ein toller Job, sich ständig solche schlauen Worte ausdenken zu dürfen?

Wenn Sie ein Bild auf dem Bildschirm vergrößern, können Sie die einzelnen Pixel mit bloßem Auge betrachten. Druckt man digitale Bilder in relativ kleiner Größe aus, dann sehen sie, wie man im unteren Teil der Abbildung 2.2 feststellt, großartig aus. Vergrößert man sie hingegen zu stark, werden die Pixel sichtbar, und das Bild bekommt einen mosaikhaften Charakter, wie Sie oben rechts in der Abbildung sehen können. Die meisten günstigen Digitalkameras können gerade mal Bilder aufzeichnen, die sich höchstens mit einer Größe von 10 x 15 cm ausdrucken lassen.

Abbildung 2.2: Wenn Sie ein digitales Bild vergrößert darstellen, können Sie die einzelnen Pixel erkennen.

Pixel pro Inch = Bildauflösung = Bildqualität

Jedes digitale Bild besteht aus einer gewissen Anzahl von Pixeln. Digitalkameras aus dem unteren Preissegment erzeugen beispielsweise meist Bilder, die 1280 Pixel breit und 960 Pixel hoch sind.

Einige Menschen benutzen den Ausdruck *Pixelgröße* in Bezug auf die Anzahl der Pixel eines Bildes – die Bildbreite in Pixel mal die Bildhöhe in Pixel. Andere verwenden dafür den Ausdruck *Bildgröße*, was verwirrend sein kann, da man diesen Ausdruck auch für die tatsächlichen Bildmaße verwendet (zum Beispiel 9 x 13 cm). Also zum Mitschreiben: Ich benutze den Ausdruck *Pixelgröße* für die Anzahl der Pixel und den Begriff *Bildgröße* für die tatsächlichen Bildmaße.

Die *Auflösung* bedeutet dann schließlich, wie viele Pixel pro Maßeinheit zur Verfügung stehen. Da sich hier das amerikanische Maß *Inch* durchgesetzt hat (1 Inch = 2,54 cm), wird die Auflösung meist in Pixel pro Inch angegeben (ppi). Die Auflösung wirkt sich demnach direkt auf die Qualität Ihres Bildes aus, vor allem wenn es ausgedruckt werden soll. Je mehr Pixel pro Inch existieren, umso schärfer und detaillierter wird das Bild, wie man in den Abbildungen 2.3 bis 2.5 sehen kann, im Druck wiedergegeben. Das erste Bild hat eine Auflösung von 300 Pixel pro Inch oder *ppi* (manchmal auch *dpi* = dots per Inch für Punkte pro Inch), das zweite hat eine Auflösung von 150 ppi und das dritte hat eine Auflösung von 75 ppi. Farbabbildungen der gleichen Beispiele finden Sie auf Farbtafel 2.2.

Abbildung 2.3: Ein Graustufenbild mit einer Auflösung von 300 ppi sieht im Druck umwerfend scharf und detailliert aus.

Beachten Sie dabei, dass die Auflösung in Pixel pro linearem Inch-Maß gemessen wird, nicht flächig in Quadratinch. Deshalb bedeutet eine Auflösung von 72 ppi, dass Sie horizontal wie vertikal 72 Pixel, also 5.184 Pixel pro Quadratinch des Bildes haben.

Warum sieht also das 75-ppi-Bild in Abbildung 2.5 so viel schlechter aus als sein Pendant in Abbildung 2.4? Weil die Pixel einfach größer sind. Wenn Sie ein Inch (2,54 cm) in 75 Teilstücke unterteilen, so sind diese wesentlich größer, als wenn Sie es in 150 Teilstücke unterteilen. Und je größer das Pixel, umso leichter sieht das Auge, dass es sich bei dem Bild doch einfach nur um einen Haufen Quadrate handelt.

Abbildung 2.4: Wenn man die Auflösung des Bildes in Abbildung 2.3 auf 150 ppi senkt, verliert es ein wenig an Schärfe und Detail.

Abbildung 2.5: Reduziert man die Auflösung auf 75 ppi, sieht man eindeutige Qualitätseinbußen.

Schauen Sie sich den Rahmen um die jeweiligen Bilder genauer an, dann wird Ihnen sehr wahrscheinlich relativ schnell klar, wie die Auflösung mit der Größe der Pixel zusammenhängt. Jedes der drei Bilder wird von einer zwei Pixel starken Linie umrahmt. Diese Linie ist aber in Abbildung 2.5 doppelt so dick wie in Abbildung 2.4, da ein Pixel bei 75 ppi doppelt so groß ist, wie bei 150 ppi. Genauso ist die Linie um die 150-ppi-Abbildung 2.4 genau doppelt so dick, wie die entsprechende Linie in der 300-ppi-Abbildung 2.3.

Aber die Größe der Pixel ist nicht der einzige Grund, warum niedriger auflösende Bilder schlechter aussehen als hochauflösende. Ein Pixel kann nämlich nur eine einzige Farbe annehmen. Es gibt kein Pixel, das oben links hellblau und unten rechts dunkelblau ist. Deshalb hat man mit weniger Pixeln auch weniger Farbquadrate zur Verfügung, die die Szene abbilden, weshalb schlicht und einfach Bilddetails verloren gehen.

Wie viele Pixel reichen denn nun?

Jetzt denken Sie vielleicht: »Okay, wenn also hohe Auflösung besser Bildqualität bedeutet, dann will ich ab jetzt nur noch Bilder mit so vielen Pixeln wie möglich!« Nun ja, dazu würde ich ja und nein sagen. In den meisten Fällen sollten Sie natürlich Ihre Bilder mit der höchsten Auflösung aufnehmen, die Ihre Kamera ermöglicht, damit Sie bei der anschließenden Bearbeitung die größtmögliche Flexibilität haben. Die endgültige Auflösung nach der Bildbearbeitung hängt jedoch von dem Einsatzbereich, für den das Bild bestimmt ist, ab.

Für die Bildschirmdarstellung, wie zum Beispiel innerhalb einer Webseite, reicht eine Auflösung zwischen 72 und 96 ppi völlig, da so gut wie kein Monitor höhere Auflösungen darstellen kann. Das ist natürlich eine frohe Botschaft für alle Freunde der digitalen Fotografie, die nur über ein schmales Budget verfügen, da man selbst mit Bildern von günstigsten Kameras schon große Teile eines Bildschirms mit 72 ppi zupflastern kann. (Lesen Sie zum Thema Bildschirmdarstellung auch den Abschnitt *Weitere schwindelerregende Fakten zur Auflösung* im weiteren Verlauf des Kapitels, und schlagen Sie in Kapitel 9 nach, wenn Sie speziell die genauen Größenverhältnisse von Bildern auf dem Bildschirm interessiert.)

Wenn Sie aber vorhaben, Ihr Bild mit einem Farbtintenstrahl- oder Farblaserdrucker auszudrucken, dann sollten Sie mit einer Auflösung im Bereich von 300 ppi arbeiten. Diese Auflösung wird üblicherweise auch beim Offsetdruck verwendet, ich rate Ihnen jedoch in einem solchen Fall vorher mit dem Drucker zu sprechen, damit Sie die optimale Auflösung verwenden, da sich das schon mal abhängig von den Druckmaschinen unterscheiden kann.

Um die Größe zu bestimmen, mit der Sie ein Bild bei einer bestimmten Auflösung ausgeben können, müssen Sie einfach die Anzahl der horizontalen oder vertikalen Pixel des Bildes durch die gewünschte Auflösung dividieren. Nimmt Ihre Kamera zum Beispiel Bilder mit der Größe 640 x 480 Pixel auf, und die gewünschte Auflösung liegt bei 300 ppi, dann errechnet man die Bildbreite mit: 640 ÷ 300 = Bildbreite (2,13 Inch). Die Bildhöhe berechnet man analog mit 480 ÷ 300 = 1,6 Inch. Bilder, die mit einer Digitalkamera mit 640 x 480 Pixeln aufgenommen sind, können demnach bei einer Auflösung von 300 ppi mit einer Größe von 2,13 x 1,6 Inch (5,41 x 4 cm) ausgedruckt werden. Bei einer Auflösung von 72 ppi würde das gleiche Bild eine Ausgabegröße von 8,89 x 6,67 Inch (22,58 x 16,94 cm) haben.

Da ich die ganze Zeit darauf herumgeritten bin, dass mit einer steigenden Anzahl von Pixeln auch die Bildqualität steigt, könnten Sie vielleicht auf die Idee gekommen sein, dass wenn 300 ppi eine tolle Druckqualität ergibt, noch höhere Auflösungen vielleicht noch mehr Qualität bringen. Aber das ist nicht der Fall. Stattdessen kann sich die Bildqualität beim Überschreiten der 300-ppi-Marke sogar verschlechtern. Die meisten Drucker sind für eine bestimmte maximale Auflösung entwickelt worden, und wird diese Auflösung überschritten, dann werden die überzähligen Pixel vom Drucker einfach gelöscht. Nun sind Drucker nicht gerade geschickt bei der Verringerung der Pixelpopulation, deshalb entstehen in einem solchen Fall häufig Bildstörungen wie Treppchen oder ein verwaschenes Druckbild. Bessere Ergebnisse erzielen Sie, wenn Sie die Auflösung in einem Bildbearbeitungsprogramm selbst einstellen, wie im Abschnitt *Wie kontrolliere ich Pixel und Auflösung?* erklärt wird.

Dazu kommt noch, dass übertriebene Pixelmengen, wie im kommenden Abschnitt beschrieben wird, die Dateigröße Ihres Bildes ins Astronomische steigern können.

Mehr Pixel bedeutet größere Dateien

Jedes einzelne Pixel steuert seinen Teil zu der Größe einer Bilddatei hinzu. Damit Sie einen Vergleich haben: Die Dateigröße des 300-ppi-Bildes in Farbtafel 2.2 beträgt 1,3 MB (Megabytes), während das Pendant mit 72 ppi nur 111 K (Kilobytes) belegt. Falls Sie die Umrechnungsformel gerade vergessen haben: 1024 K = 1 MB.

Die Dateigröße wird von der Anzahl der Pixel eines Bildes bestimmt, nicht von der Auflösung (Anzahl der Pixel pro Inch). Ein Bild mit 640 x 480 enthält mit 72 ppi genau die gleiche Anzahl Pixel, wie mit 300 ppi. Anders gesagt, hat ein kleines Pixel, was die Dateigröße betrifft, den gleichen Wert wie ein großes.

Große Bilddateien belegen viel Speicherplatz auf Ihrer Festplatte oder Wechselmedien wie Disketten oder Zip-Medien. Darüber hinaus stellen sie auch noch hohe Anforderungen an das RAM (Random Access Memory = Arbeitsspeicher) des Computers, wenn Sie sie bearbeiten wollen. Man benötigt an freiem RAM, über den Daumen gepeilt, etwa die dreifache Größe der Datei.

Gerade auf einer Seite im Internet gibt es nichts Störenderes als große Bilddateien. Denn jedes einzelne Kilobyte verlängert die Wartezeit beim Herunterladen des Bildes. Und jede Sekunde, in der ein Besucher dieser Seite untätig herumsitzen und warten muss, erhöht die Gefahr, dass er den Ladevorgang unterbricht und von Ihrer Seite verschwindet.

Wenn Sie Ihren Computer und auch Ihr Publikum nicht übermäßig strapazieren wollen, dann sollten Sie vernünftige Dateigrößen wählen. Die Anzahl der Pixel sollte auf das jeweilige Ausgabemedium – Bildschirm oder Computer – abgestimmt sein, und das war‘s. Kein überflüssiges Pixel mehr.

Wie kontrolliere ich Pixel und Auflösung?

Öffnen Sie ein Bild aus Ihrer digitalen Kamera, dann stellt Ihre Bildbearbeitungssoftware eine Standardauflösung ein. Meist liegt diese entweder bei 72 ppi oder bei 300 ppi. Die Auflösung lässt sich generell über zwei Methoden verringern oder erhöhen: Interpolation oder Veränderung der Bildgröße.

Interpolation: die gefährliche Methode, die Auflösung zu ändern

Eine Methode, die Bildgröße zu verändern, ist Pixel vom Bildbearbeitungsprogramm entweder hinzufügen oder entfernen zu lassen. Diesen Prozess nennt man *Interpolation*. Entscheidend dabei ist die Richtung der Interpolation, also ob Pixel entfernt – *herunterinterpoliert* – oder hinzugefügt – *hochinterpoliert* – werden.

Pixel hinzuzufügen hört sich im ersten Moment doch gar nicht so schlecht an. Wenn man nicht genügend davon hat, geht man einfach in den Pixel-Markt und macht den Einkaufswagen bis obenhin voll. Das Problem dabei ist aber, dass das Bildbearbeitungsprogramm den Farbton, die Helligkeit und die Sättigung des neuen Pixels anhand einer Formel errät. Selbst ausgeklügelte Bildbearbeitungsprogramme der Profiklasse sind nicht besonders gut darin, Pixel aus der hohlen Hand zu zaubern. Das illustriert auch die Abbildung 2.6 recht deutlich.

Abbildung 2.6: Dies ist das Ergebnis einer Interpolation von 75 ppi auf 300 ppi.

Ich habe diese Abbildung erzeugt, indem ich das 75-ppi-Bild aus Abbildung 2.5 genommen und es mit Adobe Photoshop, einem der besten Bildbearbeitungsprogramme, auf 300 ppi hochinterpoliert habe. Vergleichen Sie dieses neue Bild mal mit der 300-ppi-Version in Abbildung 2.3, und Sie werden sehen, wie schlecht der Computer die Aufgabe bewältigt, neue Pixel zu erfinden. Manche Bilder kann man begrenzt um ca. 10 bis 15 Prozent hochinterpolieren, ohne sichtbare Qualitätsverluste hinnehmen zu müssen. Anderen Bildern hingegen bekommt schon eine Vergrößerung um 1 Prozent nicht besonders. Allgemein kann man sagen, dass Bilder mit großen einfarbigen Flächen das Hochinterpolieren besser verkraften, als Bilder, die voller kleiner Details stecken.

Sollte Ihr Bild hingegen zu viele Pixel enthalten – das ist oft bei Anwendungen für das World Wide Web der Fall – dann müssen Sie Pixel vorsichtig entfernen (herunterinterpolieren). Aber denken Sie daran, dass jedes Pixel Bildinformationen enthält. Entfernen Sie zu viele davon, verschlechtert sich auch die Bildqualität. Als Faustregel gilt, dass man Bilder nicht mehr als 25 Prozent verkleinern sollte, und behalten Sie immer eine Kopie des Originals, falls Sie die ursprünglichen Pixel doch wiederhaben wollen.

Eine schrittweise Anleitung, wie man die Anzahl der Pixel verändert, finden Sie in Kapitel 9 in dem Abschnitt, in dem es um die Bildgröße für die Bildschirmdarstellung geht.

Veränderung der Bildgröße: die bessere Methode, die Auflösung zu verändern

Die elegantere und letztlich auch die einzige sichere Methode zur Änderung der Auflösung ist die Bildgröße zu ändern, aber die originale Anzahl der Pixel beizubehalten. Wenn Sie die Bildgröße ändern, dann schrumpfen die Pixel und rücken näher zusammen, um in die kleinere zugewiesene Fläche zu passen. Vergrößern Sie das Bild, werden die Pixel größer und verteilen sich, um die vergrößerte Bildfläche auszufüllen.

Nehmen wir mal an, Sie haben ein Bild der Größe 3 x 4 Inch mit einer Auflösung von 300 ppi. Verdoppeln Sie nun die Bildgröße auf 6 x 8, wird die Auflösung auf 150 ppi halbiert. Umgekehrt verdoppelt sich die Auflösung auf 600 ppi, wenn Sie die Bildgröße auf 2 x 1,5 Inch verkleinern.

Da die Verkleinerung der Bildgröße die einzige nicht-destruktive (verlustfreie) Methode ist, die Bildauflösung zu vergrößern, sollten Sie Ihre Bilder immer mit der höchstmöglichen Anzahl von Pixeln aufnehmen. Auf diesem Weg können Sie auch größere Bildformate noch mit einer vernünftigen Auflösung drucken. Haben Sie am Ende gar noch zu viele Pixel, dann können Sie diese mittels Interpolation entfernen. Aber Sie dürfen sich nicht vorstellen, dass man ohne Qualitätsverluste Pixel zu einem Bild hinzufügen kann.

Mehr Einzelheiten über diese Vorgehensweise finden Sie in Kapitel 8 im Abschnitt über die Bildgröße im Druck.

Nicht alle Bildbearbeitungsprogramme bieten die Möglichkeit, bei der Änderung der Bildgröße die Originalanzahl der Pixel zu behalten. Manche Programme interpolieren Ihre Bilder automatisch bei jeder Veränderung der Bildgröße, also Vorsicht! Schauen Sie im Hilfesystem oder dem Handbuch des Programms nach, wenn Sie sich nicht sicher sind.

Weitere Schwindel erregende Fakten zur Auflösung

Als wenn das ganze Zeug, das Sie in den vorangegangenen Abschnitten über Pixel, Interpolation und Auflösung gelesen haben, nicht schon aufregend genug wäre, müssen Sie sich zusätzlich darüber klar sein, dass der Ausdruck *Auflösung* nicht immer die Bildauflösung, wie Sie sie gerade kennen gelernt haben, bezeichnet. Der Ausdruck wird vielmehr auch dazu verwendet, die Leistungsmerkmale von digitalen Kameras, Monitoren und Druckern zu beschreiben. Wenn Sie das Wort Auflösung hören, sollten Sie deshalb die folgenden Fakten im Hinterkopf haben:

- ✔ Hersteller digitaler Kameras benutzen den Ausdruck Auflösung oft, wenn sie die Anzahl der Pixel nennen, die die jeweilige Kamera produzieren kann. Eine Kamera kann beispielsweise mit einer Auflösung von 1280 x 960 oder 1,3 Millionen Pixeln ausgezeichnet sein. Aber dieser Wert bezieht sich auf die reine Anzahl der Pixel und nicht auf die Auflösung, der Anzahl der Pixel pro Inch des endgültigen Bilds. Sie alleine bestimmen diesen Wert in Ihrem Bildbearbeitungsprogramm. Natürlich können Sie über die maximale Anzahl der Pixel, die eine Kamera produzieren kann, die maximale Bildgröße in Abhängigkeit von der endgültigen Auflösung errechnen. Teilen Sie einfach die Breite oder die Höhe des Bildes durch die horizontale oder vertikale Anzahl der Pixel, wie ich in dem vorangegangenen Abschnitt *Wieviele Pixel reichen denn nun?* beschrieben habe.

Einige Hersteller verwenden den Ausdruck VGA-Auflösung für 640 x 480-Pixel-Kameras und Megapixel-Auflösung für Kameras mit einer Gesamtanzahl von einer Millionen oder mehr Pixeln.

✔ Der gleiche missverständliche Gebrauch des Wortes findet sich auch bei der Beschreibung von Monitoren. Die Hersteller benutzen auch hier das Wort Auflösung, um die Gesamtanzahl der Pixel anzugeben, die ein Monitor anzeigen kann. Bei den meisten Monitoren kann man Darstellungsoptionen zwischen 640 x 480 Pixeln (oft auch VGA-Auflösung genannt), 800 x 600 oder 1024 x 786 wählen. Moderne Monitore können sogar noch mehr Pixel auf einmal darstellen. Die Anzahl der Pixel auf dem Monitor hängt zum einem von der tatsächlichen Größe des Bildschirms ab und zum anderen von den Einstellungen, die Sie für die Bildschirmdarstellung gemacht haben.

Windows geht davon aus, dass der angeschlossene Monitor eine Auflösung von 96 ppi zeigt, während Mac OS eine Auflösung von 72 ppi voraussetzt. Die tatsächliche Auflösung liegt meist zwischen diesen beiden Werten, abhängig davon, wie viele Pixel Sie Ihrem Monitor und Ihren Augen zumuten mögen. Nur die immer beliebteren flachen TFT-Displays haben eine feste Pixelgröße und Auflösung. Die vom Betriebssystem favorisierte Auflösung ist vor allem dann wichtig, wenn Sie die Bildgröße von Bildern festlegen wollen, die für die Bildschirmdarstellung gedacht sind (siehe auch Kapitel 9).

✔ Die Hersteller von Druckern beschreiben die Leistungsmerkmale ihrer Maschinen auch mit dem Ausdruck Auflösung. Hier wird die Auflösung in *dpi* gemessen, also *Dots per inch*, statt Pixel pro Inch. Das Prinzip ist aber ähnlich: Gedruckte Bilder bestehen schließlich auch nur aus kleinen Farbpunkten, und dpi ist die Maßeinheit, mit der gemessen wird, wie viele Punke ein Drucker pro Inch produzieren kann.

Grundsätzlich gilt hier: Je höher die dpi-Zahl, umso kleiner die Punkte und umso besser sieht das Druckbild aus. Beurteilt man einen Drucker nur anhand der dpi-Zahl, kann man, wie in Kapitel 8 beschrieben wird, schön auf die Nase fallen. Unterschiedliche Drucker verwenden auch unterschiedliche Drucktechnologien, die zu unterschiedlich guten Resultaten führen. So kann es sein, dass ein bestimmter Drucker mit einer Auflösung von 300 dpi bessere Ergebnisse liefert, als andere mit 600 dpi.

Die Maßeinheiten dpi und ppi werden regelmäßig, auch von Herstellern von Druckern, vertauscht, weshalb viele Anwender dem Irrglauben verfallen, sie müssten ihre Bildauflösung gemäß der Auflösung des Druckers einstellen. Doch ein Punkt (Dot) eines Druckers ist nicht das gleiche wie ein Pixel! Die meisten Drucker verwenden mehrere Dots um ein Pixel eines Bildes abzubilden. Jeder Drucker ist auf eine bestimmte Bildauflösung hin ausgerichtet. Deshalb sollten Sie einen Blick in das Bedienungshandbuch werfen, um die richtige Auflösung für Ihren Drucker herauszufinden. In Kapitel 8 finden Sie weitere Informationen zum Drucken und zu den verschiedenen Druckertypen.

Was dieses ganze Auflösungs-Zeug für Sie bedeutet

Bekommen Sie langsam Kopfschmerzen? – Ich auch! Deshalb habe ich hier eine kleine Zusammenfassung für Sie, in der Sie die wichtigsten Fakten über Auflösung aus den vorangegangenen Kapiteln noch einmal wiederfinden:

- ✔ **Bildbreite (oder Bildhöhe) ÷ Anzahl Pixel horizontal (oder vertikal) = Bildauflösung (ppi).** Ändern Sie einen Wert, muss sich auch einer der anderen beiden Werte ändern.
- ✔ **Hochqualitative Farbausdrucke erzielen Sie mit einer Auflösung von 300 ppi.** In Kapitel 8 finden Sie die Einzelheiten zu diesem Thema.
- ✔ **Für die Bildschirmdarstellung verwendet man eine Auflösung von 72 bis 96 ppi.** Man fährt jedoch besser, wenn man bei der Bildschirmdarstellung von der Anzahl der Pixel ausgeht, statt von der Auflösung. Schlagen Sie für weitere Informationen hierzu in Kapitel 9 nach.
- ✔ **Vergrößert man ein Bild, dann läuft man Gefahr, die Bildqualität zu verschlechtern.** Beim Vergrößern eines Bildes können zwei Dinge passieren: Entweder die Pixel werden größer, um in die vergrößerte Bildfläche zu passen, oder sie behalten ihre Größe und die Bildbearbeitungssoftware fügt in die entstehenden Lücken neue Pixel ein. In beiden Fällen kann die Bildqualität darunter sichtbar leiden.
- ✔ **Man erhöht die Auflösung eines Bildes, indem man die Bildgröße verändert.** In manchen Bildbearbeitungsprogrammen kann man die Pixel zum Bild hinzufügen (interpolieren), wodurch die Auflösung bei gleich bleibender Bildgröße erhöht wird. Doch selbst die besten Programme können diese Aufgabe nicht befriedigend bewerkstelligen. Deshalb: Vermeiden Sie das Hochinterpolieren von Bildern. Erhalten Sie stattdessen die Anzahl der Pixel, indem Sie die physikalischen Dimensionen des Bildes verkleinern, um die Auflösung zu erhöhen (falls Ihr Bildbearbeitungsprogramm diese Option bietet). In Kapitel 8 lernen Sie alles Nötige über diese Methode.
- ✔ **In den meisten Fällen sollten Sie Ihre Kamera auf die höchstmögliche Pixelzahl stellen.** Fast alle Kameras bieten die Möglichkeit, Bilder mit unterschiedlich vielen Pixeln aufzunehmen. Denken Sie daran, dass Sie ohne Probleme überflüssige Pixel loswerden können, jedoch nicht Pixel hinzufügen können, ohne Verluste hinnehmen zu müssen. Außerdem

kann es sein, dass Sie zwar heute ein niedrig auflösendes Bild für das World Wide Web benötigen, Ihnen aber ein paar Tage später einfällt, dass Sie das gleiche Bild auch gerne großformatig ausdrucken wollen. In diesem Fall brauchen Sie wieder so viele Pixel wie möglich. Mehr darüber in Kapitel 6.

✔ **Die endgültige Bildauflösung, die aus einer Kamera herausgeholt werden kann, errechnet sich, indem man Bildbreite (oder Bildhöhe) durch die Anzahl Pixel horizontal (oder vertikal) teilt.** Nimmt eine Kamera beispielsweise 640 x 480 Pixel pro Bild auf, und Sie wollen einen Ausdruck in der Größe 4 x 3 Inch machen (ca. 7,5 x 10 cm), dann teilen Sie entweder 640 durch 4 oder 480 durch 3. Mit beiden Rechnungen kommen Sie auf eine maximale Auflösung von 160 ppi.

✔ **Mehr Pixel bedeuten auch eine größere Bilddatei.** Selbst wenn Sie unendlich viel Platz auf Ihrer Festplatte haben, gilt hier nicht unbedingt: Viel hilft viel. Große Bilder benötigen Unmengen an RAM (Arbeitsspeicher), wenn man sie bearbeiten will, und der Computer braucht auch mehr Zeit für die einzelnen Bearbeitungsschritte. Auf einer Webseite bedeuten große Bilddateien längere Ladezeiten, die Besucher Ihres Webauftritts abschrecken können. Und schließlich werden Bilder, die mit mehr Pixeln als nötig an den Drucker gesendet werden, unter Umständen schlechter statt besser ausgedruckt. Hat Ihr Bild eine höhere Auflösung als das gewünschte Ausgabemedium (Drucker oder Monitor), dann finden Sie in Kapitel 9 die entsprechenden Vorgehensweisen, mit denen man die überflüssigen Pixel los wird.

Licht, Kamera, Belichtung!

Unabhängig davon, ob Sie mit einer herkömmlichen oder mit einer digitalen Kamera arbeiten, hängt die Helligkeit bzw. Dunkelheit Ihres Bildes von der *Belichtung* ab. Mit Belichtung bezeichnet man die Menge des Lichts, die auf den Film oder den Bildsensor fällt. Je mehr Licht, umso heller das Bild. Zu viel Licht führt zu einem ausgewaschenen, *überbelichteten* Bild, zu wenig Licht führt zu einem dunklen, *unterbelichteten* Bild.

Bei vielen Digitalkameras haben Sie so gut wie keine Einstellmöglichkeiten für die Belichtung, ähnlich wie bei einfachen Schnappschusskameras. Bei diesen Modellen wird alles automatisch für Sie geregelt. Manche Kameras bieten jedoch ein paar unterschiedliche Belichtungsprogramme, und Kameras aus dem oberen Preissegment bieten sogar die Möglichkeit, die Belichtung komplett manuell einzustellen.

Unabhängig davon, ob Sie mit einer vollautomatischen oder manuellen Kamera arbeiten, sollten Sie verstehen, welche Faktoren bei der Belichtung eine Rolle spielen, so zum Beispiel: Verschlusszeit, Blende und Filmempfindlichkeit. Auf diesem Weg lernen Sie die Möglichkeiten und Grenzen Ihrer Kamera kennen.

Blende und Verschlusszeit auf die traditionelle Weise

Bevor wir uns nun anschauen, wie digitale Kameras die Belichtung steuern, ist es hilfreich zu wissen, wie eine herkömmliche Kamera dies bewältigt. Obwohl sehr viele Digitalkameras nicht wirklich wie eine traditionelle Kamera funktionieren, beschreiben die Hersteller die Belichtungswerte und Einstellmöglichkeiten mit den Ausdrücken aus der prä-digitalen Fotografie. Damit erhoffen sie sich, dass erfahrenen Fotografen der Übergang von analoger zu digitaler Fotografie einfacher gemacht wird.

Abbildung 2.7 zeigt eine vereinfachte Darstellung einer herkömmlichen Kamera. Die einzelnen Bausteine variieren zwar in ihrer Bauart von Kamera zu Kamera, jedoch besitzen alle Kameras einen *Verschluss*, der zwischen dem Film und der Linse sitzt. Ist die Kamera nicht in Gebrauch, ist der Verschluss geschlossen, und es kann kein Licht auf den Film fallen. Nehmen Sie nun ein Bild auf, öffnet sich der Verschluss, und Licht fällt auf den Film.

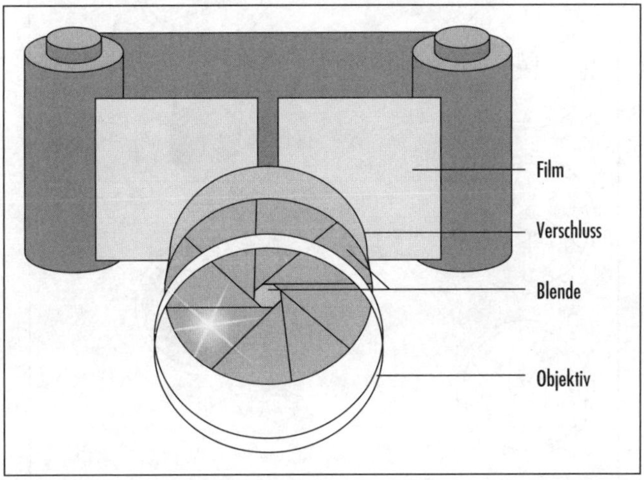

Abbildung 2.7: So sind Verschluss und Blende schematisch in einer herkömmlichen Kamera aufgebaut.

Die Lichtmenge, die auf den Film fällt, kann auf zwei verschiedene Arten geregelt werden: durch die Zeitspanne, in der der Verschluss geöffnet bleibt (auch *Verschlusszeit*) und durch die Blende. Wie man in Abbildung 2.7 sehen kann, ist die Blende ein Loch mit veränderbarer Größe, das zwischen Linse und Verschluss sitzt. Licht, das durch die Linse fällt, muss durch die Blende und den Verschluss fallen, um auf den Film zu gelangen. Soll also mehr Licht auf den Film fallen, müssen Sie die Blende größer, soll weniger Licht einfallen, müssen Sie sie kleiner machen.

Die Größe der Blende wird in *Blendenzahlen* gemessen, vor denen immer ein kleines *f* steht. Standardblendenzahlen sind: f/1,4; f/2; f/2,8; f/4; f/5,6; f/8; f/11; f/16 und f/22.

Entgegen den Erwartungen wird die Blende mit größeren Blendenzahlen kleiner, und es fällt weniger Licht in die Kamera ein. Eine Blendenzahl lässt immer genau halb so viel Licht einfallen, wie die nächst kleinere. Eine Kamera fängt zum Beispiel doppelt so viel Licht bei einer Blende von f/11 ein als mit einer Blende von f/16. (Und Sie beschweren sich, dass Computer so schwer zu verstehen sind!) Schauen Sie sich auch die Illustrationen in Abbildung 2.8 an, vielleicht bringen sie ja Licht ins Dunkel der Blendentechnik.

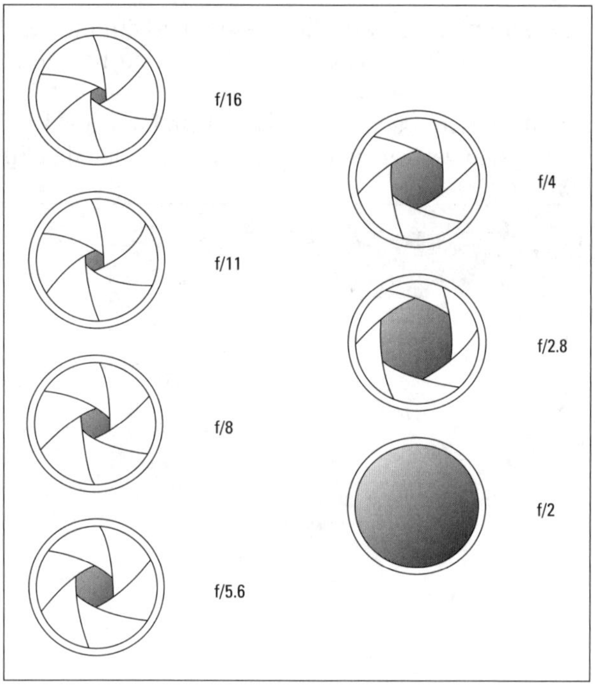

Abbildung 2.8: Je kleiner die Blendenzahl, desto mehr Licht fällt ein.

Die Verschlusszeit wird dankenswerterweise in verständlicheren Maßen gemessen: Bruchteile einer Sekunde. Eine Verschlusszeit von $^1/_8$ heißt beispielsweise, dass sich der Verschluss für eine Achtelsekunde öffnet. Das mag sich zwar nicht nach einer allzu langen Zeitspanne anhören, ist aber für eine Kamera schon fast eine Woche. Wenn Sie ein bewegliches Objekt mit dieser Verschlusszeit fotografieren wollen, dann erhalten Sie ein unscharfes, verwischtes Bild. Für aktionsreiche Bilder benötigen Sie deshalb eine Verschlusszeit von $^1/_{500}$, damit Sie ein scharfes Bild bekommen.

Bei Kameras, die Einstellmöglichkeiten für Blende und Verschlusszeit bieten, verändern Sie die beiden Faktoren in Abhängigkeit voneinander, um die richtige Lichtmenge festzulegen. Wenn Sie zum Beispiel eine aktionsreiche Szene an einem hellen Sommertag fotografieren, können Sie eine kurze Verschlusszeit mit einer kleinen Blende (mit hoher Blendenzahl) kombinieren. Wollen Sie die gleiche Szene bei Dämmerung aufnehmen, verwenden Sie eine offenere Blende (mit kleinerer Blendenzahl), damit Sie die gleiche Verschlusszeit beibehalten können.

Blende und Verschlusszeit auf digitalem Weg

Wie bei einer traditionellen Kamera wird auch hier die Belichtung durch die Menge des Lichts bestimmt, die aufgenommen wird. Aber viele Digitalkameras, die für den breiten Markt bestimmt sind, sind nicht mit Blende und Verschluss ausgestattet, die bei herkömmlichen Kameras zur Kontrolle der Belichtung dienen. Stattdessen werden die Chips auf dem Bildsensor verschieden lange an- und abgeschaltet, und somit wird mehr oder weniger Licht aufgenommen. In manchen Kameras wird die Belichtung auch dadurch – manuell oder automatisch – beeinflusst, dass die elektrische Spannung, die der Bildsensor ausgibt, je nach Lichtverhältnissen verstärkt oder reduziert wird.

Aber selbst bei Kameras mit diesen alternativen Belichtungsmethoden werden die Fähigkeiten des Geräts normalerweise mit Ausdrücken aus der traditionellen Fototechnik beschrieben. Beispielsweise können Sie die Wahl zwischen zwei verschiedenen Belichtungsmethoden haben, welche mit Icons beschriftet sind, die so aussehen wie die Blendenöffnungen in Abbildung 2.8. Diese Belichtungsmethoden sind so ausgerichtet, dass sie eine entsprechende Belichtung erzeugen, wie Sie sie mit einer herkömmlichen Kamera und der jeweiligen Blende erreichen würden.

Deshalb sollten Sie sich, unabhängig davon ob Ihre Kamera mit dem traditionellen Blende/Verschluss-Prinzip oder einem abgefahrenen elektronischen Prinzip arbeitet, mit dem Prinzip von Blende und Verschlusszeit vertraut machen. (Lesen Sie deshalb den vorangegangenen Abschnitt, falls Sie ihn übersprungen haben.)

Blende und Verschlusszeit sind aber nicht die einzigen Faktoren, die bei der Bildbelichtung eine Rolle spielen. Die Empfindlichkeit des Bildsensors hat dabei auch eine entscheidende Bedeutung.

ISO-Werte und Sensorempfindlichkeit

Auf der Verpackung eines Films sollte irgendwo der so genannte ISO-Wert zu finden sein. Filme für den Normalverbraucher haben üblicherweise Werte von ISO 100, 200 oder 400. Diese Zahlen geben an, wie lichtempfindlich der Film ist. Man nennt den ISO-Wert auch die *Filmgeschwindigkeit*. Je höher der Wert, desto höher die Empfindlichkeit des Films oder, wie Fotografen sagen würden, umso *schneller* der Film. Und umso schneller der Film, desto weniger Licht benötigt man, um ein brauchbares Bild aufzunehmen. Der Vorteil eines schnelleren Films liegt darin, dass man mit kürzeren Verschlusszeiten und bei schlechteren Lichtverhältnissen arbeiten kann als bei einem langsamen Film.

Die meisten Hersteller digitaler Kameras geben auch ISO-Werte für ihre Geräte an. Hier bedeutet der Wert aber die Empfindlichkeit des Bildsensors. In anderen Worten entspricht die

Zahl dem Wert eines von der Empfindlichkeit her vergleichbaren Films. Normalerweise haben einfache Digitalkameras für den Normalverbraucher den Wert ISO 100.

Ich führe das alles auf, weil sich dadurch erklären lässt, warum Digitalkameras so viel Licht benötigen, um ein brauchbares Bild zu liefern. Würden Sie nämlich mit einem ISO-100-Film fotografieren, würden Sie eine weit offene Blende oder eine kurze Verschlusszeit benötigen – solange Sie nicht auf einen Schwarze-Katze-im-Kohlenkeller-Effekt aus sind. Das Gleiche gilt auch für Digitalkameras.

RGB, CMYK und andere kunterbunte Abkürzungen

Wenn Sie den Abschnitt *Das Geheimnis lebendiger Farben* weiter vorne in diesem Kapitel gelesen haben, dann wissen Sie bereits, dass Digitalkameras, Monitore und Fernseher RGB-Geräte genannt werden, da sie Bilder durch die Mischung von rotem, grünem und blauem Licht erzeugen. Bearbeiten Sie ein Bild in einem Bildbearbeitungsprogramm, dann mischen Sie indirekt genauso rotes, grünes und blaues Licht, um mit den Werkzeugen des Programms die Farben Ihres Bilds zu verändern.

Jedoch ist RGB nur einer von vielen farbspezifischen Ausdrücken, denen Sie auf Ihrem digitalen Bildabenteuer noch begegnen werden. Damit Sie auf diese Begegnungen vorbereitet sind, habe ich hier eine Liste mit kurzen Erläuterungen für Sie zusammengestellt:

✔ **RGB:** Nur noch einmal zum Üben, RGB steht für rot, grün und blau. RGB ist das Farbmodell, das von digitalen Kameras und allen Geräten, die auf elektronischem Weg Licht ausstrahlen und filtern, verwendet wird (Monitore, Projektoren, etc.).

Bildbearbeitungsgurus verwenden auch den Ausdruck *Farbraum*, wenn sie über Farbmodelle reden, und das mit überraschender Häufigkeit.

✔ **sRGB:** Dies ist eine Variante des RGB-Farbmodells, wobei sRGB einen kleineren Farbraum bietet als RGB. Der Grund dafür liegt darin, dass sRGB dafür entworfen wurde, um die Farbe zwischen Bildschirmdarstellung und gedruckten Bildern anzunähern. Da RGB-Geräte mehr Farben erzeugen können, als die Tinte von Druckern reproduzieren kann, wird mit einem kleineren Farbraum auch die Gefahr verringert, dass der Ausdruck nicht so aussieht, wie das Bild auf dem Bildschirm. Mit dem sRGB-Farbmodell will man darüber hinaus auch einen Standard für Farben auf dem Bildschirm festlegen, damit Bilder auf einer Webseite auf allen Monitoren möglichst gleich dargestellt werden. Viele Bildbearbeitungspuristen hassen sRGB, andere sehen darin eine Chance zur Lösung des oben genannten Farbdilemmas. Praktisch gesehen müssen sich die meisten Anwender jedoch keine Gedanken machen, ob sie mit RGB oder sRGB arbeiten. Nur High-End-Anwender, die mit Photoshop 5 oder neuer arbeiten, können selbst festlegen, ob sie mit RGB oder sRGB ihre Bilder bearbeiten wollen, in allen anderen Fällen wird das vom Bildbearbeitungsprogramm ohne Ihre Stimme hinter den Vorhängen entschieden.

- **CMYK:** Während lichtbasierte Geräte Rot, Grün und Blau mischen, um Bilder zu erzeugen, mischen Drucker die Primärfarben der Tinte, um eine Seite mit Farbe zu versehen. Statt Rot, Grün und Blau verwenden Drucker jedoch Tinten mit den Farben Cyan, Magenta, Yellow und Black. Bilder, die auf diesem Weg erzeugt werden, nennt man CMYK-Bilder. (Das K steht hier für Black, da man fürchtete, dass B mit Blue aus RGB verwechselt werden könnte, und bei Offsetdruckern die schwarze Druckplatte auch Key-Plate genannt wird.) Bilder, die im Offsetdruck vierfarbig gedruckt werden sollen, müssen zuvor in den CMYK-Farbraum konvertiert werden. (In Kapitel 8 finden Sie alles Weitere zum Thema CMYK-Druck.)

Bittiefe: Hin und wieder hört man Leute über digitale Bilder unter der Verwendung des Ausdrucks *Bit* sprechen. Sie sagen zum Beispiel, dass ein Bild eine Bittiefe von 24 Bit hat. (Ich kann Ihnen vom Umgang mit solchen Leuten nur abraten, denn Sie werden sich unter ihnen sehr schnell fehl am Platze vorkommen.) Die Anzahl der Bits in einem Bild – auch Bittiefe oder *Farbtiefe* genannt – gibt an, wie viele Farbinformationen jedes Pixel enthalten kann. Praktisch gesehen, ist eine höhere Bittiefe auch mit mehr Farben im Bild gleichzusetzen.

Bit ist eine Abkürzung für das englische Wort *binary digit*, was nichts anderes bedeutet, als dass ein Wert ausschließlich 1 oder 0 sein kann. In einem Computer kann jedes Bit für zwei verschiedene Farben stehen. Je mehr Bilder, umso mehr Farben sehen Sie. Ein 8-Bit-Bild hat maximal 256 Farben (2^8=256), ein 16-Bit-Bild ungefähr 32.000 und ein 24-Bit-Bild über 16 Millionen. Die schönsten und sattesten Farben erhält man natürlich nur mit der höchsten Bittiefe. Aber je größer die Bittiefe, desto größer die Bilddatei.

- **Indizierte Farben:** Indizierte Farben bezeichnen Bilder, denen Farben weggenommen wurden, um die Bittiefe und somit die Dateigröße der Bilddatei zu verringern (siehe auch den vorangegangenen Punkt). Viele Menschen reduzieren ihre Bilder auf eine Bittiefe von 8 Bit (256 Farben), wenn sie sie in eine Webseite einbauen wollen. Das bekannteste Bilddateiformat im Web namens GIF erlaubt Ihnen sogar maximal nur 256 Farben. Woher kommt der Name *indiziert* dann? Wenn Sie Ihr Bildbearbeitungsprogramm anweisen, die Anzahl der Farben in einem Bild zu reduzieren, dann fragt das Programm eine Farbtabelle, die man Index nennt, wie es die Farben der einzelnen Pixel verändern soll. Mehr über dieses Thema finden Sie in Kapitel 9. Werfen Sie auch einen Blick auf die Farbtafel 9.1, in der man sehr schön den Unterschied zwischen einem 24-Bit- und einem 8-Bit-Bild sehen kann.

- **Graustufen:** Ein Graustufenbild besteht – wie der Name schon vermuten lässt – ausschließlich aus unterschiedlichen Graustufen zwischen Schwarz und Weiß. Alle Bilder auf den regulären Seiten dieses Buchs – also außer den Farbtafeln – sind Graustufenbilder. Graustufenbilder werden in manchen Bildbearbeitungsprogrammen und von manchen Menschen auch Schwarzweißbilder genannt. Doch echte Schwarzweißbilder bestehen einzig aus weißen und schwarzen Pixeln, ganz ohne Graustufen dazwischen. Grafikprofis nennen solche reinen Schwarzweißbilder auch *Line Art*.

Fotografen wie Ansel Adams haben gezeigt, dass Graustufenbilder mindestens eine genauso starke visuelle Kraft haben können wie Farbbilder. Sie können ein RGB-Bild sehr einfach in einem Bildbearbeitungsprogramm in Graustufen umwandeln. Schlagen Sie in Kapitel 12 nach, wenn Sie wissen wollen, wie man ein Graustufenbild erzeugt, dann einen Braunton hinzufügt und so die Illusion einer hundert Jahre alten Fotografie wie in Farbtafel 12.4 erzeugt.

Die meisten Kameras bieten die Option, ein Bild schon im Speicher der Kamera in Graustufen umzuwandeln. Hin und wieder kann das recht hilfreich sein, jedoch behalten Sie viel mehr Kontrolle darüber, wie das Bild später aussieht, wenn Sie diesen Arbeitsschritt selbst in einem Bildbearbeitungsprogramm erledigen.

- **CIE Lab, HSB und HSL**: Diese drei Abkürzungen stehen für die anderen drei Farbmodelle für digitale Bilder. Sie müssen sich darüber erst Gedanken machen, wenn Sie ernsthaft zu einem Guru der digitalen Fotografie mutiert sind. Der Vollständigkeit halber: CIE Lab definiert Farbe mittels dreier Farbkanäle. Ein Kanal speichert die Helligkeitswerte (*Luminanz*) und die anderen zwei Kanäle jeweils einen separaten Farbbereich. (Diese Farbkanäle werden mit *a* und *b* gekennzeichnet.) HSB und HSL definieren Farbe über den *Farbwinkel* (engl.: *Hue*), die Sättigung (Reinheit oder Intensität der Farbe; engl.: *Saturation*) und der Helligkeit (engl.: *Lightness* oder *Brightness*).

Auf diese Farbmodelle werden Sie höchst selten stoßen, eigentlich nur dann, wenn Sie in Ihrem Bildbearbeitungsprogramm eine neue Farbe aussuchen. In diesem Fall erklärt sich die Funktionsweise in der Dialogbox von selbst. Manche Programme bieten auch die Möglichkeit, Bilder von bestimmten Foto-CDs im Lab-Farbmodus zu öffnen. Diese Option können Sie vorerst guten Gewissens ignorieren.

Auf der Suche nach der perfekten Kamera

3

In diesem Kapitel ...

- Die Entscheidung zwischen Macintosh und Windows
- Was die ganzen Zahlen auf der Verpackung bedeuten
- Bildkompression und wie sie sich auf die Bildqualität auswirkt
- Welchen Zusatzschnickschnack Sie wirklich brauchen können
- Bildspeicheroptionen: Eingebauter Speicher oder Wechselmedien?
- Objektives zum Objektiv
- Andere wichtige Fragen, die Sie stellen sollten, bevor das Geld über die Theke geht

Seit dem Zeitpunkt, an dem es Ingenieuren gelungen ist, digitale Kameras zu einem Preis auf Massenkonsumniveau herzustellen, sind alle Hersteller auf den digitalen Zug aufgesprungen. Heutzutage bietet jede Firma – ob es nun alteingesessene Fotohersteller wie Canon, Fuji, Kodak, Nikon, Olympus oder sogar Leica sind oder große Namen aus dem Computer- und Elektronikbereich wie Hewlett-Packard, Casio und Epson – irgendwelche Produkte aus dem Bereich der digitalen Fotografie an.

Dass bei dem ganzen Theater so viele unterschiedliche Finger im Spiel sind, hat Vor- aber auch Nachteile. Einerseits entstehen durch großen Wettbewerb bessere Produkte, mehr Auswahlmöglichkeit und niedrigere Preise. Andererseits müssen Sie sich aber auch viel ausgiebiger erkundigen, um herauszufinden, welche Kamera nun die richtige für Ihre Ansprüche ist. Die verschiedenen Hersteller versuchen, das Herz der Kunden mit unterschiedlichen Strategien zu gewinnen, und sich durch die Unzahl verschiedener Optionen durchzuarbeiten benötigt einige Zeit und nicht weniger Nerven.

Wenn Sie der Typ sind, der nur ungern Entscheidungen selbst trifft, hoffen Sie vielleicht, dass ich Ihnen ganz lapidar sagen kann, welche Kamera Sie kaufen sollen. Leider kann ich das aber nicht. Der Kauf einer Kamera ist eine sehr persönliche Entscheidung, und es gibt einfach keine einzige Kamera, die allen Ansprüchen aller Benutzer gerecht werden kann. Eine Digitalkamera mag gut in der Hand des einen Menschen liegen, während sie sich in der eines anderen seltsam anfühlt. Sie freuen sich vielleicht über eine Digitalkamera, die mit Knöpfen, Anzeigen und Rädchen nur so übersät ist, während Ihr Nachbar unter Umständen ein ganz einfaches Modell bevorzugt, bei dem der Fotograf viele Entscheidungen abgenommen bekommt. Vielleicht benötigen Sie auch ein Topmodell, weil Sie professionell damit arbeiten, und nicht wie andere Menschen einfach nur zum Spaß und fürs Internet fotografieren wollen.

Ich kann Ihnen zwar kein bestimmtes Modell empfehlen, aber dennoch bei der Entscheidung, welche Features Sie benötigen und welche nicht, behilflich sein. Ich kann Ihnen auch eine kleine Frageliste an die Hand geben, mit der es Ihnen leichter fallen wird, die einzelnen Modelle zu bewerten. Wie Sie herausfinden werden, müssen Sie sich über ein weites Feld unterschiedlicher Faktoren klar werden, bevor Sie Ihr Geld ausgeben.

Mac oder Windows - spielt das eine Rolle?

Das ist relativ einfach. Die meisten – aber nicht alle – Digitalkameras arbeiten auf beiden Computerplattformen. Der einzige Unterschied besteht in der Software, mit der Sie die Bilder aus der Kamera herunterladen und bearbeiten. Die meisten Kameras werden mit entsprechenden Kabeln und der entsprechenden Software für beide Systeme ausgeliefert, jedoch sollten Sie sich genau erkundigen, bevor Sie Ihre Kaufentscheidung treffen. In manchen Fällen müssen Sie als Macintosh-User noch ein paar Mark extra für die Software anlegen.

Weder müssen Sie befürchten, dass Ihre Freunde, die einen Windows-PC benutzen, Ihre Bilder nicht öffnen können, noch trifft das für den umgekehrten Fall zu. Die gängigen Bilddatenformate funktionieren auf beiden Plattformen, und es gibt für beide Systeme gute Bildbearbeitungsprogramme auf dem Markt. Besuchen Sie Kapitel 7, wenn Sie eine ausführliche Erläuterung der unterschiedlichen Dateiformate wünschen, und investieren Sie die eine oder andere Minute in Kapitel 4 für Tipps zur Auswahl des richtigen Bildbearbeitungsprogramms.

Es gibt – wenn auch wenige – Kameras für die Windows-Plattform, die nur mit einem Computer mit Pentium 2- oder MMX-Prozessor arbeiten. Bevor Sie also eine Kamera kaufen, sollten Sie sich vergewissern, dass Ihr Computer den Systemanforderungen der Kamera gewachsen ist.

Sie sagen, Sie wollen Auflösung

Kapitel 2 beschäftigt sich zwar ausführlich mit dem Thema Bildauflösung, aber hier ist die Kurzversion: Mehr Pixel bedeutet bessere Bildqualität. Unterschiedliche Kameras können unterschiedlich viele Pixel aufnehmen, und als Faustregel gilt: Je mehr Sie für eine Kamera ausgeben, umso mehr Pixel können Sie auch aufnehmen.

Normalerweise bieten Kameras unterhalb von 300 Euro eine Auflösung von zirka einer Million Pixel, auch *Megapixel* genannt – das heißt, dass sie maximal 1280 x 960 Pixel aufnehmen können, das sind umgerechnet 1.228.800 Pixel. Zwischen 300 und 700 Euro können Sie eine 2-Megapixel-Kamera erstehen; bis zu 900 Euro müssen Sie für eine 3-Megapixel-Kamera anlegen; noch höher liegen die Preise für die derzeitige Spitzenklasse kompakter Digitalkameras mit 4 bis 5 Millionen Pixeln.

Wie viele Pixel brauchen Sie also? Das hängt davon ab, wie Sie Ihre Bilder verwenden wollen. Wenn Sie Ihre Aufnahmen hauptsächlich per E-Mail verschicken oder auf Webseiten veröffentlichen wollen, dann ist eine Kamera mit 1280 x 960 Pixeln mehr als genug. Wollen Sie Ihre Bilder aber ausdrucken, zum Beispiel in Broschüren, Anzeigen oder Ähnlichem, dann benötigen Sie ein Modell mit zwei, besser drei Megapixeln. Mit einer 1280 x 960 Pixel-Kamera können Sie Bilder in akzeptabler Qualität nur in kleinen Formaten ausdrucken, bei größeren Formaten werden Sie mit der Bildqualität nicht mehr zufrieden sein.

Der Krieg zwischen CCD und CMOS

Bildsensorchips – die Chips, die in einer Digitalkamera das Bild aufzeichnen – werden in zwei Kategorien eingeordnet: CCD (engl.: *Charge-Coupled Device*) und CMOS (engl.: *Complementary Metal-Oxide Semiconductor*).

Das Hauptargument für CCD-Chips ist ihre höhere Empfindlichkeit im Vergleich zur CMOS-Technologie. Praktisch heißt das, dass CCD-Chips bei schlechteren Lichtverhältnissen fotografieren können als ihre CMOS-Pendants. CCD-Chips liefern auch *sauberere* Bilder, als CMOS-Chips, bei denen manchmal *Rauschen* auftritt – das sind kleine, über das ganze Bild verstreute Störungen.

Auf der anderen Seite sind CMOS-Chips wesentlich billiger in der Herstellung, was sich auch direkt positiv auf den Kamerapreis auswirkt. Darüber hinaus sind CMOS-Chips energiesparender als CCD-Chips, was den Batterien in der Kamera eine längere Lebensdauer beschert.

CMOS-Chips können auch Spitzlichter besser vertragen als CCD-Chips. Spitzlichter treten auf, wenn sich sehr helles Licht in Chrom spiegelt oder Sonnenlicht auf einem See. CCD-Chips erzeugen in einem solchen Fall unerwünschte Blendeffekte um sehr helle Bildportionen, die bei CMOS-Chips nicht auftreten.

Zur Zeit ist der Großteil der digitalen Kameras mit CCD-Technologie ausgestattet. Die Industrie arbeitet aber daran, die CMOS-Technologie zu verfeinern, weshalb man von dieser Technik in Zukunft noch hören wird.

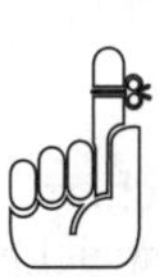

Wenn Sie Kameras miteinander vergleichen, müssen Sie beachten, dass die unterschiedlichen Modelle die Pixel auf verschiedene Arten und Weisen erzeugen. Und die Art wie Pixel erzeugt werden, kann sich auf Ihre Bilder direkt auswirken. Deshalb können Sie nicht einfach die Anzahl der Pixel auf den Kameraverpackungen vergleichen und damit ein aussagekräftiges Urteil über die Kamera fällen.

Nehmen wir einmal an, dass Sie bei einer Kamera die Wahl zwischen zwei Einstellungen haben: 1600 x 1200 Pixel oder 1280 x 960 Pixel. Einige Kameras nehmen tatsächlich die Anzahl Pixel auf, die Sie eingestellt haben. Andere hingegen nehmen das Bild mit der kleineren Anzahl Pixel auf und *interpolieren* – erhöhen die Anzahl – für den Rest der Pixel. Der Prozessor der Digitalkamera analysiert die Farb- und Helligkeitsinformationen der aufgenommenen

Pixel und fügt auf der Basis dieser Information zusätzliche Pixel hinzu. Die Interpolation ist aber keine allzu perfekte Wissenschaft, weshalb Bilder, die mit dieser Methode aufgenommen sind, nicht die Qualität erreichen, die nicht-interpolierte Bilder haben. Natürlich sind Digitalkameras, die mit Interpolation eine bestimmte Pixelmenge erreichen, aber auch billiger als solche, die die gleiche Menge ohne Interpolation aufnehmen.

Jetzt kommt aber noch ein wichtiger Faktor ins Spiel: Die meisten Kameras *komprimieren* Bilder, bevor sie sie speichern. Komprimieren heißt, wie im nächsten Abschnitt erläutert wird, dass die Daten zusammengequetscht werden, damit sie weniger Platz im Speicher der Kamera belegen. Mehr Bilder auf weniger Raum unterzubringen ist ein offensichtlicher Vorteil. Da die Kompression aber meist mit einem mehr oder weniger großen Verlust an Daten verbunden ist, kann ein hochauflösendes Bild mit sehr starker Kompression unter Umständen schlechter aussehen, als ein unkomprimiertes Bild mit einer geringeren Auflösung.

Die Moral von der Geschichte ist: Die beste Bildqualität erreicht man mit Digitalkameras, die Bilder mit den meisten Pixeln bei geringster Kompression aufnehmen. Da die Bildqualität aber auch von anderen Faktoren abhängt, wie zum Beispiel der Lichtempfindlichkeit des Sensors, sollten Sie sich nicht ausschließlich auf diese Werte verlassen. Stattdessen sollten Sie Ihren Kopf – oder besser Ihre Augen benutzen. Machen Sie einige Testaufnahmen mit unterschiedlichen Kameras, jeweils mit der gleichen Auflösung, und entscheiden Sie dann, welche Bildqualität die bessere ist.

Das Wunder der Kompression

Die meisten Kameras komprimieren Bilder, bevor sie sie in ihrem Speicher ablegen. Eine Datei zu komprimieren heißt einige Daten zu vernachlässigen, um die Größe der Datei zu reduzieren. Es gibt unterschiedliche Methoden, Dateien zu komprimieren, die meisten Digitalkameras verwenden jedoch das JPEG-Kompressionsschema (sprich: *dschäipeg*).

JPEG steht für *Joint Photographic Experts Group*, eine Gruppe von Experten, die diese Technologie entwickelt haben. (Ich wette, Sie können es nicht abwarten, bis Sie mit dieser Perle des Wissens bei der nächsten Party angeben können.) Mehr über die JPEG-Kompression finden Sie in den Kapiteln 7 und 9.

Jedenfalls kann die Kamera durch die Kompression der Bilder mehr Aufnahmen speichern. Je stärker die Kompression, umso kleiner die Datei und umso mehr Bilder können gespeichert werden. Der Nachteil dabei ist, dass die JPEG-Kompression häufig wichtige Bilddaten opfert, um die Datei schrumpfen zu lassen. Je stärker das Bild also komprimiert wird, umso mehr Daten gehen verloren und umso mehr leidet die Bildqualität.

Farbtafel 3.1 zeigt ein unkomprimiertes Bild (oben), das gleiche Bild mit niedriger Kompressionsrate (mitte) und mit hoher Kompressionsrate (unten). Bei niedriger Kompressionsrate ist der Qualitätsverlust vernachlässigbar gering. Bei hoher Kompressionsrate hingegen kann man definitiv Verluste von Bilddetails ausmachen. Alle drei Bilder haben eine Auflösung von 300 ppi.

Heißt das, dass man die Finger von Kameras lassen sollte, die Bilder komprimieren? Auf gar keinen Fall. Erstens tut ein bisschen Kompression den Bildern kaum etwas an (siehe Farbtafel 3.1). Zweitens opfern die meisten Menschen gerne ein wenig Bildqualität zugunsten von kleineren Dateien und mehr Aufnahmen, da sie die Bilder sowieso nur für die Veröffentlichung im Internet oder zum Beispiel für Inventaraufnahmen für die Hausratsversicherung verwenden.

Die größte Flexibilität bieten Kameras, bei denen sich die Kompression in zwei oder drei verschiedenen Raten einstellen lässt, so dass Sie abhängig vom Anwendungsbereich entweder wenig, gar nicht oder stark komprimieren können. Fordern Ihre fotografischen Projekte die höchstmögliche Bildqualität, dann schauen Sie sich nach einer Digitalkamera um, bei der man die Kompression entweder ausschalten oder auf minimal einstellen kann.

Normalerweise werden die Kompressionsraten mit vagen Begriffen bezeichnet, so etwa: *gut, besser, beste*. Wenn Sie solche Bezeichnungen sehen, sollten Sie daran denken, dass damit die resultierende Bildqualität gemeint ist, nicht aber die Kompressionsrate. Die Einstellung *beste* erzeugt beispielsweise die geringste Kompression und somit die beste Bildqualität und die größte Bilddatei. *Gut* erzeugt die höchste Kompressionsrate, die schlechteste Bildqualität und gleichzeitig aber die kleinste Datei. Bei manchen Kameras geben diese Begriffe jedoch statt der Kompressionsrate die Anzahl der Pixel wieder, mit der aufgenommen wird. Geben Sie also acht, wenn Sie diese Option beurteilen wollen. (Aufschluss bietet die Bedienungsanleitung der Kamera.)

Vergessen Sie dabei auch nicht, dass jeder Hersteller etwas anders mit der Kompression umgeht. Unter Umständen liefert eine starke Kompressionsrate einer Kamera gleich gute Ergebnisse, wie die mittlere einer anderen Kamera. Um herauszufinden, welches der Modelle, die Sie in die nähere Auswahl gezogen haben, bei der Einstellung auf höchste Qualität an wenigsten komprimiert – was für gehobene Bildansprüche sehr wichtig ist – sollten Sie vergleichen wie viele Bilder die Kameras jeweils mit der gleichen Pixelmenge von beispielsweise 1280 x 960 Pixeln pro Megabyte Speicherplatz unterbringen können. Die Kamera, die die wenigsten Bilder speichert, hat auch die niedrigste Kompressionsrate.

Speicherplatz zählt

Interessant bei der Wahl der Kamera ist auch herauszufinden, mit welchem Medium die Kamera Bilder speichert. Einige Kameras haben einen eingebauten Speicher (wenn Sie ein bisschen angeben wollen, sagen Sie dazu *on board memory*). Wenn der Speicher der Kamera voll ist, können Sie so lange keine weiteren Bilder mehr aufnehmen, bis Sie die gespeicherten Bilder auf Ihren Computer heruntergeladen (transferiert) und den Kameraspeicher gelöscht haben.

Die meisten Kameras speichern Bilder auf Wechselmedien, wobei manche Modelle wie die Ricoh Caplio RR1 oder die Casio Exilim zusätzlich über einen fest eingebauten Speicher verfügen. Sony Digital Mavica Kameras speichern Bilder auf handelsüblichen Disketten oder auf CD-Rs. Verbreiteter sind allerdings Speichermedien auf Halbleiterbasis. Ein paar ältere Digitalkameras speichern Bilder auf kreditkartengroßen PCMCIA-Karten (auch kurz PC-Karten). Die meisten Kameras verwenden briefmarkengroße CompactFlash-Karten oder SmartMedia-Karten. Sonys eigene MemoryStick-Medien finden fast ausschließlich in den Kameras der Cybershot-Modellreihe dieses Herstellers Verwendung. Die noch kleineren Multimedia- und SecureDigital-Karten dienen zunehmend nicht mehr nur in MP3-Playern als Speichermedien, sondern gewinnen wegen ihrer geringen Abmessungen auch im Bereich der Digitalfotografie an Popularität. (Kapitel 4 bietet weitere Informationen über die verschiedenen Wechselmedien.)

Ist eine Speicherkarte voll, können Sie sie einfach herausnehmen, eine neue hineinstecken und weiterfotografieren. Abbildung 3.1 zeigt eine Canon PowerShot S20, bei der Sie an der rechten Seite eine Karte einschieben können.

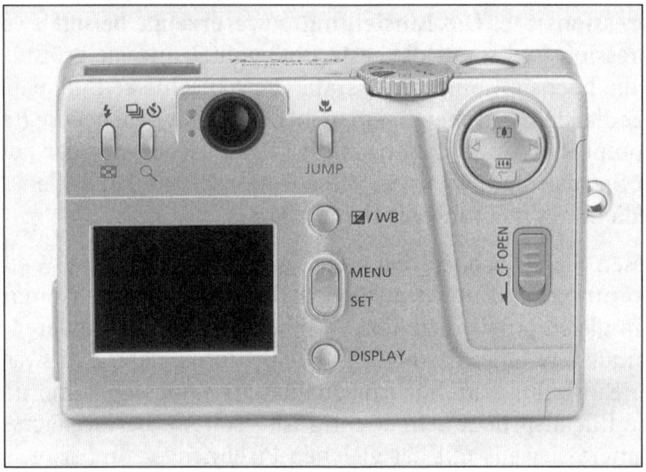

Abbildung 3.1: Eine Canon PowerShot S20 mit herausgezogener CompactFlash-Karte.

Wechselmedien haben auch Vorteile beim Datentransfer. Hat Ihre Digitalkamera kein auswechselbares Speichermedium, müssen Sie Kamera und Computer ausschalten, hinter den Computer kriechen und die richtige Buchse finden, um die beiden Geräte miteinander zu verbinden. (Warum können Computerhersteller diese Anschlüsse nicht an die Vorderseite der Kiste machen?) Wechselmedien ersparen Ihnen diese Mühe.

Bei Kameras, die die Bilder auf Disketten, CD-Rs oder wiederbeschreibbaren CD-RWs speichern, nehmen Sie einfach die Diskette oder CD aus der Kamera und stecken sie in das Disketten- oder CD-Laufwerk Ihres Computers, um die Bilder von der Kamera in den Computer zu transferieren. Für PC-Karten, CompactFlash-Karten oder SmartMedia-Karten gibt es spezielle

Adapter, die das jeweilige Kartenformat lesen können. (PC-Karten passen darüber hinaus auch ohne Adapter in den PC-Kartensteckplatz, den man an den meisten Laptops findet.) Abgesehen davon, dass diese Methode bequemer ist, bietet sie auch einen schnelleren Datentransfer. (Kapitel 7 steckt voller saftiger Details, falls Sie neugierig geworden sind)

Beim Vergleich des Speichers der verschiedenen Kameramodelle sollten Sie sehr genau darauf achten, was der Hersteller zur maximalen Speicherkapazität angibt – der maximalen Bildanzahl, die gespeichert werden kann. Dieser Wert gibt die maximale Anzahl Bilder wieder, die mit der geringsten Auflösung und/oder der höchsten Kompressionsrate aufgenommen werden können. Wenn Kamera A mehr Bilder aufnehmen kann als Kamera B und beide Kameras mit gleich viel Speicher ausgestattet sind, dann haben die Bilder in Kamera A entweder weniger Pixel oder sind stärker komprimiert als die Bilder in Kamera B. (Siehe auch *Das Wunder der Kompression* weiter vorne in diesem Kapitel.)

Welche Speichermethode ist die beste, und wie viel Speicher benötige ich? Fest eingebauter Speicher findet sich heute fast nur noch in preiswerten Fun-Kameras, während Modelle für den ernsthaften Fotoamateur auf Wechselmedien speichern. Die Größe der beiliegenden Medien reicht aber meist nur für wenige Aufnahmen, so dass Sie die Anschaffung einer größeren Speicherkarte schon beim Kamerakauf mit einplanen sollten. Wie viel Speicherplatz sollte diese Karte bieten? Es kommt darauf an, wie weit Sie sich von Ihrem Computer bei Fotosessions entfernen wollen, wie groß die Bilder werden sollen, wie stark Sie Ihre Bilder komprimieren wollen und, wie immer, wie viel Geld Sie investieren wollen. Wollen Sie beispielsweise viel auf Reisen fotografieren und werden während dieser Zeit keinen Zugriff auf einen Computer haben, um die Bilder herunterzuladen, dann sollten Sie nicht an den Speichermedien sparen.

Das wichtigste Kriterium ist die Zahl der Pixel, die Ihre Kamera aufzeichnen kann. Für 2-Megapixel-Modelle sind 32 Megabyte ein sinnvolles Minimum; auf eine Karte dieser Kapazität passen ungefähr so viele (leicht komprimierte) 2-Megapixel-Bilder wie auf zwei herkömmliche Filme. Falls Sie sich für eine Kamera mit 3 Megapixeln entscheiden, sollten Sie schon zu einer 64-Megabyte-Karte greifen, und 4 oder 5 Megapixel erfordern Speichermedien mit 128 Megabyte Kapazität, wenn Sie nicht unterwegs plötzlich mit einer randvollen und damit für weitere Aufnahmen unbrauchbaren Kamera dastehen wollen. Natürlich könnten Sie – einer der Vorzüge der digitalen Fotografie! – zunächst misslungene Aufnahmen löschen und so wieder Platz schaffen, aber sehr viel weiter kommen Sie damit auch nicht. Glücklicherweise ist der Preis pro Megabyte in den letzten Jahren deutlich gesunken: CompactFlash-Karten sind mit rund 0,70 Euro pro Megabyte das preisgünstigste Speichermedium; SmartMedia-Karten sind nur unwesentlich teurer während MemorySticks mit 1,10 Euro und MultiMedia-Karten mit 1 Euro pro Megabyte (jeweils bei Kauf einer 64-MB-Karte) mit höheren Kosten zu Buche schlagen.

Mit LCD oder ohne LCD?

Fast alle Digitalkameras sind mit einem LCD-Bildschirm (engl.: *liquid-crystal display* für Flüssigkristallanzeige) ausgestattet. Der LCD-Bildschirm funktioniert wie ein miniaturisierter Laptopbildschirm, mit dem man sich die Bilder, die die Kamera gespeichert hat, ansehen kann. Dieser Bildschirm wird auch dazu verwendet, die Menüs anzuzeigen, mit denen Sie die Einstellungen der Kamera verändern können, und um Bilder aus dem Speicher der Kamera zu löschen. Abbildung 3.2 zeigt den LCD-Bildschirm einer Kodak DC260.

Die Möglichkeit, Bilder direkt auf der Kamera anzuschauen und gegebenenfalls zu löschen, ist sehr nützlich, da Sie sich die Zeit und die Umstände ersparen, Bilder herunterzuladen, die Sie gar nicht verwenden können. Wird ein Bild nicht so, wie Sie es wünschen, löschen Sie es einfach und versuchen es noch einmal.

Der LCD-Schirm zeigt auch eine Voransicht der Aufnahme. Ist die Kamera mit einem herkömmlichen Sucher und einem LCD-Bildschirm ausgestattet, dann können Sie den Bildausschnitt über beide Methoden bestimmen. Die meisten Kameras zwingen Sie aber dazu, den LCD-Schirm zu benutzen, wenn Sie Nahaufnahmen machen, um Parallaxenfehler zu vermeiden (dieses Phänomen wird in Kapitel 5 beschrieben). Manche Kameras mit LCD-Bildschirm sind gänzlich ohne einen traditionellen Sucher ausgestattet, sodass Sie alle Bilder durch den digitalen Sucher, den LCD-Bildschirm, aufnehmen müssen. Ich finde es etwas schwierig, Bilder ausschließlich mit dem LCD-Schirm aufzunehmen, da man dazu die Kamera einige Zentimeter vom Auge entfernt halten muss, damit man sieht, was man fotografiert. Hat man dabei keine allzu ruhige Hand, kann es unter Umständen schwer fallen, Bilder aufzunehmen, ohne die Kamera zu bewegen. In so einem Fall ist der Gebrauch eines Stativs sehr ratsam.

Abbildung 3.2: Wie die meisten Digitalkameras ist auch die Kodak DC260 mit einem LCD-Bildschirm ausgestattet, mit dem man aufgenommene Bilder anschauen und Kameraoptionen ändern kann.

LCD-Bildschirme bringen aber noch ein paar andere Nachteile mit sich. Die Kamera wird etwas schwerer, und sie ziehen eine Menge Saft aus der Batterie. Außerdem lässt ihre Darstellungsqualität bei grellem Licht erheblich nach, was das Fotografieren in solchen Situationen oft erheblich erschwert. Umgekehrt versagt das LCD auch bei schummriger Beleuchtung in Innenräumen, sodass Sie sich nur noch auf den optischen Sucher verlassen können. Letztlich wirkt sich der LCD-Bildschirm natürlich auch auf den Preis der Kamera aus.

Ich persönlich möchte auf keinen der beiden Sucher verzichten. Ohne LCD kann man aufgenommene Bilder nicht noch einmal anschauen und löschen. Ohne normalen Sucher ist das Fotografieren manchmal schwierig, an sonnigen Tagen sogar hin und wieder fast unmöglich.

Ausgefallene Modelle für ausgefallene Ansprüche

Digitalkameras gibt es in allen möglichen Größen und Formen. Einige sind so entworfen worden, dass sie wie eine Kleinbildkamera aussehen und auch so in der Hand liegen. Andere wiederum sehen eher wie Videokameras aus. Hier gibt es kein Falsch oder Richtig – kaufen Sie einfach unter Berücksichtigung der in diesem Kapitel genannten Entscheidungshilfen die Kamera, die Sie am meisten anspricht.

Einige wenige Kameras sind jedoch auf ganz spezielle Ansprüche zugeschnitten:

✔ **Webcams:** Es gibt ein paar Kameras, wie die Kodak DVC-323, die Sie in Abbildung 3.3 sehen, die dafür ausgerichtet sind, auf Ihrem Monitor oder Schreibtisch befestigt zu werden. Diese Kameras haben keinen Sucher oder LCD-Bildschirm – man sieht dann, was man aufnimmt, wenn die Kamera an den Computer angeschlossen ist.

Abbildung 3.3: Webcams wie die hier gezeigte DVC-323 sind Digitalvideokameras, die vor allem für Videokonferenzen und Internettelefonie bestimmt sind.

Anders als die Kameras, die ich im Rest des Buchs beschreibe, handelt es sich bei diesen Geräten um digitale Videokameras, nicht um einen digitalen Fotoapparat. Man kann damit zwar auch Standbilder aufnehmen, doch sind sie hauptsächlich für die Aufnahme von bewegten Bildern gedacht. Tatsächlich ist ein Standbild, das man mit einer solchen Kamera aufnimmt, nichts als ein eingefrorenes Videoeinzelbild (Frame).

Und was soll das? Nun ja, diese Kameras sind vor allem für Videokonferenzen und Internettelefonie gedacht (Telefonanrufe über das Internet mit Sichtkontakt). Sie sitzen vor der Kamera, und die Kamera überträgt Ihr Bild auf den Monitor der Person am anderen Ende der Leitung – vorausgesetzt, dort ist die nötige Hard- und Software installiert.

Obwohl Sie diese Digitalvideokameras in Geschäften meist im gleichen Regal finden wie digitale Fotokameras, gehören sie doch zu einer völlig anderen Sorte, die auf einen ganz speziellen Markt zugeschnitten ist. Aus diesem Grund, und weil die Aufzeichnung und Bearbeitung von digitalen Videos im Vergleich zur Aufnahme und Bearbeitung von digitalen Fotografien etwas völlig anderes ist, widme ich mich hier nur sehr oberflächlich diesem Thema.

- **Digitale Spiegelreflexkameras und Kamerarückteile:** Wenn Sie den unwiderstehlichen Drang verspüren und das nötige Kleingeld haben, dann kaufen Sie sich eine ultrahochauflösende digitale Spiegelreflexkamera oder ein Kamerarückteil, mit dem Sie mit Ihrer herkömmlichen Spiegelreflexkamera digitale Bilder aufnehmen können. Abbildung 3.4 zeigt eine Canon EOS D60, die ein traditionelles Spiegelreflexgehäuse mit digitaler Technologie vereint. Diese Kamera kann satte 6 Millionen Pixel aufnehmen und kostet mit rund 3000 Euro zwar deutlich mehr als selbst höher auflösende digitale Sucherkameras; dennoch ist die früher unerschwingliche digitale Spiegelreflextechnik auf dem besten Wege dahin, sich auch für den ambitionierten Fotoamateur zu einer interessanten Alternative zu entwickeln.

Abbildung 3.4: Die für Semiprofis und zahlungskräftige Amateure entwickelte Canon EOS D60 ist eine digitale Spiegelreflexkamera mit einem 6 Megapixel auflösenden CMOS-Bildwandler. Für den Einstieg in die digitale Spiegelreflextechnologie muss man rund 3000 Euro aufwenden.

Wie bitte? Kein Blitz?

Wenn Sie Bilder mit Filmmaterial aufnehmen, ist der Blitz für Innenraumaufnahmen und Außenaufnahmen bei schlechtem Licht ein Muss. Sie werden überrascht sein, dass für Digitalkameras nicht unbedingt das Gleiche gilt.

Manche Digitalkameras mit lichtstarken Objektiven und empfindlichen Bildwandlern nehmen auch ohne Blitz in geschlossenen Räumen vernünftige Bilder auf. Doch haben nicht alle Kameras die gleichen Fähigkeiten, weshalb Sie vor einer Kaufentscheidung für ein Modell ohne Blitz einige Probeaufnahmen unter schlechten Lichtbedingungen machen sollten. Denken Sie auch daran, dass ein Blitz wie bei herkömmlichen Kameras sehr nützlich sein kann, wenn Sie Außenaufnahmen machen (siehe Kapitel 5). Man kann einen Blitz nämlich auch dazu verwenden, Gegenlicht zu kompensieren oder Objekte, die im Schatten stehen, aufzuhellen.

Bei Kameras, die mit einem Blitz ausgestattet sind – und das ist mittlerweile die Mehrzahl – sollten Sie herausfinden, wie viele verschiedene Blitzmodi es gibt. Normalerweise sollten das bei einer Kamera mit eingebautem Blitz drei verschiedene sein: *Automatik* (der Blitz wird nur eingesetzt, wenn die Kamera denkt, dass zu wenig Licht vorhanden ist), *immer* (die Kamera blitzt bei jedem Foto) und *kein Blitz*. Meiner Meinung sollten zumindest diese drei Optionen für einen Blitz vorhanden sein.

Fast alle Kameras haben auch einen *Rote-Augen-Modus*, mit dem man das rote Leuchten der Augen direkt angeblitzter Personen vermeiden können soll. Ich bin von dieser Option jedoch nicht gerade überzeugt, weil sie meist nicht zu vernünftigen Ergebnissen führt. Probleme mit roten Augen lassen sich viel kontrollierter in der Bildbearbeitungsphase beseitigen. In Kapitel 11 gibt es Anleitungen dazu.

Kameras aus der gehobenen Klasse bieten zusätzlich noch zwei weitere Blitzmodi: einen *low sync mode*, mit dem man bei sehr schlechtem Licht blitzt und den *external flash mode*, für den Anschluss eines externen Blitzgeräts. Diese Optionen sind vielleicht für den professionellen Anwender und den fortgeschrittenen Freizeitfotografen recht interessant, aber der Normalverbraucher wird wahrscheinlich auch ohne sie auskommen. Mehr über die verschiedenen Blitzoptionen finden Sie in Kapitel 5.

Objektives zu Objektiven

Bei Nachforschungen über Digitalkameras sind manche Leute so dermaßen von technischen Details wie der Auflösung, Kompression und anderen digitalen Optionen gefesselt, dass sie ein viel grundsätzlicheres, geradezu essentielles Qualitätsmerkmal vergessen. Das Objektiv ist eine der Basiskomponenten einer Kamera, die oft übersehen werden – und das sollte Ihnen nicht passieren.

Das Objektiv der Kamera dient als *Auge* und bestimmt somit, was Ihre Kamera sehen kann und wie hochwertig diese Informationen auf den Bildsensor der Digitalkamera projiziert werden. Die folgenden Abschnitte erläutern einige Details, über die Sie sich bei der Kaufentscheidung Gedanken machen können.

Heiße Fakten zur Brennweite

Unterschiedliche Objektive haben unterschiedliche *Brennweiten*. Wie bei herkömmlichen Kameras gibt die Brennweite auch bei Digitalkameras den Abstand zwischen dem Zentrum der Linse und dem Brennpunkt an, in dem die Strahlen zusammenlaufen – wer jemals mit einer Lupe im Sonnenlicht gezündelt hat, weiß, woher der Brennpunkt (Fokus) seinen Namen hat. Die Brennweite wird in Millimetern angegeben.

Lassen Sie sich von diesem ganzen Fachchinesisch und mathematischen Ausdrücken nicht kleinkriegen. Beschränken Sie sich auf die folgenden Fakten:

✔ Die Brennweite bestimmt den Blickwinkel der Linse und die Größe, mit der das Objekt im Bildausschnitt erscheint. Kürzere Brennweiten erzeugen Weitwinkelaufnahmen, das heißt, dass man einen größeren Ausschnitt der Szene auf das Bild bekommt, ohne zurückgehen zu müssen. Eine kurze Brennweite rückt das Objekt scheinbar von Ihnen weg, es erscheint kleiner. Brennweiten, die länger als normal sind, scheinen das Objekt näher heranzuholen, es erscheint im Bildausschnitt größer. Linsen mit langen Brennweiten nennt man auch Teleobjektive.

✔ Die meisten Schnappschusskameras sind mit Objektiven ausgestattet, die ein leichtes Weitwinkelobjektiv mit einer Brennweite im Bereich von 35 bis 40 mm haben. Diese Brennweite eignet sich für die meisten Schnappschüsse.

Kameras mit einem *Zoomobjektiv* ermöglichen eine variable Brennweite. Wenn Sie heranzoomen, wird die Brennweite erhöht, wenn Sie wegzoomen, wird sie verringert.

✔ Eine visuelle Vorstellung über Brennweiten können Sie sich anhand der Farbtafel 3.2 machen. Dort sehen Sie die gleiche Szene, die mit vier unterschiedlichen Brennweiten aufgenommen worden ist. Das Bild oben links habe ich mit einer Nikon Coolpix 900 aufgenommen, die mit einem 38–115 mm-Zoomobjektiv ausgestattet ist. Hier habe ich auf 38 mm herausgezoomt. Das Bild oben rechts habe ich mit einer Olympus D-600 aufgenommen, die mit einem 36–100 mm-Zoom bestückt ist. Auch hier habe ich wieder die kürzeste Brennweite – dieses Mal 36 mm – eingestellt. Die Aufnahme unten links habe ich mit einer Casio QV-5000SX gemacht, die eine Festbrennweite von 35 mm hat. Für das untere rechte Bild habe ich schließlich wieder die Nikon Coolpix mit einem 24 mm-Weitwinkeladapter verwendet.

Beachten Sie, dass die Brennweiten, die ich für die Kameras genannt habe, eigentlich nicht den wahren Werten entsprechen. Sie geben vielmehr das Äquivalent zu Objektiven von 35 mm-Kleinbildkameras an. Die gegenüber dem Kleinbild noch viel kleineren Sensoren der Digitalkameras bedingen eine wesentlich kürzere Brennweite als bei 35 mm-Kameras. Beispielsweise erzeugt ein 5 mm-Objektiv bei einer Canon PowerShot A5 das visuelle Ergebnis eines traditionellen 35 mm-Objektivs, wie man es von Schnappschusskameras her kennt.

Damit sich Fotografen eine Vorstellung davon machen können, wie sich die Objektive von Digitalkameras im Vergleich zu herkömmlichen Objektiven verhalten, geben die Hersteller meist einen Äquivalenzwert an. In Werbebroschüren liest man zum Beispiel: »5 mm-Objektiv, gleichbedeutend einem 35 mm-Objektiv einer 35 mm-Kleinbildkamera.«

Da ich keinen Sinn darin sehe, dass Sie völlig neue Brennweitenwerte auswendig lernen, werde ich in diesem Buch auch mit den äquivalenten Werten arbeiten.

Da Sie jetzt wissen, was diese kleinen Zahlen auf der Kameraverpackung über das Objektiv aussagen, können Sie eine Kamera aussuchen, die mit einem Objektiv ausgestattet ist, das auf Ihre Ansprüche zugeschnitten ist. Wie ich schon vorher zu bemerken pflegte, eignet sich ein Standard-35 mm-Objektiv vor allem für durchschnittliche Schnappschüsse. Wenn Sie vorhaben, sehr viele Landschaftsaufnahmen zu machen, dann sollten Sie ein Objektiv verwenden, das eine etwas kürzere Brennweite hat, damit Sie einen breiteren Blickwinkel haben. Ein Weitwinkelobjektiv ist auch für Aufnahmen in kleineren Räumen überaus geeignet, da Sie sich mit einem Standard-35 mm-Objektiv unter Umständen nicht weit genug vom Objekt entfernen können, um es in den Bildausschnitt zu bekommen.

Glücklicherweise sind heutzutage auch schon Kameras ab zirka 400 Euro durchweg mit einem Zoomobjektiv ausgestattet, mit dem Sie die Brennweite stufenlos verdoppeln oder verdreifachen können. Natürlich können Sie auch auf die altbewährte Methode zoomen: Einfach vor- oder zurückgehen – damit können Sie zwar ebenfalls den gewünschten Bildausschnitt wählen, doch nicht immer die gewünschte Perspektive: Mit einem Weitwinkelobjektiv muss man für ein Portraitfoto so nah an das Opfer heran, dass dessen Nase unschön knollenförmig verzerrt wird. Wer sich als Portraitfotograf keine Feinde schaffen will, kommt gar nicht darum herum, zu einer langen Brennweite oder einem Zoomobjektiv zu greifen. Wollen Sie die größtmögliche Flexibilität, was Objektive angeht, schauen Sie sich nach einer Kamera um, deren Brennweite man über den Zoombereich hinaus zusätzlich mit Weitwinkel- und Telekonvertern erweitern kann.

Für den Fall, dass Sie sich für eine Digitalkamera mit Zoomobjektiv interessieren, sollten Sie sich vergewissern, dass die Kamera Ihrer Wahl mit einem *optischen Zoom* statt mit einem *digitalen Zoom* ausgestattet ist. Ein optisches Zoom ist ein echtes Zoomobjektiv. Ein digitales Zoom wird durch ein in die Kamera eingebautes Bildbearbeitungsprogramm erzeugt. Benutzen Sie das digitale Zoom, vergrößert die Kamera das Zentrum des Bildausschnitts und schneidet die äußeren Ränder ab. Danach wird das verbleibende Bild vergrößert. Die Vergrößerung der »gezoomten« Bildfläche reduziert aber die Auflösung und somit die Bildqualität. Viele neuere Kameras schränken die Anwendung des Digitalzooms auf kleinere als die maximale Bildgröße ein: In solchen Fällen stellt der Bildsensor mehr Pixel bereit, als im späteren Bild enthalten sind, und statt das Bild auf die gewählte Größe herunterzuskalieren, schneidet das Digitalzoom die überstehenden Bildränder ab. Diese Variante des Digitalzooms verschlechtert die Bildqualität nicht und ist speziell bei Kameras mit drei und mehr Megapixeln durchaus nützlich. Wenn Ihnen der Begriff Auflösung Kopfschmerzen bereitet, lesen Sie in Kapitel 2 nach; weitere Informationen über digitale und optische Zooms finden Sie in Kapitel 6.

Fokussierungshilfen

Einige Digitalkameras sind mit Objektiven mit *Fixfokus* ausgerüstet, was bedeutet, dass man den Schärfepunkt nicht verändern kann. Normalerweise sind diese Objektive so ausgelegt, dass der Schärfebereich bei 1,5 Metern anfängt und bis unendlich reicht.

Andere Digitalkameras haben eine manuelle Schärfeeinstellung, mit deren Hilfe der Fotograf die Schärfe für drei verschiedene Abstände festlegen kann. Darunter ist der Makro-Modus für extreme Nahaufnahmen, der Portrait-Modus für Objekte, die ein paar Meter von der Kamera entfernt sind, und der Landschaftsmodus, für weit entfernte Objekte. Ein großer Vorteil der extrem kurzen Brennweite der Objektive von Digitalkameras ist die sehr hohe *Schärfentiefe* (auch *Tiefenschärfe*). Damit ist die Abstandsspanne gemeint, in der das Bild (auch bei Fixfokus-Kameras) noch scharf ist. Diese Spanne ist bei Digitalkameras üblicherweise wesentlich größer als bei traditionellen Kameras.

Die unterschiedlichen Kameramodelle haben meist auch unterschiedliche Schärfebereiche, das kommt vor allem bei Makro-Aufnahmen zum Tragen. Wenn Sie im Makro-Modus arbeiten wollen, vergleichen Sie die minimale Distanz, aus der Sie noch scharfe Bilder erhalten.

Kameras mit *Autofokus* stellen die Bildschärfe automatisch ein, abhängig vom Abstand des Objekts zur Kamera. Viele Kameras, die mit dieser Technik ausgestattet sind, haben ein überaus nützliches Extra, mit dem man die *Schärfe halten* kann. Damit können Sie genau bestimmen, auf welches Objekt die Kamera scharfstellen soll, und müssen sich keine Gedanken darüber machen, in welchem Bereich des Bildausschnitts sich das betreffende Objekt befindet. Man nimmt das Objekt, auf das fokussiert werden soll, dazu meist einfach in die Bildmitte, drückt den Auslöser halb herunter, um die Schärfe zu halten, und holt sich den gewünschten Bildausschnitt zurück, bevor man den Auslöser ganz herunterdrückt.

Besser ausgestattete Digitalkameras bieten meist die Möglichkeit, die Schärfe stufenlos auf genaue Distanzen einzustellen. Dieses Feature ist ziemlich nützlich, da man sich auf Autofokussysteme gerade bei komplexen Szenen nicht vollends verlassen kann. Nehmen Sie beispielsweise im Zoo einen Tiger in einem Käfig auf, kann es passieren, dass der dumme Autofokus statt auf den Tiger auf den Käfig scharfstellt.

Mehr über die verschiedenen Fokus-Optionen und wie man sie in der Fotografie anwenden kann, finden Sie in Kapitel 5.

Bewegliche Objektive

Auf Grund der Funktionsweise von Digitalkameras – ich möchte Sie nicht unnötig mit Details nerven – muss das Objektiv nicht mehr zwingenderweise wie üblich zentriert an der Vorderseite des Gehäuses angebracht sein. Einige Kameras nutzen diesen Vorteil und sind mit einem drehbaren Objektiv ausgestattet. Abbildung 3.5 zeigt solch eine Kamera, eine Nikon Coolpix 900.

Durch ein drehbares Objektiv bekommen Sie einige nützliche Aufnahmemöglichkeiten. Stellen Sie sich vor, Sie wollen ein Objekt aufnehmen, das auf dem Boden steht. Dann können Sie die Kamera auch auf den Boden stellen, das Objektiv drehen und aus der Froschperspektive – oder wie in Abbildung 3.5 aus der Flohperspektive – fotografieren. Mit einem starren Objektiv sind solche Aufnahmen nur sehr schwer, bis gar nicht möglich.

Es gibt sogar Kameras, wie die Minolta Dimâge V, deren Objektiv man vom Kameragehäuse abnehmen kann. Das Objektiv kann dann über eine Menge gehalten oder an einem optionalen Stirnband als Headcam getragen werden. Ich weiß auch nicht, ob man das nun für ein nützliches Extra oder für eine Spielerei halten soll. Aber was ist an einem bisschen Spaß schon falsch?

Abbildung 3.5: Mit der drehbaren Optik der Nikon Coolpix 900 können Sie aus ziemlich ungewöhnlichen Perspektiven fotografieren.

Licht ins Dunkel der Belichtung

Der Großteil der Digitalkameras ist mit automatischen Belichtungsprogrammen ausgestattet. Bei vielen gibt es auch eine blendenabhängige Belichtungsautomatik, mit der man die Blende selbst wählen kann. Die Kamera misst dann das einfallende Licht und errechnet die entsprechende Verschlusszeit für die richtige Belichtung. Umgekehrt können Sie bei Wahl einer

Belichtungsautomatik mit Zeitpriorität eine Verschlusszeit vorwählen, zu der die Kamera die passende Blende berechnet.

Wenn Sie ein erfahrener Fotograf sind, können Sie die Blendeneinstellungen und Verschlusszeiten der unterschiedlichen Kameras miteinander vergleichen (mehr darüber in Kapitel 2). Und wenn Sie wirklich fortgeschritten sind (oder wenigstens werden wollen), werden Ihnen Kameras liegen, bei denen man die Belichtung manuell einstellen kann. Teilweise findet diese Einstellung mittels einer Belichtungskompensation statt, mit der Sie die Belichtung, die die Automatik eingestellt hat, erhöhen oder verringern können, aber häufig können Sie auch Verschlusszeit und Blende direkt einstellen. (Zu diesem Thema finden Sie in Kapitel 5 Weiteres.)

Ein weiterer Faktor, der bei der Belichtung eine Rolle spielt, ist die *Messmethode* der Kamera. Die Messmethode bestimmt, wie die Kamera das einfallende Licht bewertet, um die korrekte Belichtung zu errechnen. Es gibt drei verschiedene Messmethoden: Die *Spot-Messung*, bei der die Belichtung nur im Mittelpunkt des Bildausschnitts gemessen wird; die *mittenbetonte Messung*, bei der das Licht im gesamten Bildausschnitt gemessen wird, jedoch die Bildmitte etwas stärker ins Gewicht fällt; und die *Matrix- oder Multizonen-Messung*, bei der der gesamte Bildausschnitt berücksichtigt wird. Diese Methode liefert auch die besten Ergebnisse, wenn es darum geht, die hellsten und die dunkelsten Regionen des Bildes festzulegen.

Digitalkameras aus dem unteren Preissegment bieten häufig nur eine Messmethode, während fortgeschrittenere Modelle für unterschiedliche Lichtsituationen die Wahl zwischen allen drei Methoden ermöglichen. Auch hier hilft ein Blick in Kapitel 5, um herauszufinden, welche Optionen für Sie interessant sind.

Ist das Blau? Oder Cyan?

Genauso wie die verschiedenen Filme Farben jeweils ein kleines bisschen anders interpretieren, tun das auch unterschiedliche Digitalkameras. Eine Kamera mag die Blautöne in einem Bild etwas hervorheben, die andere übertreibt es vielleicht bei den roten Farbtönen. Farbtafel 3.2 zeigt, wie drei verschiedene Kameras die gleiche Szenerie abbilden, darunter die Nikon Coolpix 900, die Olympus D-1400XL und die Casio QV-5000SX.

Die Farben, die eine Kamera erzeugt, spiegeln nicht unmittelbar die Leistungsfähigkeit der Kamera in Sachen Farbechtheit wider, sondern unterliegen oftmals der Entscheidung des Herstellers, der damit den Geschmack eines möglichst großen Verbraucherkreises treffen will. Ist der Hersteller der Meinung, dass ein Großteil der Zielgruppe eine Kamera mit stark gesättigten Farben und tiefen Blautönen bevorzugt, dann wird die Kamera daraufhin ausgerichtet, dass sie satte Farben und tiefe Blautöne erzeugt.

Beachten Sie dabei bitte, dass die Farben, die Sie auf der Farbtafel sehen, nicht exakt das wiedergeben, was aus der Kamera herauskam. Aus Gründen, die man in den Kapitel 2 und 8 nachlesen kann, verändern sich Farben im Druckprozess. Deshalb sollen die Bilder in der Farbtafel

Sie einfach nur darauf hinweisen, dass unterschiedliche Kameras Farben unterschiedlich wahrnehmen.

Um die Farbwiedergabe mehrerer Kameras zu vergleichen, müssen Sie mit diesen Modellen Bilder der gleichen Szene machen, diese herunterladen und an einem Monitor vergleichen, der wiederum auch Farbverfälschungen erzeugen kann. Auf den LCD-Bildschirm einiger Kameras kann man sich dabei nicht verlassen.

Kamera, Monitor und Drucker präzise zu kalibrieren, ist keine leichte Aufgabe. Selbst mit der fortgeschrittensten Software für das Farbmanagement können Sie nur auf eine grobe Annäherung hoffen. Verlangen Sie also von Ihrem Innenraumdekorateur nicht, dass er anhand eines digitalen Fotos einen Stuhl auftreibt, der farblich genau zu Ihrer Couch passt. Benötigen Sie superakkurate Farbtreue, dann müssen Sie einen professionellen digitalen Fotografen engagieren, der mit einem professionellen Farbkalibrierungssystem arbeitet.

Noch mehr Features, die man berücksichtigen kann

In den vorangegangenen Abschnitten werden die wichtigsten Features beschrieben, die für die Beurteilung einer Kamera eine Rolle spielen. Die folgenden Abschnitte bieten in willkürlicher Reihenfolge Informationen, die je nach Ihrem Anwendungsgebiet wichtig für Sie sein können.

Jetzt in Ihrem Fernseher

Eine ganze Reihe von Digitalkameras ist mit *Videoausgängen* bestückt. Praktisch heißt das, dass man diese Kameras an einen handelsüblichen Fernseher anschließen kann und sich die aufgenommenen Bilder im Fernseher anschauen oder mit dem Videorecorder aufnehmen kann.

Wann braucht man dieses Feature? Zum Beispiel, wenn man die Bilder einer größeren Gruppe von Leuten zeigen möchte, wie auf Familienfesten oder bei Seminaren. Denn die meisten Leute halten es ehrlich gesagt nicht lange aus, in einer Menschentraube um einen 15-Zoll-Monitor herumzustehen, egal wie brilliant Ihre Fotos sind.

Glücklicherweise kostet ein Videoausgang nicht die Welt. Sogar einige sehr preisgünstige Kameras sind mit einem solchen Ausgang ausgerüstet.

Manchmal wird der Videoausgang auch PAL-Ausgang genannt. PAL steht für *Phase Alternation Line-rate* und bezeichnet das Standardformat, mit dem in den meisten Ländern Europas Fernsehsignale gesendet werden. Frankreich hat ein eigenes Format namens Secam, und in Nordamerika wird das Format NTSC gesendet (Abkürzung für *National Television Standards Committee*). Der Haken bei der Sache ist, dass die Systeme nicht miteinander kompatibel sind, man also ein NTSC-Signal nicht auf einem PAL-Fernseher anschauen kann.

Zusätzlich zu der Videooption bieten manche Kameras die Möglichkeit, zusammen mit dem Bild kleine Audioclips aufzunehmen. Schauen Sie sich das Bild hinterher an, können Sie hören, wie jemand im Hintergrund »Cheeeese« sagt.

Achtung, fertig, los!

Einige Kameras sind mit einem *Selbstauslöser* ausgestattet. Falls Sie nie bei einem großen Familientreffen waren und keine Erfahrung mit dieser speziellen Technik gemacht haben: Ein Selbstauslöser ermöglicht es dem Fotografen, auch selbst auf dem Bild zu erscheinen. Sie drücken den Auslöser, laufen ins Bild, und nach ein paar Sekunden wird das Bild aufgenommen.

Diese Option ist immer für ein paar Lacher gut. Jeder auf dem Bild macht ein blödes erwartungsvoll grinsendes Gesicht, da man nie genau weiß, wann das Ding endlich los geht. Und die Person, die ins Bild gelaufen kommt, stolpert fast immer über irgendeinen Fuß oder den Kopf des Eisbärfells vor dem Kamin in die Szene. Trotz allem ist der Selbstauslöser immer noch die einzige Möglichkeit, den Fotografen in das Familienportrait mit einzubeziehen – deshalb hier ein klares Ja für die Option!

Auch wenn Sie Gruppenfotos hassen, kann ein Selbstauslöser sehr nützlich sein (nicht nur, um Portraits von sich alleine zu schießen). Mit dem Selbstauslöser können Sie Erschütterungen der Kamera vermeiden, die manchmal auftreten, wenn Sie zu beherzt auf den Auslöser drücken oder gerade keine ruhige Hand haben. Packen Sie die Kamera auf ein Stativ oder auf eine solide Unterlage, schalten Sie den Selbstauslöser ein, drücken Sie den Auslöser und entfernen Sie sich von der Kamera. Nach ein paar Sekunden nimmt die Kamera das Bild für Sie auf.

Da ist ja ein Computer in der Kamera!

In allen Digitalkameras finden sich einige computerähnliche Komponenten – wie zum Beispiel Chips, die dafür zuständig sind, Bilder aufzunehmen und zu speichern. Aber einige Kameras neuerer Generation haben größere »Gehirne«, mit denen Sie Funktionen ausführen können, für die man normalerweise einen ausgewachsenen Computer benötigt. Hier sind einige der Möglichkeiten, die man bei solchen Kameras geboten bekommt. Irgendein Spaßvogel hat dafür auch schon einen Namen gefunden: *Cam-puter*.

- **Scripte:** High-End-Kameras aus dem Hause Kodak, wie die DC260, können kleine Mini-Programme ablaufen lassen, die man *Scripte* oder *Macros* nennt. Mit dieser Technik lassen sich bestimmte Aufgaben automatisieren. Beispielsweise ist ein Script in den Kodak-Kameras dazu da, mit einem Druck auf den Auslöser mehrere Aufnahmen mit unterschiedlichen Belichtungseinstellungen zu machen. Scripte in Digitalkameras sind noch eine ziemlich neue Technik, aber Sie können sich darauf vorbereiten, in Zukunft mehr davon zu hören.

- **Zeitrafferaufnahmen:** Auch nur einigen neueren Kameras vorbehalten ist die Zeitrafferfunktion, mit der in bestimmten zeitlichen Abständen automatisch Bilder aufgenommen werden. Wiederum ist es die Kodak DC260, die mit diesem Extra ausgerüstet ist. Sie können bei dieser Kamera das Aufnahmeintervall zwischen 60 Sekunden und 1.550 Minuten (das sind nach Adam Riese 25 Stunden und 50 Minuten) regeln.
- **On-Board Bildkorrektur:** Sehr viele Digitalkameras der neueren Generation erlauben eine bedingte Bildkorrektur, ohne dass das Bild dafür in einen Computer heruntergeladen werden muss. Man kann ein Bild beispielsweise schärfen oder die Farbe korrigieren. Normalerweise wählt man die jeweiligen Bildkorrekturen, bevor man das Bild aufnimmt, das dann korrigiert wird, bevor es in den Bildspeicher gelegt wird.

  Ich bin kein großer Fan von dieser Technik, da man viel weniger Kontrolle über seine Bildkorrekturen hat als selbst mit einem sehr einfachen Bildbearbeitungsprogramm. Diese Technik ist nur dann nützlich, wenn Sie einen Drucker benutzen, der die Bilder direkt aus der Kamera oder dem Speichermedium drucken kann. In diesem Fall können Sie die Bildqualität schon in der Kamera verbessern.
- **Der Druckprozess:** Kameras, die einen direkten Ausgang für einen Drucker haben – wie die Casio QV-5000-SX – bieten ein spezielles Menü für eben diese Aufgabe. Sie können damit zum Beispiel festlegen, ob Sie nur eins oder mehrere Exemplare eines bestimmten Bildes ausdrucken wollen. Die Casio bietet sogar Mustervorlagen, mit denen Sie aus Ihren Bildern Kalender und Postkarten machen können! Die Auswahl der Mustervorlagen ist zwar begrenzt, aber ich wette, dass keiner Ihrer Freunde Ihnen diesen Trick so schnell nachmacht.

Optionen für aktionsreiche Fotos

Aktionsreiche Fotos mit einer Digitalkamera zu schießen, ist etwas schwierig, da die Kamera immer ein paar Sekunden braucht, bis sie ein Bild abgespeichert hat und man ein neues aufnehmen kann. Um diesem Nachteil entgegenzuarbeiten, bieten manche Kameras nun eine Option zur *kontinuierlichen Aufnahme* von Bildern.

Ist die Kamera in diesem Modus, dann können Sie mit einem Druck auf den Auslöser, eine Serie von Bildern aufnehmen. Die Kamera wartet mit den zeitaufwendigen Bildbearbeitungs- und Speicherungsfunktionen solange, bis Sie den Auslöser wieder losgelassen haben.

Beachten Sie aber, dass ich entgegenarbeiten gesagt habe, der Nachteil ist damit nicht aus der Welt geschafft. Sie können mit dieser Methode gerade mal zwei bis drei Bilder pro Sekunde aufnehmen. Das mag Ihnen zwar nicht gerade wenig vorkommen, ist aber für viele bewegliche Motive zu wenig. Lesen Sie in Kapitel 6 über die Vor- und Nachteile der kontinuierlichen Bildaufnahme (siehe auch Abbildung 6.4).

Sie sollten auch wissen, dass manche Kameras in diesem Modus nicht mit der vollen Auflösung aufnehmen können und auf eine geringere Bildgröße zurückschalten. Der Blitz ist dann oft auch abgeschaltet, da die Kamera den Blitz nicht schnell genug nachladen kann.

Verstehen Sie mich nicht falsch: Dieses Extra kann viel Spaß bereiten. Erwarten Sie aber nicht, dass man mit dieser Technik alle Probleme bei der Fotografie von beweglichen Motiven lösen könnte.

Als Alternative bieten die meisten Kameras einen Mini-Movie-Modus. In diesem Modus wird die Kamera zu einer Art Videokamera, mit der Sie ein paar Sekunden Video filmen können. Danach können Sie den Videoclip auf Ihrem Fernseher oder Computermonitor abspielen und sogar per E-Mail zu Freunden schicken.

Es sind die kleinen Dinge, die zählen

Bei der Wahl der richtigen Kamera kann man vor lauter Informationsüberfluss manchmal auch wichtige kleine Details übersehen. Die folgende Liste beschreibt einige kleine Faktoren, die Ihnen vielleicht im Laden gar nicht so wichtig erscheinen, aber eine Menge Frust hervorrufen können, wenn Sie die Kamera zu Hause auspacken.

- **Batterien:** Sich über Batterien Gedanken zu machen mag auf den ersten Blick recht trivial erscheinen, doch wird dieses Thema mit steigender Anzahl der Bilder, die Sie aufnehmen, auch zunehmend wichtig. Manche Kameras saugen innerhalb von einer Stunde den gesamten Saft aus einem Satz Batterien heraus!

  Viele der teureren und alle ultrakompakten Kameras verwenden Lithium-Ionen-Akkus, von denen es eine Vielzahl inkompatibler Typen gibt – fast jeder Hersteller hat seine eigene bevorzugte Bauform. Lithium-Ionen-Akkus haben den Vorteil einer hohen Energiedichte. Auch mit einem vergleichsweise kleinen Akku kann eine Kamera pro Ladung lange durchhalten, während der Akku, je nach Ladegerät, schon nach ein bis zwei Stunden wieder voll aufgeladen ist. Leider sind diese Akkus auch recht teuer und für einen Zweitakku muss man meist über 50 Euro anlegen. NiMH-Akkus in Mignon-Bauform sind ebenfalls verbreitet und haben den Vorteil, preiswert und fast überall erhältlich zu sein, sind dafür aber größer und schwerer, haben eine längere Ladezeit und entladen sich bei Nichtgebrauch schneller. Statt Akkus kann man auch Alkali-Mangan-Batterien verwenden, doch sind viele Kameras auf den Einsatz von Akkus optimiert und erschöpfen nicht aufladbare Batterien schon nach wenigen Aufnahmen. Einige Kameras arbeiten auch mit Lithiumbatterien, die die dreifache Lebensdauer von Alkalibatterien haben, aber auch das Doppelte kosten.

  Fragen Sie auf jeden Fall nach, mit welchem Batterientyp die Kameras arbeiten, die in Ihre engere Auswahl fallen, und wie viele Bilder man durchschnittlich mit einem Satz Batterien schießen kann. Beziehen Sie dann die Batteriekosten in Ihre Kostenrechnung mit ein. Viele Kameras, und generell alle mit Lithium-Ionen-Akkus betriebenen Modelle, sind standardmäßig mit Akkus und einem Ladegerät ausgestattet, was sich langfristig bezahlt macht. Manche Ladegeräte laden die Akkus in der Kamera, für andere muss man sie dazu aus der Kamera herausnehmen, was zwar unbequemer ist, Ihnen aber die Möglichkeit gibt, einen zweiten Akkusatz aufzuladen, während Sie mit dem ersten Satz fotografieren.

✔ **Netzanschluss:** Einige Kameras bieten die Möglichkeit, mit einem Adapter an eine Steckdose angeschlossen zu werden. Manche Hersteller bieten diesen Adapter serienmäßig an, andere bitten noch einmal zur Kasse. Diese Option sollten Sie auf gar keinen Fall auslassen. Denn so können Sie beispielsweise Ihre Bilder in den Computer herunterladen, was einige Minuten dauern kann, während die Digitalkamera ans Netz angeschlossen ist. Damit schont man die Batterien und kann länger fotografieren. Wenn die Kamera mit einem Ladegerät ausgeliefert wird, das die Akkus in der Kamera lädt, dient dies meist gleichzeitig als Netzteil für den batterielosen Betrieb.

✔ **Einfache Handhabung:** Wenn Sie sich Digitalkameras anschauen, lassen Sie sich vom Verkäufer die einzelnen Funktionen zeigen, und probieren Sie sie dann selber aus. Wie einfach oder kompliziert ist es, ein Bild zu löschen oder beispielsweise die Auflösungs- oder Kompressionseinstellungen zu ändern? Sind die Bedienelemente klar beschriftet und einfach zu bedienen? Stellt sich die Kamera nach jedem Bild oder nach dem Ausschalten wieder in die Standardeinstellungen zurück oder behält sie die letzten Einstellungen, die Sie gemacht haben? Wenn die Kamera sich nicht einfach handhaben lässt, wird sie Sie zweifelsohne in kürzester Zeit enttäuschen.

✔ **Stativ:** Wie bei einer traditionellen Kamera bekommen Sie auch bei einer Digitalkamera unscharfe Bilder, wenn Sie sie während der Aufnahme bewegen. Eine Digitalkamera in dem Zeitraum still zu halten, in dem sie eine Aufnahme macht, kann schwierig sein, vor allem wenn Sie den LCD-Bildschirm als Sucher verwenden oder bei schlechtem Licht fotografieren (wegen der längeren Belichtungszeit). Aus diesem Grund kann die Verwendung eines Stativs sehr positiv zum Gelingen Ihrer Bilder beitragen. Haben Sie also keine absolut ruhige Hand, sollten Sie herausfinden, ob die Kamera auf ein Stativ geschraubt werden kann. Nicht alle Digitalkameras bieten diese Möglichkeit.

✔ **Ergonomie:** Vergessen Sie nicht die menschliche Komponente: Passt die Kamera in Ihre Hände? Kommen Sie problemlos an den Auslöser heran? Haben Sie immer aus Versehen die Finger vor der Linse oder stoßen mit der Nase gegen den LCD-Bildschirm, wenn Sie durch den Sucher schauen? Ist der Sucher so groß, dass Sie genug sehen können?

Es gibt Digitalkameras in allen Größen und Formen, von winzig wie die Minolta Dimage X, die Sie links in Abbildung 3.6 sehen, bis zu der etwas wuchtigeren Olympus E-20P auf der rechten Seite der Abbildung. Rennen Sie bloß nicht los und kaufen Sie irgendeine Kamera, nur weil sie Ihnen von einem Freund empfohlen worden ist oder weil sie Testsieger in einem Magazin war. Vergewissern Sie sich stattdessen, dass die Kamera zu Ihnen passt.

✔ **Solidität:** Scheint die Kamera solide gebaut zu sein oder eher etwas zerbrechlich? Öffnen Sie zum Beispiel das Batteriefach und schauen Sie, ob der Deckel oder das Türchen so aussieht, dass es eine intensive Benutzung aushält, oder den Eindruck macht, als würde das Ding schon nach 50- oder 60-maliger Benutzung auseinanderfallen.

Abbildung 3.6: Digitalkameras gibt es in allen Größen: von der winzigen Minolta Dimage X (links) bis zur Olympus E-20P (rechts).

- **Wartezeit zwischen zwei Bildern:** Wie lange braucht der Prozessor, um ein Bild in den Speicher abzulegen? Für den Fall, dass Sie oft aktionsreiche Bilder aufnehmen wollen, sollten Sie auf kurze Wartezeiten achten oder nach einer Kamera suchen, die eine kontinuierliche Aufnahmeoption bietet, mit der Sie mit einem Druck auf den Auslöser Bildserien aufnehmen können. (Lesen Sie hierzu auch den Abschnitt *Optionen für aktionsreiche Fotos* weiter vorne in diesem Kapitel.)

- **Verbindung zum Computer:** Wie wird die Kamera mit dem Computer verbunden? Die Verbindung über die USB-1.1-Schnittstelle ist heutzutage Standard, nur an älteren Kameras findet man noch eine serielle Schnittstelle. Vor allem professionelle Kameras für den Einsatz im Studio haben einen FireWire- oder SCSI-Anschluss, über den sie auch hochauflösende Bilder sehr schnell übertragen können.

  Finden Sie heraus, mit welcher Verbindung die Kamera arbeitet. Ist Ihr Computer mit dem passenden Anschluss ausgestattet? Oder wird dieser Anschluss dauernd von einem anderen Gerät verwendet – wie Modem, Drucker oder Maus? In diesem Fall müssen Sie sich darüber im Klaren sein, dass Sie das jeweilige Gerät jedes Mal, wenn Sie die Kamera anschließen wollen, erst einmal ausstecken müssen. Als Alternative kann man sich einen Schalter kaufen, mit dem man an den gleichen Anschluss zwei Geräte anschließen und bei Bedarf umschalten kann; USB-Schnittstellen kann man mit einen USB-Hub vervielfachen.

  Sollten Sie sich eine Kamera mit Wechselmedien als Speicher kaufen, dann ist die Art der Verbindung nicht ganz so wichtig (lesen Sie hierzu auch den Abschnitt *Speicherplatz zählt* weiter vorne in diesem Kapitel). Aber nur zur Sicherheit sollten Sie herausfinden, ob Sie die Kamera auch auf die »altmodische« Methode an den Computer anschließen können.

- **Software:** Alle Digitalkameras werden mit irgendeiner Software ausgeliefert, mit der man die Bilder in den Computer laden kann. Einige werden aber zusätzlich noch mit einem Bildbearbeitungsprogramm verkauft, wie zum Beispiel Adobe Photoshop Elements. Diese Software liegt preislich bei etwa 100 Euro, also macht man mit einem serienmäßigen Bildbearbeitungsprogramm kein schlechtes Schnäppchen. 100 Euro sind 100 Euro und wenn alles andere stimmt, kann auch das eine Kaufentscheidung wert sein.

- **Garantie, Rückgaberecht, Umtauschrecht:** Wie bei jeder anderen großen Ausgabe sollten Sie Acht darauf geben, welche Garantie der Hersteller gibt und wie das Rückgaberecht in dem Laden, in dem Sie die Digitalkamera kaufen wollen, gehandhabt wird. Einige Versandhäuser oder Elektronikläden verlangen eine Rückgabegebühr, falls Sie die Kamera zurückgeben oder umtauschen wollen, obwohl sie nicht defekt ist. Manchmal kann diese Gebühr zwischen 10 und 20 Prozent des Kamerapreises liegen, was je nach Kamerapreis schon ein kleines Sümmchen ausmachen kann.

Quellen für weitere Kaufberatung

Wenn Sie dieses Kapitel gelesen haben, sollten Sie eine solide Basis haben, auf Grund derer Sie entscheiden können, welche Features Sie benötigen und welche Zusatzgeräte für Sie in Frage kommen. Aber ich bitte Sie, noch weitere intensive Recherchen zu betreiben, damit Sie noch mehr Details über die unterschiedlichen Modelle herausfinden.

Suchen Sie zuerst in Computermagazinen wie Macwelt, Computerfoto, c't oder PC-Welt nach Besprechungen einzelner Kameras oder nach Tests und Vergleichen verschiedener Modelle und dem entsprechenden Zubehör. Manche Artikel mögen Ihnen vielleicht zu stark high-tech-orientiert sein, aber wenn Sie die Informationen aus diesem Kapitel und die aus Kapitel 2 zu Rate ziehen, dann sollte es möglich sein, aus den Kommentaren der Artikel schlau zu werden.

Erst ausprobieren, dann kaufen!

Manche Kameraläden bieten den Service, Digitalkameras zu mieten. Wenn Sie einen Laden finden, der das Modell verleiht, das Sie anschaffen wollen, kann ich nur *dringend* dazu raten, von dieser Möglichkeit Gebrauch zu machen. Für etwa 30 Euro können Sie einen Tag lang alle Funktionen der Kamera ausprobieren. Stellen Sie dann fest, dass die Kamera nicht die richtige für Sie ist, dann sind Sie um 30 Euro ärmer geworden. Das ist aber immer noch besser als einige hundert oder vielleicht auch tausend Euro loszuwerden und erst dann zu merken, dass man einen Fehlkauf getätigt hat.

Welcher Laden Kameras verleiht, finden Sie heraus, indem Sie bei den Kamera-, Computer- und Elektronikläden in Ihrer Nähe anrufen. Da Digitalkameras immer mehr an Popularität gewinnen, werden mit der Zeit auch immer mehr Händler diesen Service anbieten.

Zusatzausrüstung für zusätzlichen Spaß

4

In diesem Kapitel ...

- Speicherkarten kaufen und anwenden
- Bilder ganz einfach mit Kartenadaptern auf den Computer übertragen
- Der digitale Aufbewahrungsschrank (Archivierungsmöglichkeiten)
- Die Wahl des besten Bildbearbeitungsprogramms
- Wackelfreie und gut ausgeleuchtete Aufnahmen
- Wie man die Kamera vor Beschädigungen schützt

Erinnern Sie sich noch an Ihre erste Barbie-Puppe – oder, wenn Sie als Junge nicht mit Mädchenspielzeugen spielen wollten: an Ihre erste Luke-Skywalker-Puppe? Die Puppen waren an und für sich schon sehr interessant, vor allem wenn Ihre Mutter sich nicht sonderlich darüber aufgeregt hat, wenn Sie ihr die Haare geschnitten oder sie sonst irgendwie modifiziert haben. Aber Barbie und Luke waren noch viel interessanter, wenn Sie Ihre Eltern dazu überreden konnten, Ihnen noch einige der vielen Puppenaccessoires zu schenken, die in den Regalen der Spielzeugläden herumstanden. Mit ein paar neuen Klamotten, einem neuen Laserschwert und neuen Freunden wie Ken oder Obi Wan Kenobi war die Puppenwelt ein wesentlich interessanterer Ort.

Ähnlich können Sie auch umfangreichere Erfahrungen in der digitalen Fotografie machen, wenn Sie sich mit einigen nützlichen Accessoires ausstatten. Zusatzausstattungen für Digitalkameras sind natürlich nicht ganz so aufregend, wie die neue Barbie-Motoryacht oder der Millenium Falcon, doch können Sie die kreativen Möglichkeiten stark erweitern und einige Aspekte der digitalen Fotografie vereinfachen.

Dieses Kapitel soll Ihnen die nützlichsten Zusatzausrüstungen vorstellen: von Adaptern, mit denen sich der Ladevorgang von Bildern beschleunigen lässt, bis zu Software, mit der Sie Ihre Bilder retuschieren oder anderweitig manipulieren können. Wenn Sie jetzt schon damit anfangen, Ihre Mutter zu bearbeiten, dann bringt sie Ihnen ganz bestimmt eines der tollen Spielzeuge mit, wenn sie das nächste Mal einkaufen fährt.

Zusätzliche Speicherkarten

Speichert Ihre Kamera die Bilder auf einem wechselbaren Medium, wie einer SmartMedia- oder CompactFlash-Karte, dann wird meist nur eine Speicherkarte mit der Kamera mitgeliefert. Manche Kameras sind mit Speicherkarten hoher Kapazität ausgestattet – die Ricoh Caplio RR1 ist beispielsweise von Hause aus mit einer 64 MB-Karte ausgestattet und Casios

QV-4000 ist im Bundle mit einer ein ganzes Gigabyte fassenden Microdrive-Minifestplatte erhältlich – die meisten jedoch nur mit einer 8 MB- oder 16 MB-Karte.

Bei der Aufnahme von hochauflösenden Bildern sind jedoch auch 64 MB-Karten recht schnell voll, weshalb sich die meisten digitalen Fotografen zusätzliche Speicherkarten ganz oben auf die Einkaufsliste schreiben. Je mehr Speicher Ihnen zur Verfügung steht, umso mehr Bilder können Sie machen, bevor Sie wieder zu Ihrem Computer zurückmüssen, um die Daten auf die Festplatte zu kopieren. Ist eine Karte voll, dann stecken Sie einfach die nächste ein, und es geht weiter.

Wie viel zusätzlichen Speicher benötigt man? Meiner Ansicht nach gibt es nie genug Speicherplatz. Ich nehme normalerweise immer mit der höchsten Bildqualität auf – also mit der größten Pixelmenge und der geringsten Kompression – und ich verwende Kameras, die ziemlich große Bilddateien erzeugen. Nur zur Veranschaulichung: Die 3-Megapixel-Kamera Canon PowerShot S30 kann im qualitativ höchsten Aufnahmemodus (2048 x 1536 Pixel ohne Kompression) nur ein einziges Bild auf der mitgelieferten 16-Megabyte-Karte aufnehmen, und auch im komprimierten JPEG-Format bringt man nur um die 20 Aufnahmen unter. Bei den anderen Kameras dieser Klasse ist das nicht anders. Deshalb gilt: Je mehr Speicher man in die Kameratasche packen kann, umso besser.

Arbeiten Sie aber mit weniger Pixeln und es stört Sie auch nicht, starke Kompressionsraten anzuwenden, dann benötigen Sie auch viel weniger Speicher, da die Bilddateien erheblich kleiner sind.

Alle Kameras brauchen unterschiedlich viel Speicherplatz, um Bilder abzuspeichern, deshalb sollten Sie sich eingehend mit dem Benutzerhandbuch auseinander setzen, damit Sie herausfinden, wie viel Speicher Sie zusätzlich benötigen. Wenn Sie so weit sind, dann lesen Sie die nächsten Abschnitte, in denen Sie alles Wissenswerte über den Einkauf von Speicherkarten erfahren.

Viele Optionen, eine Wahl

Wechselbare Speichermedien für Digitalkameras gibt es in sieben verschiedenen Geschmacksrichtungen, doch eine Kamera kann nur jeweils ein Format verdauen. Lesen Sie in der Bedienungsanleitung nach, welche der folgenden Optionen auf Ihre Kamera zutrifft.

- ✔ **Disketten:** Nur eine Kamerasorte, nämlich die Digital Mavica Modelle der Firma Sony, kann Bilder auf handelsüblichen Floppy-Disks abspeichern. Wenn Sie ein solches Gerät besitzen, muss man sich über die Anschaffung zusätzlichen Speichers keine Gedanken machen. Disketten sind billig, deshalb: Kaufen! Denken Sie daran, dass jede Diskette nur knapp 1,5 MB Speicher zur Verfügung stellt. Halten Sie also immer einen Stapel leerer Disketten bereit.
- ✔ **PC-Karten:** Ein paar der älteren Modelle für den Hobbyfotografen arbeiten mit PC-Karten, die man auch PCMCIA-Karten nennt. Sie haben die Größe einer Kreditkarte und können in die meisten Laptop-Computer direkt eingesteckt werden. PC-Karten gibt es in drei Va-

rianten (Typ I bis III), die sich in ihrer Dicke unterscheiden; welche Typen Ihre Kamera unterstützt, können Sie der Bedienungsanleitung entnehmen. Die meisten PC-Karten enthalten Halbleiterspeicher, die ihren Inhalt auch ohne Stromzufuhr behalten; Sie können die Karte also aus der Kamera nehmen, ohne damit Ihre Aufnahmen zu löschen. Preis und Speicherkapazität variieren von 250 Euro für eine 20 MB-Karte bis 700 Euro für eine 80 MB-Karte. Im PC-Karten-Format werden nicht nur Speicherkarten angeboten, sondern u.a. auch Modem-, ISDN- und Netzwerkkarten oder GSM-Karten für den Anschluss Ihres Handys. Die Ricoh RDC-i700 kann in ihrem PC-Karten-Steckplatz auch solche Kommunikationskarten aufnehmen und damit online gehen – beispielsweise, um die aufgenommenen Bilder per E-Mail zu verschicken.

✔ **CompactFlash:** Hier handelt es sich um kleinere Versionen der handelsüblichen PC-Karten. CompactFlash-Karten haben ein festes Plastikgehäuse mit Anschlusspins an einem Ende; der Controller, also die Schaltkreise, die den eigentlichen Speicher verwalten, ist in die Karte integriert. Wie die PC-Karten gibt es auch beim CompactFlash-Format verschiedene Typen (Typ I und II) unterschiedlicher Dicke. Man bekommt sie in Größen zwischen 4 und 1024 MB, noch größere Karten sind in Entwicklung. Für eine 64 MB-Karte werden Sie ca. 45 Euro, für eine 128 MB-Karte ca. 75 Euro los. Der Speicherpreis pro MB wird also geringer, wenn Sie Speicherkarten mit großer Kapazität kaufen. Neben den namensgebenden Flash-Speichermodulen auf Siliziumbasis werden auch miniaturisierte Festplatten in CompactFlash-Karten eingebaut; recht verbreitet sind die IBM-Microdrives im Typ-II-Format. Festplatten ziehen mehr Strom und werden heißer als Halbleiterspeicher, weshalb Microdrives nicht in jeder Digitalkamera verwendet werden können, die Typ-II-Karten akzeptiert.

✔ **SmartMedia:** Diese Karten sind kleiner, dünner, flexibler und auch ein bisschen empfindlicher als CompactFlash-Karten. Sie fühlen sich ein wenig wie die alten wabbeligen $5\frac{1}{2}$-Zoll-Disketten an, die in der Steinzeit der Computertechnik verwendet wurden (vor etwa zehn Jahren). Vor allem Fuji-Kameras und solche von Olympus verwenden dieses System. Abbildung 4.1 zeigt eine CompactFlash-Karte und eine SmartMedia-Karte zum Größenvergleich neben einer Diskette.

Manchmal sieht man auch die Initialen SSFDC im Zusammenhang mit SmartMedia-Karten. SSFDC steht für *Solid State Floppy Disk Card* und bezieht sich auf die Funktionsweise der Karten. Wenn Sie aber in einen Laden gehen und nach einer SSFDC-Karte fragen, werden Sie wohl nur erstaunte Gesichter sehen, weshalb Sie lieber den Ausdruck SmartMedia verwenden sollten.

Anders als CompactFlash-Karten enthalten SmartMedia-Karten nur die Speichermodule selbst; der Controller steckt in der Kamera. Aus diesem Grund kommen ältere Kameras meist nicht mit neuen Speicherkarten größerer Kapazität zurecht, die es zu ihrer Zeit noch gar nicht gab. Abhilfe schafft dann häufig ein Firmware-Update, wie es einige Hersteller für ihre Kameras anbieten. SmartMedia-Karten werden mit unterschiedlichen Kapazitäten angeboten, doch hat die größte hier »nur« 128 MB. Auch hier sparen Sie pro MB ein wenig, wenn Sie Karten mit größerer Kapazität kaufen. Eine 64 MB-Karte kostet ungefähr 45 Euro, eine 128 MB-Karte etwa 80 Euro.

Abbildung 4.1: Eine Standarddiskette (rechts) lässt CompactFlash- (links oben) und SmartMedia-Karten (links unten) wie Zwerge erscheinen.

SmartMedia-Karten werden für zwei verschiedene Spannungen hergestellt: 3,3 Volt und 5 Volt. Das liegt daran, dass manche Kameratypen mit der einen, andere mit der anderen Spannung arbeiten. Ziehen Sie hierzu Ihr Bedienungshandbuch zu Rate.

- **MultiMedia und SecureDigital:** Die früher überwiegend in MP3-Playern eingesetzten MultiMedia- und SecureDigital-Karten halten zunehmend auch bei den Digitalkameras Einzug. Gegenüber den in ihren Eigenschaften ähnlichen CompactFlash-Karten sind sie nochmals kleiner und bringen auf Daumennagelgröße bis zu 256 Megabyte unter. SecureDigital-Karten (SD) sind weitgehend mit dem etwas älteren MultiMediaCard-Standard (MMC) kompatibel, verhindern aber das Zurückkopieren darauf gespeicherter MP3-Tracks. Für Digitalfotografen ist dieser Unterschied belanglos, sofern er keine Kamera mit eingebautem MP3-Player wählt, die dann in jedem Fall SD-Karten braucht. Die geringeren Abmessungen dieses Kartentyps muss man derzeit noch teuer erkaufen: 64 MB-Karten kosten um 65 Euro, 128 MB-Karten rund 135 Euro.

- **MemoryStick:** Diese wiederum dem CompactFlash-Standard ähnliche Bauform wird fast ausschließlich von ihrem Erfinder Sony eingesetzt. MemorySticks ähneln mit ihrer flachen Bauform kurzen Kaugummistreifen, sind aber in ihrer Robustheit CompactFlash-Karten vergleichbar. Die maximale Speicherkapazität der MemorySticks liegt derzeit bei 128 MB; 64 MB-Karten kosten rund 70 Euro, 128 MB-Karten um 130 Euro. Ähnlich den SecureDigital-Karten gibt es auch eine kopiergeschützte Variante der MemorySticks, die sich durch ihre weiße Farbe und den Markennamen »MagicGate« von den blauen MemorySticks unterscheidet.

- ✔ **CD-R und CD-RW:** Auch die ein- oder mehrmals beschreibbaren Mini-CD-Rohlinge sind eine Sony-Spezialität, folgen aber im Gegensatz zu den MemorySticks einem verbreiteten Standard und können in normalen CD-Laufwerken gelesen werden. Die Mini-CD-Rs fassen etwa 170 Megabyte und sind mit rund 1,20 Euro noch preiswert, obwohl sie nur einmal beschrieben werden können – immerhin spart man sich den Kauf zusätzlicher Rohlinge zur Archivierung seiner Bilder. Sonys Mavica-Modelle mit ihren eingebauten CD-Brennern fallen allerdings für Digitalkameras recht groß und schwer aus, und auf den Vorteil der digitalen Fotografie, misslungene Aufnahmen sofort löschen zu können, muss man verzichten – das gilt selbst für die wieder beschreibbaren (und teureren) CD-RW-Medien, da man sie nur vollständig löschen kann.

Pflege- und Fütterhinweise der Miniatur-Speicherkarten

Miniatur-Speicherkarten wie CompactFlash- oder SmartMedia-Karten sind noch recht neu auf dem Markt. Ich halte deshalb einige Hinweise für die Pflege und den Schutz der Karten an dieser Stelle für gerechtfertigt. Beide Speichermedien sind eigentlich recht robust, dennoch sollten Sie bei der Arbeit mit ihnen in mancher Hinsicht vorsichtig sein. Folgen Sie den folgenden einfachen Regeln, und Sie machen Ihre Speicherkarten glücklich und können sich darauf verlassen, dass die Bilder sicher gespeichert sind:

- ✔ Stecken Sie eine Speicherkarte zum ersten Mal in Ihre Kamera, kann es sein, dass die Kamera die Karte erst formatieren muss, bevor sie Bilder darauf speichern kann. Die Kamera sollte eine Formatierungsprozedur ausführen können. Lesen Sie im Zweifelsfall in der Bedienungsanleitung nach. Formatieren Sie die Karte immer in der Kamera, nicht (im Lesegerät) mit dem PC.
- ✔ Nehmen Sie die Karte niemals während des Speicher- oder Lesevorgangs aus der Kamera. (Die meisten Kameras haben ein kleines Lämpchen, das anzeigt, wann die Karte in Gebrauch ist.)
- ✔ Schalten Sie die Kamera auch nicht aus, während sie auf die Karte zugreift.
- ✔ Vermeiden Sie jede Berührung mit den Kontakten der Karte, das gilt insbesondere für SmartMedia-Karten, deren goldene Anschlussflächen ungeschützt offen liegen.
- ✔ Verbiegen Sie eine SmartMedia-Karte niemals. SmartMedia-Karten sind flexibel. Wenn Sie sie also unbedingt in der Gesäßtasche transportieren müssen, dann setzen Sie sich nicht darauf!
- ✔ Sind Ihre Karten verschmutzt, wischen Sie sie mit einem sauberen, fusselfreien und trockenen Tuch ab. Schmutz kann unter Umständen die Funktionstüchtigkeit Ihrer Karten beeinträchtigen.
- ✔ Setzten Sie die Speicherkarten keiner zu hohen Feuchtigkeit, Hitze und keinen statischen oder elektrischen Feldern aus. Man sollte diesbezüglich natürlich auch keine Paranoia entwickeln, entscheiden Sie einfach mit gesundem Menschenverstand.

- Ignorieren Sie die Geschichten über Flughafen-Sicherheitsscanner, die Daten auf Speicherkarten zerstören. Diese Stammtischweisheit hat vor kurzer Zeit wieder Aufwind bekommen, als die Sicherheitsvorkehrungen auf Flughäfen verstärkt wurden und stärkere Scanner eingesetzt wurden. Nach Angaben der Firmen SanDisk und LexarMedia, zwei führenden Herstellern von Miniatur-Speicherkarten, sind SmartMedia- und CompactFlash-Karten diesen Scannern gegenüber völlig unsensibel. Statt sich also über eventuelle Datenverluste Gedanken zu machen, sollten Sie eher darauf achten, dass nicht irgendein Flughafendieb die Kamera vom Förderband stiehlt, wenn Sie gerade nicht aufpassen.

Kartenleser und Adapter

Fast alle Digitalkameras werden zusammen mit einem Kabel verkauft, mit dem Sie die Kamera an Ihren Computer anschließen können. Wenn Sie Bilder herunterladen wollen, stecken Sie das Kabel in beide Geräte ein, starten die entsprechende Software, die mit der Kamera mitgeliefert wurde und warten ... Diese Methode des Datentransfers ist üblicherweise recht langsam: Den gesamten Bildspeicher einer Kamera herunterzuladen, kann je nach Computer leicht fünf Minuten und mehr dauern.

Die langen Wartezeiten beim Download der Bilder ist ein Grund für den Erfolg der Sony-Digital-Mavica-Modelle. Diese Kameras speichern die Bilder auf gewöhnlichen Disketten, die man einfach aus der Kamera herausnehmen und in das Diskettenlaufwerk des Computers einlegen kann – fertig ist der Bilddatentransfer. Der Kopiervorgang von Diskette auf die Festplatte erfolgt zwar nicht gerade mit Lichtgeschwindigkeit, aber immer noch schneller als über den üblichen Kabelweg.

Im letzten Jahr haben einige Hersteller verschiedene Geräte entwickelt, die die gleichen Vorteile für Kameras bieten, die mit anderen Wechselmedien arbeiten. Wenn Sie regelmäßig digitale Bilder aufnehmen, dann sollten Sie sich auf jeden Fall ein solches Spielzeug zulegen – Sie werden es niemals bereuen. Der Vorteil besteht nicht nur darin, dass die Datenübertragung extrem beschleunigt wird, sondern auch darin, dass man nicht mehr jedes Mal, wenn man Bilder laden will, hinter dem Computer herumkriechen muss, um das Kabel einzustecken.

Dies sind die Optionen:

- **SmartMedia-Floppydisk-Adapter:** Dieser Adapter, den Sie auch in Abbildung 4.2 sehen, ermöglicht es Ihrem Diskettenlaufwerk, SmartMedia-Karten zu lesen. Man nennt dieses Gerät auch FlashPath. Die Karte wird einfach in den Adapter gesteckt, der dann wiederum in das Diskettenlaufwerk gesteckt wird. Sie können die Bilddateien dann einfach per Drag&Drop wie bei gewöhnlichen Disketten auf Ihre Festplatte ziehen. Solch ein Adapter kostet etwa 90 Euro.

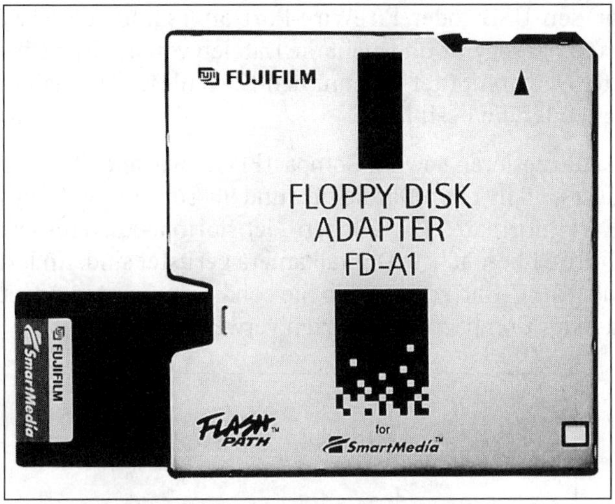

Abbildung 4.2: Ein SmartMedia-Floppydisk-Adapter

- **PC-Karten-Adapter:** Mit diesem Adapter können Sie SmartMedia-, CompactFlash-, MultiMedia- und SecureDigital-Karten oder auch MemorySticks als Standard-PC-Karten verkleiden. Abbildung 4.3 zeigt einen CompactFlash-Adapter. Nachdem man die Karte in den Adapter geschoben hat, kann man das ganze Ding in den PC-Karteneingang eines Laptop-Compters oder in einen PC-Kartenleser stecken. Die PC-Karte erscheint als Laufwerk auf dem Computer, und Sie können die Dateien per Drag &Drop auf die Festplatte ziehen. PC-Karten-Adapter kosten etwa 30 Euro.

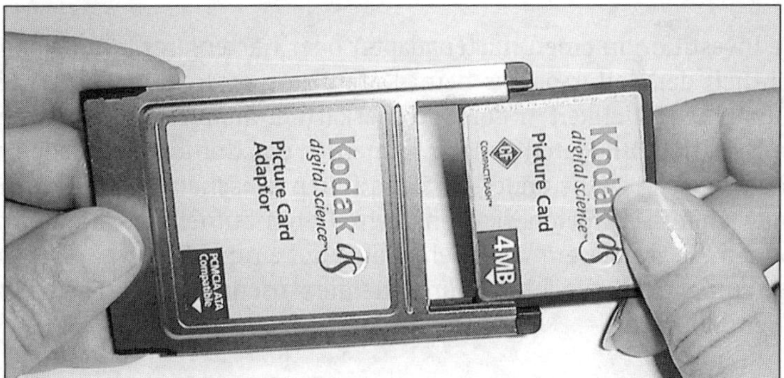

Abbildung 4.3: Ein PC-Karten-Adapter für eine CompactFlash-Karte

- **Kartenleser:** Wenn Sie Ihre Daten statt auf ein Laptop auf Ihren PC transferieren wollen, müssen Sie an den Computer einen Kartenleser anschließen. Es gibt interne Kartenleser, die man in einen freien Erweiterungsplatz des Computers einbauen kann, und externe

Geräte, die über den USB- oder FireWire-Port angeschlossen werden. Man steckt die Speicherkarte in das Lesegerät und zieht die Dateien von der Karte per Drag&Drop direkt auf die Festplatte. Der Computer erkennt den Kartenleser als weiteres Laufwerk wie das Diskettenlaufwerk oder die Festplatte.

Viele Kartenleser akzeptieren sowohl CompactFlash- wie auch SmartMedia-Karten, manche, wie der Universal 6 in 1 von Dazzle für rund 90 Euro (Abbildung 4.4), auch alle anderen gängigen Kartenformate. Mit solchen Mehrformat-Kartenlesern ist gewährleistet, dass Sie auch für Ihre übernächste Digitalkamera gerüstet sind. Andere Modelle lesen ausschließlich Standard-PC-Karten, weshalb Sie bei diesen Geräten Adapter benötigen, wenn Sie SmartMedia- oder CompactFlash-Karten verwenden.

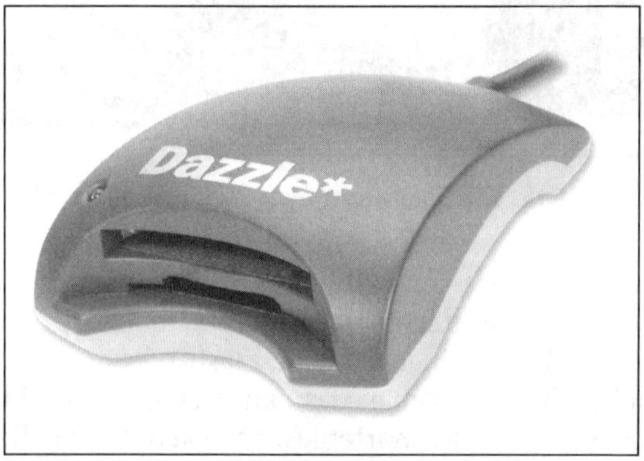

Abbildung 4.4: Der Kartenleser Dazzle Universal 6 in 1 akzeptiert CompactFlash-, SmartMedia-, MultiMedia- und SecureDigital-Karten sowie MemorySticks.

Die Investition in einen Kartenadapter oder Kartenleser lohnt sich nicht nur hinsichtlich der Zeitersparnis beim Datentransfer, sondern sie erweitert auch die Nutzungsmöglichkeiten der Speicherkarten. Man bekommt nämlich zusätzlich zur Funktion, Bilddaten von der Kamera in den Computer zu laden, auch noch die Möglichkeit, jegliche andere Art von Daten zwischen Computer und Laptop auszutauschen. Da Speicherkarten mehr Daten aufnehmen können als Disketten, können Sie auf diesem Weg mehr Daten auf einmal kopieren. Ist es nicht wunderbar, eine weitere Rechtfertigung für die Anschaffung eines zusätzlichen Spielzeugs zu finden?

Disketten, Zips und andere Archivierungsarten

Das heißeste Ding in der Welt der professionellen digitalen Bildbearbeitung ist zur Zeit das so genannte *Digital Asset Management*. Dieser komplizierte Ausdruck bezeichnet erstaunlicherweise einfach nur die Archivierung und Katalogisierung der Bilddateien. Professionelle Grafiker und Digitalfotografen häufen meist riesige Sammlungen digitaler Bilder an und suchen deshalb nach besseren, effizienteren Methoden diese zu speichern und den Zugriff auf einzelne Bilder möglichst einfach zu gestalten.

Ihre Bildsammlung mag zur Zeit noch nicht den Umfang haben, den die Sammlung eines Profis hat, doch irgendwann werden auch Sie an einen Punkt kommen, an dem Sie sich Gedanken machen müssen, wie und wo Sie Ihre Aufnahmen speichern wollen. Vielleicht sind Sie ja auch schon an diesem Punkt angelangt, weil Sie ständig hochauflösende Bilder aufnehmen und ihr Computer am Rande des Speicherkollapses herumjapst.

Deshalb sind zusätzliche Speichermöglichkeiten notwendig – vorausgesetzt, Sie haben das nötige Kleingeld, können Sie sich natürlich so viele Datenspeicher kaufen, wie Sie wollen. Die folgende Liste zeigt die am weitesten verbreiteten Optionen. In Kapitel 7 werden Ihnen einige Katalogisierungsprogramme vorgestellt, die Ihnen dabei behilflich sind, Ihre gut verstauten Bilder auch wiederzufinden.

- ✔ Die früher gebräuchlichste Archivierungsmethode funktionierte über Disketten. Noch immer sind die meisten Computer – abgesehen von neueren Macintosh-Modellen – mit einem Diskettenlaufwerk ausgestattet. Die Disketten selbst sind unglaublich billig: Man bekommt sie schon für weniger als 30 Cent pro Stück, wenn man nach Sonderangeboten Ausschau hält. Das Problem bei Disketten ist aber, dass sie leider nur knapp 1,5 MB Speicherplatz bieten. Das heißt, dass man mit ihnen nur niedrig auflösende oder stark komprimierte hochauflösende Bilder speichern kann, nicht aber unkomprimierte hochauflösende.

- ✔ Verschiedene Hersteller bieten Geräte für Wechselmedien an. Diese Laufwerke speichern Daten auf Cartridges, die gerade mal ein bisschen größer sind als herkömmliche Disketten, aber 100 MB und mehr Speicherplatz bieten. Das erfolgreichste System ist das Iomega Zip Drive, das zwischen 70 und 200 Euro kostet, je nachdem ob Sie ein internes oder externes Gerät, die kleine Variante für 100 MB- Medien oder das größere, auch 250 MB-Medien fassende Laufwerk wählen. Eine Zip-Diskette kann 100 oder 250 MB Daten speichern und kostet ungefähr 12 bzw. 16 Euro. Viele Vertriebe statten Desktop- und Laptop-Computer mittlerweile standardmäßig mit Zip-Laufwerken aus.

- ✔ Ein Sonderfall ist das Imation SuperDisk LS-120 und seine größere Variante LS-240 (90 beziehungsweise 200 Euro). Dieses Gerät liest 120 MB- und 240 MB-Cartriges (zu rund 8 bzw. 16 Euro) und schluckt darüber hinaus auch herkömmliche Disketten. Diese Möglichkeit bietet kaum ein anderes Laufwerk. Leider kann man mit einem normalen Diskettenlaufwerk aber keine SuperDisk-Diskette lesen.

- ✔ Wenn Sie noch etwas mehr anlegen wollen, können Sie sich Laufwerke anschaffen, die zwischen 650 MB und 4 GB (Gigabyte) Speicherkapazität haben. Viele Leute benutzen solche Laufwerke auch als zusätzliche Festplatte. Ein verbreitetes Medium in dieser Klasse ist das Wechselplattenlaufwerk Iomega Jaz, dessen Medien 2 GB fassen. Die Geräte kosten jeweils 250 oder 350 Euro (je nach Kapazität) und die Cartridges liegen bei 120 Euro. Eine besonders hohe Datensicherheit bieten magneto-optische Laufwerke (MO), die Medien mit Kapazitäten von 640 MB bis zu mehreren GB beschreiben können. Für ein 1,3 GB-Medium zahlen Sie etwa 30 Euro, das dazugehörige Laufwerk schlägt mit rund 500 Euro zu Buche.

- Heutzutage enthalten die meisten PCs ein CD-RW-Laufwerk, mit dem Sie Ihre digitalen Bilder selbst auf CD brennen können (brennen = speichern, Sie müssen sich also keinen zusätzlichen Feuerlöscher kaufen). Eine ganze Reihe von Herstellern bietet CD-Brenner an, die Sie auch nachträglich einbauen oder extern über die USB-, SCSI- oder FireWire-Schnittstelle an Ihren Computer anschließen können. Abbildung 4.5 zeigt einen solchen CD-Brenner. Es handelt sich hierbei um einen Yamaha CRW2200, den man für ca. 200 bis 400 Euro kaufen kann, je nachdem ob es ein internes oder externes Gerät ist. Die CD-Rohlinge (also Leer-CDs) kosten zwischen 0,50 und 1,50 Euro, je nachdem welches CD-System Sie verwenden. (Siehe auch die Textbox *CD-R oder CD-RW?* für weitere Informationen.)

  Noch vor ein paar Jahren Jahren hätte ich Ihnen von dieser Option abgeraten, da die CD-Brenner noch zu wackelig liefen und die entsprechende Software für jeden zu kompliziert war, der sich nicht die Zeit nehmen wollte, sich stundenlang mit technischen Erläuterungen und Hardware-Konflikten herumzuschlagen. Mittlerweile sind die meisten Probleme, die man bis dato mit CD-Brennern verbunden hat, aus der Welt geschafft worden, und der Prozess, eine CD zu brennen, ist viel einfacher und vor allem zuverlässiger geworden. Die meisten Brenner werden mit Softwareassistenten geliefert, die Sie durch den Kopiervorgang begleiten. Sie müssen also kein Technikguru mehr sein, damit die Sache läuft.

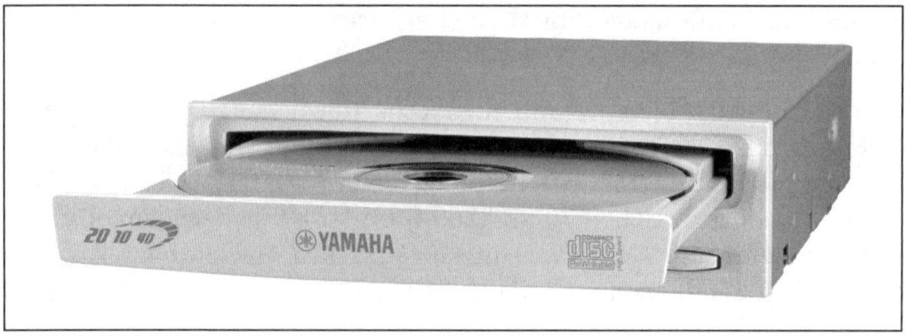

Abbildung 4.5: Mit einem CD-Brenner wie dem Yamaha CRW2200 können Sie Ihre eigenen Bild-CDs brennen.

Eine weitere Option, ein Tape-Streamer (Aufzeichnung auf Magnetbandcassetten), ist eher etwas für einen kleinen Kundenkreis. Tape-Streamer bieten zwar unschlagbar billigen Speicherplatz, sind aber sehr langsam im Zugriff und deshalb nur für Langzeitarchivierung und nicht für die Alltagsanforderungen geeignet.

Wie alle anderen Computerdaten sind digitale Bilddaten nicht unendlich lange haltbar. Das Haltbarkeitsdatum hängt dabei von dem Speichermedium ab, das Sie benutzen. Wenn Sie Speichergeräte mit magnetischen Medien verwenden, zum Beispiel Disketten, Zip-Disketten und sogar die Festplatte, kann der Verfall schon nach zehn Jahren einsetzen. Verlassen Sie sich also bei der Langzeitarchivierung nicht auf magnetische Medien. CD-Rs sprach man früher eine Haltbarkeit von bis zu hundert Jahren zu, doch haben neuere Untersuchungen gezeigt, dass man, optimale Lagerungsbedingungen vorausgesetzt, nur mit einer Lebensdauer von drei bis allenfalls 27 Jahren rechnen kann. Wenn Sie Ihre selbstgebrannten CDs in die pralle Sonne legen, wird sie vielleicht nicht einmal den nächsten Tag erleben; lagern Sie also Ihr Bildarchiv besser im Dunkeln, bei Zimmertemperatur und mittlerer Luftfeuchtigkeit. Die wiederbeschreibbaren CD-RW-Medien sind noch empfindlicher und empfehlen sich daher nicht zur dauerhaften Archivierung Ihrer Bilder. MO-Medien haben eine Haltbarkeit von 30 bis 100 Jahren und bieten daher die beste Gewähr dafür, dass auch Ihre Enkel noch Freude an Ihren Aufnahmen haben werden. Bedenken Sie aber, wie schnellebig die Computerindustrie ist und in wie kurzer Zeit neue Aufzeichnungsformate auftauchen und wieder in der Versenkung verschwinden. Eine CD-R oder eine MO-Diskette mag Ihre Daten auch in 25 Jahren noch getreulich bewahren, aber wird es dann noch Laufwerke geben, die so altertümliche Datenträger lesen können? Zur Sicherheit sollten Sie Ihr Bildarchiv alle paar Jahre auf die dann aktuellen Speichermedien kopieren, denn sonst könnte es Ihnen passieren, dass Sie zum Betrachter Ihrer Bilder ein Museum der Computertechnik aufsuchen müssen.

Wenn Sie sich für eine Archivierungsmethode entschieden haben, sollten Sie bedenken, dass die einzelnen Typen von Disketten und Cartridges nicht miteinander kompatibel sind. Jaz-Cartridges passen zum Beispiel nicht in ein Zip-Laufwerk. Wollen Sie häufig Daten mit Freunden oder Geschäftspartnern austauschen, dann brauchen Sie ein weitverbreitetes Medium. Sehr wahrscheinlich kennen Sie mehr Leute, die ein Zip-Laufwerk haben, als solche, die ein Jaz-Laufwerk besitzen. Genauso sollten Sie sich genau erkundigen, welche Formate Ihr Druckservice, falls Sie oft außer Haus drucken lassen wollen, lesen kann, bevor Sie sich entscheiden.

CD-R oder CD-RW?

CD-Recorder ermöglichen es Ihnen, Ihre eigenen CDs zu brennen (deshalb auch allgemein CD-Brenner genannt). Sie können damit also Bilddateien oder andere Dateien auf eine Compact Disc (CD) kopieren. Es gibt zwei verschiedene Arten von CDs: CD-R und CD-RW. Das R steht für *recordable* (beschreibbar) und das RW für *rewriteable* (wiederbeschreibbar).

Mit einer CD-R können Sie so lange Daten aufzeichnen, bis die CD voll ist. Sie können jedoch keine Daten, die einmal darauf gebrannt sind, wieder löschen, um Platz für neue zu schaffen. Wenn die CD voll ist, ist Schluss. Das hat aber auch den Vorteil, dass Sie nie aus Versehen Dateien löschen können. Zudem haben CD-Rs eine voraussichtliche Lebensspanne von bis zu 27 Jahren, weshalb sie hervorragend für die langfristige Archivierung wichtiger Bilder geeignet sind. Eine CD-R kostet auch nicht viel: Im Zehnerpack kostet eine CD lässige 50 bis 70 Cent.

Bei dem CD-RW-System können Sie zwar nicht wie bei einer Fest- oder Wechselplatte einzelne Dateien löschen, aber die CD-RW lässt sich wieder in ihren Ursprungszustand zurückversetzen und neu beschreiben. Auch wenn CD-RWs etwas teurer sind als CD-Rs, können sie auf lange Sicht kostengünstiger werden, da man sie mehrfach nutzen kann, wie Disketten oder Zip-Medien. Jedoch sollte man sich auf CD-RWs nicht zur Archivierung verlassen. Zum einen können Sie versehentlich wichtige Bilddateien überschreiben. Zum anderen haben Daten auf CD-RWs eine geringere Haltbarkeit als Daten auf nur einmal beschreibbaren CD-Rs.

Ein weiterer wichtiger Faktor unterscheidet die beiden Systeme: Die Kompatibilität mit CD-ROM-Laufwerken. Wenn Sie CDs dazu verwenden wollen, Bilder mit anderen Menschen auszutauschen, müssen Sie darauf achten, dass diese *Multiread*-CD-Laufwerke besitzen, damit sie auf die Daten auf der CD-RW zugreifen können. Diese Technologie wird zwar in fast alle neuen Computer eingebaut, findet sich jedoch nicht in älteren Computern. CD-Rs können aber von so gut wie allen Computern, also auch älteren, ohne Probleme gelesen werden. (Je nachdem welche Software Sie zum Brennen verwenden, müssen Sie die CD mit speziellen Optionen formatieren, damit sie auch von sehr alten CD-Laufwerken gelesen werden kann.)

Software-Lösungen

Digitalkameras sind die neuen glänzenden Sterne am Himmel der digitalen Bildwelt. Doch ohne Software, mit der Sie auf die Bilder zugreifen und sie bearbeiten können, wäre Ihre Kamera nicht mehr wert, als das Plastik, aus dem sie hergestellt ist.

Die folgenden Abschnitte stellen Ihnen die unterschiedlichen Softwareprodukte vor, die Sie in Ihre digitale Dunkelkammer einbinden können.

Schauen Sie auf jeden Fall mal in die CD hinein, die Sie hinten in diesem Buch finden. Auf dieser CD sind Demoversionen vieler bekannter Bildbearbeitungsprogramme gesammelt, die Sie vor dem Kauf antesten können. Sie finden dort eine vollständige Arbeitsversion von Kodak Easy 3.1.

Bildbearbeitungsprogramme

Bildbearbeitungsprogramme werden dazu verwendet, Bilder in jeder nur erdenklichen Weise zu manipulieren. Sie können Bilder retuschieren, Probleme mit Helligkeit und Kontrast, Farbbalance u.Ä. ausbessern. Sie können auch überflüssigen Bildrand abschneiden und erwünschte Bildelemente loswerden. Die Programme ermöglichen auch Spezialeffekte, die Montage einer Fotocollage und die Expedition in viele andere künstlerische Gefilde. Teil III dieses Buchs gibt Ihnen eine erste Einführung in die Bildbearbeitung, damit Sie nicht ganz unvorbereitet in das kreative Abenteuer stolpern.

Die Kataloge von Computerläden und Mailorder-Händlern sind heutzutage randvoll mit unterschiedlichen Produkten für die Bildbearbeitung. Alle diese Programme lassen sich jedoch in zwei große Kategorien unterteilen: Programme für den Normalverbraucher und für Profis. Die folgenden Abschnitte sollen Ihnen dabei helfen zu bestimmen, welche Software die richtige für Sie ist.

Bildbearbeitungsprogramme für den Normalanwender

Sehr viele digitale Kameras werden zusammen mit der führenden Bildbearbeitungssoftware für den breiten Markt – Adobe Photoshop Elements – ausgestattet. Photoshop Elements wird auch bei vielen Farbdruckern und Scannern mitgeliefert. Andere weit verbreitete Programme sind Photo Express von Ulead Systems und Microsoft Graphics studio Picture It! von Sie-wissen-schon-wem.

All diese Programme sind auf den Bildbearbeitungsneuling zugeschnitten und nehmen Sie bei Ihren ersten Gehversuchen bei der Hand. Assistenten führen Sie durch die grundlegenden Bearbeitungsaufgaben, und Mustervorlagen machen es einfach, Fotos in Visitenkarten, Kalender, E-Mail-Postkarten oder Glückwunschkarten einzubinden.

In der Kategorie der Normalverbraucher-Programme unterscheidet sich die Anzahl der gebotenen Effekte und Werkzeuge von Software zu Software mitunter erheblich. Die von mir vorhin genannten Produkte bieten jedoch eine solide Sammlung von Funktionen für ihr Geld (unter 100 Euro), dabei sind die Retuschierwerkzeuge in Photoshop Elements und PhotoExpress ausgereifter als die in Picture It!. Auf der anderen Seite mag ich die Bedienungsoberfläche von Picture It! lieber, das mit lustigen Soundeffekten und einer superguten Hilfsfunktion ausgestattet ist.

Was keines dieser Programme Ihnen jedoch bieten kann, ist die Art von leistungsfähigen Werkzeugen, die professionelle Grafiker benötigen. Sie können beispielsweise in keinem der oben genannten Programme Farbseparationen für den Vierfarbdruck erzeugen. Diese Produkte sind zwar mit genügend Werkzeugen bestückt, um gelegentliche Bildbearbeiter zu befriedigen, doch wenn Sie täglich damit arbeiten oder einfach die absolute Kontrolle über Ihre Bilder haben wollen, dann müssen Sie sich schon an ein professionelles Programm heranwagen.

Professionelle Bildbearbeitungsprogramme

Professionelle Programme, die für Ansprüche von Grafik-Designern, fortgeschrittenen Hobbyfotografen und erfahrenen Computerkünstlern angelegt sind, bieten wesentlich flexiblere, leistungsfähigere und meist auch zuverlässigere Bildbearbeitungswerkzeuge.

Der Unterschied zwischen den beiden Lagern lässt sich an einem Beispiel veranschaulichen: Nehmen wir einmal an, Sie wollten ein überbelichtetes Bild retuschieren. In einem Hobby-Programm können Sie die Belichtung eines Bildes nur für alle Farben auf einmal verändern. In einem professionellen Programm können Sie die hellen, mittleren und dunklen Bildbereiche separat beeinflussen. So können Sie das T-Shirt der Person auf dem Bild richtig weiß machen, ohne ihr die Haare gleich mit zu bleichen.

Darüber hinaus können Sie die Helligkeit der einzelnen Farbkanäle unabhängig voneinander regeln (in Kapitel 2 finden Sie eine Erklärung des Begriffs Farbkanal). Mit Werkzeugen wie dem Abwedler und dem Aufheller können Sie Helligkeit und Dunkelheit quasi wie mit einem Pinsel aufmalen. Und das sind nur ein paar Beispiele von vielen Optionen, mit denen Sie die Belichtung des Bilds beeinflussen können.

Professionelle Programme sind auch mit Werkzeugen ausgestattet, die es dem Anwender ermöglichen, komplizierte Aufgaben schneller zu erledigen. Bei manchen Programmen kann man eine Serie von Arbeitsschritten aufnehmen und diese Sequenz nachher wieder abspielen und auf einen Stapel von Bildern anwenden.

Der Nachteil von professionellen Programmen ist, dass sie für den Anfänger meist schwer zu verstehen sind. Man bekommt nicht viel On-Screen-Hilfe, und es gibt auch keine Mustervorlagen oder Assistenten wie bei den Einsteigerprogrammen. Sie müssen sich also darauf gefasst machen, einige Zeit hinter dem Benutzerhandbuch oder anderen Hilfsquellen zu verbringen, um einigermaßen sicher mit einem solchen Programm umgehen zu können.

Der Preis ist auch noch ein Nachteil, vor allem, wenn Sie sich für eins der beiden Top-Programme entschieden haben: Adobe Photoshop (1100 Euro) oder Corel PHOTO-PAINT (125 Euro). Diese beiden Programme sind zwar die Crème de la Crème der professionellen Bildbearbeitungsprogramme, doch es gibt auch einige gute und vor allem billigere Alternativen für Anwender, die nicht jeden möglichen Schnick-Schnack benötigen. Jasc Paint Shop Pro (80 Euro), Micrografix Picture Publisher Professional (150 Euro) und Ulead Photo Impact (180 Euro) sind drei Möglichkeiten, die man in Betracht ziehen sollte.

Bevor Sie Geld in ein Bildbearbeitungsprogramm investieren, sollten Sie unabhängig vom Preis auf jeden Fall ein paar Versuche mit Demoversionen auf Ihrem Computer starten. Auf der CD hinten im Buch finden Sie Demoversionen vieler Bildbearbeitungsprogramme und Sie finden weitere auf den Webseiten der Softwarehersteller.

Spezialisierte Software

Zusätzlich zu der Software, die speziell für die Bildbearbeitung ausgerichtet ist, gibt es noch einige großartige Programme, die für die speziellen Anforderungen der digitalen Fotografie ausgelegt sind. Hier ist eine Sammlung:

Programme wie Kodak Picture Easy, das man auf Abbildung 4.6 und auf der CD hinten im Buch findet, fallen in die Kategorie Foto-Utility-Software. Diese Programme sind für digitale Fotografen entworfen worden, die ihre Bilder auf schnellem und einfachem Weg ausdrucken oder per E-Mail verschicken wollen. Man kann mit diesen Anwendungen auch eine kleine Auswahl an Bildkorrekturen machen, wie Änderungen des Bildausschnitts oder der Schärfe, aber viel mehr ist auch schon nicht drin. Normalerweise sind diese Programme mit einem einfachen, auf Icons basierenden Interface ausgestattet. Man klickt auf eins der Icons, das auf grafischem Wege die Aufgabe widerspiegelt, die man ausführen will. In manchen Fällen, wie bei Picture Easy, können Sie die Software mit einem regulären Bildbearbeitungsprogramm verbinden, wie zum Beispiel mit Photoshop Elements. Wenn Sie intensive Bildbearbeitungsaufgaben haben, klicken Sie einfach auf das entsprechende Icon und das Bild wird im Bildbearbeitungsprogramm geöffnet.

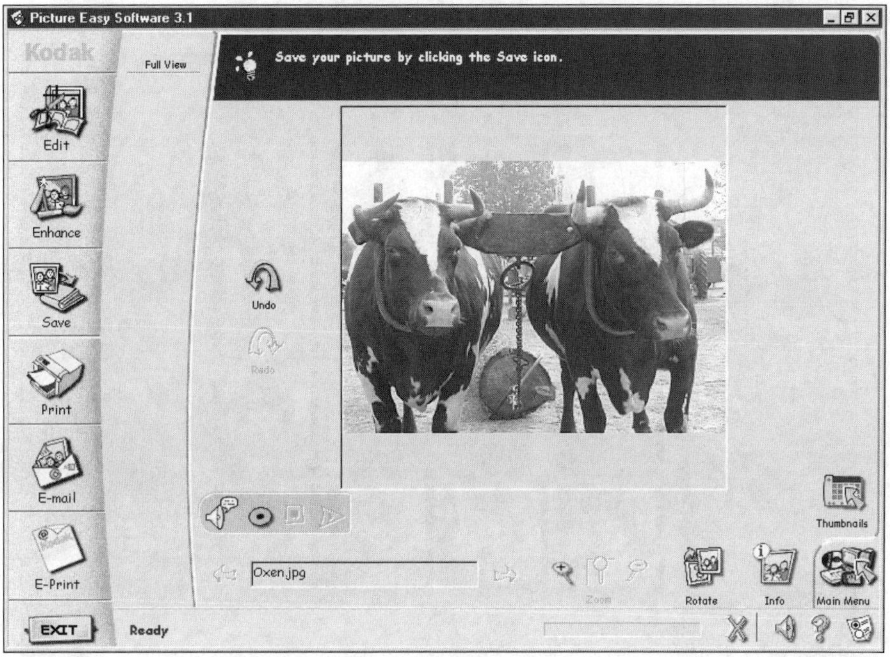

Abbildung 4.6: Programme wie Kodak Picture Easy bringen Ihre Fotos schnell auf Papier oder in's Internet.

Katalogisierungsprogramme helfen Ihnen dabei, all Ihre Bilder wiederzufinden. Kapitel 7 bietet weitere Informationen über diese Art von Software, und auf der CD hinten im Buch finden Sie verschiedene Katalogisierungsprogramme zum Ausprobieren.

- ✔ Spezialeffekt-Programme bieten Ihnen coole Werkzeuge, mit denen Sie Ihre Bilder verzerren, übermalen, mit Spezialeffekten versehen und auf andere Weise manipulieren können. Die meisten Bildbearbeitungsprogramme beinhalten wenigstens eine Grundausstattung solcher Effekte, doch ein paar Programme sind ausschließlich auf diese Aufgabe hin ausgerichtet. Kai's SuperGoo macht Sie zu einem digitalen Dr. Frankenstein. Sie können mit diesem Programm Augen, Ohren und Nasen aus verschiedenen Gesichtern zu einem neuen Gesicht zusammensetzen. Oder Sie verbiegen oder verzerren Fotografien damit, als wären sie aus Knetgummi, und versehen sie mit unsinnigen Accessoires, wie ich es in Abbildung 4.7 tue. Dabei sollten Sie jedoch beachten, dass diese Programme zwar Spaß bereiten, doch nicht für die alltägliche Bildretusche geeignet sind.

✔ Programme, die speziell für Kinder entwickelt worden sind, wie Looney Tunes Photo Print Studio von Live Picture, Inc., sind wirklich toll, wenn man den Spaß an der digitalen Fotografie auch mit den jüngeren Familienmitgliedern teilen will. Dieses Programm enthält Vorlagen, mit denen man Fotos beispielsweise in Postkarten einfügen kann, in denen sich Zeichentrickfiguren wie Bugs Bunny tummeln.

Abbildung 4.7: Programme wie Kai's SuperGoo machen zwar höllisch viel Spaß, bieten jedoch keinerlei Werkzeuge für die Bildretusche.

Kamera-Accessoires

Bis jetzt hat dieses Kapitel Ihnen Zubehör vorgestellt, mit dem Ihnen das Leben angenehmer und spaßiger gemacht wird, wenn Sie Ihr digitales Bild schon im Kasten haben. Doch die drei Dinge in der folgenden Liste sind noch essentieller, weil sie Ihnen dabei helfen, erst einmal hervorragende Bilder aufzunehmen:

- ✔ **Objektivadapter:** Bei manchen Kameras kann man über das normale Objektiv zusätzlich Nah- oder Fernlinsen stecken oder den Brennweitenbereich des Zooms durch Tele- und Weitwinkelkonverter erweitern. Es gibt auch spezielle Filter, mit denen man zum Beispiel Spiegelungen reduzieren kann (Polarisationsfilter). Die Preise dieser Accessoires reichen abhängig von Qualität und Typ von 20 Euro für einen einfachen Polarisationsfilter bis zu über 200 Euro für einen Weitwinkelkonverter.
- ✔ **Stativ:** Wenn Sie Bilder mit einer Digitalkamera aufnehmen, müssen Sie meist mit längeren Belichtungszeiten rechnen als bei herkömmlichen Kameras. Das bedeutet, dass Sie die Kamera länger ruhig halten müssen, damit Sie keine unscharfen Bilder bekommen. Wenn Sie ständig Bilder aufnehmen, die nicht richtig scharf sind, dann kann das an einer verwackelten Kamera liegen – was sich aber mit dem Gebrauch eines Stativs ohne weiteres kurieren lässt. Sie können für ein Stativ sehr wenig oder auch sehr viel ausgeben. Es gibt Modelle von 20 bis zu einigen hundert Euro. Ich kann Ihnen verraten, dass ich bis jetzt immer ganz gut mit meinem 20-Euro-Modell ausgekommen bin. Und bei diesem Preis kann man das Ding auch mal in den Kofferraum schmeißen, wenn man verreist. Achten Sie nur darauf, dass das Stativ, das Sie kaufen, stabil genug ist, das Gewicht Ihrer Kamera zu tragen. Am besten nehmen Sie Ihre Kamera mit, wenn Sie ein Stativ kaufen, damit Sie es direkt im Laden ausprobieren und sichergehen können, dass das Ding auch passt.

Al DeBat, der technische Berater für dieses Buch schlägt diese Methode zum Test eines Stativs vor: Ziehen Sie das Stativ auf die volle Länge aus, drücken Sie von oben auf die Kameraplattform, und versuchen Sie den Stativkopf wie einen Türknauf zu drehen. Wenn sich das Stativ dadurch verwindet, suchen Sie sich ein anderes Modell.

Kameratasche: Digitalkameras sind sehr empfindliche elektronische Geräte und müssen, damit sie verlässlich funktionieren, vor den Widrigkeiten des alltäglichen Lebens geschützt werden. Kameras nehmen einfach keine tollen Bilder auf, nachdem man sie auf den Gehsteig fallen oder in einem Aktenkoffer herumfliegen gelassen oder sonstwie malträtiert hat. Deshalb sollten Sie die Kamera immer, wenn Sie sie nicht benutzen, in einer gut gepolsterten Kameratasche verstauen.

Man findet in großen Läden vernünftige Kamerataschen schon für etwa 20 Euro. Oder gehen Sie, wenn Sie etwas mehr anlegen wollen, in den nächsten Kameraladen und kaufen eine geräumige, gut gepolsterte Kameratasche, in der Sie das gesamte Equipment inklusive Batterien und anderem Kleinzeug unterbringen können. Für eine solche Tasche müssen Sie etwa 30 bis 80 Euro hinlegen. Manche Kameras werden schon in der Grundausstattung mit Kameratasche verkauft. Doch diese Taschen sind meist ein wenig schwach auf den Rippen und nicht besonders gut dazu geeignet, Ihre Kamera vor Schäden zu schützen. Sie geben eine nicht unbeträchtliche Summe für Ihre Kamera aus, also tun Sie sich auch den Gefallen und stecken noch ein wenig Geld in eine vernünftige Schutztasche.

Teil II

Achtung, Fertig, Belichtung!

»… und jetzt kommt ein digitales Bild von meinem Vater, wie er dem Polizisten, der ihn gerade wegen Geschwindigkeitsübertretung angehalten hat, 20 Euro zustecken will.«

In diesem Teil ...

Digitalkameras für den breiten Markt sind meist Schnappschusskameras. Man muss einfach nur auf das Motiv zielen und abdrücken, fertig ist das Bild.

Doch wie bei herkömmlichen Schnappschusskameras ist auch das Fotografieren mit einer Digitalkamera meist nicht so einfach, wie es uns die Hersteller glauben machen wollen. Bevor Sie die Kamera nehmen und auf den digitalen Auslöser drücken, müssen Sie sich über ein paar Faktoren Gedanken machen, um am Ende ein vernünftiges Bild aufzunehmen. Dieser Teil des Buchs widmet sich diesen Faktoren.

Kapitel 5 erklärt Ihnen alles, was Sie über Bildkomposition, Beleuchtung und Schärfe wissen müssen, den drei Basiskomponenten eines guten Fotos. Kapitel 6 behandelt Themen, die speziell bei der digitalen Fotografie von Interesse sind, wie die Wahl der richtigen Bildauflösung und wie man Motive aufnimmt, die später in eine Montage eingebaut werden sollen, oder wie man Bilder so fotografiert, dass man sie zu einem Panorama zusammensetzen kann.

Wenn Sie vom Zielen-und-Abdrücken-Weg herunterkommen und sich den Denken-Zielen-und-Abdrücken-Weg aneignen, kommen Sie recht schnell zu eindrucksvollen Bildern. Wenigstens nehmen Sie dann keine Bilder mehr auf, bei denen der Kopf des Modells abgeschnitten ist, oder solche, die so unscharf sind, dass die Leute Sie fragen, warum Sie bei so einem Nebel überhaupt Fotos machen.

Das gute Bild

5

In diesem Kapitel …

- Vom einfachen Schnappschuss zur echten Fotografie
- Durch Bildkomposition zu stärkerem Ausdruck
- Neue fotografische Blickwinkel
- Mit und ohne Blitz fotografieren
- Gegenlicht kompensieren
- Auf das Motiv scharfstellen

Wenn Sie erst mal die Funktionsweise Ihrer Kamera verstanden haben – wie man die Batterien auflädt und den LCD-Bildschirm einschaltet usw. – ist es eigentlich ganz einfach ein Bild aufzunehmen. Zielen Sie mit der Kamera und drücken Sie auf den Auslöser. Ein *gutes* Bild aufzunehmen ist jedoch nicht ganz so einfach. Natürlich können Sie ohne großen Aufwand ein recht akzeptables Bild von Ihrem Motiv machen. Doch sollte Ihnen der Sinn nach einem gestochen scharfen, dynamischen Bild stehen, dann müssen Sie ein paar Faktoren bedenken, bevor Sie abdrücken.

Dieses Kapitel befasst sich mit den drei Basiselementen, die für ein hochwertiges Bild notwendig sind: Komposition, Beleuchtung und Schärfe. Nehmen Sie sich die Konzepte, die in diesem Kapitel präsentiert werden, zu Herzen, dann können Sie ohne weiteres vom Na-ja-Fotografen zu einem Das-haut-euch-um-Fotografen werden. Kapitel 6 bringt Sie in Ihrer fotografischen Entwicklung noch einen Schritt weiter. Sie lernen dort einiges über Probleme, die speziell bei der digitalen Fotografie auftauchen.

Eins kann ich in diesem Kapitel nicht bieten, nämlich eine Anleitung, wie Sie Ihre ganz spezielle Kamera handhaben. Bevor Sie sich in dieses Kapitel vertiefen, sollten Sie deshalb ein wenig Zeit in das Bedienungshandbuch Ihrer Kamera investieren. Ich weiß, dass es keinen Spaß macht, Bedienungsanleitungen zu lesen, aber Sie können die volle Leistungsfähigkeit Ihrer Kamera nicht ausschöpfen, solange Sie nicht wissen, was die ganzen kleinen Knöpfe, Rädchen und Schalter bedeuten.

Komposition

Schauen Sie sich mal das Bild in Abbildung 5.1 an. Irgendwie ist es ja gar nicht so schlecht. Das Motiv – eine Statue am Soldiers and Sailors Monument in Downtown Indianapolis – ist an sich recht interessant. Aber insgesamt ist das Bild … na ja, ein bisschen langweilig.

Abbildung 5.1: Das Bild erscheint flach, da der Ausschnitt ohne Inspiration ausgewählt und es aus einem langweiligen Winkel heraus aufgenommen ist.

Schauen Sie sich jetzt mal Abbildung 5.2 an. Dort sehen Sie zwei weitere Bilder desselben Motivs, jedoch wesentlich aussagekräftiger. Was macht bloß den Unterschied? Mit einem Wort: Komposition. Nur durch einen veränderten Bildausschnitt, eine vergrößerte Darstellung mittels Zoom und einem anderen Blickwinkel entstehen hier fesselndere Bilder.

Abbildung 5.2: Geht man näher an das Objekt heran und fotografiert aus weniger offensichtlichen Bildwinkeln, erzeugt man interessantere Bilder.

Es gibt nicht »die beste Methode« der Bildkomposition – die Kunst liegt im Auge des Betrachters, Sie wissen schon … Für jede Kompositionsregel kann man ein Bildbeispiel finden, das die Regel scheinbar umwirft. Darum soll die folgende Liste auch nur Vorschläge enthalten, die Ihnen helfen sollen, Bilder zu komponieren, die visuell interessant oder gar aufregend sind.

- **Merken Sie sich die Drittelregel**: Die beste Wirkung erzielt man nicht, indem man das Motiv genau in die Bildmitte klatscht, wie in Abbildung 5.1. Stattdessen unterteilt man die Bildfläche im Kopf in Drittel, wie in Abbildung 5.3. Dann positioniert man das Hauptmotiv dort, wo die Linien sich überschneiden.

Abbildung 5.3: Nach einer Kompositionsregel (von vielen) teilt man das Bild in Drittel auf und positioniert das Hauptmotiv an einem der Schnittpunkte.

- **Führen Sie das Auge über den Bildausschnitt:** Ein bisschen Leben bekommt man in das Bild, indem man die Szene so komponiert, dass das Auge des Betrachters wie in Abbildung 5.4 von einer Ecke des Bilds zur anderen geführt wird. Die Figur in diesem Bild, die auch ein Teil des Soldiers and Sailors Monument ist, sieht aus, als würde sie jeden Moment ab in den blauen Himmel fliegen. Man kann fast die frische Brise spüren, die die Flamme der Fackel und den Umhang der Figur flattern lässt.

Abbildung 5.4: Fotos werden lebendiger, wenn man den Bildausschnitt so wählt, dass das Auge des Betrachters von einer Ecke des Bilds in die andere geführt wird.

- **Vermeiden Sie das Pflanze-auf-dem-Kopf-Syndrom:** Mit anderen Worten, achten Sie auf störende Hintergrundelemente, wie die Blume und der Computer in Abbildung 5.5. Dort sehen Sie übrigens meine Lektorin Jennifer Ehrlich. Die meisten Lektoren haben fast permanent einen Telefonhörer am Ohr, den wenigsten wachsen aber Pflanzen und Monitore aus dem Kopf.

- **Machen Sie Ihre Bilder aus ungewöhnlichen Perspektiven:** Hier kann ich nur wieder Abbildung 5.1 zitieren. Auf diesem Bild ist die Statue präzise und deutlich abgebildet. Doch ist es kaum so spannend wie die Bilder in Abbildung 5.2, auf denen das gleiche Motiv nur aus anderen Blickwinkeln aufgenommen ist. Scheuen Sie sich nicht, auf einen Stuhl zu klettern (natürlich sollte es ein stabiler Stuhl sein) oder sich auf den Boden zu legen, um das Motiv aus einer ungewöhnlichen Perspektive aufzunehmen. Sicher werden die Leute Sie anstarren oder mit dem Finger auf Sie zeigen, vielleicht tritt auch mal ein unachtsamer Passant auf Sie, doch das ist der Preis, den ein großer Künstler zahlen muss, wenn er kreative Marken setzen will.

Abbildung 5.5: Ein klassisches Beispiel eines schönen Motivs vor einem grässlichen Hintergrund

Mein Lieblingstrick beim Fotografieren von Kindern ist, sie auf den Boden zu legen und in die Kamera hochschauen zu lassen, wie in Abbildung 5.6. Vielleicht leben die Kinder, die Sie fotografieren, ja in wunderschönen Umgebungen, aber in meiner Familie ist ein Raum voller Kinder auch ein Raum voller Spielzeug, Decken, Schnuller, Fläschchen und anderer Kinderutensilien, die sich als Hintergrund nicht besonders eignen. Schieben Sie einfach alles beiseite, bis Sie ein kleines Stück Teppichboden frei haben, auf das sich die Kinder hinlegen können. Die finden das meist ziemlich lustig, und so habe ich auch fast immer grinsende Minen auf den Bildern.

- ✔ **Nehmen Sie in Augenhöhe auf:** Eine weitere gute Herangehensweise, die Kleinen zu fotografieren, ist, sich hinzuhocken, um auf Augenhöhe zu fotografieren, wie in Abbildung 5.7. Wenn Ihre Kniegelenke so schlecht sind wie meine, ist diese Taktik nicht so einfach, wie sie sich anhört – der Auf-Augenhöhe-herunterkommen-Teil ist zwar noch recht leicht, aber der Wieder-auf-Normalhöhe-heraufkommen-Teil hat es in sich! Die Resultate sind den Aufwand und die resultierende Eispackung jedoch wert.
- ✔ **Kommen Sie näher … noch näher:** Sehr oft ist ein Bild deswegen interessant, weil es die kleinen Details zeigt, wie die Lachfalten im Gesicht des Großvaters oder den Regentropfen auf dem Blatt einer Rose. Scheuen Sie sich nicht, den Bildausschnitt mit Ihrem Motiv fast völlig auszufüllen. Die Regel über den Freiraum, den man um das Motiv behalten sollte, kann ab und zu gebrochen werden.

Abbildung 5.6: Wenn Sie Kinder ohne das ganze Spielzeug drumherum aufnehmen wollen, legen Sie sie einfach auf den Boden.

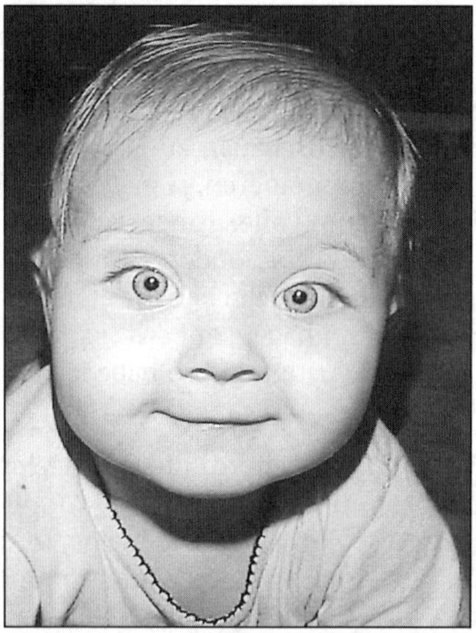

Abbildung 5.7: Eine weitere gute Taktik für gelungene Kinderfotos ist auf Augenhöhe zu fotografieren.

✔ **Versuchen Sie die Persönlichkeit des Motivs einzufangen:** Die langweiligsten Aufnahmen von Personen entstehen, wenn man sie vor der Kamera aufstellt und auf Kommando »Cheeeeese« sagen lässt. Wenn Sie wirklich etwas aus einer Person herausholen wollen, versuchen Sie sie bei der Ausübung ihres Lieblingshobbys oder beim Gebrauch von Werkzeugen ihres Berufs zu erwischen. Diese Taktik ist vor allem dann hilfreich, wenn die entsprechende Person sich etwas schüchtern vor der Kamera anstellt. Weil sie sich auf eine gewohnte Handlung konzentrieren kann, kann sich die Person lockern und der Ich-wäre-am-liebsten-überall-anders-als-hier-Blick wird unter Umständen durch einen wesentlich natürlicheren Ausdruck ersetzt.

Die Parallaxe

Sie haben Ihr Bild hervorragend komponiert: Das Licht ist schön, die Schärfe stimmt und alle anderen fotografischen Sterne stehen in der richtigen Konstellation. Doch nachdem Sie das Bild auf Ihren Computer heruntergeladen haben, sehen Sie etwas anderes, als Sie noch eben durch den Sucher erblickt haben. Der Bildausschnitt Ihres Bildes stimmt nicht, als hätte sich das Motiv bewegt, als Sie gerade nicht hingeschaut haben.

Sie sind kein Opfer eines digitalen Fluchs geworden, sondern haben nur die Auswirkungen eines fotografischen Phänomens entdeckt, das man *Parallaxenfehler* nennt.

Bei den meisten Digitalkameras schaut man mit dem Sucher wie bei den meisten Schnappschusskameras nicht durch das Objektiv, sondern durch eine separate Linse. Der Sucher ist aber ein paar Zentimeter oberhalb oder seitlich vom Objektiv angebracht, weshalb Sie das Motiv aus einem leicht unterschiedlichen Winkel als das Objektiv sehen. Das Bild wird jedoch durch das Objektiv und nicht durch den Sucher aufgenommen.

Wenn Sie einen Blick in den Sucher werfen, sollten Sie feine Linien am Rand des Bildausschnitts sehen. Diese Linien zeigen die Grenzen des echten Bildes – so wie es das Objektiv sieht. Sollten Sie nicht auf diese Linien achten, dann erhalten Sie Bilder von Leuten mit abgeschnittenen Köpfen, wie es dem armen Bernie in Abbildung 5.8 passiert ist.

Je näher Sie Ihrem Motiv kommen, umso stärker macht sich der Parallaxenfehler bemerkbar. Dabei ist es unerheblich, ob Sie nur an das Objekt heranzoomen oder wirklich näher kommen. Manche Kameras sind im Sucher mit einem zweiten Rahmen ausgestattet, der für Nahaufnahmen gedacht ist. Lesen Sie in Ihrem Bedienungshandbuch nach, welcher Rahmen für welchen Zweck benutzt wird. (Es gibt hin und wieder auch Rahmen, die etwas mit der Schärfe und nicht mit der Parallaxe zu tun haben.)

Ist Ihre Kamera mit einem LCD-Monitor ausgestattet, haben Sie eine weitere Hilfe, mit der Sie Parallaxenproblemen aus dem Weg gehen können. Der Monitor gibt das Bild nämlich so wieder, wie es das Objektiv sieht, deshalb benutzen Sie ihn im Zweifelsfall für Nahaufnahmen statt des Suchers. Es gibt sogar Kameras, deren LCD-Bildschirm automatisch anspringt, wenn man die Kamera in den Makro-Modus schaltet, um Nahaufnahmen zu machen.

Abbildung 5.8: Mein Kumpel Bernie hat wegen des Parallaxenfehlers den Verlust seiner Ohren zu beklagen.

Es werde Licht

Digitalkameras sind unersättlich, wenn es ums Licht geht. Eine durchschnittliche Digitalkamera hat eine Lichtempfindlichkeit, die einem 100-ISO- Film entspricht. (ISO-Werte werden in Kapitel 2 erläutert.) Das führt natürlich dazu, dass Bilddetails verloren gehen, wenn ein Objekt zu sehr im Schatten steht. Zu viel Licht kann auch Probleme machen. Ein Sonnenstrahl, der auf ein stark reflektierendes Objekt fällt, kann zu so genannten *Dropouts* oder Überblendungen führen. Das sind Bereiche, in denen es keine Zeichnung gibt. Auf Ihrem Bild ist an so einer Stelle nur ein weißer Fleck zu sehen.

Farbtafel 5.1 zeigt die Probleme, die bei zu starkem und zu schwachem Licht auftreten können. In der unteren rechten Ecke des Bilds, wo Schatten auf die Szene fallen, leiden Bilddetail und Bildkontrast. Andererseits haben wir im oberen mittleren Bildbereich zu viel Licht, was zu einer stattlichen Überblendung auf der Zitrone führt. In diesem Bereich sind alle Bilddetails verloren gegangen. (Der vergrößerte Bildausschnitt verdeutlicht das Phänomen noch mal.) In der oberen linken Ecke des Bilds ist das Licht weder zu stark noch zu schwach, und die Bilddetails und der Kontrast sind ausgesprochen gut.

Bei der Aufnahme von digitalen Bildern mit der richtigen Belichtung gilt es nicht nur zu entscheiden, ob man mit einem Blitz oder mit externen Fotolampen arbeitet, sondern auch die richtige Belichtungseinstellungen zu machen. In den folgenden Abschnitten steht alles Wissenswerte für ein gut ausgeleuchtetes, vernünftig belichtetes Bild.

Vergessen Sie nicht, dass Sie kleinere Beleuchtungs- und Belichtungsprobleme noch in der Bildbearbeitungsphase korrigieren können. Im Allgemeinen kann man dunklere Bilder einfacher heller machen, als man überbelichtete abdunkeln kann. Kommen Sie einmal in eine Situation, in der Sie die Belichtung nicht optimal einstellen können, sollten Sie versuchen, lieber ein etwas unterbelichtetes Bild statt einem überbelichteten aufzunehmen.

Das »Einrasten« der Belichtung (-sautomatik)

Mit *Belichtung* ist die Lichtmenge gemeint, die die Kamera beim Fotografieren aufnimmt. (In Kapitel 2 finden Sie eine ausführliche Erläuterung der Belichtung.) Die Belichtungsautomatik der Kamera analysiert die Menge des einfallenden Lichts Ihrer Szene und stellt dann die Belichtung automatisch für Sie ein.

Damit die Belichtungsautomatik Ihrer Kamera auch vernünftige Ergebnisse bringt, sollten Sie die folgenden drei Schritte beim Fotografieren beachten:

1. **Wählen Sie den Bildausschnitt.**

2. **Drücken Sie den Auslöser halb herunter und halten Sie ihn dort.**

   Die Kamera analysiert die Szene und stellt Schärfe und Belichtung ein. (Die nachfolgenden Abschnitte behandeln die Sache mit der Schärfe.) Wenn die Kamera ihre Entscheidungen getroffen hat, wird sie Ihnen das irgendwie signalisieren – entweder mit einem blinkenden Lämpchen in der Nähe des Suchers oder mit einem akustischen Signal.

3. **Drücken Sie den Auslöser nun vollständig herunter, um das Bild aufzunehmen.**

Einige Kameras haben eine Warnfunktion oder weigern sich sogar, ein Bild aufzunehmen, wenn man eine Belichtungseinstellung gewählt hat, die zu einem stark unter- oder überbelichteten Bild führen würde. Kameras aus dem oberen Preissegment bieten, wie in den nächsten Abschnitten beschrieben wird, mehr Kontrolle über die automatische Belichtung.

Die Wahl der Messmethode

Bei Kameras der mittleren und gehobenen Preisklasse können Sie zwischen mehreren Messmethoden für die Belichtung wählen. (Lesen Sie in der Bedienungsanleitung nach, über welche Knöpfe oder Menübefehle man die Messmethoden wählt.) Die Messmethode beschreibt den Weg, auf dem die Kamera das einfallende Licht misst, um die passende Belichtung für Ihr Bild auszurechnen. Normalerweise gibt es die folgenden Optionen:

- ✔ **Matrix-Messung:** Diese Methode wird auch manchmal Multizonen-Messung genannt. Die Kamera analysiert das Licht an vielen verschiedenen Punkten eines Rasters. Dann wählt sie eine Einstellung, die die dunkelsten und die hellsten Bereiche des Bildes am besten belichtet. Die Matrix-Messung ist meist der Standardmodus der Belichtungsautomatik, weil sie in den meisten Situationen recht zuverlässig arbeitet.

- **Mittenbetonte Messung:** Das Licht wird zwar im gesamten Bildrahmen gemessen, doch wird der Messung im mittleren Bildbereich stärkeres Gewicht gegeben. Diese Einstellung benutzt man, wenn einem das Zeug in der Bildmitte mehr am Herzen liegt als das Drumherum. (Na, das ist doch mal eine technische Erläuterung, oder?)

- **Spot-Messung:** Hier wird ausschließlich das Licht im Zentrum des Bildausschnitts gemessen. Dieser Modus eignet sich vor allem dann, wenn der Hintergrund wesentlich heller ist als das Motiv – beispielsweise bei Gegenlichtaufnahmen (Personen, die vor der Sonne oder einer Lichtquelle stehen). Würden Sie in einer solchen Situation mit der Matrix- oder der mittenbetonten Messung arbeiten, dann wäre das Motiv sehr wahrscheinlich unterbelichtet (also fotografisch unterbelichtet meine ich), da die Kamera die Belichtung aufgrund des hellen Hintergrundes reduziert. Schauen Sie sich hierzu auch Abbildung 5.9 an. Das obere linke Bild habe ich mit Matrix-Messung, das obere rechte mit mittenbetonter Messung aufgenommen.

  Bei der Spotmessung müssen Sie den Bildausschnitt so wählen, dass sich Ihr Hauptbildmotiv im Zentrum befindet. Dann halten Sie die Belichtung und Schärfe wie im Abschnitt *Das »Einrasten« der Belichtung (-sautomatik)* in diesem Kapitel erklärt wird. Im unteren Beispiel in Abbildung 5.9 habe ich mit dieser Technik eine brauchbare Belichtung des Gesichts der Frau erreicht. Weitere Tricks für solche Szenen finden Sie auch in *Die Kompensation von Gegenlicht* im weiteren Verlauf des Kapitels.

Soll Ihr Motiv aber gar nicht in der Bildmitte sitzen, dann können Sie das Bild, während Sie Schärfe und Belichtung halten, neu aufteilen. Halten Sie den Auslöser einfach weiterhin halb heruntergedrückt, und legen Sie einen neuen Bildausschnitt durch den Sucher fest. Bewegen Sie sich oder das Motiv dabei aber nicht, da sonst die Schärfe und Belichtung unter Umständen nicht mehr stimmen.

Abbildung 5.9: Mit der Matrix-Messung (oben links) und der mittenbetonten Messung (oben rechts) erhielt ich wegen des starken Gegenlichts unterbelichtete Aufnahmen. Mit der Spot-Messung (unten) wurde das Licht auf Basis der Helligkeit des Gesichts gemessen.

Manuelle Belichtungseinstellungen

Fast alle Digitalkameras sind mit der Möglichkeit einer *Belichtungskorrektur* ausgestattet, mit deren Hilfe Sie die Belichtung, die die Kamera automatisch eingestellt hat, manuell ein wenig herauf- oder herabsetzen können.

Der Umgang mit den Werten bei der Belichtungskorrektur unterscheidet sich von Kamera zu Kamera. Normalerweise wird die Korrektur in *EV*-Schritten gemacht (EV = *Exposure Value*, engl. für Belichtungswert), wie +1, +2, 0, -1, -2. Die Null steht dabei für die Standardeinstellung der Belichtungsautomatik. Ein positiver Wert verstärkt die Belichtung – es entsteht ein helleres Bild. Ein negativer Wert verringert die Belichtung, und das Bild wird dunkler.

Die unterschiedlichen Kameramodelle sind mit verschiedenen Belichtungsoptionen ausgestattet, und auch die Auswirkungen der Belichtungskorrektur auf Ihr Bild sind pro EV-Schritt von Kamera zu Kamera unterschiedlich. Sie müssen also wohl oder übel mit den unterschiedlichen Einstellungen herumexperimentieren und Erfahrungen mit Ihrer speziellen Kamera sammeln.

Farbtafel 5.2 zeigt Ihnen, wie sich einige Belichtungseinstellungen einer Nikon Coolpix 900 auf ein Bild ausgewirkt haben, das ich draußen an einem sonnigen Tag aufgenommen habe. Die Belichtungsautomatik wählte hier nicht die Helligkeit, die ich mir wünschte, weshalb ich mit der Belichtungskorrektur auf +1 ging.

Wenn Ihre Kamera wie die Nikon Coolpix 900 unterschiedliche Messmethoden bietet, dann sollten Sie diese zusammen mit unterschiedlichen Belichtungskorrekturen ausprobieren. Bei dem Foto in der Farbtafel habe ich die Matrix-Messung verwendet, die das gesamte Bild in die Messung mit einbezieht (im vorangegangenen Abschnitt finden Sie mehr über die verschiedenen Belichtungsmessmethoden). Einige der äußeren Blätter der Seerose waren fast schneeweiß. Die Kamera hat diese Helligkeit mit in die Berechnung der Belichtung einbezogen. Eine Belichtung, bei der die weißen Blätter nicht überbelichtet sind, führt dazu, dass der Rest der Blume ein wenig unterbelichtet ist. Hätte ich hier auf mittenbetonte oder auf Spot-Messung umgeschaltet, dann hätte ich ein ähnliches Ergebnis erhalten, wie durch die Belichtungskorrektur von +1 bei Matrix-Messung.

Es gibt sogar Kameras wie die Kodak DC220 oder DC260, die eine weitere Methode zur Veränderung der Belichtung bieten: Sie können die Belichtungszeit überdurchschnittlich verlängern, um sehr dunkle Szenen, wie Nachtaufnahmen, zu fotografieren. Diese Option ähnelt der Belichtungseinstellung *B* bei einer herkömmlichen Kamera. In diesem Modus bleibt der Verschluss so lange geöffnet, wie Sie den Auslöser herunterdrücken. Im Fall der DC220 und der DC260 ist man jedoch etwas eingeschränkter: Sie können lediglich Belichtungszeiten zwischen 0,5 und 4 Sekunden in 0,5-Sekundenschritten wählen. Achten Sie bei solch langen Belichtungszeiten darauf, die Kamera auf gar keinen Fall zu verwackeln; der Gebrauch eines Stativs oder wenigstens einer wackelfreien Unterlage ist hierbei unerlässlich.

Damit Sie sicher sein können, dass wenigstens eine Aufnahme korrekt belichtet ist, sollten Sie sich diesen Trick von Fotografen aneignen: Machen Sie immer eine Serie von Aufnahmen. Dabei nehmen Sie die gleiche Szene mit unterschiedlichen Belichtungseinstellungen auf. Versuchen Sie es zuerst mit der Ihrer Meinung nach besten Einstellung und danach mit leicht verringerter und leicht verstärkter Belichtung. Bei manchen Kameras ist dieser Prozess automatisiert. Sie brauchen dann nur auszuwählen, um wie viel die Belichtung in jedem Schritt verändert werden soll, und die Kamera nimmt beim Druck auf den Auslöser eine komplette Belichtungsreihe auf – beispielsweise fünf Bilder von – 1,0 EV bis +1,0 EV in Schritten von 0,5 EV.

Natürlich können Sie sich von der korrekten Belichtung Ihres Bildes via LCD-Monitor überzeugen. Doch verlassen Sie sich nicht vollkommen auf diesen Bildschirm, da er meist keine wirklich akkurate Wiedergabe des Bildes erzeugen kann. Das Ganze wird noch besonders erschwert, wenn Sie im hellen Sonnenlicht stehen, das den LCD-Monitor überstrahlt. Falls Ihre Kamera eine Histogramm-Anzeige bietet, wäre jetzt der Moment gekommen, Gebrauch von ihr zu machen. Ein Histogramm ist eine Art Balkendiagramm, das die Verteilung der Tonwerte zwischen Schwarz (links) und Weiß (rechts) im Bild anzeigt: Je höher der Balken, desto häufiger kommt dieser Tonwert im Bild vor. Die Tonwerte einer optimal belichteten Aufnahme sollten sich gleichmäßig über das gesamte Spektrum verteilen. Erscheinen die Tonwerte nach rechts verschoben, während die dunkelsten Tonwerte ganz links gar nicht vertreten sind, so ist die Aufnahme überbelichtet; im umgekehrten Fall, wenn sich die Tonwerte in der linken Hälfte des Histogramms konzentrieren und die hellsten Töne fehlen, liegt eine Unterbelichtung vor. Mit etwas Glück haben Sie nun immer noch Gelegenheit, die Aufnahme mit einer entsprechend nach oben oder unten korrigierten Belichtung zu wiederholen.

Zusätzliches Blitzlicht

Finden Sie keine Belichtungseinstellung, die zu einem brauchbaren Ergebnis führt, dann müssen Sie darüber nachdenken, wie Sie mehr Licht in Ihre Szene bekommen. Die naheliegendste Möglichkeit ist dafür der Blitz. Die meisten Digitalkameras sind wie herkömmliche Schnappschusskameras mit Blitz ausgestattet, wobei dieser in verschiedenen Modi betrieben werden kann. Sie haben normalerweise die folgenden Optionen:

- ✔ **Automatischer Blitz:** In diesem Modus misst die Kamera die Lichtverhältnisse und blitzt wenn nötig. Dies ist üblicherweise der Standardmodus.
- ✔ **Immer blitzen:** In diesem Modus wird der Blitz unabhängig von den Lichtverhältnissen der Szene bei jeder Aufnahme betätigt. Das ist vor allem bei Außenaufnahmen hilfreich, wie Sie in Abbildung 5.10 sehen können. Das Bild auf der linken Seite habe ich im automatischen Modus aufgenommen. Da das Bild an einem hellen sonnigen Tag geschossen wurde, hat die Kamera nicht gemerkt, dass ein Blitz vonnöten gewesen wäre. Ich habe es aber gemerkt, weil der Schatten des Huts die Augen der Person verdeckt hat. Deshalb habe ich das Bild noch einmal im IMMER BLITZEN-Modus aufgenommen. Der Blitz hat zusätzliches Licht ins Gesicht der Person geworfen, wordurch die Augen nun sichtbar wurden.
- ✔ **Kein Blitz:** Wählen Sie diesen Modus, wenn Sie unter keinen Umständen einen Blitz verwenden wollen. Sie werden diesen Modus in der digitalen Fotografie öfter verwenden, als Sie vielleicht erwarten. Hauptsächlich bei der Fotografie von sehr stark reflektierenden Objekten, wie einer Porzellanvase, können Überblendungen entstehen (wie in Farbtafel 5.1 zu sehen ist). In solchen Fällen erzielen Sie gewöhnlich die besseren Ergebnisse, wenn Sie den Blitz ausschalten und alternative Beleuchtungsmethoden verwenden (siehe nächsten Abschnitt) oder die Belichtung mit der Belichtungskorrektur der Kamera verstärken (siehe vorangegangenen Abschnitt).

Abbildung 5.10: Eine Außenaufnahme einmal mit Blitz (rechts) und einmal ohne (links)

Man schaltet den Blitz auch ab, wenn die Qualität des Lichts in der Szene gerade das Interessante ist. Zum Beispiel ist das Licht- und Schattenspiel in Abbildung 5.11 ein wichtiger Aspekt dieses Fotos. Man kann sich richtig vorstellen, wie sich die Blätter der Pflanze recken, um noch ein bisschen Abendsonne abzubekommen. Mit eingeschaltetem Blitz hätte man nur ein äußerst langweiliges Bild einer Pflanze im Topf.

Bei ausgeschaltetem Blitz müssen Sie darauf achten, dass Ihre Kamera unter Umständen eine längere Belichtungszeit wählt, um die schlechten Lichtverhältnisse auszugleichen. Die Kamera muss also über einen längeren Zeitraum still gehalten werden, damit keine unscharfen Bilder entstehen. Verwenden Sie deshalb ein Stativ oder eine wackelfreie Unterlage.

- **Anti-Rote-Augen-Modus:** Jeder, der schon einmal mit einer Schnappschusskamera – digital oder konventionell – Bilder von Personen gemacht hat, kennt das so genannte Rote-Augen-Problem. Der Blitz reflektiert sich im Auginneren der Person, die dadurch dämonisch leuchtende Augen bekommt. Der Anti-rote-Augen-Modus versucht diesem Problem entgegenzuwirken, indem ein weniger kraftvoller Blitz dem eigentlichen Blitz mit ungefähr einer Sekunde Vorlauf vorausgeschickt wird. Die Idee dahinter ist, mit diesem Blitz die Pupille der Person ein wenig zu schließen, und somit die Reflexionen im Auginneren beim endgültigen Blitz zu minimieren.

  Leider funktioniert dieses Prinzip bei Digitalkameras genauso schlecht wie bei herkömmlichen Kameras. Meist leuchten die Augen doch noch. Na ja, der Hersteller hat ja auch von einer Reduzierung des Phänomens gesprochen. Noch schlimmer ist, dass die Personen, die man aufnimmt, denken können, dass der erste Blitz schon die Aufnahme war und sich dann herumdrehen und weggehen, wenn das Bild in Wirklichkeit aufgenommen wird. Wenn Sie diesen Modus benutzen, sollten deshalb Sie den Personen, die Sie aufnehmen wollen, vorher erklären, was passiert.

Abbildung 5.11: Mit ausgeschaltetem Blitz lassen sich interessante Licht- und Schattenspiele aufnehmen.

Die gute Nachricht: Da Sie ja digital fotografieren, können Sie die roten Augen anschließend mit Ihrer Bildbearbeitungssoftware wieder entfernen. Verwenden Sie die Kopier- oder Verdeck-Techniken, die in Kapitel 11 beschrieben werden, um die Augen wieder blau, braun, grün oder sonstwie einzufärben.

- **Slow-Synch-Blitz:** Kameras der Mittel- und Oberklasse bieten diese Variation des automatischen Blitzmodus. Mit diesem Modus wird die Belichtungszeit gegenüber dem normalen Blitzmodus wesentlich verlängert. Normalerweise kann Ihr Blitz zwar das Motiv im Vordergrund ausleuchten, doch reicht er nicht dazu aus, auch Elemente des Hintergrunds aufzuhellen. Die längere Belichtungszeit sorgt dafür, dass genug des vorhandenen Umgebungslichts gesammelt werden kann, um auch den Hintergrund richtig zu belichten.
- **Externer Blitz:** Dies ist eine High-End-Option, die man bei teureren Kameras findet. Man kann bei solchen Modellen einen externen Blitz anschließen, ähnlich wie es bei herkömmlichen Spiegelreflexkameras der Fall ist. In diesem Modus wird der eingebaute Blitz ausgeschaltet, und Sie müssen die richtige Belichtung für den externen Blitz herausfinden. Diese Option ist vor allem für professionelle Fotografen und fortgeschrittene Hobbyfotografen gedacht, die die nötige Ausrüstung und Erfahrung besitzen. In der Bedienungsanleitung können Sie nachlesen, welcher Blitz sich an die Kamera anschließen lässt und wie man die Verbindung zwischen den beiden Geräten herstellt.

Wenn Ihre Kamera zwar einen eingebauten Blitz, aber keinen Anschluss für einen externen Blitz hat, können Sie sich mit Servoblitzgeräten helfen. Diese kleinen unabhängigen, batteriebetriebenen Blitzgeräte haben eingebaute Fotozellen, die den zusätzlichen Blitz jedes Mal dann auslösen, wenn der Blitz der Kamera aufleuchtet. Wollen Sie beispielsweise eine Feier in einem Raum fotografieren, der schwach beleuchtet ist, dann können Sie mehrere dieser Geräte im Raum verteilen. Alle Servoblitze werden genau dann auf einmal blitzen, wenn Sie mit der Kamera in diesem Raum ein Foto schießen. Leider harmonieren nicht alle Servoblitzgeräte mit allen Digitalkameras. Einige Kameras senden zunächst einen Messvorblitz aus (der übrigens nichts mit dem Rote-Augen-Vorblitz zu tun hat und meist unbemerkt bleibt), den die empfindliche Fotozelle des Servosblitzes registriert und diesen seinerseits auslösen lässt. Wenn dann, einige Millisekunden später, der Hauptblitz für die eigentliche Aufnahme zündet, ist der Servoblitz noch nicht wieder blitzbereit und versagt daher. Es gibt spezielle Servoblitzgeräte für den Einsatz mit Digitalkameras, die wahlweise erst beim zweiten Blitz zünden und sich daher nicht durch einen Messvorblitz irritieren lassen.

Die Verwendung von zusätzlichen Lichtquellen

Der Blitz der Kamera bietet zwar die Möglichkeit, eine Szene zu beleuchten, doch ist die Fotografie mit Blitz nicht problemlos. Geht man zu nahe an das Motiv heran, können Bereiche des Bildes überblendet werden oder überbelichtet wirken, ähnlich wie es in Farbtafel 5.1 durch zu starke Sonneneinstrahlung passiert ist. Und wie schon im vorangegangenen Abschnitt erläutert, kann der Blitz auch rote Augen bei den fotografierten Personen erzeugen.

Einige Kameras bieten die Möglichkeit, einen externen Blitz anzuschließen, den man weiter vom Motiv entfernen kann. Damit lassen sich Überblendungen und rote Augen einschränken. Sollte Ihre Kamera diese Option aber nicht bieten, erzielen Sie meist bessere Resultate, wenn Sie den Blitz ausschalten und die Szene stattdessen mit einer anderen Lichtquelle erhellen.

Wenn Sie ein gut ausgerüsteter Fotograf sind und Studiolampen haben, holen Sie sie heraus. Falls nicht, können Sie in relativ günstige Fotolampen investieren, die man auch für Videokameras verwendet.

Sie müssen aber nicht unbedingt losrennen und einen Haufen Kohle für Lichtausrüstung ausgeben. Mit ein bisschen Kreativität können Sie vielleicht schon mit dem, was Sie zu Hause vorfinden, eine Lösung Ihrer Lichtprobleme erreichen. Ich verwende beispielsweise bei kleinen Objekten mein selbstgebasteltes Studio, das in Abbildung 5.12 gezeigt wird. Der helle Hintergrund besteht einfach nur aus weißer Pappe, die man in Bastel- und Künstlerbedarfshandlungen bekommt. Eine weitere weiße Pappe dient als Unterlage auf dem Tisch.

Die weiße Pappe hellt das Motiv auf, da sie das Licht reflektiert. Braucht man noch mehr Licht, kann man sich mit einer einfachen Bürolampe behelfen. Einen farbigen Hintergrund bekommt man statt eines weißen, indem man farbiges Papier an die Hintergrundpappe heftet, das man ebenso im Bastel- oder Künstlerbedarf bekommt. Einfarbige Tischdecken oder ebensolches Bettzeug lassen sich auch für diesen Zweck verwenden.

Okay, professionelle Fotografen und ernsthafte Amateure werden sich über meine kleine Installation kaputtlachen. Aber ich sage immer, wenn es irgendwie funktioniert, besser als gar nichts. Außerdem haben Sie bestimmt schon einen Batzen Geld für die Kamera ausgegeben, warum also nicht ein paar Mark sparen, wenn es geht?

Abbildung 5.12: Mit einem sonnigen Fenster, etwas weißer Pappe, einem Stativ und einer Bürolampe lässt sich schon ein brauchbares Fotostudio improvisieren.

Bei der Verwendung einer künstlichen Lichtquelle bekommen Sie, unabhängig davon, ob es sich um eine professionelle Fotolampe oder eine Behelfslösung handelt, bessere Ergebnisse, wenn Sie das Licht nicht direkt auf das Objekt richten, das Sie fotografieren. Richten Sie es stattdessen auf den Hintergrund, so dass das Licht von ihm reflektiert und diffus auf das Objekt geworfen wird. Bei dem Aufbau in Abbildung 5.12 würde ich das Licht zum Beispiel auf eine der Seitenwände werfen. Man nennt dieses Licht auch *indirektes Licht*, falls Sie das interessiert.

Suchen Sie Ihr Haus oder Büro auch nach Stellen ab, wo genug Außenlicht einfällt, um ohne Blitz zu fotografieren. Ich bekomme morgens immer sehr viel Licht durch meine Wohnzimmerfenster herein, weshalb ich meine Stillleben meist dort fotografiere. Vor dem Fenster hängt zufällig auch noch eine weiße durchscheinende Gardine, die ich bei zu starkem Licht einfach zuziehen kann. Das Ergebnis ist eine weiche, diffuse Lichtquelle. (Mit einem ähnlichen Trick können Sie auch die Wirkung eines Blitzes abschwächen. Halten Sie einfach ein Stück durchscheinenden weißen Stoff vor den Blitz, wenn Sie das Bild machen.)

Gegenlicht kompensieren

Gegenlichaufnahmen entstehen, wenn die Sonne oder das Licht hinter dem Motiv steht. Bei Kameras mit Belichtungsautomatik führt das meist zu unterbelichteten Motiven, da die Kamera die Belichtung aus der Lichtstärke der gesamten Szene ermittelt und nicht nur aus dem Licht, das das Motiv reflektiert. Das linke Beispiel in Abbildung 5.13 ist ein klassisches Beispiel für das Gegenlichtproblem.

Die Situation kann auf verschiedene Arten gerettet werden:

- ✔ **Positionieren Sie das Objekt um, damit das Licht oder die Sonne hinter statt vor der Kamera ist.**
- ✔ **Verändern Sie selbst Ihre Position und fotografieren Sie aus einem günstigeren Winkel.**
- ✔ **Verwenden Sie einen Blitz.** Die meisten Kameras haben einen Blitzmodus, bei dem der Blitz unabhängig von den Lichtverhältnissen in der Szene bei jeder Aufnahme ausgelöst wird. Das Blitzlicht hellt das Motiv auf und holt es so aus dem Schatten hervor.

Abbildung 5.13: Gegenlicht kann Ihr Motiv im Schatten verschwinden lassen (links). Mit einem Blitz oder einer anderen Belichtung kann das Gegenlicht jedoch kompensiert werden (rechts).

Da die Reichweite des Blitzes bei den meisten einfacheren Digitalkameras jedoch recht gering ist, muss Ihr Motiv ziemlich nah an der Kamera dran sein, damit es etwas vom Blitzlicht abbekommt. (Mehr über die Optionen beim Gebrauch eines Blitzes finden Sie im Abschnitt *Zusätzliches Blitzlicht* weiter vorne in diesem Kapitel.)

- **Korrigieren Sie die Belichtung:** Wenn das Gegenlicht nicht besonders stark ist und Ihre Kamera die Möglichkeit der Belichtungskorrektur bietet, versuchen Sie es mit einer veränderten Belichtung. Schlagen Sie im Bedienungshandbuch der Kamera nach, um herauszufinden, wie man die Belichtung korrigiert, und lesen Sie auch den Abschnitt *Gegenlicht kompensieren* weiter vorne in diesem Kapitel.

  Beachten Sie, dass eine stärkere Belichtung nicht nur das Motiv aufhellt, sondern auch die eigentlich schon hellen Bereiche der Szene, die dadurch überbelichtet wirken können. In manchen Bereichen können dadurch sogar Überblendungen entstehen, also Bereiche, die überhaupt keine Bilddetails mehr enthalten und nur noch weiß sind.

- **Führen Sie die Belichtungsautomatik an der Nase herum:** Bei den meisten Kameras bestimmt die Belichtungsautomatik die Belichtung anhand der Lichtmenge in der Bildmitte oder der Lichtmenge im gesamten Bildausschnitt. Drücken Sie den Auslöser halb herunter, misst die Kamera das einfallende Licht und stellt die Belichtung dementsprechend ein. Sie können Ihre Kamera mit einem Trick dazu bringen, die Belichtung zu verstärken, indem Sie den Bildausschnitt mit einem dunkleren Objekt füllen und den Auslöser dann halb herunterdrücken. Nachdem die Belichtung eingestellt ist, gehen Sie wieder auf den eigentlichen Bildausschnitt zurück.

  Da die Schärfe im gleichen Moment eingestellt wird wie die Belichtung, müssen Sie darauf achten, dass das dunklere Objekt, das Sie für die Belichtung verwenden, genauso weit von der Kamera entfernt ist wie das Motiv, das Sie fotografieren wollen. Ansonsten wird Ihr Bild unscharf.

- **Ändern Sie die Messmethode:** Bei einigen Kameras können Sie die Belichtungsautomatik auf Spot-Messung umschalten. Die Belichtung wird dann anhand der Lichtstärke eingestellt, die im Bildzentrum einfällt. Dieser Modus ist ideal, wenn man Fotos mit Gegenlicht schießen will. Nehmen Sie das Motiv in die Mitte des Bildausschnitts, halten Sie die Belichtung und die Schärfe, indem Sie den Auslöser halb herunterdrücken, und bringen Sie das Motiv wieder in den gewünschten Bildausschnitt zurück, um das Bild aufzunehmen. Im Abschnitt *Die Wahl der Messmethode* weiter vorne in diesem Kapitel finden Sie weitere Informationen über Belichtungsmessmethoden.

Im rechten Bild der Abbildung 5.13 habe ich die Belichtung ein wenig verstärkt und zusätzlich den Blitz benutzt. Das Bild ist immer noch nicht optimal – die Kinder sind für meinen Geschmack immer noch ein bisschen zu schlecht beleuchtet, und einige Bereiche sind am Rande der Überbelichtung – jedoch im Vergleich zum linken Bild habe ich eine ungeheure Steigerung der Bildqualität erreicht. Ein wenig zusätzliche Helligkeitskorrektur in einem Bildbearbeitungsprogramm kann das Ganze ohne Zweifel noch weiter aufwerten. In diesem Fall würde ich ausschließlich die Helligkeit der Vordergrundobjekte erhöhen und den Himmel so belassen, wie er ist. Weitere Informationen über solche Bildkorrekturen finden Sie in den Kapiteln 10 und 11.

Entschuldigen Sie, könnten Sie die Sonne etwas dunkler stellen?

Eine Szene etwas aufzuhellen ist, wie man sich vorstellen kann, wesentlich einfacher, als sie abzudunkeln. Wenn man draußen fotografiert, kann man wohl kaum die Sonne dunkler stellen. Ist das Licht zu stark, gibt es nur noch wenige Möglichkeiten. Sie können das Objekt in schattigere Regionen stellen (und mit dem Blitz wieder aufhellen) oder bei manchen Kameras die Belichtung reduzieren. In Ihrem Bedienungshandbuch können Sie herausfinden, ob und wie man die Belichtung bei Ihrem Modell reduzieren kann.

Wenn Sie keine passende schattige Zuflucht finden, können Sie sich mit einem großen Stück Pappe oder einem anderen großen flachen Objekt behelfen. Ein Freund kann die Pappe dann zwischen die Sonne und Ihr Motiv halten. Voilà – selbstgemachter Schatten. Die Lichtmenge, die auf das Objekt trifft, kann durch Umherbewegen der Pappe variiert werden.

Scharfe Schärfe

Wie konventionelle Schnappschusskameras sind auch Digitalkameras für den breiten Markt mit Fokussierhilfen ausgestattet, die dazu beitragen, dass man mühelos scharfe Bilder schießen kann. In den folgenden Abschnitten beschreibe ich die unterschiedlichen Techniken und zeige, wie man das meiste aus ihnen herausholt.

Fixfokus

Kameras mit Fixfokus haben einen – wie man sich schon denken kann – fixen Fokus, der Schärfebereich ist vom Hersteller festgelegt und kann nicht verändert werden. Die Kamera kann also nur Objekte in einem bestimmten Entfernungsbereich scharf abbilden. Objekte außerhalb dieses Bereichs erscheinen unscharf. Finden Sie also in Ihrem Bedienungshandbuch heraus, wie viel Abstand Sie mindestens zwischen Ihr Objekt und die Kamera bringen müssen. Bei Fixfokus-Kameras entstehen unscharfe Bilder meist durch zu geringen Abstand. (Die meisten Fixfokus-Kameras nehmen scharfe Bilder zwischen einem Meter und ein paar zerquetschten und unendlicher Entfernung auf. Sie werden also kaum Probleme mit Objekten bekommen, die zu weit entfernt sind.)

Autofokus

Mittlerweile sind die meisten Digitalkameras mit Autofokussystemen ausgerüstet. Die Kamera stellt die Schärfe automatisch ein, nachdem sie den Abstand zwischen Objektiv und Motiv gemessen hat. Jedoch funktioniert der Autofokus nicht ganz so automatisch, wie der Name glauben machen will. Damit das System richtig funktioniert, müssen Sie die Schärfe »einrasten« lassen, bevor Sie das Bild aufnehmen. Das funktioniert wie folgt:

1. **Wählen Sie den Bildausschnitt.**
2. **Drücken Sie den Auslöser halb herunter und halten Sie ihn dort.**

   Ihre Kamera analysiert das Bild und legt die Schärfe fest. Wenn Ihr Modell wie die meisten Digitalkameras mit Belichtungsautomatik ausgerüstet ist, wird gleichzeitig die Belichtung festgelegt. Wenn die Kamera ihre Entscheidungen getroffen hat, wird sie Ihnen das irgendwie signalisieren – entweder mit einem blinkenden Lämpchen in der Nähe des Suchers oder mit einem akustischen Signal.
3. **Drücken Sie den Auslöser nun vollständig herunter, um das Bild aufzunehmen.**

Der Autofokus ist zwar ein tolles fotografisches Werkzeug, nur muss man verstehen, wie die Kamera die automatische Schärfeeinstellung bewerkstelligt, um die Vorteile dieses Systems auch voll ausschöpfen zu können. Hier kommt eine Kurzbeschreibung der wichtigsten Fakten:

- ✔ Unterschiedliche Kameras verwenden unterschiedliche Autofokussysteme. Manche Kameras messen den Abstand des Elements, das sich im Zentrum des Bildrahmens befindet. Diesen Autofokustyp nennt man Einzelspot-Fokus. Andere Kameras messen den Abstand an verschiedenen Punkten im Bildrahmen und setzen die Schärfe auf das der Kamera am nächsten gelegene Objekt. Diesen Autofokustyp nennt man Multi-Spot-Fokus. Bei manchen Kameras kann man den Autofokustyp je nach Anforderung wechseln.

  Sie müssen darüber Bescheid wissen, wie Ihre Kamera fokussiert, damit Sie das Objekt beim Einrasten der Schärfe (mit der Halb-Herunterdrücken-und-Halten-Methode) in den Bildbereich packen können, den die Kamera für die Messung benutzt. Misst die Kamera beispielsweise mit dem Einzelspot-Verfahren, sollten Sie das Motiv bei der Schärfemessung in der Bildmitte platzieren.
- ✔ Wenn Ihre Kamera mit Einzelspot-Fokus ausgestattet ist, sollten Sie im Sucher einen kleinen Rahmen sehen, der den Fokuspunkt angibt. Lesen Sie in der Bedienungsanleitung nach, was die einzelnen Markierungen im Sucher bedeuten. Manchmal sind die Rahmen nämlich auch für die exakte Bestimmung des Bildausschnitts gedacht. (Mehr darüber finden Sie im Abschnitt über den Parallaxenfehler weiter vorne im Kapitel.)
- ✔ Ist die Schärfe eingerastet, können Sie den Bildausschnitt wieder wie gewünscht wählen. Solange Sie den Auslöser halb heruntergedrückt halten, bleibt der Fokus wie gehabt. Achten Sie darauf, dass sich der Abstand zwischen Kamera und Objekt jetzt nicht mehr verändert, oder es besteht die Gefahr, dass es unscharf wird.

Manuelle Fokussierung

Einige wenige Kameras aus dem oberen Preissegment bieten die Option, die Schärfe frei auf bestimmte Distanzen von der Kamera einzustellen – über Tipptasten oder, was bequemer ist, mit einem Einstellring am Objektiv. Wenn der Autofokus versagt, können Sie damit immer noch zu scharfen Aufnahmen kommen. Allerdings ist es gar nicht so einfach, die Schärfe zu beurteilen: Das Bild im optischen Sucher ist ohnehin stets scharf, so dass Sie sich auf das LC-Display verlassen müssen. Das Bild im Display ist aber meist zu klein und seine Auflösung reicht nicht aus, scharfe von leicht unscharfen Abbildungen zu unterscheiden. Ideal ist es, wenn die Kamera die Bildmitte zur Erleichterung der Scharfeinstellung vergrößern kann, wie das beispielsweise die Fuji FinePix 6900 ermöglicht.

Die Möglichkeit, die Schärfe auf eine bestimmte Entfernung von der Kamera einzustellen, ist vor allem dann nützlich, wenn Sie mehrere Fotos eines unbeweglichen Objekts machen wollen. Weil Sie die Schärfe manuell wählen können, müssen Sie nicht bei jeder Aufnahme die Prozedur mit dem halb heruntergedrückten Auslöser durchmachen. Sie müssen einzig darauf achten, dass Sie den Abstand zwischen Motiv und Objekt genau genug einschätzen oder messen, bevor Sie den Fokus einstellen.

Wenn Sie den manuellen Fokus für Nahaufnahmen verwenden, sollten Sie sogar unbedingt ein Lineal verwenden. Mit dem Sucher oder dem LCD-Monitor lässt sich dabei nicht mehr viel anfangen, und nur ein paar Zentimeter Messfehler können hier zu einem völlig unscharfen Bild führen.

Halten Sie das Ding ruhig!

Ein unscharfes Bild entsteht nicht ausschließlich durch schlechte Fokussierung. Es kann auch dadurch entstehen, dass Sie die Kamera während der Aufnahme bewegt haben.

Die Kamera ruhig zu halten ist in jeder Aufnahmesituation das oberste Gebot und wird vor allem bei schlechten Lichtverhältnissen essentiell, da eine längere Belichtungszeit notwendig ist. Sie müssen die Kamera also noch länger ruhig halten als bei hellem Licht.

Versuchen Sie es mit den folgenden Tricks:

- ✔ **Pressen Sie bei der Aufnahme die Ellenbogen in Ihre Seiten.**
- ✔ **Drücken Sie den Auslöser vorsichtig – hämmern Sie nicht darauf herum.** Dadurch wird die Chance, dass Sie die Kamera beim Auslösen verwackeln, minimiert.
- ✔ **Stellen Sie die Kamera auf einen Tresen, Tisch oder eine andere ruhige Unterlage.** Besser noch, Sie benutzen ein Stativ. Sie bekommen ein brauchbares Stativ schon für etwa 30 Euro – das ist ein kleiner Preis für merklich bessere Bilder.
- ✔ **Verwenden Sie den Selbstauslöser.** Manchmal kann man den Auslöser der Kamera noch so vorsichtig drücken, und die Kamera wackelt doch ein bisschen. Das kann bei langen Belichtungszeiten schon zu Unschärfen führen. Wenn Ihre Kamera einen Selbstauslöser hat, können Sie freihändig fotografieren und somit jegliche Erschütterung der Kamera ausschließen. Platzieren Sie die Kamera auf einem Stativ (oder einer ruhigen Unterlage), aktivieren Sie den Selbstauslöser, und entfernen Sie sich von der Kamera. Nach ein paar Sekunden nimmt die Kamera das Bild automatisch für Sie auf.

Digitale Dilemmas (und wie man sie umgeht)

6

In diesem Kapitel ...

- Die Wahl der richtigen Auflösung und Kompressionsrate
- Wie Weiß wirklich weiß wird (ohne Vorwäsche)
- Bildkomposition für mehr digitale Kreativität
- Mehr Pixel für das Motiv
- Heranzoomen oder näher treten?
- Bewegung aufnehmen
- Panoramafotos
- Körnige Bilder vermeiden
- Andere digitale Fallstricke

Ein großer Teil der Tipps und Techniken aus Kapitel 5 lassen sich nicht nur für die digitale, sondern auch für die traditionelle Fotografie einsetzen. Bei diesem Kapitel ist das anders. Hier werden Sie lernen, wie man Probleme und Techniken in den Griff bekommt, die einzig in der digitalen Fotografie auftauchen. Außerdem werden Sie entdecken, wie man mit einer etwas veränderten fotografischen Herangehensweise die Vorteile und die vielen neuen Möglichkeiten der digitalen Fotografie ausschöpfen kann.

Mit anderen Worten ist es Zeit, sich der Fotografie aus der Pixelperspektive zu nähern.

Einstellungen für die Aufnahme

Bevor Sie den Auslöser drücken oder Ihr Bild komponieren, müssen Sie ein paar Entscheidungen darüber fällen, wie die Kamera das Bild aufnehmen und speichern soll. Die meisten Digitalkameras bieten verschiedene Auswahlmöglichkeiten für die Bildauflösung und die Kompressionsrate, manche Kameras erlauben es sogar Bilder in zwei oder drei unterschiedlichen Dateiformaten abzuspeichern. Die folgenden Abschnitte sollen Ihnen dabei helfen, die richtigen Entscheidungen zu treffen, wenn es um Auflösung, Kompression und Dateiformat Ihres Bildes geht.

Die Wahl der Auflösung

Der Begriff Auflösung, der in Kapitel 2 in aller Tiefe behandelt wird, beschreibt die Anzahl der Pixel in einem digitalen Bild. Sehr viele Kameras bieten die Wahl zwischen zwei oder mehreren Auflösungen.

Beachten Sie, dass ich den Ausdruck Auflösung in diesem Fall nicht gerade sehr präzise verwende. Technisch bedeutet Auflösung nämlich die Anzahl von Pixeln pro Längeneinheit, meist in Pixel pro Inch gemessen. Diesen Wert kann man im Bildbearbeitungsprogramm wählen. Doch viele Menschen einschließlich der Kamerahersteller verwenden den Ausdruck für die Gesamtanzahl der Pixel in einem Bild (Anzahl der horizontalen Pixel mal Anzahl der vertikalen). In Ihrem Bedienungshandbuch wird der Ausdruck genauso unpräzise benutzt, und damit keine unnötige Verwirrung gestiftet wird, schließe ich mich in diesem Abschnitt an.

Im Datenblatt der Kameras wird die Auflösung in Pixel angegeben, zum Beispiel mit 2048 x 1536. Dabei wird der Wert für die Bildbreite zuerst genannt. Doch bei den meisten Kameras wird Ihnen die Wahl mit solch vagen Begriffen wie Normal, Fein oder Superfein »erleichtert«.

Ihre Bedienungsanleitung sollte darüber Auskunft geben können, welche Auflösungen sich hinter diesen Bezeichnungen wirklich verstecken und wie viele Pixel Sie in den jeweiligen Einstellungen pro Bild erhalten. Dort sollten Sie auch nachlesen können, wie viele Bilder Sie mit der jeweiligen Einstellung im Bildspeicher ablegen können.

Je mehr Pixel Sie aufnehmen, umso speicherintensiver ist das Bild. Sind die Speichermöglichkeiten Ihrer Kamera begrenzt und Sie nehmen an einem Ort auf, an dem Sie die Bilder nicht herunterladen können, dann sollten Sie eine reduzierte Auflösung verwenden, damit mehr Bilder in den Speicher passen. Alternativ können Sie auch eine höhere Kompressionsrate wählen (wird im nächsten Abschnitt erläutert), um die Dateigröße zu reduzieren.

Bei Bildern, die für das World Wide Web, Multimediapräsentationen oder andere Bildschirmanwendungen gedacht sind, kommt man mit 640 x 480 Pixeln, oft sogar mit 320 x 240 Pixeln aus. Wollen Sie die Bilder jedoch ausdrucken oder einfach nur die bestmögliche Bildqualität erhalten, dann müssen Sie die Kamera so einstellen, dass sie die maximal mögliche Anzahl von Pixeln aufnimmt.

Manche Kameras verringern die Bildauflösung bei der Verwendung spezieller Features automatisch. Beispielsweise bieten einige Modelle die Möglichkeit mit einem Druck auf den Auslöser eine Bildserie aufzunehmen (siehe *Bewegliche Ziele einfangen* weiter hinten in diesem Kapitel). In diesem Modus wird die Auflösung häufig auf 1280 x 960 Pixel oder noch stärker verringert.

Die Kompressionsrate

Höchstwahrscheinlich können Sie bei Ihrer Kamera auch die Kompressionsrate einstellen, die auf Ihre Bilder angewendet wird. Mehr über die Kompression finden Sie in Kaptitel 3, aber kurz gesagt handelt es sich dabei um eine Technik, mit der man die Dateigröße eines Bildes reduziert.

Bei der *verlustfreien* Kompression werden nur überflüssige Bilddaten entfernt und es gibt keinen sichtbaren Verlust an Bildqualität. Diese Kompressionsmethode hat jedoch keinen allzu hohen Wirkungsgrad, weshalb die meisten Digitalkameras mit *verlustorientierter* Kompression wie dem JPEG-Verfahren arbeiten. Diese Technik ist äußerst wirkungsvoll, wenn es darum geht, die Dateigröße zu minimieren, was aber auf Kosten der Bildqualität geschieht. Je stärker Sie komprimieren, umso mehr Bilddaten werden entfernt und umso mehr leidet die Bildqualität. Die Kompression entfernt allerdings zunächst solche Bilddaten, die das menschliche Auge am wenigsten wahrnimmt, weshalb eine Verkleinerung auf 20 oder 10 Prozent meist noch keinen wahrnehmbaren Qualitätsabfall bewirkt. Farbtafel 3.1 zeigt Beispiele, wie unterschiedliche Kompressionsraten die Bildqualität beeinflussen.

Normalerweise haben die Kompressionsraten ähnlich vage Namen wie die unterschiedlichen Einstellungen für die Auflösung: gut, besser, beste oder hoch, mittel, niedrig. Diese Namen beschreiben jedoch nicht die Stärke der Kompression, sondern die resultierende Bildqualität. Stellen Sie Ihre Kamera beispielsweise auf den Modus *beste* oder *hoch*, wird das Bild weniger stark komprimiert als im Modus *gut*. Natürlich ist die Dateigröße eines weniger stark komprimierten Bilds auch größer als die eines stärker komprimierten, und es passen auch weniger Bilder in den Speicher der Kamera.

Da Digitalkameras alle unterschiedliche Optionen für die Kompression haben, müssen Sie Ihr Bedienungshandbuch konsultieren, um herauszufinden, was Ihre Kamera bei den einzelnen Einstellungen wirklich macht. Normalerweise findet sich dort eine Tabelle, in der man nachlesen kann, wie viele Bilder man mit wie viel Speicher bei unterschiedlichen Kompressionsraten und Auflösungen aufnehmen kann. Dort wird Ihnen aber nicht mitgeteilt, wie stark die jeweilige Kompressionsrate wirklich wirkt, Sie müssen also ein wenig experimentieren. Nehmen Sie das gleiche Bild mit unterschiedlichen Kompressionsraten auf, um hinterher beurteilen zu können, wie stark sich die Einstellungen auf die Bildqualität auswirken. Wenn Ihre Kamera auch unterschiedliche Auflösungen bietet, probieren Sie am besten die einzelnen Kompressionsraten in den jeweiligen Auflösungen durch.

Bei der Wahl der Einstellungen für die Aufnahme müssen Sie daran denken, dass die Anzahl der Pixel und die Kompressionsrate zusammen ausschlaggebend für die Dateigröße und die resultierende Bildqualität sind. Massen von Pixeln und minimale Kompression bedeuten riesige Dateien, aber auch maximale Bildqualität. Weniger Pixel mit maximaler Kompression bedeuten winzige Dateien mit schlechterer Bildqualität.

Die Wahl des Dateiformats

Relativ wenige Kameras bieten die Möglichkeit, die Bilder in unterschiedlichen Dateiformaten im Bildspeicher zu sichern, wie zum Beispiel JPEG, TIFF, usw. (Diese und andere Dateiformaten werden in Kapitel 7 erläutert.) Manche Kameras haben zusätzlich noch ein eigenes Dateiformat, das ausschließlich der Hersteller dieses Modells verwendet. Das Dateiformat ist aus folgenden Gründen für Sie interessant:

- **Kompression und Dateigröße:** Manche Dateiformate erzeugen größere Bilddateien als andere, weil die Struktur, mit der die Daten gespeichert werden, eine andere ist oder die möglichen Kompressionsraten unterschiedlich sind. TIFF-Dateien sind beispielsweise größer als JPEG-Dateien. Das JPEG-Format bedient sich aber der verlustorientierten Kompression, um die Dateigröße so stark zu verringern.

  Das hört sich wahrscheinlich alles ein bisschen schwammig für Sie an – ist es aber auch. Ich rate Ihnen, das gleiche Bild in unterschiedlichen Dateiformaten aufzunehmen. Öffnen Sie die Bilder dann mit Ihrem Bildbearbeitungsprogramm. Vergleichen Sie zuerst die Dateigrößen der Bilder. So können Sie herausfinden, welches Dateiformat am besten dazu geeignet ist, die meisten Bilder im Speicher aufzunehmen.

  Unterziehen Sie die Bilder als Zweites einer näheren Inspektion. Sieht ein Bild schärfer als das andere aus? Sieht ein Bild in Bereichen, wo andere in Ordnung sind, mosaikhaft oder ausgefranst aus? Wenn Bildqualität für Sie wichtig ist, suchen Sie sich das Dateiformat heraus, welches die bestaussehendsten Bilder erzeugt. (Je nach Kamera und Bild, das Sie aufgenommen haben, können Sie unter Umständen gar keine Unterschiede der Bildqualität ausmachen. Falls das so ist, sollten Sie das Format anhand der Dateigröße oder der Praktikabilität aussuchen.)

- **Praktikabilität bei Bearbeitung und Katalogisierung:** Solange keine gravierenden Unterschiede auftreten, sollten Sie einem Standard-Dateiformat wie JPEG immer den Vorzug vor einem kameraeigenen Format geben. Warum? Weil letztere Formate von den wenigsten Bildbearbeitungs- und Katalogisierungsprogrammen unterstützt werden. Bevor Sie Bilder in einem solchen Format bearbeiten oder katalogisieren können, müssen Sie den zusätzlichen Schritt der Konvertierung in ein übliches Dateiformat in Kauf nehmen. Diesen Schritt nimmt man mit der Software vor, die mit der Kamera zusammen geliefert wurde.

  Wenn Sie Ihre Bilder mit einer Kabelverbindung von der Kamera herunterladen, können Sie meist die Konvertierung im gleichen Schritt durchführen (im Handbuch der Kamerasoftware finden Sie Informationen über das Dateiformat und in Kapitel 7 dieses Buchs Weiteres zu diesem Prozess).

  Transferieren Sie Ihre Bilder jedoch mittels Floppy-Disk, Floppy-Disk-Adapter oder Speicherkarten-Leser, dann können Sie Bilder, die in Standardformaten gespeichert sind, direkt mit der Bildbearbeitungssoftware öffnen, ohne sie vorher mühsam konvertieren zu müssen.

Weißabgleich und Farbkorrektur

Unterschiedliche Lichtquellen haben verschiedene *Farbtemperaturen*. Dieser schicke Ausdruck beschreibt lediglich die unterschiedlichen Anteile von rotem, grünem und blauem Licht.

Die Farbtemperatur wird in Grad Kelvin gemessen. Das müssen Sie natürlich nicht behalten, doch wird es interessant, wenn Sie mit professionellen Video-, Film- oder Fotomenschen arbeiten, die diesen Ausdruck gerne ins Gespräch bringen. Die Mittagssonne hat eine Farbtemperatur von ca. 5500 Grad Kelvin, auch kurz 5500 °K geschrieben, nicht zu verwechseln mit 5500 K für Kilobyte. Wenn zwei Welten, die so voller technischer Fachausdrücke gepackt sind, wie Fotografie und Computer, aufeinanderprallen, kann eigentlich nur Chaos und Verwüstung die Folge sein. Wenn Sie irgendwann mal nicht sicher sind, um welches K es in einem Gespräch geht, dann nicken Sie einfach einvernehmlich und sagen: »Ja stimmt, finde ich auch.«

Jedenfalls wirkt sich die Farbtemperatur darauf aus, wie eine Kamera – Video, digital oder traditionell – die Farben der fotografierten Objekte wahrnimmt. Wenn Sie schon mal Bilder im Licht von Leuchtstoffröhren (fluoreszierendes Licht) aufgenommen haben, wird Ihnen vielleicht ein leichter Grünstich aufgefallen sein. Der Farbstich kommt von der Farbe des fluoreszierenden Lichts.

In der traditionellen Fotografie werden die Farbtemperaturen der verschiedenen Lichtquellen mit unterschiedlichen Filmen und speziellen Filtern ausgeglichen. Digitalkameras kompensieren dieses Problem genau wie Videokameras mit einer Technik namens *Weißabgleich*. Bei diesem Vorgang findet die Kamera heraus, welche Mischung von Rot, Grün und Blau sie in der jeweiligen Lichtsituation als reines Weiß interpretieren soll. Auf der Basis dieser Analyse kann die Kamera auch alle anderen Farben in der Szene wirklichkeitsgetreu wiedergeben.

Normalerweise übernimmt die Kamera den Weißabgleich automatisch für Sie. Sie können stattdessen aber auch einige feste Einstellungen für den Weißabgleich wählen, die manchmal zu besseren Ergebnissen führen. Dabei hat man normalerweise folgende Wahlmöglichkeiten:

- ✔ Tageslicht, für Außenaufnahmen bei hellem Licht
- ✔ Bedeckt, für Außenaufnahmen bei wolkigem Himmel
- ✔ Fluoreszierend, für die Aufnahme in fluoreszierendem Licht, zum Beispiel von Leuchtstoffröhren
- ✔ Kunstlicht, für die Aufnahme in Licht, das von Glühfäden erzeugt wird, wie beispielsweise bei Standard-Glühbirnen
- ✔ Blitz, für Aufnahmen, die mit dem in die Kamera eingebauten Blitz gemacht werden

Farbtafel 6.1 zeigt Ihnen, wie die Farben eines Bildes von den Weißabgleich-Einstellungen der Nikon Coolpix 900 beeinflusst werden. Normalerweise funktioniert der automatische Weißabgleich dieser Kamera wie bei den meisten recht verlässlich. Doch die Situation in der Farbtafel hat die Kamera aus der Bahn geworfen, da das Motiv von drei unterschiedlichen Lichtquellen beleuchtet wird. Wie die meisten Bürogebäude wird auch dieses mit fluoreszierendem Licht beleuchtet, das das Objekt von oben anstrahlt. Von rechts schien helles Tageslicht durch ein großes Fenster. Damit das Ganze so richtig kompliziert wurde, habe ich zusätzlich noch den Blitz der Kamera benutzt.

Bei automatischem Weißabgleich hat das Bild einen leichten Gelbstich. Das liegt daran, dass die Kamera bei eingeschaltetem Blitz automatisch den Weißabgleich für Aufnahmen mit Blitz einsetzt. Dieser Modus gleicht die Farben aber auf die Farbtemperatur des Blitzes ab und berücksichtigt nicht die anderen beiden Lichtquellen, die auf das Motiv scheinen. In diesem Fall kam ich mit der Einstellung für fluoreszierendes Licht am nächsten an das natürliche Licht heran, dicht gefolgt von der Tageslichteinstellung.

Sollte Ihre Kamera nicht mit manuellem Weißabgleich ausgestattet sein oder Sie vergessen einfach, die richtigen Einstellungen zu machen, können Sie unerwünschte Farben auch meist noch im Bildbearbeitungsprozess korrigieren. In Kapitel 10 können Sie nachlesen, wie man solche Farbkorrekturen vornimmt.

Bildaufbau für Montagen

Die Regeln für die Bildkomposition sind in großen Teilen für die digitale und die traditionelle Fotografie gleich. Doch bei der digitalen Fotografie müssen Sie eine zusätzliche Option bedenken: Wie soll das Bild später verwendet werden? Soll später vielleicht ein Teil des Bildes aus dem Hintergrund herausgeschnitten und in ein anderes Bild eingesetzt werden? Dann müssen Sie besonders sorgfältig bei der Wahl des Hintergrunds und des Bildausschnitts arbeiten.

Gurus aus der Digitalfotoszene nennen den Prozess der digitalen Bildmontage auch gerne *Compositing*, nicht mit Kompostierung zu verwechseln.

Nehmen wir mal an, Sie möchten eine Produkt-Broschüre erstellen. Auf dem Außencover soll eine Montage (auch *Composing*) erscheinen, die aus drei oder vier Produkten zusammengesetzt ist. Wenn Sie sich das Leben bei der Bildbearbeitung nicht besonders schwer machen wollen, sollten Sie jedes Produkt vor einem einfarbigen Hintergrund aufnehmen. Auf diesem Weg lässt sich das Produkt einfacher vom Hintergrund trennen, wenn Sie es in die Montage einfügen wollen.

Warum macht ein einfarbiger Hintergrund diese Aufgabe einfacher? Wie in Kapitel 11 erklärt wird, müssen Sie ein Bildelement erst *auswählen,* bevor Sie es aus dem Hintergrund herausheben und in ein anderes Bild einmontieren können. Bei der Auswahl wird einfach nur eine Grenzlinie gezogen, damit der Computer weiß, welche Pixel ausgeschnitten werden sollen und welche nicht. Die meisten Bildbearbeitungsprogramme bieten ein Auswahlwerkzeug, mit dem man Flächen gleicher Farbe mit nur einem Mausklick auswählen kann. Hat man beispielsweise eine blaue Vase vor rotem Hintergrund, dann kann man die Vase einfach auswählen, indem man mit dem entsprechenden Werkzeug auf ein blaues Pixel der Vase klickt. Würden Sie die Vase vor einem komplexen Hintergrund wie in Abbildung 6.1 aufnehmen, dann könnten Sie nicht mehr mit dieser Technik arbeiten, sondern müssen eine Auswahl per Hand mit der Maus um das Objekt ziehen. Eine Auswahl in Handarbeit zu treffen ist eine recht schwierigen Aufgabe, vor allem wenn Sie mit einfachen Bildbearbeitungsprogrammen arbeiten, die meist mit rudimentären, unausgereiften Auswahlwerkzeugen ausgestattet sind.

Abbildung 6.1: Unruhige Hintergründe wie diesen sollten Sie vermeiden, wenn Sie Objekte aufnehmen, die später in eine Montage eingefügt werden sollen.

Dieses Thema wird in seiner ganzen Breite in Kapitel 11 erläutert, für den jetzigen Zeitpunkt reicht es, wenn Sie sich merken, dass Sie das Objekt, das später in ein anderes Bild montiert werden soll, vor einem einfarbigen Hintergrund aufnehmen sollten wie in Abbildung 6.2. Achten Sie darauf, dass die Farbe des Hintergrunds sich stark von der Farbe des *Randes* des Objekts, nicht aber des gesamten Objekts unterscheidet. Ich habe die Kamera in Abbildung 6.2 zum Beispiel vor einem schwarzen Hintergrund aufgenommen, um den höchstmöglichen Kontrast zu den silbernen Kanten des Objekts zu erhalten.

Weitere Einblicke in diese Vorgehensweise bekommen Sie auch in Farbtafel 12.2. Bei der Aufnahme dieser Bilder wusste ich, dass ich die einzelnen Objekte ausschneiden und in eine Montage einfügen wollte. Deshalb habe ich einen entsprechend kontrastreichen Hintergrund gewählt. (Meist genügt einfach ein weißer Hintergrund, aber ich wollte Sie nicht mit einer Seite voller weißer Hintergründe langweilen.)

Abbildung 6.2: Elemente einer späteren Montage sollte man vor einem einfarbigen Hintergrund möglichst rahmenfüllend aufnehmen.

Eine weitere wichtige Regel für die Aufnahme von Objekten, die in einer Montage eingefügt werden sollen, ist, das Objekt wie in Abbildung 6.2 möglichst rahmenfüllend aufzunehmen. Auf diesem Weg wird das Objekt mit der maximalen Anzahl von Pixeln aufgenommen, statt Bildfläche auf den Hintergrund zu verschwenden, der später sowieso weggeschnitten wird. Je mehr Pixel Sie haben, umso besser die Bildqualität, die Sie erreichen können. (Dieses Gesetz der digitalen Bildwelt wird in Kapitel 2 erläutert.)

Da wir gerade bei Fotomontagen sind: Suchen Sie bei Ihrer nächsten Fotoexpedition nach schönen Texturen, die Sie als Hintergrund für Ihre Collagen verwenden können. Zum Beispiel können eine Nahaufnahme von einer schön strukturierten Marmorplatte oder ein Ausschnitt einer verwitterten Baumrinde sehr interessante Hintergründe ergeben. Farbtafel 11.2 zeigt ein Beispiel.

Heranzoomen, ohne abzulosen

Eine ganze Reihe von Digitalkameras ist mit Zoomobjektiven ausgestattet, mit denen Sie das Objekt heranholen können, ohne sich tatsächlich darauf zu zu bewegen. Manche Kameras verfügen über ein optisches Zoom auf Linsenbasis, wie man es bei traditionellen Kameras findet. Andere Kameras haben ein digitales Zoom, das nichts mit einem optischen Zoom gemeinsam hat, sondern nur ein paar zusätzliche Pixel herstellt. In den folgenden zwei Abschnitten finden Sie Richtlinien, wie man mit beiden Zoom-Typen umgeht.

Mit einem optischen (echten) Zoom fotografieren

Wenn Ihre Kamera mit einem optischen Zoom ausgestattet ist, sollten Sie an die folgenden Tipps denken, bevor Sie den Zoomschalter drücken:

Je näher Sie an das Motiv herangehen, umso größer ist die Gefahr eines Parallaxenfehlers. Das Phänomen wird in Kapitel 5 ausführlich erklärt, aber, kurz gesagt, unterscheidet sich der Bildausschnitt, den Sie durch den Sucher sehen, durch den Parallaxenfehler von dem, was die Kamera durch das Objektiv sieht und aufnimmt. Um sicherzugehen, dass die Kamera das aufnimmt, was Sie wollen, sollten Sie den Bildausschnitt mit dem LCD-Monitor bestimmten. Alternativ können Sie auch die Markierungen im Rahmen des Suchers verwenden. Lesen Sie dazu in der Bedienungsanleitung nach, welcher Rahmen für Nahaufnahmen und Zoombilder gedacht ist.

- ✔ **Wenn Sie ein Objekt heranzoomen, bekommen Sie weniger Hintergrund in den Bildrahmen, als wenn Sie herauszoomen und näher herangehen.** Schauen Sie sich dazu auch Abbildung 6.3 an. Bei dieser Aufnahme konnte ich mit dem Zoom den Bildrahmen füllen, ohne den ziemlich unattraktiven Hintergrund hinter den Blumen komplett ins Bild nehmen zu müssen.

Abbildung 6.3: Wenn Sie ein Objekt heranzoomen, haben Sie weniger Hintergrund im Bildrahmen (links), als wenn Sie herauszoomen und näher herangehen (rechts).

- **Zoomt man auf eine Tele-Brennweite, wird der Hintergrund oft wesentlich unschärfer, als wenn man näher herangegangen wäre.** Dies geschieht aufgrund der so genannten *Schärfentiefe* (auch *Tiefenschärfe*), die sich bei unterschiedlichen Brennweiten verändert. Die Schärfentiefe ist der Entfernungsbereich, in dem das Foto noch scharf ist. Bei einer kurzen Schärfentiefe – die man beim Heranzoomen bekommt – werden die Objekte, die nahe an dem Motiv dran sind, auf das fokussiert wurde, scharf, Objekte, die weiter davon entfernt sind, werden unscharf. Zoomen Sie heraus – also in eine Weitwinkel-Brennweite – haben Sie eine größere Schärfentiefe. Weiter entfernte Objekte können schärfer abgebildet werden, oft sogar so scharf wie das Hauptobjekt, auf das Sie fokussiert haben. Achten Sie mal auf die Ziegelwand im linken Bild der Abbildung 6.3, dem herangezoomten Bild. Die Ziegel sind wesentlich unschärfer, als die im rechten Bild. Der Effekt wäre noch deutlicher zu sehen, hätten die Blumen bei der Aufnahme noch weiter von der Mauer weggestanden.

Der Umgang mit einem digitalen Zoom

Manche Kameras verwenden für das Zoomen einen Trick – sie arbeiten mit einem *digitalen Zoom* statt mit einem optischen. Das digitale Zoom vergrößert die Objekte in der Bildmitte, und es erscheint so, als hätten Sie das Motiv herangezoomt. Nehmen wir an, Sie wollen ein Boot fotografieren, das mitten auf einem See herumdümpelt. Sie zoomen das Boot heran, damit Sie nicht so viel langweiliges Wasser auf das Bild bekommen. Die Kamera schneidet dann die überflüssigen (ha!) See-Pixel weg und vergrößert die Pixel mit dem Boot auf die Größe des Bildrahmens. Das Endergebnis ist aber genau so, als hätten Sie das Boot normal aufgenommen und später bei der Bildbearbeitung ausgeschnitten.

Warum soll man denn dann noch ein digitales Zoom benutzen, wenn ich das Gleiche auch mit einem Bildbearbeitungsprogramm erreichen kann? – Damit Sie kleinere Bilddateien haben und deshalb mehr Bilder in den Speicher aufnehmen können. Da die Kamera die Pixel um den Bildrahmen wegschneidet, müssen diese Pixel auch nicht gespeichert werden, sondern nur die, die Sie auch wirklich haben wollen. Wenn Sie genau wissen, dass Sie die übrigen Pixel nicht brauchen, dann können Sie jederzeit das digitale Zoom verwenden. Ansonsten schießen Sie Ihr Bild einfach ganz normal ohne Zoom und beschneiden es danach im Bildbearbeitungsprogramm.

Bewegliche Ziele einfangen

Die Aufnahme von beweglichen Zielen und aktionsreichen Szenen ist mit den meisten Digitalkameras keine leichte Aufgabe. Wie Sie vielleicht aus Kapitel 2 noch wissen, führt die geringe Lichtempfindlichkeit von Digitalkameras oft zu langen Belichtungszeiten, die es fast unmöglich machen, ein scharfes Bild eines bewegten Objekts aufzunehmen. Dazu kommt, dass die Kamera immer ein paar Sekundenbruchteile bis hin zu Sekunden braucht, um den Autofokus und die Belichtung einzustellen, bevor Sie abdrücken können, und wiederum ein paar Sekundenbruchteile benötigt, um die Bilddaten danach abzuspeichern. Wenn Sie dann noch mit Blitz fotografieren, müssen Sie nach jedem Foto noch eine Weile warten, bis sich der Blitz wieder aufgeladen hat.

Manche Kameras aus dem gehobenen Preissegment bieten mittlerweile die Möglichkeit, mit einem Druck auf den Auslöser mehrere Bilder hintereinander aufzunehmen. Die Kamera nimmt in gewissen Intervallen so lange Bilder auf, wie Sie den Auslöser unten halten. Mit dieser Option wird die Wartezeit umgangen, die man normalerweise wegen des Speichervorgangs zwischen zwei Bildern in Kauf nehmen muss. Mit dieser Technik habe ich die Bildserie in Abbildung 6.4 aufgenommen.

Ist Ihre Kamera mit einer Serienbildoption ausgestattet, lesen Sie im Handbuch nach, ob sich die Bildintervallzeit einstellen lässt. Bei der Kodak DC260 kann man zum Beispiel ein Bildintervall von drei Bildern pro Sekunde einstellen. Mit dieser Einstellung habe ich auch die Bilder in Abbildung 6.4 aufgenommen.

Denken Sie daran, dass manche Kameras Bildserien nur bei geringer Auflösung aufnehmen können (hochauflösende Bilder würden zu viel Speicherzeit verlangen). Der Blitz ist in diesem Modus meist nicht verfügbar. Noch wichtiger ist das schwierige Timing, um den Höhepunkt der Aktion zu erwischen. Schauen Sie sich Abbildung 6.4 an – ich habe es nicht geschafft, den wichtigsten Moment aufzunehmen, nämlich wenn der Schläger den Ball trifft. Spielt bei einem Foto ein ganz bestimmter Moment eine große Rolle, dann sollten Sie besser im normalen Modus fotografieren, um mehr Kontrolle über den Auslösezeitpunkt zu haben.

Auf die normale Methode – also ohne Serienmodus bewegte Bilder aufzunehmen – gelingt es leichter, wenn Sie die folgenden Tricks anwenden:

Bestimmten Sie Schärfe und Belichtung im Voraus. Drücken Sie den Auslöser halb herunter, damit der Autofokus und die Belichtungsautomatik ausgelöst werden, lange bevor Sie das Bild aufnehmen wollen. Dann müssen Sie in dem Moment, in dem Sie das Bild tatsächlich schießen wollen, nicht mehr warten, bis Schärfe und Belichtung eingestellt sind. Bei der Schärfe und Belichtungsmessung sollten Sie die Kamera auf ein Objekt halten, das ungefähr genauso weit weg und in ungefähr den gleichen Lichtverhältnissen ist, wie das bewegte Motiv, das Sie fotografieren wollen. In Kapitel 5 können Sie nachlesen, wie man die Belichtung einrastet und die Schärfe hält.

- ✔ **Berechnen Sie die Aufnahme voraus.** Bei fast allen Kameras gibt es eine kleine Verzögerung zwischen dem Moment, in dem Sie den Auslöser herunterdrücken und dem Moment, in dem das Bild wirklich aufgenommen wird. Der Trick ist, den Auslöser etwas früher herunterzudrücken, kurz bevor die Aktion den Punkt erreicht hat, den Sie fotografieren wollen. Es gehört etwas Übung dazu herauszufinden, wie weit im Voraus man den Auslöser drücken muss.

Abbildung 6.4: Mit der Möglichkeit, eine Bildserie aufzunehmen, wird die Aufnahme von beweglichen Zielen erleichtert. Hier wurde ein Golfschlag mit Bildintervallen von drei Bildern pro Sekunde in sechs Stadien aufgenommen.

✔ **Schalten Sie den Blitz ein.** Selbst bei Tageslicht kann der eingeschaltete Blitz dazu führen, dass die Kamera eine kürzere Belichtungszeit wählt und das Objekt in seiner Bewegung deshalb auch besser *einfrieren* kann. Damit der Blitz auch wirklich auslöst, sollten

Sie dabei auf Aufhellblitz-Modus schalten statt auf Blitzautomatik (Autoflash). Dabei müssen Sie jedoch wiederum bedenken, dass der Blitz zwischen Aufnahmen Zeit braucht, um sich wieder aufzuladen. Wenn mehrere Bilder hintereinander aufgenommen werden sollen, ist es deshalb besser, den Blitz abzuschalten.

- ✔ **Verwenden Sie eine geringe Auflösung.** Je geringer die Auflösung, umso kleiner die Bilddatei und umso weniger Zeit benötigt die Kamera, um das Bild in den Speicher aufzunehmen. Eine zweite Aufnahme kann dann wesentlich schneller gemacht werden als im hochauflösenden Modus.
- ✔ **Vergewissern Sie sich, ob die Batterien noch frisch sind:** Schwache Batterien können Ihre Kamera noch langsamer machen, als sie ohnehin schon ist.
- ✔ **Lassen Sie die Kamera eingeschaltet.** Normalerweise schaltet man Digitalkameras zwischen einzelnen Aufnahmen aus, wenn möglich, weil sie einem sonst unglaublich schnell die Batterien leer saugen. Digitalkameras brauchen aber ein paar Sekunden, um warm zu werden, nachdem man sie eingeschaltet hat. Alles was in dieser Zeit an Fotografierenswertem passiert, landet garantiert nicht in Ihrem Bildspeicher. Schalten Sie in solchen Situationen wenigstens den LCD-Monitor ab, damit die Batterien so lange wie möglich halten.

Digitale Puzzlestückchen aufnehmen

Sie stehen am Rande des Grand Canyon, überwältigt von den Farben, dem Licht und den majestätischen Felsformationen, und denken: »Wenn ich das alles doch auf ein einziges Foto bannen könnte.« Doch jedes Mal wenn Sie sich die Szene durch den Sucher Ihrer Kamera anschauen, müssen Sie feststellen, dass Sie diesem Naturschauspiel mit einem einzigen Bild nie gerecht werden können.

Aber warten Sie – legen Sie die Kamera noch nicht beiseite und laufen Sie nicht gleich zur nächsten Souvenierhütte. Wenn Sie digital fotografieren, müssen Sie nicht den gesamten Grand Canyon – oder was auch immer Sie fotografieren wollen – in ein Bild quetschen. Sie können mehrere Aufnahmen machen, die jeweils ein Teil der Szene beinhalten, und diese dann wie eine Patchworkdecke zusammennähen. Nur brauchen Sie hier keine Angst zu haben, sich in den Finger zu stechen. Abbildung 6.5 zeigt zwei Aufnahmen eines historischen Farmhauses in Indiana, die ich zu dem Panorama in Abbildung 6.6 zusammengefügt habe.

Sie können mehrere Fotos zwar auch in einem normalen Bildbearbeitungsprogramm zu einem Panorama zusammenfügen, doch in einem darauf spezialisierten Programm wie SpinPanorama (PictureWorks Technology; siehe Abbildung 6.7) fällt die Aufgabe wesentlich leichter. Sie öffnen einfach die Bilder, die Sie zusammenfügen wollen, und das Programm hilft Ihnen, die digitale Collage zu erstellen. Sie können normale Panoramen wie das in der Abbildung erzeugen oder 360°-Panoramen, die man als QuickTime VR Movie anschauen kann.

Abbildung 6.5: Ich habe diese beiden Aufnahmen zu dem Panoramabild zusammengefügt, das Sie in Abbildung 6.6 sehen.

Abbildung 6.6: Das fertige Panorama bietet einen weiteren Blickwinkel auf die Farmhausszene.

Das Zusammenfügen der Bilder ist relativ einfach, wenn man bei der Aufnahme einige Regeln beachtet. Tun Sie das nicht, bekommen Sie am Ende nur eine verrückte Patchworkdecke statt einem nahtlosen Fotopanorama. Das Folgende sollten Sie beachten:

- ✔ **Sie müssen jedes Bild aus derselben Entfernung und Kamerahöhe aufnehmen.** Wenn Sie ein breites Gebäude fotografieren, sollten Sie beispielsweise beim ersten Bild nicht näher heran oder weiter weg gehen als bei den restlichen oder die Kamera auf einer anderen Höhe halten.
- ✔ **Jede Aufnahme sollte sich mit der vorangegangenen um etwa 30 Prozent überlappen.** Sagen wir mal, Sie wollen eine Reihe von zehn Autos fotografieren. Wenn im ersten Bild drei Autos zu sehen sind, sollte im nächsten Bild das dritte zusammen mit dem vierten und fünften enthalten sein. Manche Kameras wie die Casio QV-4000 und die Canon PowerShot- und Ixus-Modelle haben einen Panoramamodus, bei dem ein Teil des letzten Bilds im Monitor gezeigt wird, damit Sie daran den nächsten Schuss der Serie ausrichten können. Wenn Ihre Kamera dieses Feature nicht hat, müssen Sie sich merken, wo das letzte Bild aufhört, damit Sie wissen, wo das nächste beginnen soll.

Abbildung 6.7: Ein Einblick in das Programm SpinPanorama, das darauf spezialisiert ist, Bilder zu Panoramen zusammenzufügen.

- ✔ **Stellen Sie sich vor, Sie würden die Kamera auf einem Stativ drehen, wenn Sie die Panoramaaufnahme machen.** Wenn Sie nicht bei allen Bildern die gleiche Rotationsachse beibehalten, können Sie die Aufnahmen später nicht mehr zu einem Panorama zusammensetzen. Besser noch, Sie benutzen wirklich ein Stativ.
- ✔ **Halten Sie die Kamera immer waagerecht.** Manche Stative sind mit kleinen Wasserwaagen ausgestattet, mit denen Sie die Kamera ausrichten können. Bei einem normalen Stativ ohne dieses Extra können Sie sich damit behelfen, dass Sie in einem Baumarkt eine Mini-Wasserwaage kaufen, die Sie auf der Kamera oder dem Stativ befestigen.
- ✔ **Verändern Sie auf keinen Fall den Fokuspunkt.** Wenn Sie die Schärfe bei einem Bild auf den Vordergrund gelegt haben, legen Sie sie nicht beim nächsten Bild auf den Hintergrund.
- ✔ **Lesen Sie im Handbuch der Kamera nach, ob Sie mit Ihrer Kamera die Belichtung für mehrere Bilder konstant halten können.** Mit diesem Feature können Sie eine durchgängig gleiche Belichtung während der gesamten Bildserie erreichen. Das ist sehr wichtig, damit man später die Übergänge zwischen den Bildern nicht mehr sieht.

Sollte Ihre Kamera keine Möglichkeit haben, die Belichtungsautomatik bei einer Einstellung einzurasten, dann müssen Sie die Belichtungsautomatik austricksen. Nehmen wir an, der eine Teil der Szene liegt im Schatten, der andere im hellen Sonnenlicht. Ist die Belichtungsautomatik eingeschaltet, dann wird die Kamera die Belichtung im schattigen Teil verstärken und im sonnigen Teil verringern. Das hört sich zwar eigentlich ganz normal an, doch wird dadurch ein deutlich sichtbarer Farbversatz zwischen den Bildern entstehen. Sie können das Problem umgehen, indem Sie die Schärfe und die Belichtung für beide Bilder am gleichen Punkt messen und mit halb heruntergedrücktem Auslöser halten, um dann die jeweiligen Bilder zu schießen. Wählen Sie dazu einen Punkt mittlerer Helligkeit.

- **Menschen, Autos oder andere Objekte, die sich bei der Aufnahme bewegen, können Panoramen schnell zu Katastrophen werden lassen.** Läuft eine Person durch die Landschaft, von der Sie ein Panoramabild machen wollen, kann es Ihnen passieren, dass sie in jedem der einzelnen Bilder und somit mehrfach in Ihrem Panorama auftaucht.

Um ehrlich zu sein: Es ist nicht ganz einfach, eine Serie von Bildern zu schießen, die sich nahtlos zu einem Panorama zusammenfügen lassen. Deshalb verwende ich Panoramen meist lieber für Stillleben als für Landschafts- oder Stadtaufnahmen. Zum Beispiel kann man so ein prima Bild von der Weihnachtsdekoration auf dem Kaminsims machen. Man nimmt einfach mehrere Nahaufnahmen auf und fügt sie anschließend zusammen. Mit dieser Methode haben Sie nachher wesentlich mehr Pixel pro Bildportion und können das Bild größer ausdrucken, als wenn Sie die Szene mit einem Bild aufgenommen hätten. (In Kapitel 2 finden Sie alles Weitere über Pixel und Ausgabegrößen.)

Vermeiden Sie digitale Masern

Kommen Ihre Bilder manchmal mit kleinen Flecken oder farbigen Pünktchen aus der Kamera? Sind manche Bildbereiche irgendwie mosaikhaft gezackt? Bei dieser Diagnose empfehle ich die folgende Kur:

- **Verwenden Sie eine schwächere Kompressionsrate.** Bilder, in denen eigentlich einfarbige Bereiche seltsam gekachelt oder mosaikhaft aussehen, entstehen meist durch zu starke Kompression. Schauen Sie in das Handbuch der Kamera, und finden Sie heraus, wie man die Kompressionsrate verringert. Bei einer geringeren Kompressionsrate passen nicht mehr so viele Bilder in den Speicher Ihrer Kamera, da die Dateigröße der Bilder ansteigt. Jedoch werden die Bilder, die Sie aufnehmen, wesentlich besser aussehen.
- **Steigern Sie die Auflösung.** Zu wenige Pixel können zu pixeligen Bildern führen – man kann sehen, dass sie aus einem Bildraster kleiner Quadrate bestehen. Je größer Sie ein Bild ausdrucken, umso schlimmer wird der Effekt. (In Kapitel 2 können Sie herausfinden, warum niedrige Auflösung zu schlechter Bildqualität führt.)

✔ **Verbessern Sie die Lichtsituation.** Bilder, die bei schwachem Licht aufgenommen wurden, scheinen oft so körnig wie meins in Abbildung 6.8 zu sein. Sollte es unmöglich sein, noch mehr Licht in die Szene zu bringen, versuchen Sie es mit der Belichtungskorrektur Ihrer Kamera, falls sie diese Option bietet.

Abbildung 6.8: Schwaches Licht kann zu körnigen Bildern führen.

Der Umgang mit lästigen »Extras«

Sie kennen ja das Sprichwort: Was des einen Leid ist des anderen Freud. Nun ja, bei digitalen Kameras kann das auch passieren. Was der oder die eine für ein nützliches Extra hält, kann jemand anderen in den Wahnsinn treiben. Ich habe nicht für alle lästigen Extras Tricks auf Lager, mit denen sie umgangen werden können, doch ein paar Tipps habe ich hier für Sie aufgezählt:

✔ **On-Board-Processing**: Manche Kameras führen automatisch Bildkorrekturen aus wie zum Beispiel die Scharfzeichnung. Ich persönlich bevorzuge es, alle Bildkorrekturen selbst im Bildbearbeitungsprogramm vorzunehmen, um die Kontrolle über die Wirkung zu behalten. Gott sei Dank gibt es bei den meisten Digitalkameras ein Menü, mit dem man die automatische Bildbearbeitung abschalten kann. Im Handbuch der Kamera sollte alles Weitere erklärt werden.

- **Automatische Standardeinstellungen beim Einschalten:** Viele Kameras, die Einstellmöglichkeiten für Belichtung, Kompression und anderes haben, springen automatisch auf die Standardeinstellungen zurück, wenn Sie die Kamera ausschalten. Wenn Sie also ein Bild mit einer bestimmten Kombination von Einstellungen machen und die Kamera für ein paar Minuten ausschalten, um Batterie-Power zu sparen, dann müssen Sie das ganze Setup wieder von neuem eingeben, wenn Sie die Kamera erneut einschalten.

  Ich kenne leider keinen Trick, mit dem man diesen Nachteil umgehen könnte. Lesen Sie im Handbuch der Kamera nach, welche Einstellungen, wenn überhaupt, von der Kamera gespeichert werden, damit Sie wissen, welche Sie nach dem Ausschalten erneut eingeben müssen.

- **Energiesparfunktion:** Da Digitalkameras Batterien so schnell leer machen, schalten sich Digitalkameras automatisch aus, wenn Sie innerhalb einer gewissen Zeitspanne keine Bilder aufnehmen oder keine sonstigen Einstellungen vornehmen. Normalerweise ist diese Zeitspanne recht kurz – etwa 2 Minuten.

  Diese Energiesparfunktion ist zwar eine tolle Idee für vergessliche Menschen, kann aber auch extrem nervig sein, wenn Sie ein Bild sehr präzise komponieren wollen. Die Kamera schaltet sich immer genau dann ab, wenn Sie Ihr Motiv neu ausrichten oder an anderen Details der Komposition arbeiten. Schalten Sie die Kamera wieder ein, müssen Sie unter Umständen die ganzen Einstellungen erneut eingeben – Aua!

  Bei manchen Kameras kann man die Energiesparfunktion abschalten oder wenigstens die Zeitspanne, bis sich die Kamera ausschaltet, extrem verlängern. Falls Sie das bei Ihrer Kamera nicht können, müssen Sie sich in regelmäßigen Abständen um das Gerät kümmern, damit es nicht denkt, es wäre überflüssig, und sich deswegen trotzig abschaltet. Zoomen Sie ein bisschen hin und her oder drücken Sie den Auslöser halb herunter, damit der Autofokus und die Belichtungsautomatik aktiviert werden. Kameras kann man ja so schnell zufrieden stellen …

- **Fahle LCD-Monitore:** Wenn Sie zum ersten Mal bei grellem Sonnenlicht versuchen mit dem LCD-Monitor als Sucher zu arbeiten, werden Sie den Nachteil dieses ansonsten eigentlich recht coolen Extras erkennen. Grelles Licht überblendet das Bild auf dem Monitor so sehr, dass Sie manchmal gar nicht mehr sehen können, was Sie aufnehmen. Wenn Sie mit einem Stativ arbeiten, können Sie den LCD-Bildschirm mit einer Hand beschatten (die andere brauchen Sie, um den Auslöser zu drücken). Ein anderer Trick funktioniert mit einer gefalteten Visitenkarte, die man mit Tesafilm als Sonnenschirm über dem LCD-Monitor befestigt.

Teil III

Von der Kamera über den Computer ans Licht der Welt

»Die Leute von der Service-Hotline sagen, egal was passiert, nur keine Angst zeigen oder weglaufen.«

In diesem Teil ...

Einer der wirklich großen Vorteile der digitalen Fotografie ist die Geschwindigkeit, mit der man von einer Aufnahme zum Endprodukt kommt. In Minutenschnelle lassen sich Bilder herunterladen, ausdrucken oder elektronisch verbreiten, während Ihre Freunde noch zu Hause sitzen und genervt auf die Entwicklung ihrer Filme im 1-Stunden-Labor warten.

Die Kapitel in diesem Teil enthalten alles Wissenswerte darüber, wie man die Bilder aus der Digitalkamera herausbekommt und anschließend an Freunde, Verwandte, Kunden oder sonstwen verteilt. In Kapitel 7 lesen Sie, wie man Bilder in den Computer transferiert und welche Möglichkeiten es zur Lagerung der Daten gibt. Kapitel 8 beschreibt die unterschiedlichen Möglichkeiten, Bilder auszudrucken, und welche Drucker sich am besten für Ihre Anforderungen eignen. Kapitel 9 beschäftigt sich mit der elektronischen Verbreitung von Bildern – im World Wide Web oder per E-Mail – und zeigt Ihnen noch einige Bildschirmanwendungen für Ihre Bilder.

Mit anderen Worten lernen Sie hier, wie Sie all die schönen Pixel aus Ihrer Kamera herauslocken und der Welt Ihr fotografisches Talent offenbaren können.

Ein Lagerhaus für Ihre Bilder

7

In diesem Kapitel ...

- Bilder von der Kamera in den Computer herunterladen
- Der direkte Import in ein Bildbearbeitungs- oder Katalogisierungsprogramm
- Bilder im Fernseher anschauen und auf Video aufnehmen
- Die Wahl des Bilddatenformats
- Die Katalogisierung der Bilder

Vielleicht sind Sie ja ein sehr ordnungsliebender Fotograf. Wenn Sie ein Paket Bilder vom Entwickeln nach Hause bringen, sortieren Sie sie nach Datum oder Thema, kleben sie in ein Fotoalbum und beschriften jedes Bild mit Datum, Negativnummer und dem Ort, wo man das Negativ findet.

Sie könnten aber auch so ein Mensch sein wie ich – voller guter Vorsätze, wie man das Leben strukturiert, doch nie findet man die Zeit dazu. Zur Zeit sind nicht weniger als zehn Päckchen mit Fotos in meinem Haus verteilt, die alle geduldig auf den Sprung ins Album warten. Würden Sie mich um einen Abzug von einem dieser Bilder bitten, könnten Sie sehr wahrscheinlich warten, bis Sie graue Haare bekämen, da die Chancen, dass ich in dem ganzen Chaos noch das passende Negativ finde, fast gegen Null tendieren.

Sollten Sie und ich, was dieses Thema angeht, irgendwie seelenverwandt sein, dann habe ich schlechte Nachrichten für Sie: Die digitale Fotografie erfordert einigen Zeitaufwand für die Strukturierung Ihres Bildkataloges im Computer. Wenn Sie diese Zeit nicht investieren, werden Sie große Schwierigkeiten bekommen, wenn Sie ein bestimmtes Bild wiederfinden müssen. Bei digitalen Bildern kann man nicht einfach einen Stapel Abzüge durchschauen, um ein Foto herauszusuchen. Sie müssen sich die Bilder mit einem Bildbearbeitungs- oder Katalogisierungsprogramm anschauen. Glauben Sie mir: Wenn Sie nicht unheimlich viel Zeit damit verschwenden wollen, massenweise Bilder auf- und zuzumachen, bevor Sie das richtige finden, sollten Sie sich Gedanken über ein sinnvolles Katalogisierungssystem machen.

Bevor Sie Ihre Bilder katalogisieren können, müssen Sie sie selbstverständlich erst mal aus der Kamera in den Computer scheuchen. Dieses Kapitel gibt Ihnen einen Einblick in den Bildladeprozess, erläutert die unterschiedlichen Dateiformate, mit denen Sie Ihre Bilder speichern können, und stellt Ihnen Katalogisierungsprogramme vor. Am Ende des Kapitels werden Sie so dermaßen organisiert sein, dass Sie dann unter Umständen sogar mit dem Gedanken spielen, das Durcheinander in Ihrem Kleiderschrank zu beseitigen.

Bilder herunterladen

Ihre Kamera ist randvoll mit Bildern – was nun? Transferieren Sie sie in Ihren Computer.

Viele Digitalfotofreaks nennen den Prozess, Bilder von der Kamera in den Computer zu bewegen auch *Download*, das ist das englische Wort für *herunterladen*.

Die folgenden Abschnitte stellen Ihnen verschiedene Methoden vor, wie man Bilder herunterlädt.

Das Trio der Download-Optionen

Die Hersteller digitaler Kameras haben unterschiedliche Wege entwickelt, um Bilder von der Kamera in den Computer zu bringen. Je nach Kamera, die Sie benutzen, können Sie alle diese Optionen oder nur einen Teil davon anwenden. In der folgenden Liste werden die unterschiedlichen Transfermethoden umrissen, angefangen mit der schnellsten und einfachsten:

- ✔ **Karte-Computer-Transfer:** Wenn Ihre Kamera die Bilder auf einer Diskette speichert, werfen Sie die Diskette aus und stecken sie einfach in das Diskettenlaufwerk Ihres Computers. Dann kopieren Sie die Dateien wie gewohnt auf Ihre Festplatte.

  Bei Kameras, die mit CompactFlash-, SmartMedia- oder anderen Speicherkarten arbeiten, können Sie genauso von den Vorteilen des Karte-Computer-Transfers profitieren, vorausgesetzt Sie besitzen einen Kartenleser oder einen Floppydisk-Adapter. In Kapitel 4 finden Sie weitere Informationen zu diesen Geräten. Lesen Sie in den Bedienungsanleitungen nach, wie bei Ihrer speziellen Kamera-Leser-Konstellation der Bildtransfer funktioniert.

- ✔ **Infrarot-Transfer:** Manche Kameras haben einen IrDA-Port, mit dem man Dateien mittels Infrarotlicht übertragen kann. Das Ganze funktioniert so ähnlich wie die Fernbedienung, die via Infrarot Befehle an den Fernseher überträgt. Damit Sie dieses Feature auch anwenden können, muss Ihr Computer mit einem IrDA-Anschluss ausgestattet sein. Viele neue Computer haben IrDA-Ports, ältere Systeme lassen sich auch nachträglich mit dieser Technologie ausrüsten.

  Nur für den Fall, dass Sie neugierig geworden sind: IrDA ist eine Abkürzung für *Infrared Data Association*. Dabei handelt es sich um einen Zusammenschluss von Elektronikherstellern, die technische Standards für Geräte etablieren, die mit Infrarottechnologie arbeiten. Die Standards sind notwendig, damit die IrDA-Ports eines Herstellers mit denen eines anderen Herstellers kommunizieren können.

  Ich habe den IrDa-Transfer schon ausprobiert und muss Ihnen leider mitteilen, dass es nicht ganz einfach ist, die richtigen Einstellungen für eine solche Verbindung zu finden. Ich hatte die Unterstützung von zwei Technikern (einen für meinen Laptop, den anderen für die Kamera) und zusammen haben wir mehr als eine Stunde gebraucht, bis das System vernünftig funktioniert hat. Eigentlich haben wir so lange in den Optionen herumgeklickt, bis wir irgendwann zufällig die richtige Konstellation hatten. Ich hoffe, Sie haben mehr Glück bei Ihrer Installation.

Wenn Sie dann alles so weit haben, müssen Sie Ihre Kamera einfach nur noch in die Nähe des Computers bringen, sodass die beiden IrDA-Ports sich gegenüberstehen wie in Abbildung 7.1. Die Geschwindigkeit, mit der die Daten übertragen werden, hängt von der Leistungsfähigkeit des Ports an Ihrem Computer ab. Mit meinem Laptop war die Transferrate genauso langsam wie mit einer Standard-Kabelverbindung (siehe nächsten Abschnitt). Wenigstens erspart man sich aber die Fummelei mit den Kabeln. Und Fotografen, die oft auf Reisen digital fotografieren, müssen ein Kabel weniger in die Laptoptasche einpacken. Die verschiedenen IrDA-Geräte verhalten sich auch alle etwas unterschiedlich, Sie sollten sich deshalb gründlich in den Handbüchern des Computers bzw. der Kamera informieren, damit Sie die gesamten Vorteile der Technik ausschöpfen können.

Abbildung 7.1: Die Kodak DC260 gehört zu den Modellen, die Daten über eine Infrarotschnittstelle übertragen.

- ✔ **Kabel-Transfer:** Sollten Sie nicht in den Genuss einer der oben genannten Optionen zum Datentransfer kommen, dann müssen Sie sich mit dieser Methode begnügen: Sie verbinden Kamera und Computer mit dem Kabel, das zusammen mit der Kamera geliefert wurde. Wenn die Kamera und Ihr Computer eine USB-Schnittstelle besitzen, geht der Download recht zügig vonstatten, aber die bei älteren Digitalkameras übliche serielle Übertragung wird Ihre Geduld auf eine harte Probe stellen: Die Übertragungsgeschwindigkeit ist kaum langsamer als eine Schildkröte, die einen Lastwagen anschiebt. Nun ja, vielleicht geht es in Wirklichkeit ein bisschen schneller, aber es kommt einem jedenfalls so vor.

Wenn Sie Ihre Bilder einfach nur ausdrucken wollen und sonst nichts, dann brauchen Sie sie vielleicht gar nicht erst in den Computer herunterzuladen. Einige neue Fotodrucker können direkt aus Digitalkameras oder Speicherkarten heraus drucken. In Kapitel 8 finden Sie weitere Informationen zu diesem Thema.

Unabhängig von der Transfermethode dürfen Sie nicht vergessen, die dafür vorgesehene Software zu installieren, die zusammen mit der Kamera geliefert wurde. Beim Karte-Computer-Transfer mit einer Kamera, die Bilder in Standardformaten (TIFF, JPEG) abspeichert, kann manchmal auch ohne zusätzliche Software gearbeitet werden. In diesem Fall kann man die Bilder direkt mit dem Bildbearbeitungsprogramm öffnen. Doch manche Kameras speichern ihre Bilder in einem speziellen kameraeigenen Format, das nur die mitgelieferte Software lesen kann. Bevor Sie die Bilder in einem Bildbearbeitungsprogramm öffnen können, müssen Sie sie zuerst mit der Kamerasoftware konvertieren. Wenn Sie Ihre Bilder mit dieser Software herunterladen, führt das Programm die Konvertierung meist automatisch für Sie aus. (Im Abschnitt *Dateiformate für Jedermann* finden Sie Erklärungen der verschiedenen Dateiformate.)

Tipps für den Kabel-Transfer

Die Übertragung der Bilddaten von Kamera zum Computer über ein Kabel ist die Standard-Methode und funktioniert bei allen Kameras nahezu gleich. Da die Software für den Transfer sich jedoch zum Teil erheblich von Modell zu Modell unterscheidet, kann ich Ihnen hier keine schrittweise Arbeitsanleitung mit Befehlen geben, mit der Sie auf Ihre Bilder zugreifen können. Schlagen Sie dazu in der Bedienungsanleitung nach. Im Allgemeinen läuft der Vorgang folgendermaßen ab:

1. **Verbinden Sie die Kamera mit dem Computer.**

   Stecken Sie ein Ende des Verbindungskabels in die Kamera und das andere in Ihren Computer. In der Regel wird das eine USB-Verbindung sein, aber falls Ihre Kamera noch die serielle Schnittstelle verwendet, unterscheidet sich die Vorgehensweise je nach der Rechnerplattform: Bei einem Macintosh verwenden Sie normalerweise den Printer- oder Modem-Port, wie in der oberen Hälfte von Abbildung 7.2 gezeigt wird. Bei einem PC wird die Kamera an den COM-Port angeschlossen, den man normalerweise auch für externe Modems verwendet (siehe untere Hälfte Abbildung 7.2).

2. **Bringen Sie die Kamera in den Modus für Datentransfer.**

   Einige Kameras haben einen Playback-Modus andere einen PC-Modus. Lesen Sie im Handbuch der Kamera nach, wie Ihr Gerät funktioniert.

3. **Öffnen Sie die Software für die Datenübertragung.**

   Sie müssen die Software natürlich erst installieren, bevor Sie sie benutzen können. Die Vorgehensweise entnehmen Sie bitte wieder der Bedienungsanleitung.

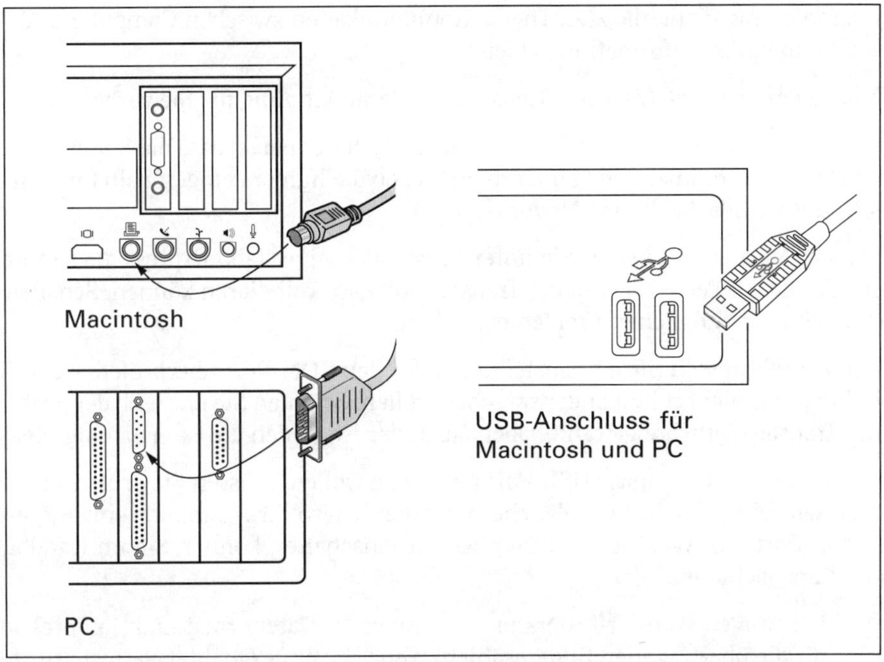

Abbildung 7.2: Bei einem Mac verbindet man eine Kamera mit serieller Schnittstelle normalerweise mit dem Printer- oder Modem-Port. Bei einem PC benutzt man den COM-Port.

4. **Laden Sie Ihre Bilder herunter (irgendwie ...).**

   Von diesem Schritt an hängt die Vorgehensweise ganz von Ihrer speziellen Kamera und Software ab. Lesen Sie also bitte in den mitgelieferten Handbüchern nach.

In vielen Fällen wird die Speicherkarte oder der interne Speicher der Kamera wie eine externe Wechselplatte gemountet und kann wie ein solches Laufwerk behandelt werden. Sie können dann die Bilddateien auf ihre Festplatte kopieren, sie danach löschen und so weiter. Falls das nicht möglich ist, müssen Sie für den Download die mitgelieferte Software des Herstellers bemühen.

Tipps für den angenehmen Download

Aus welchen Grund auch immer stellt der Download-Prozess einen der kompliziertesten Aspekte der digitale Fotografie dar. Seit der Einführung der USB-Schnittstelle und des direkten Karte-Computer-Transfers ist alles schon ein bisschen einfacher geworden, doch nicht alle Anwender können von dieser Methode profitieren. Wenn Sie Ihre Bilder mit einem seriellen Kabel oder via IrDA übertragen, sollten Sie bei anfänglichen Problemen nicht verzweifeln. Ich habe damit fast jeden Tag zu tun, und ich habe immer noch hin und wieder Probleme den Download-Prozess vernünftig ans Laufen zu bringen. Bei diesem Problem hilft auch die

Bedienungsanleitung nicht, die zum Thema Kommunikation zwischen Computer und Kamera meist nur rudimentäre Informationen bietet.

Deshalb habe ich hier eine Liste mit Tipps zur Fehlerbeseitigung für Sie vorbereitet:

- ✔ Wenn Sie eine Meldung angezeigt bekommen, in der es heißt, dass die Software nicht mit der Kamera kommunizieren kann, prüfen Sie, ob die Kamera eingeschaltet und im richtigen Modus ist (Playback-, PC-Modus oder so).
- ✔ Bei einem Macintosh müssen Sie unter Umständen AppleTalk, Express Modem und/oder GlobalFax deaktivieren, die mit der Transfer-Software kollidieren können. Schauen Sie im Handbuch nach möglichen Problembereichen.
- ✔ Auf einem PC müssen Sie die Einstellungen für den COM-Port überprüfen, wenn Kamera und Computer nicht miteinander sprechen wollen. Schauen Sie nach, ob der Port, den Sie in der Transfer-Software gewählt haben, auch der ist, in den die Kamera eingesteckt ist.
- ✔ Wenn Sie die Verbindung via USB-Port herstellen wollen, müssen Sie prüfen, ob der USB-Port systemseitig aktiviert ist. Manche Hersteller liefern ihre Computer mit ausgeschaltetem USB-Port aus. Wie man das Ding wieder einschaltet, können Sie im Handbuch des Computers nachlesen.

Bei einigen Transfer-Programmen können Sie Dateiformat und Kompressionsrate für die übertragenen Bilder wählen. Wenn Sie ohne Qualitätsverlust arbeiten wollen, sollten Sie die Kompression ausschalten oder verlustfreie Kompression verwenden wie LZW bei TIFF-Dateien. (Sollte sich der letzte Satz für Sie wie Computerlatein angehört haben, finden Sie im Abschnitt *Dateiformate für Jedermann* eine Übersetzung. Lesen Sie auch in Kapitel 3 den Abschnitt über die Kompression von Dateien.)

In den meisten Fällen weist die Übertragungssoftware den Bildern aussagelose Namen zu wie DCS008.jpg und DCS009.jpg. Wenn Sie zum wiederholten Mal Bilder herunterladen und die vorangegangenen nicht umbenannt haben, dann haben Sie unter Umständen mehrere Dateien mit gleichem Dateinamen auf Ihrer Festplatte oder überschreiben zuvor gespeicherte Bilder.

Die Software sollte Ihnen dann eigentlich eine Warnung anzeigen und nachfragen, ob die bestehenden Dateien durch die neuen ersetzt werden sollen. Zu Sicherheit sollten Sie für jedem Ladevorgang einen neuen Ordner (Verzeichnis) anlegen. Auf diesem Weg schließen Sie die Gefahr, versehentlich Dateien zu überschreiben, von vornherein aus.

Wenn Ihre Kamera mit einem Netzteil ausgestattet ist, sollten Sie es unbedingt beim Herunterladen der Bilder anschließen. Der Ladevorgang kann nämlich eine ganze Weile dauern, und Sie sollten sich Ihre Batterien lieber für Ihre Fotosessions aufheben.

- ✔ Manche Transferprogramme haben eine Option, mit der nach dem Download automatisch alle Bilder in der Kamera gelöscht werden. Auch wenn Sie mich für paranoid halten: Ich schalte diese Option *nie* ein. Nach dem Download sollten Sie sich die Bilder immer zuerst in einem Bildbearbeitungsprogramm anschauen, bevor Sie sie aus der Kamera löschen. Es können immer kleine Unfälle passieren, also versichern Sie sich, ob die Bilder auch heil im Computer angekommen sind. Als zusätzliche Sicherheitsvorkehrung sollten Sie noch eine Sicherheitkopie auf einem Wechselmedium anfertigen (Diskette, Zip oder Ähnliches).

Heute abend im ZDF

Ein Teil der Kameras, die heute auf dem Markt sind, haben einen Videoausgang. Dadurch bietet sich die Möglichkeit, die Bilder auf einem ganz normalen Fernseher anzuschauen. Man kann die Kamera sogar an einen Videorecorder anschließen und die Bilder auf Videoband aufzeichnen.

Warum sollte man Bilder auf einem Fernseher anschauen wollen? – Einmal kann man seine Bilder so einer größeren Gruppe von Menschen im Wohnzimmer vorführen, die sich dann nicht um Ihren Computermonitor drängeln muss. Außerdem kann man mit dem Fernseher die Bilder im Kameraspeicher viel genauer überprüfen als mit dem LCD-Monitor der Kamera. Kleine Fehler, die man auf dem Mäusekino der Kamera nicht sehen kann, werden an einem 70 cm-Fernsehbildschirm schnell erkennbar.

Wie bei der Verbindung mit dem Computer müssen Sie auch hier die Bedienungsanleitung der Kamera für die weitere Vorgehensweise konsultieren. Normalerweise steckt man ein Ende des AV-Kabels (das zusammen mit der Kamera geliefert wird) in den Videoeingang des Fernsehers oder des Videorecorders und das andere Ende in den Video- oder AV-Ausgang der Kamera, wie in Abbildung 7.3 gezeigt wird. Wenn Ihre Kamera auch Audiosignale aufzeichnen kann wie die Kamera in der Abbildung, dann hat das Kabel noch einen weiteren Stecker für die Tonübertragung. Sollte Ihr Fernseher oder Videorecorder Stereoton haben, müssen Sie den Mono-Eingang verwenden.

Um die Bilder auf dem Fernseher anschauen zu können, folgen Sie grundsätzlich der gleichen Prozedur, die zur Darstellung auf dem Kamera-LCD-Monitor dient. Schlagen Sie für genaue Anleitungen im Handbuch Ihrer Kamera nach. Man kann die Bilder auf Videoband aufzeichnen, indem man den Videorecorder auf Aufnahme stellt und die Bilder jeweils so lange anzeigt, wie sie aufgenommen werden sollen.

Achten Sie darauf, dass die Kamera, die Sie kaufen, Videosignale im PAL-Format ausgibt. Das ist der Sendestandard in Deutschland und den meisten anderen europäischen Ländern (Ausnahme Frankreich mit SECAM). Sollte die Kamera, die Sie ausgesucht haben, aus irgendeinem Grund ausschließlich im NTSC- oder SECAM-Standard ausgeben können, lassen Sie die Finger davon, denn nur die wenigsten Fernseher oder Videorecorder können diese fremden Formate verarbeiten.

Abbildung 7.3: Mit einer Kamera wie der Kodak DC 260 können Sie Video- und Audiosignale an einen Fernseher oder einen Videorecorder senden, um Bilder anzuschauen oder auf Videoband aufzuzeichnen.

Die Bedeutung des Wörtchens Twain

Es ist relativ wahrscheinlich, dass Sie zusammen mit Ihrer Kamera eine Diskette geliefert bekommen, mit der Sie einen so genannten *TWAIN-Treiber* auf Ihrem Computer installieren können. TWAIN ist ein spezielles Protokoll (Sprache), mit dessen Hilfe Ihr Bildbearbeitungs- oder Katalogisierungsprogramm direkt mit Ihrer Kamera oder einem Scanner kommunizieren kann. Böse Zungen behaupten, dass TWAIN für Technology Without An Interesting Name steht. Komische Computerwelt!

Vorausgesetzt, Ihr Bildbearbeitungs- oder Katalogisierungsprogramm ist TWAIN-kompatibel (was heutzutage für die meisten zutrifft), können Sie nach der Installation des Treibers Bilder direkt aus dem Speicher der Kamera öffnen. Selbstverständlich muss die Kamera dazu immer noch an den Computer angeschlossen werden.

Der Befehl, mit dem man die Bilder öffnet, ist von Programm zu Programm unterschiedlich. Normalerweise findet man ihn im Menü ABLAGE unter dem Menüpunkt IMPORTIEREN/TWAIN.

(Bei manchen Programmen muss man zuerst die TWAIN-Quelle wählen, also das Gerät festlegen, auf das man zugreifen will. Der zugehörige Befehl findet sich unter DATEI/TWAIN-QUELLE WÄHLEN.)

In Adobe Photoshop Elements, einem Programm, das den meisten Digitalkameras beiliegt, wählen Sie DATEI|IMPORTIEREN. Dann erscheint eine Liste, in der alle Geräte verzeichnet sind, für die Sie einen TWAIN-Treiber installiert haben. Sie klicken auf das Gerät Ihrer Wahl und dann auf OK. Photoshop Elements öffnet das Datentransferprogramm Ihrer Kamera, und Sie können die Bilder wählen, die Sie öffnen wollen.

Dateiformate für Jedermann

Wenn Sie Bilder von der Kamera herunterladen oder die Kamera selbst einrichten, können Sie ein Dateiformat für Ihre Bilder wählen (viele neuere Kameras können Bilder in zwei oder mehr verschiedenen Dateiformaten abspeichern). Genauso müssen Sie auch ein Dateiformat wählen, wenn Sie Ihr Bild nach der Arbeit in einem Bildbearbeitungsprogramm speichern wollen. (In Kapitel 10 finden Sie Weiteres über die Bearbeitung und Speicherung von Dateien.)

Der Ausdruck *Dateiformat* bezieht sich auf die Art und Weise, wie Computerdaten gespeichert werden. Es gibt eine Menge unterschiedlicher Dateiformate, die Daten jeweils völlig unterschiedlich speichern. Manche Formate sind markenabhängig, das heißt, dass es nur von der jeweiligen Kamera verwendet wird, um Bilder aufzuzeichnen. (Man nennt diese Formate auch *native* Formate). Wenn Sie Bilder bearbeiten wollen, die in einem solchen Format gespeichert sind, müssen Sie die Software verwenden, die zusammen mit der Kamera geliefert wurde. Normalerweise können Sie die Bilder mit dieser Software auch in einem anderen Dateiformat abspeichern, das Bildbearbeitungsprogramme lesen kann.

Einige Bildbearbeitungsprogramme haben auch ein natives Dateiformat. Photoshop Elements hat beispielsweise das PSD-Format, das die Bearbeitungsfeatures von Photoshop Elements hervorragend unterstützt und die Arbeitsgeschwindigkeit des Programms steigert. Wenn Sie vorhaben, das Bild in einem anderen Programm zu öffnen, das das PSD-Format nicht unterstützt, können Sie es mit Photoshop Elements in einem von vielen anderen Formaten abspeichern. Manche Formate werden nur mit dem Mac verwendet, andere ausschließlich mit PCs. Einige Formate sind mittlerweile schon so obskur, dass sie kein Mensch mehr verwendet, während andere so populär geworden sind, dass sie von fast jedem Programm auf beiden Plattformen unterstützt werden.

In der folgenden Liste zähle ich die gebräuchlichsten Dateiformate für Bilder auf und spreche deren Vor- und Nachteile an:

- ✔ **JPEG:** Sprich Dschäipeck. Die Abkürzung steht für *Joint Photographic Experts Group*, eine Organisation, die dieses Dateiformat entwickelt hat. JPEG ist eines der zur Zeit am weitesten verbreiteten Formate, und fast jedes Programm ob auf Mac oder PC kann JPEG-

Bilder öffnen und speichern. JPEG ist auch eins der beiden wichtigsten Dateiformate für Bilder im World Wide Web.

Einer der wichtigsten Vorteile von JPEG ist, dass die Bilddaten komprimiert werden und dadurch die Dateigröße reduziert wird. Kleinere Bilddateien benötigen weniger Platz auf der Festplatte und weniger Zeit beim Download aus dem World Wide Web.

Der Haken an der Sache ist, dass JPEG mit einer verlustorientierten Kompression arbeitet. Ein Teil der Bilddaten wird bei dem Kompressionsprozess geopfert. Jedes Mal, wenn Sie Ihr Bild öffnen, bearbeiten und wieder speichern, wird es erneut komprimiert, und die Qualität wird von Mal zu Mal schlechter.

Speichert man Bilder im JPEG-Format, öffnet sich normalerweise eine Dialogbox ähnlich der in Abbildung 7.4. Hier können Sie die Stärke der Kompression einstellen, die angewendet werden soll. (Die Dialogboxen aus den Abbildungen 7.4 und 7.5 stammen aus Adobe Photoshop Elements.)

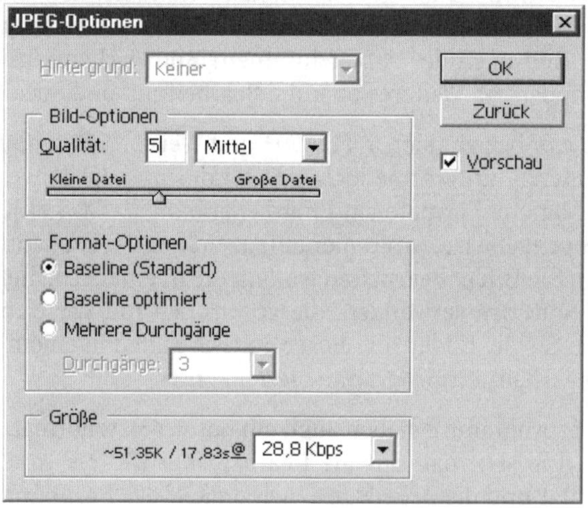

Abbildung 7.4: Bei der Speicherung im JPEG-Format lässt sich die Stärke der Kompression bestimmen.

Wählen Sie die höchste Qualitätsstufe, wenn Sie den geringsten Datenverlust und die höchste Druck- oder sonstige Ausgabequalität erzielen wollen (resultiert in der geringsten Kompression). Bei Bildern, die für das Web bestimmt sind, reicht auch eine mittlere Qualität bzw. Kompression. In Farbtafel 3.1 kann man sehr gut erkennen, wie sich eine starke JPEG-Kompression auf ein Bild auswirkt. In Kapitel 3 finden Sie weitere Informationen zu diesem Thema.

Die Format-Optionen, die Sie in Abbildung 7.5 sehen, beziehen sich auf die Speicherung von Bildern für das Web. Mehr zu diesem Thema finden Sie in Kapitel 9.

Wenn Sie ein Bild im JPEG-Format sichern müssen oder wollen, warten Sie damit so lange, bis Sie die Bildbearbeitung endgültig abgeschlossen haben. Während der Arbeit an dem Bild sollten Sie es im programmeigenen Format oder im TIFF-Format (wird als Nächstes erläutert) speichern, um keinen Bilddatenverlust in Kauf nehmen zu müssen. Sichern Sie das Bild erst dann als JPEG, wenn Sie das Bild wirklich fertig bearbeitet haben. Nur so können Sie den Datenverlust minimieren, weil das Bild nur einmal komprimiert wird.

✔ **TIFF:** TIFF steht – falls es Sie interessiert – für *Tagged Image File Format*. TIFF rangiert neben JPEG ganz oben auf der Popularitätsskala, außer dass TIFF-Bilder nicht im Internet verwendet werden können. Genau wie JPEG-Bilder können auch TIFFs mit fast jedem Programm auf der Macintosh- wie auf der PC-Plattform geöffnet werden.

Wenn Sie ein Bild im TIFF-Format abspeichern, müssen Sie normalerweise noch die Option FORMAT festlegen (siehe Abbildung 7.5): Soll das Bild auf einem Macintosh verwendet werden, dann wählen Sie die entsprechende Option; anderenfalls wählen Sie die PC-Option. Darüber hinaus können Sie noch die LZW-Kompression wählen. LZW ist ein verlustfreies Kompressionsschema. Verlustfrei heißt, dass nur überflüssige Daten vernachlässigt werden und keinerlei Einbußen der Bildqualität auftreten. Leider wird die Dateigröße mit dieser Methode nicht so radikal reduziert wie bei JPEG-Bildern. Deshalb ist TIFF auch keine gute Wahl für Web-Anwendungen.

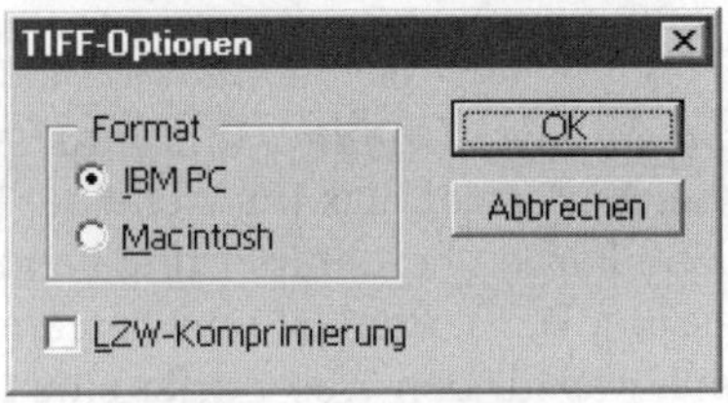

Abbildung 7.5: TIFF-Dateien können mit dem LZW-Kompressionsschema verlustfrei komprimiert werden.

Nicht alle, doch sehr viele Programme unterstützen LZW-komprimierte TIFF-Bilder. Sollten Probleme beim Öffnen von TIFF-Bildern auftauchen, kann die LZW-Kompression der Grund sein. Öffnen Sie das Bild mit einem anderen Programm und speichern Sie es noch einmal, nur dieses Mal ohne LZW-Kompression.

✔ **Photo CD und Pro Photo CD:** Dieses Format ist von Kodak speziell dafür entwickelt worden, Scans von Dias und Negativen auf CD-ROM zu speichern. Bildbearbeitungs- und Katalogisierungsprogramme können Bilder im Photo CD-Format zwar öffnen, aber nicht in diesem Format speichern.

Das Photo CD-Format speichert das gleiche Bild in fünf verschiedenen Größen zwischen 128 x 192 Pixel und 2.048 x 3.072 Pixel. Beim Pro Photo CD-Format wird für die absoluten Profis noch eine sechste Version mit 4.096 x 6.144 Pixel gesichert.

Wenn Sie ein Bild in diesem Format öffnen, können Sie wählen, welche Bildgröße Sie bearbeiten wollen. Für Bilder, die gedruckt werden sollen, wählt man normalerweise die größte. Denken Sie daran, dass man mit mehr Pixeln eine höhere Auflösung und eine bessere Darstellung im Druck bekommt. Beschwert sich Ihr Computer, dass er nicht genügend Arbeitsspeicher hat, um das Bild zu öffnen, dann versuchen Sie es mit der nächstkleineren Version. Findet das Bild seine Anwendung im Web, dann reicht auch eine der kleineren Auflösungen. (Mehr über Bildgröße und Auflösung erfahren Sie in Kapitel 2.)

- **GIF:** Dieses Format ist speziell für die Verbreitung von Bildern im Internet entwickelt worden. Deshalb sind GIF (*Graphics Interchange Format*) und JPEG heute die meistverbreiteten Formate im World Wide Web. Eine Variation des GIFs ist das GIF89a, die es ermöglicht, Bildbereiche transparent zu machen, damit der Hintergrund einer Webseite hindurchscheinen kann.

  GIF arbeitet genau wie das TIFF-Format mit LZW-Kompression – die Dateigröße wird reduziert ohne den Verlust von wichtigen Bilddaten. Der Nachteil hierbei ist, dass GIF höchstens 8-Bit-Bilder sichern kann (mit maximal 256 Farben). Den daraus resultierenden Unterschied der Bildqualität können Sie sich in Farbtafel 9.1 anschauen. Das obere Bild ist ein 24-Bit-Bild, das untere ein 8-Bit-Bild. Das 8-Bit-Bild scheint rauh und fleckig zu sein, da einfach nicht genügend Farben da sind, um die feinen Übergänge darzustellen. Zum Beispiel muss hier ein Gelbton für eine ganze Reihe unterschiedlicher Gelbtöne herhalten. Wie man ein Bild in 8-Bit-Farbtiefe konvertiert und GIF-Bilder transparent macht, erfahren Sie in Kapitel 9.

- **PNG:** PNG steht für *Portable Network Graphics* und wird *Ping* ausgesprochen. Es handelt sich dabei um ein relativ neues Format, das für Web-Grafiken entwickelt wurde. Anders als GIF ist PNG nicht auf 256 Farben beschränkt und benutzt – anders als JPEG – keine verlustorientierte Kompression. Der Vorteil ist eine bessere Bildqualität, der Nachteil ist, dass die Dateien größer sind, was für den Web-Surfer eine längere Wartezeit bedeutet.

- **BMP:** Hier werden einfach nur die einzelnen Buchstaben ausgesprochen B-M-P. BMP war in der Vergangenheit einmal ein sehr gebräuchliches Format, wird aber heute nur noch für Bilder verwendet, die man auf dem Desktop eines Windows-PCs als Hintergrundmotive nutzen will. (Manche Menschen nennen dieses Format auch Bitmap. Dabei kann es aber zu Verwechslungen kommen, da pixelbasierte Bilder allgemein Bitmap-Bilder genannt werden.)

  BMP bietet ein verlustloses Kompressionsschema namens RLE *(Run-Length Encoding)*, das eigentlich eine feine Sache ist, jedoch bei der Erstellung von Hintergrundmotiven Schwierigkeiten bereiten kann. Windows hat manchmal Schwierigkeiten Dateien zu erkennen, die mit RLE gespeichert sind. Schalten Sie die Option also in solchen Fällen ab. Wenn Sie wissen wollen, wie Sie eines Ihrer digitalen Bilder als Hintergrundmotive verwenden können, schlagen Sie in Kapitel 9 nach.

- **PICT:** PICT (sprich Pickt) basiert auf der Apple QuickDraw-Grafikroutine und ist das native Grafikformat für Macintosh-Computer. Wenn Sie auf Ihrem Computer QuickTime installiert haben, können Sie Ihre PICT-Dateien mit JPEG-Kompression komprimieren. Achten Sie aber darauf, dass die QuickTime-Version der JPEG-Kompression die Bildqualität ein wenig mehr beeinträchtigt als eine echte JPEG-Datei. Daher sollten Sie Ihre Bilder in den meisten Fällen lieber als JPEG speichern statt als PICT. Der einzige Vorteil bei der Verwendung dieses Dateiformats ist, dass auch Anwender ohne Bildbearbeitungsprogramme Ihre Bilder anschauen können. PICT-Dateien lassen sich nämlich mit SimpleText, Microsoft Word und anderen Textverarbeitungsprogrammen öffnen.

- ✔ **EPS:** EPS (*Encapsulated PostScript,* sprich E-P-S) wird hauptsächlich für professionelle DTP-Anwendungen und grafische Arbeiten verwendet. Sollte Ihr DTP-Programm oder Ihr Druckservice nur mit EPS arbeiten, dann nutzen Sie dieses Format. Anderenfalls rate ich zum TIFF oder JPEG. EPS-Dateien verschlingen wesentlich mehr Speicherplatz auf der Festplatte als TIFF- oder JPEG-Dateien.

Elektronische Fotoalben

Nachdem Sie all Ihre schönen Bilder auf die Festplatte, Zip-Disk oder irgendeinen anderen Datenträger kopiert haben, müssen Sie sie ordnen, damit es leichter fällt, bestimmte Bilder wiederzufinden.

Wenn Sie keine großen Ansprüche haben, können Sie Ihre Bilder einfach mit Ordnern (Verzeichnissen) strukturieren, wie Sie es mit Textdateien und anderen Dokumenten tun. Zum Beispiel können Sie Bilder, die Sie in einem bestimmten Jahr oder Monat geschossen haben, in einen Ordner packen, der wiederum Unterordner für verschiedenen Themen enthält. Der Hauptordner könnte 2002 und die Unterordner Familie, Sonnenuntergänge, Ferien oder Arbeit heißen.

Viele Bildbearbeitungsprogramme haben ein Extra eingebaut, mit dessen Hilfe man Bild-Ordner durchsuchen kann, indem Miniaturen der einzelnen enthaltenen Bilder angezeigt werden. Auf diese Art fällt es leicht, ein bestimmtes Bild aufzuspüren, dessen Dateiname man vergessen hat. Abbildung 7.6 zeigt als Beispiel den Datei-Browser, der Bestandteil von Adobe Photoshop Elements ist.

Es gibt auch eigenständige Bildbrowser-Programme wie zum Beispiel ThumbsPlus, einem Shareware-Programm von Cerious Software. Diese Software kann Ihre Bilder in unterschiedlichen Layouts anzeigen, wie beispielsweise in einem dem Windows-Explorer nachempfundenen Interface (Abbildung 7.7). Wenn Sie Ihre Bilder ordnen wollen, müssen Sie sie einfach per Drag&Drop von einem Ordner in einen anderen ziehen. Man kann mit diesem Programm sogar in gewissem Maße Bilder bearbeiten. (Falls Sie neugierig geworden sind, können Sie eine Demoversion installieren, die Sie auf der CD hinten im Buch finden.)

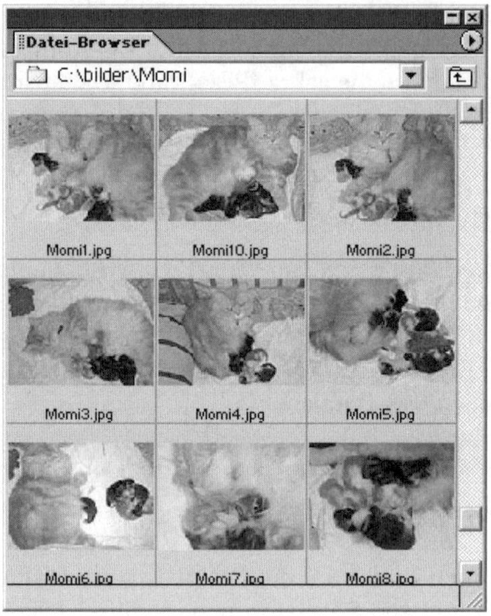

Abbildung 7.6: Mit Bildbrowsern wie dem Datei-Browser in Photoshop Elements können Sie durch Miniaturdarstellungen Ihrer Bilder scrollen.

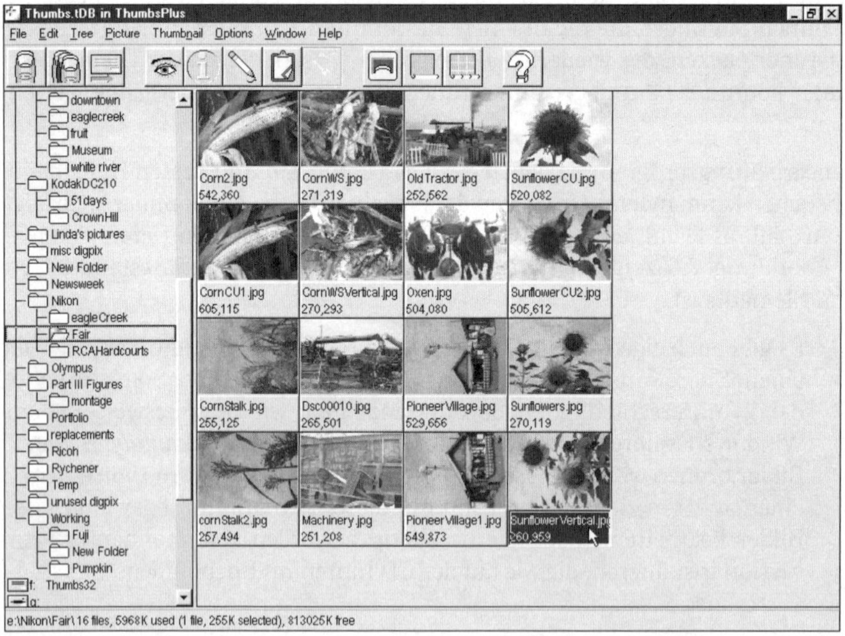

Abbildung 7.7: ThumbsPlus ist ein Shareware-Programm, mit dem man seine Bilder in einer an den Windows-Explorer angelehnten Oberfläche ordnen kann.

Wenn Sie auf schnuckligere Oberflächen stehen, können Sie eine Menge Programme finden, die Ihnen die Bilder in einem altmodischen Fotoalbum-Ambiente zeigen. Man zieht Bilder einfach aus dem Browser in die Seiten des Albums, wo Sie die Bilder mit Informationen, wie dem Ort und dem Zeitpunkt, an denen sie aufgenommen worden sind, beschriften können. Sie können den Bildern auch Rahmen verpassen oder andere Sperenzchen veranstalten.

Fotoalbum-Programme sind eine tolle Sache, wenn man sich seine Bilder gemütlich anschauen will oder sie anderen zeigen will, genau wie mit einem echten Fotoalbum. Außerdem macht es auch Kindern Spaß, ein Album zusammenzustellen und Bildrahmen und Spezialeffekte auszuwählen. Für eine schnelle und unkomplizierte Bildsuche empfehle ich jedoch die Strukturierung innerhalb von Ordnern, so wie es in ThumbsPlus funktioniert. Meiner Meinung nach ist die Arbeit mit diesem Interface einfacher und schneller, als stundenlang in endlos vielen digitalen Albumseiten herumzublättern.

Je größer Ihre Bildsammlung wird, umso mehr werden Sie sich ein Katalogisierungsprogramm wünschen, mit dem man jedem Bild spezifische Daten zuweisen kann wie Thema, Datum der Aufnahme oder eine Beschreibung. Bei einigen Programmen kann man dem Bild noch einige Schlüsselwörter hinzufügen, um die spätere Suche zu erleichtern. Haben Sie zum Beispiel ein Bild von Ihrem Labrador gemacht, dann geben Sie die Schlüsselwörter »Hund«, »Labrador« und »Haustier« ein. Später können Sie dann irgendeins dieser Wörter in das Eingabefeld der Suchmaschine im Bildbrowser eintippen und werden direkt auf das entsprechende Bild verwiesen. Solche Funktionen werden immens wichtig, sobald man größere Bildmengen anhäuft. ThumbsPlus ist zum Beispiel mit diesem Feature ausgestattet.

Könnte ich davon einen Ausdruck haben?

8

In diesem Kapitel ...

- Der sichere Weg durch das Labyrinth der Druckoptionen
- Druckkosten einschätzen
- Wie funktioniert CMYK?
- Die Wahl des richtigen Papiers
- Wenn die Profis Ihre Bilder drucken

Heutzutage muss man nicht gerade eine Intelligenzbestie sein, um eine Rolle Film in Abzüge zu verwandeln. Man kreuzt im Fotolabor ein paar Felder der Fototüte an, steckt seinen Film hinein und gibt ihn ab. Danach kann man sich mit etwas anderem beschäftigen. Die Technologie der Filmentwicklung ist so ausgereift, dass Ihnen gute Abzüge quasi garantiert sind, selbst wenn der Praktikant, der Ihren Film entwickelt, von Fotografie so gut wie keine Ahnung hat.

Wenn Sie jedoch den Sprung in die digitale Bildwelt machen, dann wird es ein bisschen schwieriger. (Ich wette, Sie wussten, dass es darauf hinausläuft ...) Der Schritt, Bilder vom Computer aufs Papier zu bringen, verlangt einige Entscheidungen, nicht zuletzt die Wahl des entsprechenden Druckers. Außerdem müssen Sie über Dinge wie Bildauflösung, Farbanpassung und Ihren Papiervorrat nachdenken.

Dieses Kapitel hilft Ihnen, die unterschiedlichen Probleme, die beim Ausdruck Ihrer Bilder auftreten können, zu meistern, gleichgültig ob Sie die Arbeit selbst machen wollen oder einem professionellen Drucker überlassen. Zusätzlich zum Thema Vor- und Nachteile der unterschiedlichen Druckertypen geben Ihnen die folgenden Seiten einige Tipps, wie Sie die bestmögliche Bildqualität erreichen, unabhängig vom Druckertyp.

Geht es Ihnen nur darum, so schnell wie möglich ein Dutzend Ausdrucke vom Bild Ihres Chefs zu machen, der sich beim Betriebsausflug danebenbenommen hat, dann springen Sie zum Abschnitt *Schicken Sie die Bilder in den Druck* weiter hinten im Kapitel. In Fällen wie diesem ist die Bildqualität nicht so wichtig wie die Aktualität, vor allem wenn die nächste Ausgabe der Firmenzeitung gerade ins Haus steht. Aber Sie müssen mir versprechen, dass Sie später noch mal hier vorbeischauen und den ersten Teil des Kapitels lesen, damit Sie herausfinden, wie man solche Bilder beim nächsten Mal wesentlich schöner ausdrucken kann.

Ein Spaziergang durch die Druckerabteilung

Genauso wie die Anzahl der Anwender im Bereich digitaler Bildbearbeitung explodiert ist, ist auch die Auswahl an Druckern für die Heimanwendung und für kleine Büros exponentiell gestiegen. Jede Firma von Hewlett-Packard über Xerox bis Olympus versucht, sich ein Stück vom Druckerkuchen des digitalen Markts abzuschneiden. Und ähnlich wie beim Einkauf der Digitalkamera wird die Wahl des richtigen Druckers wegen der unüberschaubaren Menge an Optionen schnell zum Horrortrip. Abbildung 8.1 zeigt drei verschiedene, sehr populäre Drucker, die jeweils unterschiedliche Drucktechniken verwenden und auch unterschiedlich viel Platz auf dem Schreibtisch verbrauchen.

Wenn Sie sich vorgenommen haben, einen neuen Drucker zu kaufen, raten ich Ihnen dringlichst, die folgenden Abschnitte zu lesen, bevor Sie in den Laden rennen. Hier werden die Vor- und Nachteile der unterschiedlichen Druckertypen erläutert, und Sie bekommen auch einige Tipps für den Vergleich von Druckern. Ich schätze mal, dass Sie Ihren Drucker in einem großen Computer- oder Elektronikmarkt kaufen wollen, weil es die meisten Menschen so machen. Sollten Sie die gleiche Erfahrung wie ich gemacht haben, dann wissen Sie, dass die Informationen, die Sie in so einem Shop vom Verkaufspersonal bekommen, gelinde gesagt, unzureichend bis völlig abwegig sind.

Druckertypen

Sind sie nicht gerade in Geheimkonferenzen und debattieren über Abkürzungen wie CMOS oder PCMCIA, dann arbeiten die Ingenieure der Computerlaboratorien rund um die Welt fieberhaft daran, die perfekte Technologie für den Ausdruck digitaler Bilder zu entwickeln.

Im kommerziellen Bereich hat sich schon eine Technologie für hervorragende Ausdrucke durchgesetzt (siehe *Wie es die Profis machen* weiter hinten in diesem Kapitel).

Für den Heimanwender gibt es Drucker von unterschiedlichen Anbietern wie Hewlett-Packard, Epson und Casio, die speziell darauf ausgerichtet sind, digitale Bilder auszudrucken. Die Leute aus den Marketingabteilungen beschreiben die Leistungsfähigkeit ihrer Drucker mit so klangvollen Ausdrücken wie *fotorealistisch*, *nahezu fotorealistische Qualität* oder sogar *Fotoqualität*. Man stellt sich natürlich vor, die Bilder würden wirklich wie traditionelle Abzüge aussehen, wenn sie aus dem Drucker herauskommen. Manche Drucker kommen zwar schon sehr nah an eine solche Qualität heran, doch viele werden nur aus Marktinggründen zur Verkaufssteigerung so bezeichnet.

Die einzelnen Hersteller haben zum Teil unterschiedliche Drucktechnologien entwickelt, die alle ihre Vor- und Nachteile haben. Die Wahl der richtigen Druckerart für Sie hängt von Ihrem Budget, Ihren täglichen Anforderungen und Ihren Vorstellungen von der Druckqualität ab. In den folgenden Abschnitten werden die wichtigsten Kategorien für Heim- und Kleinbüroanwendungen beschrieben.

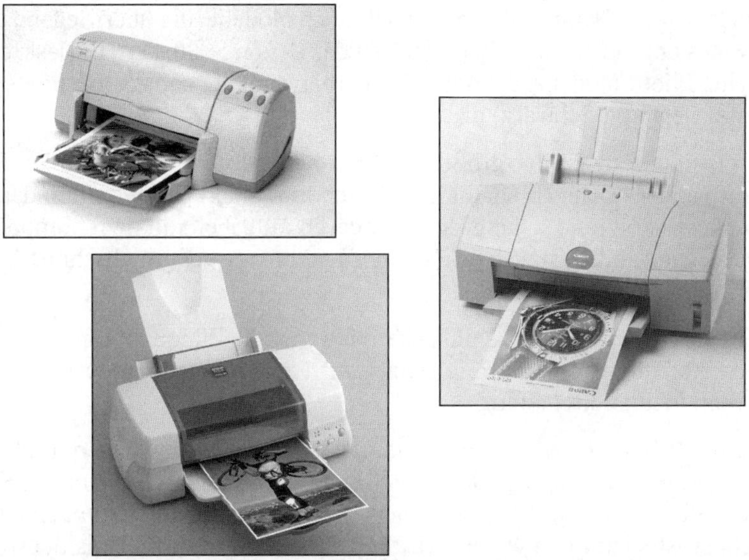

Abbildung 8.1: Farbdrucker gibt es in allem möglichen Formen und Größen. Hier sehen Sie im Uhrzeigersinn bei dem grauen Kasten beginnend: Hewlett-Packard PhotoSmart, Alps MD-1300 und Casio DP-8000.

Noch ein Hinweis, bevor es mit unserem kleinen Drucker-Exposé losgeht: Im nächsten Abschnitt nenne ich oftmals die Kosten pro Ausdruck für unterschiedliche Druckertypen. Verwenden Sie diese Zahlen aber bitte nur als grobe Richtwerte. Die meisten Hersteller geben zwar die Kosten pro Ausdruck an, doch es besteht noch kein Standard, nach dem diese Kosten für Farbbilder gemessen werden. Der eine Hersteller kalkuliert unter Umständen auf der Basis von einer anderen Bildgröße als der andere oder verwendet eine andere Papiersorte. Deshalb ist hier Vorsicht geboten.

Farbtintenstrahl-Drucker

Tintenstrahler funktionieren, indem sie kleine Tintentropfen durch Düsen auf das Papier schießen. Geräte für den Heimanwender kosten zwischen 100 und 500 Euro, mit durchschnittlichen Druckkosten von 4 bis 15 Cent pro A4-Seite mit 15 Prozent Druckfläche. Sie können auf normales oder dickeres, glänzendes Papier drucken, das dem Fotopapier ähnelt. Mit wachsender Papierqualität steigen aber auch die durchschnittlichen Druckkosten. Darüber hinaus verbrauchen Tintenstrahldrucker mehr Tinte, wenn sie auf qualitativ hochwertigeres Papier drucken – also steigen mit den Papierkosten auch die Tintenkosten. (Lesen Sie *Papierkosten einschätzen* in diesem Kapitel für weitere Informationen zu den Papierkosten.)

Es gibt zwei Ausführungen von Farbtintenstrahldruckern: Einmal gibt es Allround-Modelle wie der HP DeskJet 930C und der Epson Stylus C60, mit denen man sowohl Text als auch

Bilder ausdrucken kann. Dann gibt es aber auch noch Modelle, die überwiegend darauf ausgerichtet sind, Fotos auszudrucken. Dazu gehören der Canon S900, der HP DeskJet 990Cxi und die Epson-Stylus-Photo-Modelle, die mit sechs Farben statt der sonst verwendeten vier Farben (Cyan, Magenta, Gelb und Schwarz) drucken.

Die Druckgeschwindigkeit ist der größte Nachteil der meisten Tintenstrahler. Ein Farbbild-Ausdruck kann bei der höchsten Qualitätsstufe schon mal ein paar Minuten dauern. Und bei manchen Druckern kann man so lange keine anderen Aufgaben mit dem Computer erledigen, wie der Druckvorgang andauert. (Siehe *Rechner-basierter Druck* im Abschnitt *Geräte vergleichen* weiter hinten in diesem Kapitel.)

Ein weiterer Nachteil von Tintenstrahldruckern ist, dass die Bildqualität manchmal etwas undeutlich ist, da die Tintentropfen, wenn sie auf das Papier treffen, ein wenig herumspritzen, sodass die Farben ineinander laufen.

Zusätzlich kann sich das Papier durch die nasse Tinte wölben, und die Tinte verschmiert leicht, solange das Papier nicht getrocknet ist. (Erinnern Sie sich noch, wie Sie als Kind mit Wasserfarben in einem Malbuch herumgemalt haben? Der Effekt ist so ähnlich wie bei Tintenstrahldruckern, nur etwas übertriebener.) Sie können diese Probleme minimieren, indem Sie spezialbeschichtetes Tintenstrahlpapier verwenden (siehe *Papierkosten einschätzen* weiter hinten in diesem Kapitel).

Abgesehen von diesen Problemchen bleibt der Tintenstrahldrucker jedoch die gute, wirtschaftliche Lösung für die meisten Anwender. Die neueren Tintenstrahlmodelle haben eine verfeinerte Drucktechnik, die im Vergleich zu älteren Druckern eine sehr hohe Bildqualität und fast gar keine ineinander fließenden Farben und wellige Blätter mehr erzeugen. Bilder, die auf Fotopapier mit speziellen Fotodruckern gedruckt sind, erreichen echte Fotoqualität – tatsächlich können die meisten Menschen aus 20 cm Entfernung keinen Unterschied mehr zwischen einem solchen Ausdruck und einem »echten« Foto erkennen.

Farb-Laserdrucker

Laserdrucker arbeiten mit einer ähnlichen Funktionsweise wie Fotokopiergeräte. Ich bezweifle, dass Sie eine detaillierte Beschreibung des Prinzips erwarten. Ich kann Ihnen nur verraten, dass dabei ein Laserstrahl im Spiel ist, der elektrische Ladungen auf eine Trommel aufbringt, die den Toner – die »Tinte« des Laserdruckers – auf das Papier rollt. Der Toner wird durch Erhitzen auf der Seite fixiert (deswegen kommen die Seiten auch immer warm aus dem Drucker heraus).

Farb-Laserdrucker erzeugen sowohl nahezu fotorealistische Qualität bei Bildern als auch exzellente Textdarstellung. Sie sind schneller als Tintenstrahler, und man benötigt kein Spezialpapier (jedoch werden die Druckergebnisse noch besser, wenn man statt billigem Kopierpapier spezielles Laserpapier verwendet). Die Tonerkosten pro Seite liegen bei einer A4-Seite, die zu 15 Prozent bedruckt ist, zwischen 3 bis 10 Cent pro Ausdruck.

Die Preise für solche Drucker rangieren zwischen 2.500 bis 5.000 Euro. Deshalb wird ein Farb-Laser selten von Heimanwendern gekauft, sondern meist in Büros von mehreren Menschen genutzt.

Thermosublimation

Thermosublimation ist ein Ausdruck, den Sie sich nur merken sollten, um irgendwelche Besserwisser aus Ihrem Bekanntenkreis im Notfall zum Schweigen bringen zu können. Thermosublimations-Drucker bringen Bilder mittels einer Kunststoffolie auf das Papier, die mit Druckfarbe beschichtet ist. Im Druckprozess werden Heizelemente an den Stellen über die Folie gefahren, an denen die Farbe auf das Papier kommen soll.

In meinen Augen – und ich glaube für die meisten Augen – kommen Thermosublimations-Drucker der echten Fotoqualität am nächsten, wobei man auch sagen muss, dass Tintenstrahler, die auf den Ausdruck von Fotos spezialisiert sind, qualitativ direkt auf den folgenden Rängen stehen.

Zur Zeit werden nur recht wenige Thermosublimations-Drucker für den Heimanwendermarkt hergestellt. Die meisten davon können nur Ausdrucke in 10 x 15 cm erzeugen, unter ihnen der Casio DP-8000 und der Olympus P-370 Personal Printer. Diese Modelle von Casio und Olympus zeigen einen neuen Trend auf dem Fotodruckermarkt: direkte Anschlussmöglichkeit an die Digitalkameras des jeweiligen Herstellers. Sie schließen die Kamera einfach an den Drucker an und können auf der Stelle Ausdrucke herstellen. Dadurch umgehen Sie den Zeit raubenden Umweg über den Computer. Doch normalerweise kann man diesen Vorteil nur mit einer Digitalkamera der Firma nutzen, die auch den Drucker hergestellt hat. Natürlich können Sie einen solchen Drucker auch einfach an Ihren Computer anschließen, falls Sie eine Kamera eines anderen Herstellers verwenden.

Die neuesten Thermosublimations-Drucker können direkt von Disketten, SmartMedia- oder CompactFlash-Karten drucken. Man zieht einfach die Diskette oder die Speicherkarte aus der Kamera und steckt sie in den Drucker, der dann die gewünschten Bilder ausgibt. Abbildung 8.2 zeigt den Canon CD-200, der direkt von CompactFlash-Karten druckt. Auf dem Bild sieht man auch die Canon PowerShot A5-Digitalkamera, die wie viele andere Modelle mit CompactFlash-Karten arbeitet. (Lesen Sie in Kapitel 4 Weiteres über Speicherkarten.)

Zwar druckt der Großteil der Thermosub-Drucker für den Heimanwendermarkt nur in 10 x 15 cm, doch ein paar Modelle können auch A4-Seiten ausgeben. Der Fargo PrimeraPro Elite bietet die Wahl zwischen Thermosublimation und Thermotransfer-Technologie (wird im nächsten Abschnitt erklärt).

Zwar kann man Thermosub-Drucker, was die Druckqualität angeht, kaum überbieten, doch haben sie zwei Nachteile, die sie für Heim- oder Büroanwendungen unattraktiv machen: Erstens kann man mit Thermosub-Druckern, anders als mit Laser- oder Tintenstrahl-Modellen, ausschließlich Fotos ausdrucken, sie sind nicht für den Druck von Text geeignet.

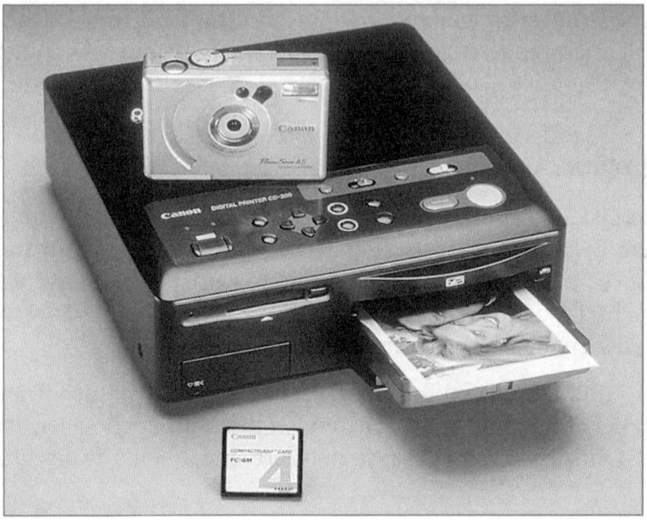

Abbildung 8.2: Der Canon CD-200-Thermosublimations-Drucker ist eins von vielen Modellen, die direkt von einer Compact-Flash-Speicherkarte drucken können.

Zweitens sind die Druckkosten pro Seite höher als bei allen anderen Druckertypen. Sie können nicht auf ganz normales Papier drucken, sondern müssen spezielles beschichtetes Papier verwenden, das ausschließlich für den Gebrauch mit Thermosub-Druckern hergestellt wird. Einschließlich der Thermosub-Folie und dem Papier kostet ein 10 x 15 cm großer Ausdruck zwischen 0,50 und 1,00 Euro.

Thermotransfer

Thermotransfer-Drucker arbeiten mit einem auf Hitze basierenden System, ähnlich dem der Thermosub-Drucker. Doch statt Farbe auf das Papier zu bringen, wird farbiges Wachs verwendet. Manche Thermotransfer-Drucker können auf ganz normales Kopierpapier drucken, andere ausschließlich auf speziell beschichtetes Papier.

Thermotransfer-Drucker sind hervorragend dazu geeignet, Zeichnungen, Grafiken und Text zu drucken, und die Druckkosten sind mit 50 Cent pro A4-Seite auch recht gering. Leider liefert dieser Druckertyp bei Fotos keine so guten Ergebnisse.

Wenn Sie die Druckqualität von Thermosub-Druckern haben wollen, aber vor den hohen Druckkosten zurückschrecken, dann sollten Sie eine Kombination aus Thermotransfer- und Thermosub-Drucker in Betracht ziehen. Solche Geräte können Ausdrucke in grober Qualität zur Vorschau im günstigen Thermotransfer-Verfahren ausgeben und lassen sich für die Ausgabe in endgültiger Qualität in den Thermosub-Modus umschalten. Der Fargo PrimeraPro Elite bietet beispielsweise diese Option.

Thermo-Autochrome

Eine Handvoll Drucker, die in Schnappschussgröße ausgeben, verwenden die Thermo-Autochrome-Technologie. Solche Drucker benötigen keine Druckpatronen, Wachsstäbchen oder Farbfolienrollen. Stattdessen wird das Bild mit lichtempfindlichem Papier erzeugt – ähnlich wie bei Faxgeräten, die auf hitzeempfindliches Papier drucken.

Zwei Drucker aus dieser Kategorie sind der Fuji Print-It und der Panasonic TruPhoto. Der Vorteil liegt bei diesen Druckern darin, dass man niemals Farbpatronen oder Farbbänder kaufen muss und sich auch nicht mit der Installation der Patronen oder Farbbänder auseinandersetzen muss. Das spezielle Fotopapier fühlt sich genauso an wie echtes Fotopapier und sieht auch genauso aus. Die Kosten pro Ausdruck liegen in etwa bei 50 Cent.

Der Nachteil liegt hier genau wie bei Thermosub-Druckern darin, dass die Geräte ausschließlich auf spezielles Fotopapier drucken können. Dazu kommt, dass die beiden oben genannten Modelle nur Schnappschussgrößen von maximal 10 x 15 cm ausdrucken können. Die Druckqualität ist gut, jedoch reicht sie nicht an die Qualiät von Thermosub-Druckern heran. Und man muss sich ziemlich ausgiebig mit der Druckersoftware auseinander setzen, bis die Farben des Ausdrucks mit denen der originalen Bilddatei übereinstimmen.

Welchen Druckertyp soll man kaufen?

Die Antwort auf diese Frage hängt von Ihren Druckanforderungen und dem Budget ab, das Sie für einen Drucker vorgesehen haben. Hier ist mein Ratschlag, welche Drucktechnologie aus dem letzten Abschnitt sich für welche Situation eignet:

- ✔ Wenn Sie so nahe wie möglich an die Qualität von traditionellen Fotoabzügen kommen wollen und Ihnen die etwas höheren Druckkosten keine Magenschmerzen bereiten, setzten Sie auf ein Thermosublimations-Modell. Denken Sie bloß daran, dass Sie nicht auf normales Papier drucken können und einen Thermosub-Drucker auch nicht für Briefe oder andere Textdokumente gebrauchen können (nun ja, Sie können schon, falls Sie einen Goldesel im Garten stehen und genügend Geduld haben zuzuschauen, wie die Seite im Zeitlupentempo aus dem Drucker kriecht).
- ✔ Falls Sie qualitativ hochwertige Ausgaben von Farbgrafiken und Digitalfotos machen wollen, kommt eine Thermosublimation/Thermotransfer-Kombination in Frage. Im günstigeren Thermotransfermodus können Sie Grafiken und Probedrucke von Fotos machen und dann in den Thermosublimation-Modus umschalten, wenn Sie endgültige Ausdrucke von Fotos machen wollen. Auch hier müssen Sie daran denken, dass Sie nicht auf normales Papier drucken können.
- ✔ Suchen Sie einen Drucker für intensive Büroanwendungen, dann halten Sie sich an Farblaser-Drucker.
- ✔ Für Heimanwendungen oder kleine Büros eignen sich für Text und Fotos Micro-Dry- oder Inkjet-Modelle. Man kann damit schöne Ausdrucke von Farb- und Graustufenbildern ma-

chen, muss dazu jedoch spezielles Papier verwenden und die höchste Qualitätsstufe des Druckers einstellen. Bei beiden Druckern kann man auch auf glänzendes Fotopapier drucken. Wenn Sie weitaus mehr Fotos als Texte ausdrucken wollen und die Druckgeschwindigkeit keine besonders große Rolle spielt, sollten Sie nach einem Fotodrucker schauen, wie dem Canon S900, dem Epson Stylus Photo 1290 oder dem Hewlett-Packard DeskJet 990Cxi.

Denken Sie daran, dass keiner der hier beschriebenen Farbdrucker vordergründig darauf ausgerichtet ist, Text auszudrucken, weshalb die Druckqualität bei Text nicht so scharf ist wie mit Schwarzweiß-Laser oder Tintenstrahldruckern.

An diesem Punkt muss ich Ihnen eine ernsthafte Warnung ans Herz legen. Einige der Tintenstrahler, die ich ausprobiert habe, waren so langsam und haben die Seiten so stark gewellt, dass ich sie niemals für den täglichen Gebrauch empfehlen würde. Andere machen ihre Arbeit recht ordentlich und liefern scharfe, saubere Bilder in einem vernünftigen Zeitraum und machen auch sonst nicht die Probleme, die mit dieser Drucktechnologie verbunden sind. Der Punkt ist einfach, dass die Qualität von Tintenstrahldruckern zum Teil erheblich schwankt und deswegen bei der Wahl Vorsicht geboten ist.

- Drucker für Multianwendungen, die Farbdrucker, Faxgerät, Scanner und Kopierer in einem sind, erzeugen nicht gerade die Druckergebnisse, die einen Fotoenthusiasten befriedigen können. Meist geht das All-in-one-Design auf Kosten der Druckgeschwindigkeit und/oder der Druckqualität.

Geräte vergleichen

Nachdem Sie nun wissen, welcher Druckertyp Ihre Ansprüche am besten befriedigt, müssen Sie sich jetzt mit dem leidigen Thema Geräte- und Markenvergleich herumschlagen. Die Druckqualität und auch andere Extras unterscheiden sich nämlich von Drucker zu Drucker erheblich.

Leider können die Informationen, die Sie auf den Verpackungen und Broschüren lesen, häufig zu Irritationen führen. Deshalb gebe ich Ihnen hier eine Übersetzung für die wichtigsten Druckerdaten, die man beim Kauf beachten sollte:

- **Dpi:** dpi steht für *Dots per Inch* (engl. für: Punkte pro Zoll) und bezieht sich auf die Anzahl der Punkte, die der Drucker auf einer Strecke von einem Inch (2,54 cm) maximal drucken kann. Man findet für den Heimanwenderbereich Drucker mit Auflösungen zwischen 300 dpi und 2400 dpi.

  Ein höherer Dpi-Wert bedeutet kleinere Druck-Punkte, und je kleiner der Punkt, umso weniger wird dem menschlichen Auge auffallen, dass sich der Ausdruck eben nur aus kleinen Punkten zusammensetzt. Also sollte ein höherer Dpi-Wert auch theoretisch mit einer besseren Druckqualität einhergehen. Da aber die unterschiedlichen Druckertypen Bilder mit unterschiedlichen Druckmethoden erzeugen, kann es passieren, dass ein Ausdruck eines Druckers mit 300 dpi wesentlich besser aussieht, als der eines anderen mit der gleichen oder sogar einer höheren Auflösung. Ein 300-dpi-Thermosublimations-Drucker kann beispielsweise bessere Bilder ausgeben als ein 600-dpi-Tintenstrahler. Obwohl die Hersteller einen ziemlichen Wirbel um die Auflösung ihrer Drucker machen, kann man die Druckqualität nicht einfach durch einen Vergleich der Dpi-Werte abschätzen. Wenn Sie mehr über Auflösung und Dpi-Werte wissen wollen, machen Sie einen Ausflug in Kapitel 2.

- ✔ **Druckqualitätsstufen:** Bei vielen Druckern hat man die Option, Bilder in verschiedenen Qualitätsstufen auszugeben. Sie können Voransichten Ihrer Bilder in der niedrigsten Qualität ausdrucken, bevor Sie die endgültige Version in der höchsten Qualiätsstufe ausgeben. Normalerweise erhöht sich mit der Qualitätsstufe auch die Druckzeit und bei Tintenstrahlern auch der Tintenverbrauch.

  Fragen Sie nach Beispielbildern, die in den unterschiedlichen Qualitätsstufen des jeweiligen Druckers gemacht worden sind, damit Sie einschätzen können, ob die Ausgabequaliät für Ihre Ansprüche genügt. Ist die grobe Druckqualität zum Beispiel so schlecht, dass man selbst für Probeexemplare schon die höchste Stufe verwenden müsste? Falls das so sein sollte, und Sie drucken sehr häufig Probeexemplare, sollten Sie sich vielleicht nach einem anderen Drucker umsehen.

  Genauso sollten Sie, falls Sie häufig Graustufenbilder drucken, herausfinden, ob der Drucker Graustufenbildern in der niedrigsten Qualitätsstufe ausgeben kann. Einige Drucker haben hier unterschiedliche Optionen für Farb- und Graustufenbilder.

- ✔ **Tintenstahl-Druckfarben:** Die meisten Tintenstrahldrucker verwenden vier Farben: Cyan, Magenta, Yellow und Black. Diese Farbkombination mit dem Namen CMYK (lesen Sie auch die Textbox *CMYK – eine eigene Welt* weiter hinten im Kapitel) ist der professionelle Druckstandard. Spezielle Fotodrucker verwenden meist Hell-Cyn und Hell-Magenta als zusätzliche Druckfarben, mit denen sich feinere Farbstufungen vor allem bei Hauttönen erzielen lassen.

- ✔ **Druckgeschwindigkeit:** Wenn Sie Ihren Drucker geschäftlich verwenden und eine Menge Bilder ausdrucken wollen, dann achten Sie darauf, dass Sie ein Modell erwischen, das Bilder in einer angemessenen Geschwindigkeit ausgeben kann. Finden Sie heraus, wie lange der Drucker für Ausdrucke in der höchsten Qualitätsstufe braucht. Die meisten Hersteller geben nämlich die Druckgeschwindigkeit für Bilder in der niedrigsten Qualitätsstufe an. Lesen Sie Sätze, die mit »Druckgeschwindigkeiten von bis zu … « anfangen, dann können Sie davon ausgehen, dass die Geschwindigkeit in der niedrigsten Qualitätsstufe gemeint ist.

- ✔ **Laufende Kosten (Tinten und Papier):** Wenn Sie in die digitale Bildwelt investieren, und damit in Firmen, die in den nächsten Jahren so richtig absahnen werden, dann müssen Sie noch über den Digitalkamera- oder Druckerbereich hinausschauen. Das echte Geld liegt nämlich in der Tinte und dem Papier, das von allen Farbdruckern in Büros und im

Privatbereich auf der ganzen Welt verbraucht wird. Eigentlich ist der Kauf einer Digitalkamera oder eines Druckers nur eine einmalige Angelegenheit. Der Hersteller bekommt alle paar Jahre Geld für ein neues Gerät und das war es dann. Doch die Tinten- und Papiervorräte müssen regelmäßig erneuert werden, und je mehr Bilder Sie drucken, um so öfter werden Sie Ihr Geld los.

Das geht sogar so weit, dass man in Marktanalysen darüber diskutiert, ob einige Hersteller ihre Geräte unterhalb des Selbstkostenpreises verkaufen, weil sie auf den Gewinn mit Farbpatronen und Papier setzen. Ob das nun wahr ist oder nicht, kann ich nicht sagen. Wenn Sie eine professionelle Wall-Street-Analyse wollen, fragen Sie Ihren Broker, nicht mich. Ich kann Ihnen nur sagen, dass Sie es sich nicht leisten sollten, die Frage der laufenden Kosten beim digitalen Druck zu ignorieren.

Mit Ausnahme der Thermosublimations-Drucker, die ausschließlich auf speziell beschichtetem Papier ausgeben, drucken die meisten Geräte auf unterschiedlichen Papiersorten von normalem Kopierpapier bis Hochglanzfotopapier. Man kann davon ausgehen, dass die Druckergebnisse mit steigender Papierqualität besser werden. Fragen Sie nach Beispieldrucken auf unterschiedlichen Papieren, um abschätzen zu können, wie teuer die Papiersorte ist, die Ihrer Meinung nach brauchbare Ergebnisse liefert.

Papierkosten lassen sich recht einfach einschätzen – lesen Sie dazu den Abschnitt *Papierkosten einschätzen* weiter hinten in diesem Kapitel. Bei den Tintenkosten ist das etwas völlig anderes. Die Hersteller geben die Tintenkosten meist für eine zu einem bestimmten Prozentsatz bedruckte Seite an wie: 3 Cent für eine zu 15 Prozent bedruckte A4-Seite. Ein Bild, das 15 Prozent einer A4-Seite bedeckt, kostet demnach 3 Cent pro Ausdruck.

Bei manchen Druckern steigen die Tintenkosten, wenn man die Druckqualität erhöht. Zum Beispiel verbrauchen einige Drucker mehr Tinte im Foto-Modus als im Probeausgabe-Modus. Andere Drucker wiederum verbrauchen immer die gleiche Menge Tinte unabhängig von der Druckqualität. Wenn Sie hauptsächlich im groben Modus mit letzterem Drucker ausgeben, sind Ihre Druckkosten höher als mit ersterem, doch wenn Sie meist in hoher Qualität ausdrucken, sind die Druckkosten niedriger. Seltsam, aber so steht es geschrieben.

Bei Tintenstrahdruckern kann man die Druckkosten etwas senken, indem man ein Gerät aussucht, das für jede Druckfarbe eine separate Patrone hat oder bei dem wenigstens die Farbpatronen von der Schwarzpatrone getrennt sind. Modelle, die nur eine Patrone für alle Farben haben, haben den Nachteil, dass man Tinte wegwirft, da immer eine Farbe zuende geht, bevor die anderen verbraucht sind. Das trifft vor allem zu, wenn Sie viel Text oder Graustufenbilder drucken, was die Schwarzpatrone natürlich besonders beansprucht.

Manche Drucker benötigen spezielle Patronen, um in Fotoqualität ausgeben zu können. In einigen Fällen überziehen diese Patronen die Seite mit einer durchsichtigen Beschichtung. Diese Beschichtung gibt dem Bild Glanz, auch wenn es auf normales Papier gedruckt wird, und schützt die Tinte vor Verblassen und Verschmieren. In anderen Fällen ermöglicht die spezielle Patrone es, mit noch mehr Farben drucken zu können – druckt der Drucker zum Beispiel mit vier Farben, kann man eine spezielle Fotopatrone einlegen, mit der man mit zwei zusätzlichen Farben drucken kann. Diese speziellen Fototinte- oder Beschichtungspatronen sind normalerweise teurer als herkömmliche Patronen. Wenn Sie Ausdrucke von verschiedenen Druckern vergleichen, müssen Sie deshalb darauf achten, ob die Bilder mit den Standardpatronen oder mit den teureren Fotopatronen gedruckt worden sind.

✔ **Rechner-basierte Drucker:** Bei einem Rechner-basierten Drucker wird die gesamte Berechnung, mit der Pixel in Ausdrucke umgewandelt werden, von Ihrem Computer erledigt, nicht vom Drucker. In manchen Fällen kann dieser Prozess Ihren Computer voll und ganz in Beschlag nehmen, und Sie können nur dasitzen und warten, bis das Bild fertig ausgedruckt ist. In anderen Fällen können Sie noch an anderen Sachen arbeiten, während das Bild ausgedruckt wird, nur dass der Computer dann langsamer arbeitet, weil der Drucker so viel Rechenleistung benötigt.

Wenn Sie relativ selten Bilder ausdrucken – ein paarmal pro Woche oder so – dann ist es nicht so schlimm, mal ein paar Minuten nichts am Computer machen zu können. Rechner-basierte Drucker sind im Allgemeinen auch ein gutes Stück billiger als solche, die die Bildberechnung selbst erledigen. Sollten Sie jedoch täglich mehrere Bilder ausdrucken, dann werden Sie früher oder später die Nase von einem Drucker, der Ihr System lahm legt, voll haben. Auf der anderen Seite müssen Sie bei einem Drucker, der die Berechnung allein erledigt, darauf achten, dass er von Werk aus ordentlich mit RAM ausgestattet ist. Wenn Sie beispielsweise ein großes Bild in der höchsten Druckqualität und Auflösung ausgeben wollen, müssen Sie unter Umständen noch RAM nachrüsten.

✔ **PostScript-Druck:** Wenn es für Sie wichtig ist, Illustrationen ausdrucken zu können, die mit einem Zeichenprogramm wie Adobe Illustrator angelegt und im EPS-Format gespeichert sind, dann brauchen Sie einen Drucker, der PostScript-Funktionen unterstützt. Man kann auch mit manchen Bildbearbeitungsprogrammen im EPS-Format speichern. Einige Drucker sind schon in der Grundausstattung PostScript-kompatibel, andere können mit Software-Upgrades kompatibel gemacht werden.

Die vorangegangene Liste wird zwar ein wenig Licht ins Dunkel der Druckerwahl bringen, doch sollten Sie unbedingt in eine Bücherei gehen und sich in Computer- und Fotomagazinen Vergleiche und Berichte von Druckern durchlesen, die Sie in die engere Wahl genommen haben. Außerdem können Sie auch Kritiken einzelner Anwender unterschiedlicher Modelle zu Rate ziehen, indem Sie sich im Internet in eine der Newsgroups für digitale Fotografie oder digitalen Druck einloggen (`rec.photo.digital` und `comp.periphs.printers` sind zwei Beispiele). In Kapitel 15 finden Sie eine Liste mit weiteren Informationsquellen, die für Sie interessant sein könnten.

CMYK - eine eigene Welt

Bilder auf dem Bildschirm sind RGB-Bilder. RGB-Bilder bestehen aus rotem, grünem und blauem Licht. Professionelle Druckmaschinen und die meisten, aber nicht alle Drucker für den Normalverbraucher erzeugen Bilder, indem sie vier Farben mischen: Cyan, Magenta, Yellow und Black. Bilder, die mit diesen vier Farben erzeugt werden, heißen CMYK-Bilder. (Das K wird statt einem B für Black benutzt, weil sonst die Gefahr bestünde, dass jemand denkt, mit B wäre Blue gemeint und nicht Black.)

Sie mögen sich vielleicht darüber wundern, warum man vier Primärfarben dazu benötigt, die Farben auf einem gedruckten Bild zu erzeugen, aber nur drei für ein RGB-Bild auf einem Bildschirm. (Nun ja, vielleicht wundern Sie sich ja auch gar nicht darüber, aber ich erläutere es trotzdem. Man weiß ja nie, ob eine solche Frage nicht irgendwann mal in einer Quizshow gestellt wird.) Die Antwort ist, dass Tintenfarben, anders als Licht, nicht rein sind. Man braucht Schwarz, damit die schwarzen Bildbereiche auch wirklich schwarz werden und nicht irgendwie matschgrau, und um leichte Farbabweichungen auszugleichen, die durch Produktionsschwankungen einzelner Hersteller entstehen können.

Was bedeutet das ganze CMYK-Zeug jetzt aber für Sie? Erstens sollten Sie bei der Wahl eines Tintenstrahldruckers darauf achten, dass manche Modelle nur mit drei Farben drucken und Schwarz weglassen. Die Farbtreue ist bei Modellen, die Schwarz vernachlässigen, normalerweise schlecht.

Zweitens müssen Sie ein Bild, das Sie an eine Druckerei für den Vierfarbdruck schicken, erst in den CMYK-Farbmodus umwandeln und *Farbauszüge* (Farbseparationen) erzeugen. Wenn Sie *Das Geheimnis lebendiger Farben* in Kapitel 2 gelesen haben, erinnern Sie sich vielleicht, dass CMYK-Bilder aus vier Farbkanälen zusammengesetzt sind – jeweils einen für die Cyan-, Magenta-, Yellow- und Black-Bildinformationen. Farbauszüge sind nichts anderes als Graustufenausdrucke jedes einzelnen Farbkanals. Im Druckprozess kombiniert der Drucker die Auszüge wieder zu einem Farbbild. Wenn Sie sich die Umwandlung in CMYK und das Erstellen von Farbauszügen nicht zutrauen oder Ihr Bildbearbeitungsprogramm diese Features nicht bietet, können Sie die Arbeit auch an ein Druckbüro weitergeben.

Sie sollten jedoch nie Bilder in den CMYK-Modus umwandeln, die Sie auf Ihrem eigenen Drucker ausgeben wollen, da Geräte, die nicht zur Profiklasse gehören, darauf ausgerichtet sind, mit RGB-Bilddaten zu arbeiten. Und unabhängig davon, ob Sie selbst drucken oder Bilder kommerziell ausgeben lassen, müssen Sie beachten, dass CMYK einen kleineren Farbumfang hat als RGB. Das heißt einfach, dass man mit RGB Farben erzeugen kann, die mit CMYK nicht herzustellen sind. CMYK-Bilder können zum Beispiel nicht die leuchtenden Neonfarben erzeugen, die Sie auf dem Computermonitor sehen. Deshalb sehen die meisten Bilder nach der Konvertierung in CMYK auch etwas lebloser, aus und es ist auch der Grund, warum die Druckergebnisse nicht mit der Bildschirmdarstellung übereinstimmen.

Mehr Informationen über RGB und CMYK finden Sie in Kapitel 2.

Wie bei jeder anderen größeren Anschaffung sollten Sie auch beim Druckerkauf die Garantiebestimmungen des Geräts prüfen. Seit dem 1.1.2002 beträgt die gesetzliche Gewährleistungsfrist zwei Jahre, doch manche Hersteller haben auch noch längere Garantiezeiten. Ich persönlich nehme mir sehr oft das Recht heraus, Geräte zurückgehen zu lassen, vor allem wenn es sich um teures Equipment handelt wie Drucker. Ich verstehe ja, dass der Laden etwas zickig wird, weil der Drucker nicht mehr als Neugerät verkauft werden kann, sobald erst mal die Druckpatronen geöffnet und die ersten Ausdrucke gemacht sind (wenigstens müssten die Druckpatronen erneuert werden). Doch können Sie so viele Artikel lesen und Fragen stellen, wie Sie wollen, Sie können einfach nicht sicher sein, dass der Drucker Ihren Anforderungen entspricht, bis Sie ihn mit nach Hause genommen und mit Ihrem Computer und Ihren Bildern ausprobiert haben.

Manche Läden haben Geräte zum Testen angeschlossen, damit man seine eigenen Bilder mitbringen und im Laden ausdrucken kann. Es gibt auch Drucker, die Beispieldrucke ausgeben können, die der Hersteller mitgeliefert hat. Doch diese Bilder sind sehr sorgfältig darauf angelegt worden, dass der Drucker nur seine beste Seite zeigt und Problembereiche verdeckt bleiben. Suchen Sie sich also einen Laden, in dem Sie Ihre eigenen Testbilder ausdrucken können, oder versichern Sie sich, dass Sie den Drucker notfalls zurückgeben können.

Papierkosten einschätzen

Mit dem Papier ist es wie mit den meisten Dingen im Leben: Man bekommt das, wofür man bezahlt. Je mehr Sie für Ihr Papier auszugeben bereit sind, umso näher kommen Ihre Ausdrucke qualitativ an einen traditionellen Fotoabzug heran. Tatsächlich können Sie die Bildqualität durch einen einfachen Wechsel der Papierqualität immens steigern. Das sieht man recht schön in Farbtafel 8.1 am Beispiel der bekannten Love Sculpture des Künstlers Robert Indiana, die im Museum of Modern Art in Indianapolis steht. Ich habe das gleiche Bild auf handelsübliches Kopierpapier, Fotoqualität-Tintenstrahlpapier und auf Fotoqualität-Glanzpapier gedruckt. Alle drei Bilder wurden auf dem gleichen Tintenstrahldrucker, mit der gleichen Auflösung gedruckt. Zwar ist die Farbwiedergabe auf allen drei Papieren fast gleich gut, doch ist das Bild auf den hochwertigeren Papieren wesentlich schärfer abgebildet.

Wie die Papierqualität sich auf die Druckqualität auswirkt, kann man sehr schön anhand der Bilder auf den Farbseiten in diesem Buch im Vergleich mit den Schwarzweißabbildungen erkennen. Die Farbbilder sind auf Hochglanzpapier gedruckt, die Schwarzweißbilder auf wesentlich billigerem Papier. Schauen Sie sich zum Beispiel mal die Seerosen in Farbtafel 2.2 an, und vergleichen Sie sie mit den Schwarzweißgegenstücken in den Abbildungen 2.3, 2.4 und 2.5. Die Fotos auf Glanzpapier sind viel schärfer als die auf den SW-Seiten.

Selbstverständlich können Sie die Papierqualität nur bei Tintenstrahl-, Laser-, Micro-Dry- oder Thermotransfer-Druckern wählen. Thermo-Autochrome- und Thermosublimations-Drucker benötigen ja ohnehin spezielles Papier, das ausschließlich auf diesen Druckertyp zugeschnitten ist.

Tabelle 8.1 zeigt einige Beispielpreise unterschiedlicher Papierqualitäten, wobei die günstigste Variante zuerst genannt wird. Wenn Ihr Drucker verschiedene Sorten akzeptiert, sollten Sie Probeausdrucke Ihrer Bilder auf billigerem Papier machen und die Sorte am Ende der Liste für den endgültigen Ausdruck aufsparen. Die Preise, die in dieser Liste aufgeführt werden, sind Durchschnittspreise, die man bei Mailorder- oder Computerdiscounts erwarten kann. Als Papiergröße wird hier DIN-A4 vorausgesetzt (21 x 29,7 cm). Für manche Drucker kann man auch kleinere Fotopapier-Formate kaufen.

Sie sind bei der ganzen Druckerei aber nicht nur auf Papier als Medium beschränkt. Sie können spezielle Sets kaufen, mit denen Sie Ihre Bilder auf Kalender, Aufkleber, Grußkarten, Overheadfolien und allem Möglichen anderen Zeugs drucken können. Für manche Drucker gibt es sogar ein Extra-Kit, mit dem man Fotos auf Kaffeetassen und T-Shirts drucken kann.

Art	Beschreibung	Kosten pro Seite
Allzweck	Leichtes, billiges Papier, das für den alltäglichen Gebrauch in Druckern, Kopierern und Faxgeräten verwendet wird. Die gleiche Sorte, die man schon immer für Kopierer und Schreibmaschinen benutzt hat.	2 bis 5 Cent
Tintenstrahl	Speziell für die Aufnahme von Tintenstrahl-Farben entwickelt. Die teureren Sorten sind speziell beschichtet, damit die Tinte schneller trocknet und nicht verschmieren oder zu welligem Papier führen kann.	rund 10 Cent
Laser	Dieses Papier ist speziell für die Aufnahme der Toner geeignet, die in Laserdruckern verwendet werden. Die besseren Laserpapiere sind schwerer, heller, glatter und teurer. Die glatte Oberfläche erhöht die Bildschärfe. Das hellere Weiß gibt den Farben stärkeren Kontrast.	5 bis 10 Cent
Fotorealistisch	Dickes glänzendes Material, das dem traditionellen Fotopapier am nächsten kommt. Man nennt diese Sorte auch einfach Fotopapier oder glänzendes Fotopapier.	0,60 bis 1,20 Euro

Tabelle 8.1: Papiersorten und Kosten

Wenn die Profis Ihre Bilder drucken

Wie Sie ohne Zweifel festgestellt haben werden, wenn Sie die vorangegangenen Absätze gelesen haben, ist die Ausgabe von Ihren digitalen Bildern in Fotoqualität keine ganz so günstige Angelegenheit. Nimmt man die Kosten für spezielles Fotopapier zusammen mit speziellen Farb- oder Beschichtungspatronen in die Rechnung auf, dann kann ein Ausdruck schnell mal 1 Euro oder mehr kosten. Wenn Sie wirklich hochwertige Ausdrucke benötigen, ist es vielleicht einfacher – und sogar wirtschaftlicher – Profis an die Sache zu lassen. Hier sind ein paar Vorschläge, die Sie bedenken sollten:

- ✔ Viele Fotolabore in Ihrer Nähe bieten mittlerweile Digitaldruck-Service, und es gibt sogar Firmen, die Digitaldrucke via Internet anbieten. Fuji/Eurocolor (www.fujicolor-order-net) und Kodak (www.kodak.de) bieten beispielsweise diese Möglichkeit. Sie schicken Ihre Bilder über das Internet an die entsprechende Firma und bekommen den Ausdruck per Post zugesandt. Ein Abzug im Format 10 x 15 cm kostet um 30 bis 40 Cent. Bei einigen Dienstleistern können Sie Ihre Bilder für alle (oder nur für diejenigen, denen Sie den Zugangscode verraten) zugänglich im Web präsentieren. Wer Abzüge Ihrer Bilder braucht, kann sie selbst online ordern – Sie müssen sich also nicht mehr länger mit den Nachbestellwünschen Ihrer Freunde und Verwandten herumschlagen.
- ✔ Wenn Sie Ihre Geschäfte lieber nicht online machen wollen, finden Sie bestimmt einen Händler in Ihrer Nähe, bei dem Sie über eine Orderstation Abzüge in Auftrag geben können. Orderstationen haben Steckplätze für die verbreiteten Speicherformate sowie für CD- und Diskettenlaufwerke, und Sie können meist Bild für Bild festlegen, wie viele Abzüge in welchem Format Sie bestellen wollen. Die fertigen Abzüge können Sie dann ein paar Tage später beim Händler abholen oder sich nach Hause schicken lassen. Die Kosten liegen in derselben Höhe wie die für Online-Bildbestellungen.

Schicken Sie die Bilder in den Druck

Genug von all den unterschiedlichen Druckoptionen! Jetzt wird es langsam Zeit, die Arbeit anzupacken und endlich ein Bild auf Papier zu bekommen. Beim Druckprozess müssen Sie ein paar sorgfältige Überlegungen anstellen, die in den folgenden Arbeitsschritten beschrieben werden:

1. **Öffnen Sie Ihr Bild.**

   Wie schön wäre es, wenn man den Computer jetzt nur antippen müsste, und das Bild würde von selbst zum Drucker wandeln. So weit sind wir mit der Computerentwicklung leider noch nicht, deshalb müssen Sie zuerst Ihr Bildbearbeitungsprogramm starten und damit das Bild öffnen.

2. **Stellen Sie die Bildgröße und Auflösung ein.**

   Dieser etwas aufwendigere Prozess wird im nächsten Abschnitt erläutert.

3. **Wählen Sie den Befehl Drucken.**

   In fast jedem Programm auf diesem Planeten findet man den Befehl Drucken im Menü Datei (heißt hin und wieder auch mal Ablage). Wählt man diesen Befehl, dann öffnet sich eine Dialogbox, mit der man die Druckeinstellungen machen kann. Darunter wären: Die Druckauflösung, die Druckqualität, die Anzahl der Kopien, die gedruckt werden sollen. Darüber hinaus können Sie noch festlegen, ob Sie Ihr Papier im Hochformat oder im Querformat bedrucken wollen.

Es ist nicht nötig, sich umständlich durch das Datei-Menü zu wurschteln und auf Drucken zu klicken. Man kann den Druckbefehl auch einfacher erteilen, indem man auf einem Windows-PC die Tastenkombination [Strg]+[P] und auf einem Mac [⌘]+[P] drückt. (Manche Programme umgehen jedoch die Druck-Dialogbox, wenn man den Tastaturbefehl benutzt, und senden das Bild direkt an den Drucker. Wenn Sie die Druckeinstellungen also, wie in den nächsten Schritten beschrieben, verändern wollen, müssen Sie den Befehl doch über Datei/Drucken wählen.)

4. **Legen Sie die Druck-Optionen fest, die Sie verwenden wollen.**

   Die Optionen, die Sie wählen können, und die Art, wie man auf sie zugreift, unterscheiden sich abhängig vom Druckertyp und davon, ob ein Mac oder ein Windows-PC verwendet wird, zum Teil sehr stark. In einigen Fällen können Sie Ihre gesamten Einstellungen in der Druck-Dialogbox machen, in anderen Fällen müssen Sie die Dialogbox Seite einrichten öffnen. Dazu wählen Sie den gleichnamigen Befehl, der fast immer im Menü Datei, nicht allzu weit vom Befehl Drucken entfernt, zu finden ist. (Manchmal können Sie die Dialogbox Seite einrichten auch aus der Dialogbox Drucken mittels eines Buttons öffnen.)

   Ich würde liebend gerne alle Millionen Variationen der Dialogboxen Drucken und Seite einrichten einzeln erklären und in Abbildungen darstellen, nur habe ich nicht die Zeit noch das Geld für den Psychotherapeuten, der mich für diese Aufgabe auf Trab halten müsste. Lesen Sie also bitte in der Bedienungsanleitung des Druckers nach, welche Einstellungen man für welchen Zweck macht, und bitte befolgen Sie die Instruktionen. Sonst wird Ihr Drucker nicht die besten Ergebnisse liefern, die möglich sind.

   Außerdem müssen Sie, falls Sie mehr als einen Drucker haben (wohl zu viel Geld, was?), das gewünschte Gerät wählen, bevor Sie alle Druckeinstellungen machen.

5. **Schicken Sie Ihr Lieblingsbild an den Drucker.**

   Suchen Sie in der Druck-Dialogbox nach einem Button namens OK oder Drucken, und klicken Sie auf diesen Button, damit das Bild in Richtung Drucker gescheucht wird.

Da Sie ja jetzt einen groben Überblick, einen eigenen Drucker und die entsprechende Bedienungsanleitung zur Hand haben, ist es Zeit, mit den Tipps ein wenig mehr ans Eingemachte zu gehen. Der folgende Abschnitt erläutert alles, was nötig ist, um Bilder auszudrucken.

Wie man Größe und Auflösung einstellt

Kenner von Kapitel 2 wissen bereits, dass man auf die Druckgröße und Auflösung Acht geben muss, da diese beiden Werte die wichtigsten Faktoren für die Druckqualität sind. Sollten Sie Kapitel 2 noch nicht gelesen haben, schlage ich vor, Sie nehmen sich wenigstens die Abschnitte über die Auflösung vor, bevor Sie hier weitermachen. Dann werden ihnen die Perlen der Weisheit, die in den nächsten Abschnitten auf Sie warten, verständlicher erscheinen. Sollten Ihre Finger einfach zu müde sein, um noch mal zurückzublättern, habe ich hier für Sie eine kurze Zusammenfassung der wichtigsten Konzepte:

✔ Die Bildauflösung wird in *ppi* – Pixel pro Inch – gemessen. Die meisten Drucker für Heimanwender drucken Bilder optimal in 300 ppi Auflösung. Doch sollten Sie die Bedienungsanleitung des Druckers konsultieren, nur um sicherzugehen. Soll das Bild professionell gedruckt werden, müssen Sie sich mit mit dem Drucker unterhalten (nein, nicht mit dem auf Ihrem Schreibtisch, sondern mit dem Menschen aus der Druckerei), welche Auflösung angemessen ist.

✔ Die Druckerauflösung wird in *dpi* - Dots per Inch – gemessen. Die Punkte (Dots) eines Druckers und die Pixel in einem digitalen Bild sind nicht das Gleiche. Kommen Sie also nicht auf die Idee, die Auflösung Ihrer Bilder auf die Auflösung Ihres Druckers zu stellen. Bei manchen Druckern sollte man zwar ein Eins-zu-eins-Verhältnis zwischen Pixeln und Druckerpunkten einstellen, doch bei den meisten Druckern werden mehrere Farbpunkte verwendet, um ein Pixel darzustellen. Schlagen Sie in der Anleitung des Druckers nach, um die optimale Auflösung für Ihren Drucker zu finden.

Die Bildgröße und die Druckgröße sind untrennbar miteinander verbunden. Wenn Sie ein Bild vergrößern wollen, geht das nur mit einer der beiden folgenden Möglichkeiten: Entweder die Auflösung muss geringer werden, und die Pixel werden somit größer, oder das Bildbearbeitungsprogramm fügt neue Pixel ein, um die vergrößerte Bildfläche auszufüllen. Diesen Prozess nennt man *interpolieren*. Beide Optionen können die Bildqualität beeinträchtigen.

✔ Genauso haben Sie auch nur zwei Möglichkeiten, die Bildgröße zu verringern: Sie können die ursprüngliche Anzahl der Pixel erhalten und die Auflösung erhöhen, sodass die Größe der Pixel verringert wird. Oder Sie erhalten die ursprüngliche Auflösung, und die Software interpoliert das Bild herunter (entfernt überschüssige Pixel). Entfernt man zu viele Pixel, kann die Bildqualität in Mitleidenschaft gezogen werden. Deshalb sollte man nicht mehr als 25 Prozent herunterinterpolieren.

Um die maximale Größe herauszufinden, mit der man ein Bild in einer bestimmten Auflösung drucken kann, teilt man die horizontale Anzahl der Pixel durch die gewünschte Auflösung. Das Ergebnis ist die maximale Breite des Bilds. Die maximale Druckhöhe errechnet man, indem man die vertikale Anzahl der Pixel durch die gewünschte Auflösung teilt.

✔ Was tun, wenn man nicht genügend Pixel hat, um einerseits die gewünschte Auflösung und andererseits die gewünschte Bildgröße zu erhalten? Tja, dann müssen Sie sich entscheiden, was Ihnen wichtiger ist. Wenn Sie unbedingt eine bestimmte Bildgröße brauchen, dann müssen Sie wohl oder übel ein wenig Bildqualität opfern und eine geringere Auflösung akzeptieren. Sollten Sie unbedingt in einer bestimmten Auflösung drucken wollen, dann müssen Sie leider mit einem kleineren Bild leben. Seien Sie nicht traurig. Ist das Leben nicht voll von diesen kleinen Kompromissen?

Behalten Sie diese Fakten im Hinterkopf, und Sie sind bereit, die Auflösung und die Bildgröße festzulegen. Die folgenden Arbeitsschritte erklären, wie man in Adobe Photoshop Elements die Bildgröße verändert, ohne zu interpolieren:

1. **Wählen Sie Bild|Skalieren|Bildgrösse.**

   Die Dialogbox aus Abbildung 8.3 öffnet sich.

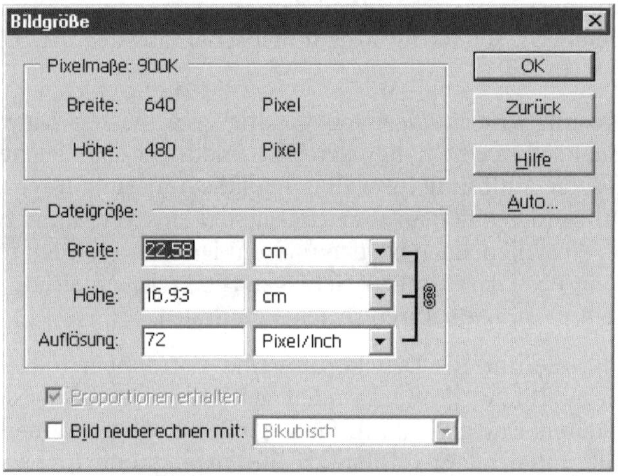

Abbildung 8.3: Um in Photoshop Elements verlustfrei die Bildgröße zu verändern, müssen Sie die Checkbox Bild neuberechnen mit deaktivieren.

2. **Deaktivieren Sie die Checkbox Bild neuberechnen mit.**

   Mit dieser Option wird festgelegt, ob Adobe Photoshop Elements bei der Änderung der Bildgröße Pixel hinzufügen oder wegnehmen darf. Ist die Option deaktiviert, kann das Programm die Pixelzahl nicht ändern.

3. **Geben Sie die neue Bildgröße in die Felder Breite und Höhe ein.**

   Bei der Eingabe der neuen Bilddimensionen wird die Auflösung dementsprechend automatisch mit verändert.

4. **Klicken Sie auf OK.**

   Wenn Sie alles richtig gemacht haben und vor allem Schritt 2 beachtet haben, dann sollten Sie auf dem Bildschirm keinerlei Veränderungen an Ihrem Bild erkennen können, da Sie ja immer noch die gleiche Anzahl von Pixeln haben. Wenn Sie jedoch Ansicht/Lineale wählen, werden Sie sehen, dass das Bild in Wirklichkeit mit den Maßen ausgedruckt wird, die Sie eingegeben haben.

Wenn Sie das Bild interpolieren wollen, um eine bestimmte Auflösung zu erreichen, müssen Sie die Checkbox Bild neuberechnen mit aktivieren. Dann tragen Sie die gewünschte Breite,

Höhe und Auflösung ein (aber sagen Sie hinterher nicht, ich hätte Sie nicht gewarnt, wenn die Druckqualität zu wünschen übrig lässt).

Wenn Sie ein anderes Bildbearbeitungsprogramm verwenden, sollten Sie sich auf jeden Fall im Hilfesystem oder in der Bedienungsanleitung kundig machen, welche Optionen Sie für die Bildgröße haben. Die meisten professionellen Programme wie Adobe Photoshop oder Corel PHOTO-PAINT bieten die Möglichkeit, die Auflösung bei der Änderung der Bildgröße genau wie bei Photoshop Elements zu kontrollieren. Doch viele Einsteigerprogramme bieten diese Option leider nicht. Manche interpolieren bei jeder Änderung der Bildgröße, also Vorsicht!

Wie kann man erkennen, ob ein Programm bei der Änderung der Bildgröße interpoliert oder nicht? Prüfen Sie einfach die Dateigröße vor und nach dem Arbeitsschritt. Hat sich die Dateigröße geändert, nachdem Sie die Funktion ausgeführt haben, dann interpoliert das Programm das Foto. (Das Hinzufügen oder Entfernen von Pixeln vergrößert bzw. verkleinert die Dateigröße.)

Die Farben stimmen nicht!

Sie haben vielleicht schon den recht auffälligen Farbversatz zwischen der Bildschirmdarstellung und dem ausgedruckten Bild festgestellt. Dieser Farbfehler kommt zum Teil daher, dass man nicht alle RGB-Farben mit den Druckfarben reproduzieren kann. Dieses Problem wird ausführlich in der Textbox *CMYK – eine eigene Welt* weiter vorne in diesem Kapitel erläutert. Dazu kommen noch Faktoren wie der Weißton des verwendeten Papiers, die Lichtverhältnisse im Raum, in dem sich der Monitor befindet, und die Qualität der verwendeten Farbpatronen, die alle für einen Farbversatz zwischen Monitor- und Druckdarstellung verantwortlich sein können.

Eine perfekte Farbanpassung ist zwar unmöglich, doch können Sie mit den folgenden Tricks Drucker und Monitor, was die Farbdarstellung angeht, ein wenig annähern:

- ✔ Die Software, die mit den meisten Farbdruckern mitgeliefert wird, enthält normalerweise Werkzeuge zur Farbanpassung, mit denen Sie die Bildschirm- und die Druckfarben versöhnen können. Lesen Sie in der Bedienungsanleitung des Druckers nach, wie man mit den entsprechenden Programmelementen umgeht.
- ✔ Sollten die Farbanpassungsoptionen nicht reichen, um eine vernünftige Farbdarstellung zu erreichen, dann gibt es noch die Möglichkeit, dass Sie die Farbbalance in der Druckersoftware selbst justieren. Wenn Sie die Farben in der Druckersoftware verändern, bleiben die Farben in Ihrem Bild unberührt.

Sie sollten Ihre RGB-Bilder nie in CMYK konvertieren, solange Sie sie nicht mit einem professionellen Gerät ausdrucken. Alle anderen Geräte für den Heim- und Bürobereich sind darauf ausgelegt, RGB-Bilder zu drucken. Deshalb bekommen Sie im RGB-Modus auch eine wirklichkeitsgetreuere Farbdarstellung.

- ✔ Viele Bildbearbeitungsprogramme sind zusätzlich auch noch mit Werkzeugen versehen, die die Farbanpassung verbessern sollen. In Photoshop Elements steht Ihnen eine Farbmanagementoption zur Verfügung, die Sie unter Datei|Druckvorschau finden. Klicken Sie im Dialogfeld Druckvorschau auf Weitere Optionen einblenden und wählen Sie Farbmanagement aus dem Popup-Menü.

- ✔ Sollten Ihr Job oder Ihre eigenen Ansprüche eine noch akkuratere Farbdarstellung erfordern, als Sie mit der Druckersoftware hinbekommen, können Sie sich auch eine professionelle Farbanpassungssoftware kaufen. Mit einem solchen Programm können Sie alle Komponenten Ihres Bildbearbeitungssystems kalibrieren, vom Scanner über den Monitor bis zum Drucker, damit von Maschine zu Maschine höchstmögliche Farbechtheit besteht. Professionelle Bildbearbeitungsprogramme wie Adobe Photoshop oder Corel PHOTO-PAINT sind oft mit einer solchen Farbkalibrations-Option versehen.

  Dennoch sollten Sie sich vergegenwärtigen, dass selbst die beste Farbanpassungssoftware keine hundertprozentige Genauigkeit liefert. Außerdem müssen Sie schon ein wenig Zeit mitbringen, wenn Sie die Farbprofile wirklich vernünftig einstellen wollen. (Farbprofile sind Dateien, die dem Computer sagen, wie er auf Farben unterschiedlicher Monitore, Drucker oder Scanner reagieren soll.) Die Standardprofile liefern im Allgemeinen nicht die besten Ergebnisse.

Das Gleiche trifft auch für Farbmanagementsysteme wie ColorSync zu (Macintosh), die in der Systemsoftware enthalten sind.

Weitere Weisheiten fürs Drucken

Lassen Sie mich Ihnen noch kurz vor Schluss diese letzten Tipps für den Feinschliff beim Druckvorgang geben:

Die Qualität und Art des Papiers, auf dem Sie drucken, wirkt sich immens auf die Bildqualität aus. Bilder, die Ihnen ganz besonders am Herzen liegen, sollten Sie auf Hochglanz-Fotoqualitätpapier oder ähnlich gutem Material ausdrucken. Lesen Sie zum Thema Papier auch den Abschnitt *Papierkosten einschätzen* weiter vorne in diesem Kapitel.

- ✔ Machen Sie Testausdrucke mit unterschiedlichen Druckerauflösungen oder Druckqualitätsstufen, damit Sie herausfinden, welche Einstellungen die besten Ergebnisse auf den jeweiligen Papiersorten liefern. Die Standardeinstellungen der Druckersoftware sind nicht immer die beste Wahl für die Art von Bildern, die Sie drucken. Machen Sie sich dabei Notizen von den einzelnen Einstellungen, damit Sie nachher wissen, welche Optionen zu welchen Ergebnissen geführt haben. Einige Druckerprogramme bieten auch die Möglichkeit, eigene Einstellungen zu speichern, damit Sie nicht jedes Mal, wenn Sie drucken wollen, alles von neuem einstellen müssen. Lesen Sie im Handbuch des Druckers nach, ob Ihr Gerät diese Option bietet.

- Wenn Ihr Bild auf dem Monitor hervorragend aussieht, im Druck aber zu dunkel wird, können Sie Helligkeit und Kontrast in der Druckersoftware regulieren. Unter Umständen bekommen Sie bessere Ergebnisse, wenn Sie Helligkeit und Kontrast in Ihrem Bildbearbeitungsprogramm justieren. Wenn Sie die Änderung im Bild vornehmen und speichern wollen, müssen Sie sie auf jeden Fall im Bildbearbeitungsprogramm vornehmen und nicht in der Druckersoftware. Details finden Sie in Kapitel 10.

  Wo wir gerade von der Druckersoftware sprechen, die Computerfreaks auch *Treiber* nennen: Vergessen Sie sie nicht auf Ihrem Computer zu installieren. Folgen Sie dabei genau den Anweisungen, damit der Treiber auch im richtigen Ordner Ihres Systems landet. Schlimmstenfalls kann sonst der Computer nicht mit dem Drucker kommunizieren.

- Sollte Ihr Drucker ohne Kabel für die Verbindung von Drucker und Computer geliefert worden sein, müssen Sie aufpassen, dass Sie das richtige Kabel kaufen. Werden Sie auch bitte nicht geizig und kaufen Kabel, die nicht den Spezifikationen entsprechen. Durch Sparsamkeit am falschen Ende können Sie nämlich die Leistungsfähigkeit Ihres Systems verringern.

- Man sollte auch die regelmäßige Wartung des Druckers, die in der Anleitung des Geräts verlangt wird, nicht ignorieren. Druckköpfe können verschmutzen, Tintendüsen können verstopfen, und es gibt noch einen Haufen anderer Kleinigkeiten, die Ihre Arbeit behindern können. Als ich beispielsweise einen bestimmten Tintenstrahler für dieses Buch getestet habe, hätte ich ihn beinahe für Schrott gehalten, weil er lauter abscheuliche Ausdrucke lieferte. Ich gab ihm aber noch eine Chance und befolgte die Problemlösungsvorschläge im Handbuch des Geräts. Als ich die Druckköpfe gereinigt hatte, war der Unterschied der Druckqualität wie Tag und Nacht. Auf einmal bekam ich wundervolle, farbenfrohe Bilder, genau wie in der Werbung verprochen wurde.

  Bilder, die mit Tinte, Thermosublimationsmaterial, Toner oder Wachs gedruckt sind, bleichen aus, wenn man sie dem bloßen Sonnenlicht aussetzt. Wenn Sie ein Bild ausdrucken, das Sie einrahmen wollen, dann sollten Sie es vielleicht in einen Rahmen stecken, dessen Glas Schutz vor UV-Strahlung bietet. Hängen Sie das Bild außerdem an einen Platz, an dem es nicht täglich allzu starker Sonnenstrahlung ausgesetzt ist. Behalten Sie auch eine Sicherheitskopie des Bilds, damit Sie es für den Fall der Fälle noch einmal ausdrucken können.

- Wenn Sie auf hochglänzendes Fotopapier drucken, versuchen Sie nicht auf die glänzende Seite des Papiers zu fassen, sonst hinterlassen Sie Fingerabdrücke auf dem Bild.

Auf den Bildschirm, Mr. Sulu!

9

In diesem Kapitel ...

- Bildgestaltung für Bildschirmdarstellung
- Bildbearbeitung für die Benutzung auf einer Webpage
- Optimale Dateigrößen für schnelleres Laden von Bildern
- GIF oder JPEG – die richtige Wahl zwischen zwei Internet-Dateiformaten
- Teile eines Internet-Bildes transparent machen
- Bilder an E-Mail Nachrichten anfügen
- Bilder als Schreibtischhintergrund benutzen

Digitalkameras sind ideal, um Bilder für die Bildschirmdarstellung zu machen. Sogar die billigsten Anfängerkameras können tolle Bilder für den Bildschirm erzeugen, wenn die Auflösung nur minimal sein muss.

Vom Einbauen von Bildern in eine Webpage bis hin zur Gestaltung Ihres persönlichen Hintergrunds für Ihren Mac oder PC-Bildschirm – dieses Kapitel erkundet eine ganze Reihe von Bildschirmanwendungen für digitale Bilder. Unter anderem werden Sie herausfinden, wie man ein Bild für das Web vorbereitet, welche Dateiformate am besten für verschiedene Bildschirmanwendungen geeignet sind und wie man Bilder per E-Mail verschickt.

Treten Sie ein in den Vorführraum

Mit einer Fotografie (oder einem Ausdruck, wenn's sein muss) sind Ihre Ausstellungsmöglichkeiten ziemlich begrenzt. Sie können das Foto in einen Rahmen quetschen oder es in ein Album kleben. Oder Sie hängen es an den Kühlschrank mit einem dieser blödsinnig niedlichen Kühlschrankmagneten, ohne die man heute gar nicht mehr auskommt. Oder Sie stecken sich's ins Portemonnaie, damit Sie nicht unvorbereitet sind, falls sich jemand nach Ihnen oder Ihren Liebsten erkundigen sollte.

Mit digitalen Bildern hat man jedoch vielfältige, neue und kreative Möglichkeiten der Darstellung eingeschlossen:

✔ Sie können Bilder in die Website Ihrer Firma einbauen – angenommen Ihre Firma ist so fortschrittlich, dass sie eine Site hat. Inzwischen haben aber auch eine ganze Menge Privatleute ihre persönliche Webpage, nicht um etwas zu verkaufen, sondern um Informationen über sich selbst mitzuteilen. Im Abschnitt *Nur für's Netz: Bilder im Internet* können

Sie weiter hinten in diesem Kapitel genauer nachlesen, wie man ein Bild für die Benutzung auf einer Webpage vorbereitet.

- Sie können Ihren Freunden, Kunden und Verwandten ein Bild per E-Mail schicken. Die können es sich dann auf ihrem eigenen Bildschirmen anschauen, es auf eine Diskette sichern und es sogar anderswo veröffentlichen oder ausdrucken, wenn es ihnen Spaß macht. Schlagen Sie dazu im Abschnitt dieses Kapitels *Ich hätt' so gern ein Bild von Dir* nach, wenn Sie wissen wollen, wie Sie ein Bild an Ihre E-Mail anfügen.

- Sie können die digitalen Bilder auch in Präsentationsprogramme wie Microsoft PowerPoint oder Corel Präsentation importieren. Das richtige Bild am richtigen Platz lockert Ihre Präsentation auf, macht den Zuhörern Spaß und hilft Ihnen, Ihre Idee zu verdeutlichen. Die meisten Präsentationsprogramme akzeptieren Bilder in den gängigen Dateiformaten, TIFF und JPEG eingeschlossen. Im Handbuch Ihres Präsentionsprogramms finden Sie heraus, wie Sie Bilder importieren, damit Sie mit Ihrer nächsten Präsentation richtig glänzen können.

  Wenn Sie PowerPoint benutzen, können Sie sich einen Leitfaden von der Kodak Homepage herunterladen, der Ihnen hilft, Bilder in Ihre Präsentation einzubauen. Gehen Sie auf die Kodak-Site (`www.kodak.com`), klicken Sie auf den Link DIGITAL CAMERAS AND TECHNOLOGY. Dann klicken Sie den DIGITAL LEARNCENTER-Link. (Das DIGITAL LEARNCENTER bietet Ihnen Material zum Nachschlagen und Minikurse zu vielen unterschiedlichen Aspekten der digitalen Fotografie.) Klicken Sie das HOW TO-Symbol, um dann den Link IMAGES IN PRESENTATIONS mit Zugang zum PowerPoint-Lehrgang zu klicken.

- Sie können Ihr Lieblingsbild als Schreibtischhintergrund benutzen – das ist das Bild hinter allen Symbolen, Fenstern und anderen Dingen auf der sichtbaren Arbeitsfläche Ihres Computers. Schauen Sie in diesem Kapitel unter *Ein neuer Anstrich für die gute Stube Ihres Computers* nach, wenn Sie wissen wollen, was Sie dazu tun müssen.

- Sie können sich Ihren persönlichen Bildschirmschoner mit Ihren Lieblingsbildern kreieren. Die meisten gängigen Bildbearbeitungsprogramme bieten eine Anwendung an, mit der es ein Kinderspiel ist, einen Bildschirmschoner zu bauen.

- Viele digitale Kameras ermöglichen es Ihnen, Bilder auf Ihren Videorecorder oder Fernsehbildschirm zu übertragen. Damit können Sie die Bilder in Ihrem Wohnzimmerkino Ihren begeisterten Gästen vorführen und sie sogar auf Video aufzeichnen. Schießen Sie mit Ihrer Digitalkamera eine Nahaufnahme von Ihrem Bauchnabel, verkabeln Sie die Kamera mit Ihrem Fernseher und Sie haben allemal denselben Effekt, den eine altmodische Diashow bei Ihren nervtötenden Nachbarn erzielte – sie werden endlich kapieren, dass sie nie wieder einen Fuß in Ihre vier Wände setzen sollten. Wenn Sie wissen wollen, wie diese intrigante Methode genau funktioniert, schlagen Sie im Kapitel 7 nach.

So viel zur Größe der Angelegenheit

Bildbearbeitung für Bildschirmdarstellungen erfordert andere Vorgehensweisen als die Vorbereitung von Bildern für den Druck. Der folgende Abschnitt lässt kein Geheimnis aus.

Bildschirmauflösung verstehen

Wenn Sie Bilder für die Bildschirmdarstellung benutzen wollen, sollten Sie sich eines einprägen: Monitore stellen Bilder immer mit einem Bildschirmpixel pro Bildpixel dar. (Die Ausnahme bilden Bildbearbeitungsprogramme oder andere Anwendungen, die das Ein- oder Auszoomen ermöglichen und dafür mehrere Bildschirmpixel für ein Bildpixel brauchen.) Um also die Größe Ihres Bildschirmbildes festzulegen, müssen Sie einfach nur herausfinden, welche Auflösung Ihr Bildschirm hat – wie viel Pixel in der Breite mal wie viel Pixel in der Höhe – um dann zu bestimmen, wie viel von dieser Bildschirmfläche Ihr Bild tatsächlich einnehmen soll. (Wenn Sie noch mal nachlesen wollen, was es eigentlich mit den Pixeln auf sich hat, schauen Sie in Kapitel 2 nach.)

Die meisten Monitore bieten eine Auswahl an Auflösungen an: 640 x 480 Pixel, 800 x 600 Pixel, 1024 x 768 Pixel und 1280 x 1024 Pixel zum Beispiel. Wenn also Ihr Bild 640 x 480 Pixel groß ist, deckt es den ganzen Bildschirm ab, wenn der auf 640 x 480 Pixel eingestellt ist. Wenn Sie dann die Auflösung in der Einstellung vergrößern, wird das Bild entsprechend auch nur noch einen Teil des Monitors bedecken.

Abbildung 9.1 und 9.2 zeigen Screenshots von meinem 17-Zoll-Monitor. In Abbildung 9.1 habe ich ein 640 x 480-Bild auf eine 640 x480-Auflösung gelegt. Das Bild füllt den gesamten Bildschirm aus (ein Teil des Bildes ist von der Menüleiste verdeckt). In Abbildung 9.2 habe ich das gleiche 640 x 480-Bild mit der geänderten Auflösung von 1280 x 1024 Pixel geöffnet. Jetzt braucht das Bild nur etwa ein Viertel der Bildschirmfläche.

Dummerweise können Sie nie vorhersehen, welche Bildschirmauflösung der Betrachter Ihrer Werke bei sich eingestellt hat. Jemand irgendwo auf der Erde mag einen 21-Zoll-Monitor mit 1280 x 1024 Pixeln benutzen, während ein anderer mit einem 14-Zoll-Monitor mit einer Auflösung von 640 x 480 Pixeln arbeitet. Deshalb müssen Sie immer einen Kompromiss finden.

Für Bilder, die ins Netz gestellt werden sollen, empfehle ich generell, von der Benutzung der Auflösung 800 x 600 auszugehen. Das ist der kleinste gemeinsame Nenner, wenn Sie so wollen. Sollten Sie jedoch ein Bild erzeugen, das größer als 800 x 600 Pixel ist, müssen Sie davon ausgehen, dass Benutzer mit Monitorauflösungen von 800 x 600 Pixeln das Bild erst mal scrollen müssen, um es komplett ansehen zu können. Wenn Sie aber Bilder für Multimedia-Präsentationen präparieren wollen und Sie genau wissen, welche Monitorauflösung Sie benutzen werden, arbeiten Sie natürlich mit dieser Auflösung im Hinterkopf.

Abbildung 9.1: Wenn der Monitor auf die Standard-640 x 480-Pixel-Darstellungsgröße eingestellt ist, nimmt ein 640 x 480-Pixel-Bild den gesamten Bildschirm ein.

Abbildung 9.2: Wenn die Monitorauflösung auf 1280 x 1024 Pixel eingestellt ist, beansprucht ein 640 x 480-Pixel-Bild etwa ein Viertel des Bildschirms.

Die richtige Bildgröße für den Bildschirmauftritt

Um die Größe Ihres Bildes für die Bildschirmdarstellung festzulegen, sind die gleichen Schritte notwendig, wie für Bilder, die in den Druck gehen sollen, außer dass Sie als Maßeinheit Pixel wählen sollten. Der genaue Ablauf ist je nach Programm unterschiedlich. Hier zeige ich Ihnen, wie es mit Photoshop Elements funktioniert:

1. **Speichern Sie eine Sicherheitskopie Ihres Bildes.**

   Höchstwahrscheinlich werden Sie Ihr Bild für die Bildschirmdarstellung beschneiden. Eines Tages werden Sie dann aber die Originalansicht des Bildes brauchen. Dafür sollten Sie eben die Kopie Ihres Bildes unter einem anderen Namen sichern.

2. **Wählen Sie aus dem Menü Bild die Option Skalieren|Bildgrösse, um das Fenster Bildgrösse zu öffnen.**

   Die Dialogbox wird in Abbildung 9.3 gezeigt.

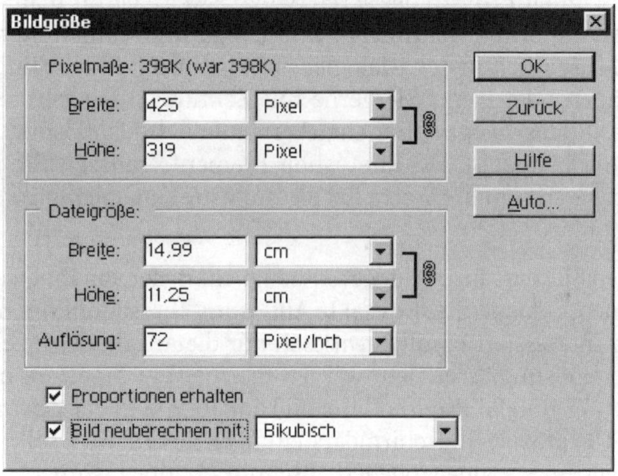

Abbildung 9.3: Um die Größe Ihres Bilds in Photoshop Elements für die Bildschirmanwendung zu ändern, aktivieren Sie zuerst das Optionsfeld Bild neuberechnen mit.

3. **Aktivieren Sie das Feld Bild neuberechnen mit.**

   Wenn Sie das Feld aktivieren, können Sie die Pixelmaße Ihrem Bild anpassen (Pixel anfügen oder entfernen).

   Pixelmaße ist nur ein ausgebuffter Begriff für »Anzahl der Pixel in der Höhe mal Anzahl der Pixel in der Breite«. Schlagen Sie auch in Kapitel 2 nach, und entdecken Sie andere wichtige Pixelbegriffe

4. **Wählen Sie Pixel als Maßeinheit für Höhen- und Breitenwerte.**
5. **Geben Sie die Pixelmaße für Ihr Bildschirmfoto ein.**

Wenn Sie ein Bild vergrößern, ob Höhe oder Breite, beachten Sie, dass Ihre Software die neuen Pixel erst bauen – *interpolieren* – muss. Die Qualität Ihres Bildes könnte darunter leiden. Wenn Sie mehr dazu wissen wollen, schlagen Sie in Kapitel 2 unter den Stichworten *Modifizieren* und *Auflösung* nach.

Beachten Sie auch, dass die Dateigröße Ihres Bildes mit der Anzahl der Pixel wächst. Wenn Sie also für das Internet arbeiten wollen, sollten Sie besonderes Augenmerk auf die Dateigröße legen, denn große Dateien brauchen länger als kleine, um überhaupt geladen zu werden. Unter *Nur für's Netz: Bilder im Internet* finden Sie mehr Informationen, wie man Bilder für das Internet vorbereitet.

Bildschirmbilder in Zoll angeben

Wer mit nur wenig Erfahrung in der digitalen Bildbearbeitung aufwarten kann, dem fällt es oft schwer, mit der Maßeinheit Pixel zu operieren. Vorzugsweise beruft man sich dann lieber auf die bekannte Bemaßung durch Zentimeter. Und einige Bildbearbeitungsprogramme bieten Pixel nicht mal als Maßeinheit in den Dialogfenstern an. Wenn Sie Ihr Bild also nicht in Pixel neu berechnen können oder wenn Sie gerne mit Zentimeterangaben arbeiten, sollten Sie Höhe und Breite des Bildes wie gewohnt eingeben und die Bildauflösung irgendwo zwischen 72 und 96 Pixel/Zoll ansiedeln. (In Photoshop Elements müssen Sie das Feld BILD NEUBERECHNEN MIT deaktivieren, um die Werte für die Auflösung unabhängig von den Pixelmaßen eingeben zu können.)

Bedenken Sie, dass Ihre Bilder eventuell nicht in der von Ihnen angegebenen Größe erscheinen, solange Sie die exakte Auflösung Ihres Monitors nicht kennen. Ihren Monitor interessiert nämlich wirklich nur die Anzahl der Pixel im Bild und nicht die Bildauflösung. Trotzdem werden die meisten Monitore bei einer Auflösung zwischen 72 und 96 Pixel/Zoll Ihr Bild annähernd in der gewünschten Größe darstellen. Um präzise Bildschirmdarstellungen zu erhalten, sollten Sie besser so vorgehen, wie im vorangegangenen Abschnitt erläutert wurde.

Nur für's Netz: Bilder im Internet

Wenn Ihre Firma eine Internetsite im World Wide Web hat oder wenn Sie Ihre persönliche Website eingerichtet haben, können Sie ganz einfach Bilder aus einer digitalen Kamera in Ihre Seiten einbauen. Vermutlich ist diese Art der Anwendung heute tatsächlich der häufigste Grund, sich eine Digitalkamera zu kaufen.

Da ich nicht weiß, welches Erstellungsprogramm für Websites Sie benutzen, kann ich ich Ihnen kaum Tipps für die effektive Benutzung von Befehlen und Werkzeugen an die Hand geben. Immerhin kann ich Ihnen ein paar generelle Hinweise für die kreative und technische Bearbeitung geben, wie in den folgenden Abschnitten.

Ein paar grundlegende Spielregeln für's Netz

Wenn Sie wollen, dass Ihre Website gerne besucht wird, sollten Sie mit dem Einsatz von Bildern (und auch anderen grafischen Elementen) vorsichtig sein. Zu viele Bilder oder zu große Bilder schrecken die Besucher schnell ab – besonders die Ungeduldigen mit ihren langsamen Modems. Jede Sekunde, die ein Betrachter auf das Laden Ihrer Bilder warten muss, demotiviert ihn und bewegt ihn immer mehr, den Ladevorgang abzubrechen und Ihre Seite zu verlassen.

Damit Sie sichergehen können, dass Sie die Besucher Ihrer Website anlocken und nicht abschrecken, befolgen Sie diese Grundregeln für Bilder:

- ✔ Halten Sie die Bildgröße so klein wie möglich – unter 30 KB pro Bild und maximal 70 KB pro Seite sind optimal. Falls das Bild zu groß ist, formatieren Sie es entsprechend der Anleitung im vorangegangenen Abschnitt in diesem Kapitel, *Die richtige Bildgröße für den Bildschirmauftritt*, um. Falls Sie Ihr Bild im JPEG-Format absichern, was später im Abschnitt *JPEG: Freund des Fotografen* behandelt wird, benutzen Sie eine höhere Kompressionseinstellung.

Wenn Sie mit Adobe Photoshop Elements arbeiten, beachten Sie, dass der Wert für die aktuelle Größe im Dialogfenster BILDGRÖSSE (das, mit dem Sie die Größe von Bildern verändern können) nicht die aktuelle Dateigröße des Bildes anzeigt. Stattdessen bedeutet der angezeigte Wert die Speicherkapazität, die das Bild benötigt, um bearbeitet zu werden. Um die tatsächliche Dateigröße zu erfahren, wählen Sie DATEI/ÖFFNEN und klicken Sie auf den Namen der Datei im Dialogfenster ÖFFNEN. Die Dateigröße erscheint unten in der Mitte im Dialogfenster.

- ✔ Sichern Sie Ihr Bild als eines der beiden Formate GIF oder JPEG. Diese Formate, beide mit hochgradigen Kompressionsoptionen ausgestattet, werden als einzige von allen Browsern unterstützt. Ein anderes verlustfreies Format, PNG (Ping ausgesprochen), bietet theoretisch viele Vorzüge gegenüber GIF und wird mittlerweile auch von den gängigen Browsern unterstützt, hat sich aber noch nicht allgemein durchsetzen können. Mehr über JPEG und GIF erfahren Sie in den nächsten drei Abschnitten. Ausführliche Infos zu Dateiformaten im Allgemeinen können Sie in Kapitel 7 nachlesen.
- ✔ Vergewissern Sie sich, dass die Bilder, die Sie einer Page zuführen, auch wirklich nötig sind. Verhunzen Sie sich nicht Ihre eigene Seite mit einem Haufen hübscher Bildchen, die nicht geeignet sind, Ihre Mitteilung zu unterstreichen – in anderen Worten, Bilder verkommen zu armseliger Dekoration. Solche Bilder verschwenden nur die Zeit des Betrachters und sorgen dafür, dass er frustriert Ihre Site verlässt.
- ✔ Wenn Sie ein Bild als Hyperlink verwenden wollen – der Besucher Ihrer Seite also dieses Bild anklicken kann, um auf eine andere Seite zu gelangen – stellen Sie zusätzlich einen Textlink zur Verfügung. Warum? Weil viele (ich eingeschlossen) ihren Browser so einstel-

len, dass er Bilder nicht automatisch lädt. Die Bilder erscheinen in diesem Fall als kleine Symbole, die der Betrachter erst anklicken muss, um das tatsächliche Bild sehen zu können. Nicht dass ich an informativen Bildern kein Interesse hätte – bloß so viele Seiten sind leider mit nichts sagenden Bildern verschmutzt.

✔ Wenn ich das Internet benutze, suche ich normalerweise Informationen und surfe nicht ziellos durch die Gegend, um hübsche Seiten anzuschauen. Ich habe keine Zeit, stapelweise aussagelose Bilder zu laden.

Wenn Sie beschäftigte Leute wie mich anlocken und Leuten, die nur begrenzte Zeit im Netz verbringen, ihre Site schmackhaft machen wollen, gestalten Sie sie so, dass man auch ohne Bilder problemlos hindurchnavigieren kann. Ich habe es am liebsten, wenn zu den Bildsymbolen ein beschreibender Text geliefert wird, zum Beispiel »Produktfoto« neben dem Bild des neuen Spielzeugs eines Herstellers. Diese Auszeichnungen erleichtern mir die Entscheidung, ob ich ein Bild laden möchte weil es mir nützlich erscheint oder eben nicht. Zum guten Schluss erwarte ich, dass Navigationslinks innerhalb der Webseite zusätzlich als Textlinks auftauchen.

Um möglichst vielen Besuchern Zutritt zu Ihrer Site zu verschaffen, beachten Sie, dass die Bildgröße den Rahmen von 800 x 600 Pixeln nicht sprengt. Lesen Sie dazu den Abschnitt *Bildschirmauflösung verstehen* zuvor in diesem Kapitel.

✔ Denken Sie auch daran, dass die Dateigröße von der Gesamtanzahl der Pixel in dem Bild abhängig ist und nicht von der Bildauflösung. Ein 640 x 480-Pixel-Bild benötigt genauso viel Speicher mit 72 Pixeln/Zoll, wie es mit 300 Pixeln/Zoll benötigen würde. Schlagen Sie in Kapitel 2 noch mal nach, wenn Sie mehr zu diesem ganzen Dateiformatierungs-, Pixelanzahl- und Auflösungsthema wissen möchten.

Schließlich noch eine Warnung: Bedenken Sie, dass jeder, der Ihre Site besucht, Ihre Bilder herunterladen, sichern, bearbeiten, drucken und veröffentlichen könnte. Wenn Sie also den Einsatz Ihres Bildes kontrollieren wollen, packen Sie es nicht ins Internet.

Entscheidungen, Entscheidungen: JPEG oder GIF?

Wie bereits zuvor angesprochen, sind JPEG und GIF die beiden anerkannten Bilddateiformate für die Veröffentlichung im Internet. Beide haben ihre Vor- und Nachteile.

JPEG ist dann die bessere Wahl, wenn Sie die bestmögliche Bildreproduktion erreichen wollen. JPEG unterstützt 24-Bit-Farben, was bedeutet, dass Ihr Bild mit 16 Millionen Farben dargestellt werden kann. GIF dagegen kann maximal 8-Bit-Bilder sichern, womit Sie auf 256 Farben beschränkt sind. Den Unterschied, den diese Farbbeschränkung ausmacht, sehen Sie in Farbtafel 9.1. Die Darstellung zeigt eine Schüssel mit Obst, die ich stark vergrößert habe. Diese gelbgrünen Objekte in der oberen rechten Bildecke sollen Bananen sein, der dicke grüne Fleck ist eine Limone und das rote Ding ist ein Teil eines Apfels. Das obere Bild ist ein 24-Bit-Bild, das untere wurde in ein 8-Bit-Bild mit 256 Farben umgewandelt.

Am heftigsten ist der Farbverlust bei den Bananen. In dem 24-Bit-Bild werden die Farbnuancen realistisch dargestellt. Sobald die Farbpalette auf 256 Farben reduziert wird, verringert sich die Skala der Gelbtöne gehörig, wodurch nun nur noch ein einziger Gelbton die unterschiedlichen Schattierungen repräsentieren muss. Das Bild der Bananen sieht giftig und unappetitlich aus.

Aus diesem Grund ist es angebracht, JPEG statt GIF für Bilder mit Farbverläufen zu benutzen – Bilder also, in denen die Farbe von Pixel zu Pixel um Nuancen variiert. GIF dagegen verwendet man am besten für Graustufen-Bilder, die 256 Farben oder anfangs noch weniger Farben haben – und für nicht-fotografische Bilder wie Vektorgrafiken oder Volltonbilder.

Möchten Sie das Bild auf einen Schlag oder Stück für Stück?

Beide, GIF und JPEG, ermöglichen Ihnen die Wahl, ob Sie Ihr Bild gerne auf einmal oder schrittweise laden wollen. Wenn Sie ein Interlaced GIF oder ein Progressive JPEG anlegen, erscheint ein vages Abbild Ihres Bildes, sobald der Ladevorgang im Modem des Benutzers in Gang gesetzt wurde. Mit der Zunahme an Datenmenge werden die Details des Bildes nach und nach sichtbar. Mit Bildern, die weder interlaced noch progressive sind, erscheint das Bild erst dann, wenn die komplette Datenmenge angekommen ist.

Wie viele Dinge im Leben hat auch diese Sache einen Haken. Interlaced/progressive-Bilder werden nur scheinbar schneller geladen, weil der Benutzer bereits sehr früh etwas sehen kann. In Wirklichkeit brauchen diese Bilder aber ein wenig länger als normale Bilder.

Ich ziehe beim Surfen im Netz Interlaced-Bilder vor, weil ich so schneller erkennen kann, ob das Bild für mich von Belang ist oder ob ich den Ladevorgang besser abbreche, weil mich das Bild nicht interessiert. Dazu brauche ich dann nur das Stop-Symbol im Menü des Browserfensters zu klicken. Wenn ich das Bild aber doch laden möchte, habe ich wenigstens ein wenig Unterhaltung, während ich auf die Daten warte. Auch wenn ich mir wirklich wünschen würde, dass Sie meine Web-Vorlieben beim Gestalten Ihrer Websites beachten würden, ist mir klar, dass andere Internetbenutzer andere Vorlieben haben. Ich werde versuchen es zu verstehen, wenn Sie die normalen Bilder vorziehen.

Natürlich hat JPEG auch Schwachstellen. Sein größter Nachteil ist die Dateigröße. Da ein JPEG eine größere Farbinformation speichern muss, ist die JPEG-Version eines Bildes immer weitaus größer als die entsprechende GIF-Version. Beide, JPEG wie GIF, komprimieren zwar die Bilddatenmenge, um die Dateigröße zu reduzieren, wobei JPEG verlustreich komprimiert, GIF hingegen ohne Verluste Daten zusammenstauchen kann. Die verlustreiche Kompression lässt Bilddaten verschwinden, sodass die Details im Bild nicht mehr sauber dargestellt werden. Die verlustlose Kompression hingegen eliminiert nur die überflüssigen Daten, sodass die Änderung am Bild quasi nicht auszumachen ist. Sie können zwar eine JPEG-Datei auf die Größe einer GIF-Datei reduzieren. Dabei müssen Sie aber eine beachtliche Menge an Verlustkompression einkalkulieren, mit dem Ergebnis, dass Sie ebenso gut eine 24-Bit-Datei in eine

256-Farben-GIF-Datei umwandeln können, um den gleichen Effekt zu erhalten. In Farbtafel 3.1 kann man sehr schön sehen, wie sich verschiedene Kompressionsstufen auf die Bildqualität auswirken.

Die Wahl zwischen JPEG und GIF ist also eine Frage der Entscheidung für das kleinere Übel. Experimentieren Sie mit beiden Formaten, um herauszufinden, welches das bessere Ergebnis für die von Ihnen benötigte Bildgröße liefert. Sie werden zum Teil entdecken, dass eine 256-Farbendatei sich gar nicht so sehr auf die Qualität auswirkt – wenn Ihr Bild zum Beispiel große Farbflächen ohne Verläufe beinhaltet. Ähnlich werden Sie auch feststellen können, dass manche Bilder bei höchster JPEG-Kompression kaum Verluste aufweisen, während andere Bilder mit der gleichen Kompression aussehen wie Mist.

Sie sollten auch wissen, dass Probleme, die durch die Kompression von JPEG und GIF hervorgerufen werden, weniger ins Gewicht fallen, wenn Bilder in kleinen Größen benutzt werden. Um den Farbverlust der Konvertierung ins GIF-Format in der Farbtafel 9.1 zu illustrieren, musste ich mich ziemlich heranzoomen – betrachtet man das Bild in kleiner***Auflösung???, ist der Schaden um einiges weniger augenfällig.

GIF hat eine zusätzliche Eigenschaft, die JPEG nicht aufweisen kann: Eine GIF-Datei kann teilweise transparent gemacht werden, sodass der dahinter liegende Hintergrund Ihrer Webseite durchscheinen kann. Mehr zu diesem Thema in den folgenden Abschnitten.

GIF: 256 Farben oder weg

Das GIF-Format unterstützt ausschließlich 8-Bit-Dateien (256 Farben). Die Farbenreduzierung ermöglicht kleinere Dateigrößen, um kürzere Ladezeiten zu gewährleisten. Allerdings sieht ein GIF-Bild manchmal auch ein wenig pixelig und rubbelig aus. (Siehe als Illustration Farbtafel 9.1.)

Trotzdem ist der Qualitätsverlust bei der Konvertierung in eine 256-Farben-Datei nicht zwingend sichtbar. Und GIF bietet die Möglichkeit, einen Teil des Bildes transparent zu machen, damit der Hintergrund der Website durch das Bild hindurchscheinen kann.

GIF gibt es in zwei Geschmacksrichtungen: 87a und 89a. Meine Güte, sehr benutzerfreundliche Namensgebung, nicht wahr? Wie auch immer, es ist jedenfalls die zweite Sorte, die es Ihnen ermöglicht, ein teilweise durchsichtiges Bild zu entwerfen. Mit 87a sind alle Pixel deckend. (Sie können sich die Zahlen nicht merken? Keine Sorge, die meisten Leute nennen die beiden ohnehin transparentes GIF oder nicht-transparentes GIF.)

Warum sollten Sie einen Teil Ihres Bildes durchsichtig machen wollen? Nun ja, nehmen wir mal an, Sie hätten ein Bild eines der neuesten Produkte Ihrer Firma – ein neuer Tennisschuh vielleicht. Der Schuh wurde vor einem roten Hintergrund fotografiert. Wenn Sie den Hintergrund durchsichtig machen, sieht man nur den Schuh vor Ihrem Website-Hintergrund, so als wenn Sie das Ganze mit einer Schere ausgeschnitten hätten. Wenn Sie das gleiche Bild aber als normales GIF sichern, wird man immer den Hintergrund des Fotos mitsamt dem Schuh sehen. Keine der beiden Herangehensweisen ist richtig oder falsch; die GIF-Transparenz eröffnet Ihnen lediglich eine zusätzliche kreative Möglichkeit.

Die folgenden zwei Abschnitte erklären, wie man in Photoshop Elements ein normales oder transparentes GIF erstellt. Wenn Sie ein anderes Bildbearbeitungsprogramm benutzen, wird der Ablauf in Ihrem Programm dem hier gezeigten sehr ähnlich sein. Um sicherzugehen, schauen Sie unter der Hilfe-Funktion oder im Handbuch Ihres Programms nach.

In den meisten Bildbearbeitungsprogrammen können Sie das GIF-Format sichern, aber nicht alle bieten das transparente GIF an. In einigen Programmen müssen Sie erst die Farbpalette auf die mageren 256 Farben reduzieren, damit das GIF-Format in der Auswahl der Dateiformate beim Sichern angewählt werden kann. Man nennt das auch »Farben indizieren«. Andere Programme übernehmen die Farbkonvertierung während des Sicherungsvorgangs automatisch für Sie.

Erzeugen einer Standard-GIF-Datei

Photoshop Elements stellt gleich zwei Methoden bereit, mit denen Sie Ihr Bild als Standard-GIF-Datei absichern können – ohne an dieser Stelle die Transparenz zu berücksichtigen. Die erste Methode basiert auf dem standardmäßigen SPEICHERN-UNTER-Befehl. Wenn Sie ein anderes Programm verwenden, mit dem Sie GIF sichern können, sollten Ihre Sicherungsoptionen den im Folgenden beschriebenen ähnlich sein, wenn Sie das GIF-Format beim Sichern anwählen.

Bedenken Sie, dass Sie Ihr Bild auf 256 Farben reduzieren. Und machen Sie auf jeden Fall eine Sicherungskopie, bevor Sie Ihr Bild als GIF absichern, für den Fall, dass Sie die Originalfarben eines Tages wieder brauchen werden.

1. **Wählen Sie DATEI|SPEICHERN UNTER.**

   Das Dialogfenster in Abbildung 9.4 erscheint

2. **Wählen Sie unter FORMAT die Option COMPUSERVE GIF.**

   Bei RGB-Bildern wird zunächst das Dialogfenster INDIZIERTE FARBEN geöffnet, in dem Sie die Konvertierungsoptionen festlegen. Dann wird das Dialogfenster GIF-OPTIONEN geöffnet, das Sie in Abbildung 9.5 sehen. Hier stehen Ihnen die Optionen NORMAL und INTERLACED zur Verfügung. Um eine Interlaced-GIF-Datei zu erzeugen – eine, die das Bild nach und nach parallel zur Datenübertragung auf dem Bildschirm erscheinen lässt – aktivieren Sie das entsprechende Feld. Um ein Bild zu erzeugen, das erst dann erscheint, wenn alle Daten beim Benutzer angekommen sind, aktivieren Sie die Funktion NORMAL. Für genauere Informationen zum Thema Interlacing sehen Sie auch unter *Hätten Sie das Bild gern auf einen Schlag oder Stück für Stück?* in diesem Kapitel nach.

3. **Klicken Sie OK, um Ihr Bild als GIF-Datei zu speichern.**

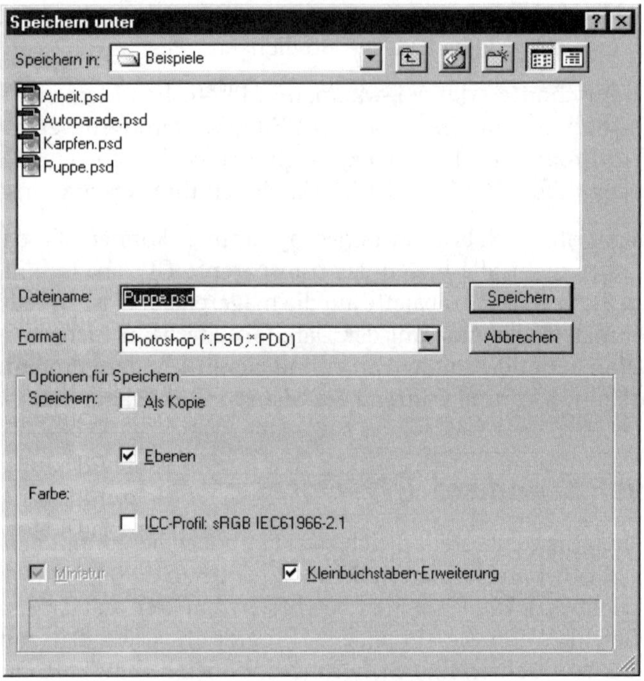

Abbildung 9.4: Der erste Schritt, um ein Bild als GIF-Datei abzusichern

Abbildung 9.5: Mit der Interlace-Option erzeugen Sie ein Bild, das sich nach und nach, entsprechend der Datenübertragung, einblendet.

Photoshop Elements bietet Ihnen mit der Option FÜR WEB SPEICHERN im Menü DATEI außerdem eine Funktion, mit der Sie für das Internet optimierte Dateien speichern können. Dabei stehen Ihnen vordefinierte Optimierungseinstellungen zur Verfügung, die auf die jeweiligen Dateiformate abgestimmt sind. In der entsprechenden Dialogbox FÜR WEB SPEICHERN werden das Originalbild und die Kopie nebeneinander gestellt, sodass Sie die Auswirkungen der gewählten Optionen direkt sehen können. Für das GIF-Format stehen insgesamt sieben vordefinierte Optionen zur Verfügung, aus denen Sie wählen können.

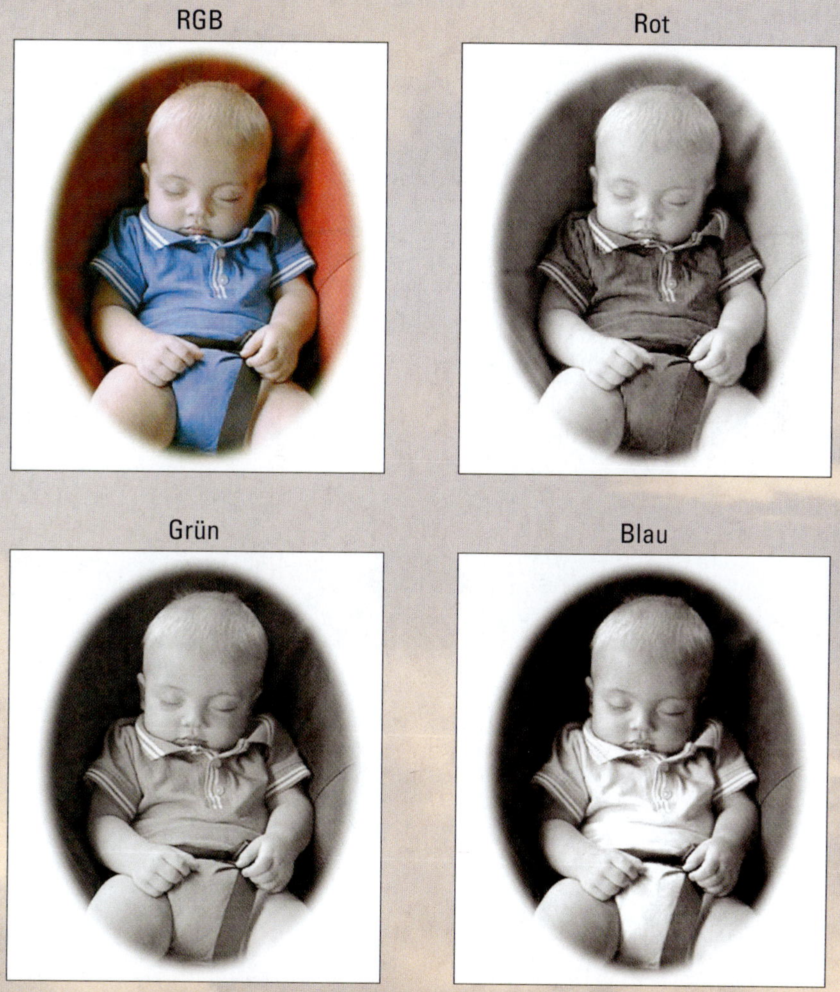

Farbtafel 2.1: Ein RGB-Bild kann wie hier gezeigt in drei Farbkanäle separiert werden. Jeder Kanal enthält ein Graustufenbild, das die Helligkeitswerte der roten, grünen und blauen Komponenten des Bildes wiedergibt.

300 ppi

150 ppi

75 ppi

Farbtafel 2.2: Die Auflösung spielt, was die Bildqualität betrifft, eine entscheidende Rolle. Das obere Foto hat eine Auflösung von 300 ppi (Pixel pro Inch), das mittlere 150 ppi und das untere nur 75 ppi. Eine geringere Auflösung erzeugt größere Pixel. Dieser Effekt lässt sich auch gut am Rahmen feststellen, der die einzelnen Abbildungen umgibt. Die Dicke dieser Rahmen beträgt in allen Fällen zwei Pixel, doch der 75-ppi-Rahmen ist doppelt so dick wie der 150-ppi-Rahmen, der wiederum doppelt so dick ist wie sein 300-ppi-Pendant.

Unkomprimiertes Bild

Niedrige Kompressionsrate

Hohe Kompressionrate

Farbtafel 3.1: Speichert man ein Bild mit JPEG-Kompression, dann verliert man Bilddaten. Das obere Bild ist das originale, unkomprimierte Bild. Mit geringer Kompressionsrate ist der Datenverlust fast nicht zu erkennen (Mitte). Bei starker Kompression jedoch gehen einige Bilddetails verloren (unten). Der Qualitätsunterschied wird vor allem in den Vergrößerungen offensichtlich.

Nikon Coolpix 900, 38 mm

Olympus C-1400XL, 36 mm

Casio QV-5000SX, 35 mm

Nikon Coolpix 900, 24 mm Adapter

Farbtafel 3.2: Hier sieht man die gleiche Szene, mit vier verschiedenen Digitalkameras aufgenommen, die offensichtlich Farben etwas unterschiedlich interpretieren. Die Olympus und die Nikon haben Zoomobjektive. Die Kameras nehmen auch leicht unterschiedliche Bildausschnitte auf, da sie mit Objektiven unterschiedlicher Brennweite ausgestattet sind. Bei den oberen zwei Bildern habe ich die Kameras auf die jeweils kürzeste Brennweite gestellt. Bei dem unteren rechten Bild habe ich einen Weitwinkeladapter auf das Nikon-Objektiv gesteckt.

Farbtafel 5.1: Dieses klassische Stillleben zeigt die Probleme, die durch zu viel und zu wenig Licht auftreten können. Auf der Zitrone entstand durch zu viel Licht ein Spitzlicht, also ein Bildbereich, in dem es keinerlei Zeichnung mehr gibt, sondern nur noch weiße Pixel. Im unteren Bereich des Bildes war zu wenig Licht, was zu kontrastarmer und indifferenter Darstellung führt. Vergleichen Sie mal die Bildqualität in diesem Bereich mit der im oberen linken, wo die Belichtung nahezu perfekt ist.

Farbtafel 5.2: Viele Digitalkameras bieten die Möglichkeit, die Belichtung zu korrigieren, die die Belichtungsautomatik eingestellt hat. Ist die Belichtungskorrektur auf 0 gestellt, wird die Einstellung der Automatik beibehalten. Positive Werte hellen die Szene auf, negative Werte reduzieren die Belichtung – das Bild wird dunkler. Hier sehen Sie, wie sich vier verschiedene Einstellungen auf die gleiche Szene auswirken.

Auto

Sonnig

Kunstlicht

Fluoreszierend

Blitz

Wolken

Farbtafel 6.1: Viele Kameras sind mit manuellem Weißabgleich ausgestattet, damit man die Farbtemperaturen unterschiedlicher Lichtquellen kompensieren kann. Das Bild, das Sie hier sehen, stellte eine besondere Herausforderung an mich und die Nikon Coolpix 900 dar, denn das Motiv wurde von drei verschiedenen Lichtquellen beleuchtet: Fluoreszierendes Licht (von oben), helles Tageslicht (durch ein Fenster, rechts) und dem kameraeigenen Blitz. Die Einstellungen Auto und Blitz liefern die gleichen Ergebnisse, da die Kamera im Auto-Modus automatisch in den Blitz-Modus umschaltet, solange der Blitz nicht ausgeschaltet ist. Die glaubwürdigsten Ergebnisse lieferten hier die Einstellungen Sonnig und Fluoreszierend.

Farbtafel 8.1: Die Druckqualität lässt sich durch die Verwendung von hochwertigem Papier erheblich steigern. Ich habe hier das gleiche Bild auf Kopierpapier (oben), Tintenstrahl-Fotopapier (Mitte) und Foto-Hochglanzpapier (unten) gedruckt. Die Skulptur auf diesem Bild stammt von Robert Indiana und steht im Indiana Museum of Modern Art.

Farbtafel 9.1: Betrachtet man sich die Abbildungen von nahem, erkennt man deutlich den Unterschied zwischen einem 24-Bit- (16 Millionen Farben) und einem 8-Bit-Bild (256 Farben). Durch die beschränkte Farbpalette schauen die Früchte irgendwie pickelig aus.

Farbtafel 10.1: Dieser kleine Kerl fristet ein ziemlich graues Dasein (links). Eine erhöhte Sättigung verhalf der Statue zu einem neuen, farbenfroheren Leben (rechts).

Farbtafel 10.2: Mein Originalfoto litt unter einem Blau- und Rotstich. Es sieht fast aus, als wäre es im Herbst aufgenommen, obwohl ich das Bild mitten im Juli geschossen habe. In Photoshop Elements habe ich deshalb die Farbbalance wiederhergestellt, indem ich die Grünwerte angehoben und die Rot- und Blauwerte abgesenkt habe. So sieht also Indiana im Sommer aus – wenigstens im Park des Indianapolis Museum of Art, wo ich dieses Foto aufgenommen habe.

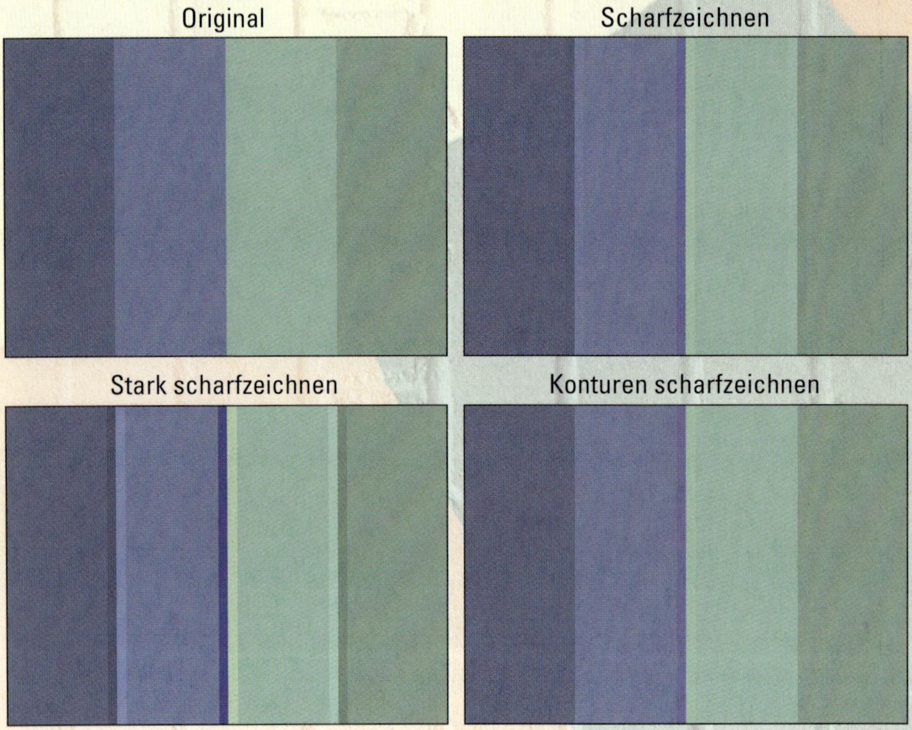

Farbtafel 10.3: Scharfzeichnung erzeugt die Illusion schärferer Bilder, indem die Pixel an der Grenze zwischen unterschiedlich farbigen Flächen abgedunkelt bzw. aufgehellt werden. Hier sehen Sie die Wirkung der drei automatischen Scharfzeichnungsfilter aus Photoshop.

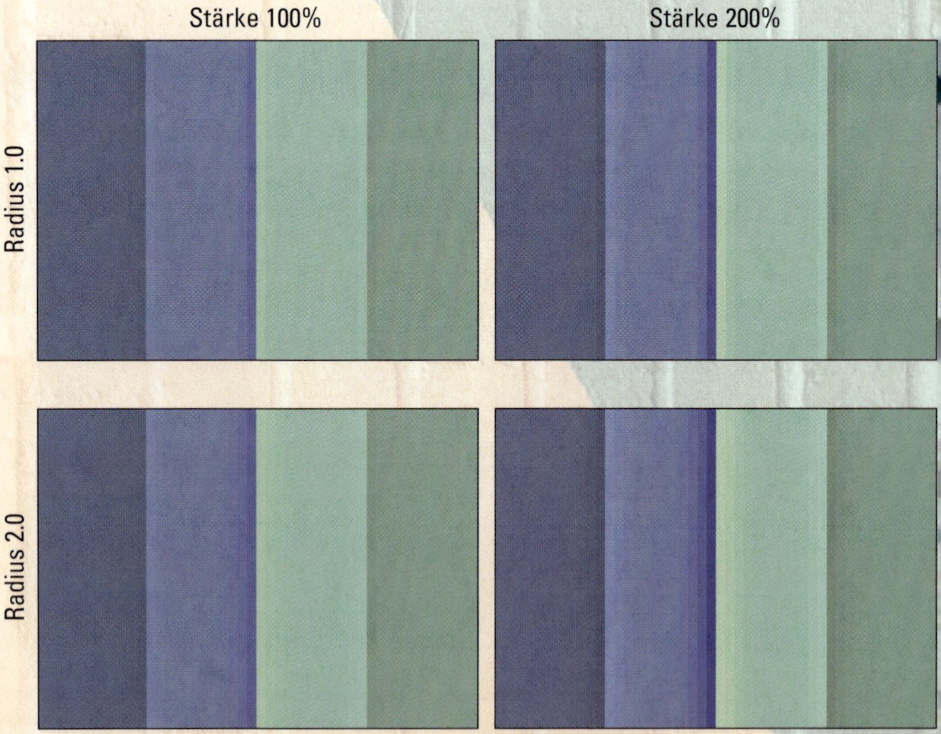

Farbtafel 10.4: Mit dem Filter UNSCHARF MASKIEREN behalten Sie die Kontrolle über Intensität und Wirkung des Scharfzeichnungseffekts. Hier habe ich den Filter auf das Originalbild aus Farbtafel 10.3 mit zwei verschiedenen Werten für die Stärke und den RADIUS angewendet. Den SCHWELLENWERT habe ich bei allen Bildern auf 0 gestellt.

Scharfzeichnen

Stark scharfzeichnen

Konturen scharfzeichnen

Unscharf maskieren

Farbtafel 10.5: Hier habe ich ein leicht unscharfes Bild (Mitte) mit den unterschiedlichen Scharfzeichnungsfiltern bearbeitet. Die Filter SCHARFZEICHNEN und KONTUREN SCHARFZEICHNEN hatten nicht die nötige Wirkung, während STARK SCHARFZEICHNEN zu forsch ans Werk ging und das Bild dadurch körnig wurde. Als bester Effekt stellte sich UNSCHARF MASKIEREN heraus und zwar dreimal mit einer STÄRKE von 50, einem RADIUS von 2 und einem SCHWELLENWERT von 3 angewandt.

Farbtafel 11.1: Die meisten Bildbearbeitungsprogramme sind mit einem Werkzeug zur Auswahl von gleichfarbigen Flächen ausgestattet wie dem Zauberstab aus Photoshop Elements. Mit diesem Werkzeug habe ich die rote Rose ausgewählt, indem ich mit vier unterschiedlichen Toleranz-Werten in die Mitte der Pflanze geklickt habe. Niedrige Toleranz-Werte veranlassen das Werkzeug, ausschließlich Pixel auszuwählen, deren Farbe sehr nahe an der des Pixels ist, das man angeklickt hat. Mit höheren Werten wird das Werkzeug sprichwörtlich toleranter.

Farbtafel 11.2: Nachdem ich die Rose aus dem linken Bild ausgewählt hatte, habe ich sie kopiert und in das Bild mit dem Marmorhintergrund eingefügt und die Montage auf der rechten Seite erhalten.

Farbtafel 11.3: Mit dem Stempelwerkzeug habe ich das Spitzlicht oben auf der Zitrone überdeckt (oberes Bild). Das Werkzeug hat die Pixel zwischen dem Quellpunkt-Cursor und dem Fadenkreuz auf die gewünschte Stelle geklont. Das rote x und der Pfeil zeigen den Startpunkt und die Richtung meiner Mausbewegung. Danach habe ich noch einige andere Quellpunkte gewählt und mit unterschiedlicher Deckkraft über die Stelle gemalt, damit ich die natürliche, fast perfekte Zitronenoberfläche im unteren Bild bekam.

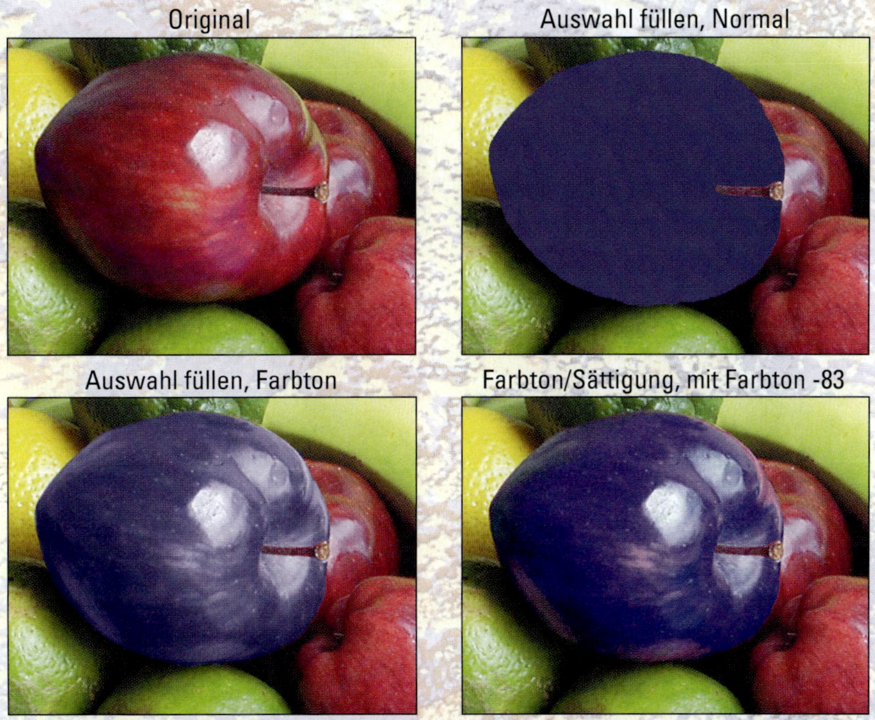

Farbtafel 12.1: Wenn man eine neue, digitale Apfelsorte züchten will, muss man zuerst den Apfel auswählen, aber ohne den Stengel. Füllt man diese Auswahl in Photoshop Elements Befehl mit dem Auswahl füllen und dem Modus Normal, erhält man nur einen einfarbigen Fleck. Mit dem Modus Farbton habe ich den Apfel lila gefärbt, ohne die Schatten und Spiegelungen zu verlieren (unten links). Im Bild unten rechts habe ich die Auswahl nicht gefüllt, sondern stattdessen den Befehl Farbton/Sättigung verwendet. Mit einem Farbton-Wert von –83 erhielt ich einen Apfel, dessen rote Bereiche Lila und dessen gelblich-grünen Bereiche Pink sind.

Farbtafel 12.2: Diese acht Bilder bildeten die Basis für die Collage in Farbtafel 12.3. Ich habe die Motive jedes einzelnen Bilds ausgewählt und in der hier gezeigten Reihenfolge in den Klinker-Hintergrund eingefügt.

Farbtafel 12.3: Diese Collage mit Motiven aus der guten alten Zeit besteht aus den Bildern in Farbtafel 12.2, die jeweils auf separaten Ebenen platziert sind.

Farbtafel 12.4: Dieses historisch anmutende Foto habe ich erzeugt, indem ich die Farbversion aus Farbtafel 12.3 in Graustufen umgewandelt habe. Dann habe ich eine neue Ebene erzeugt, diese mit Dunkelgold gefüllt, und den Ebenenmodus auf Farbton und die Ebenendeckkraft auf 50 Prozent gestellt.

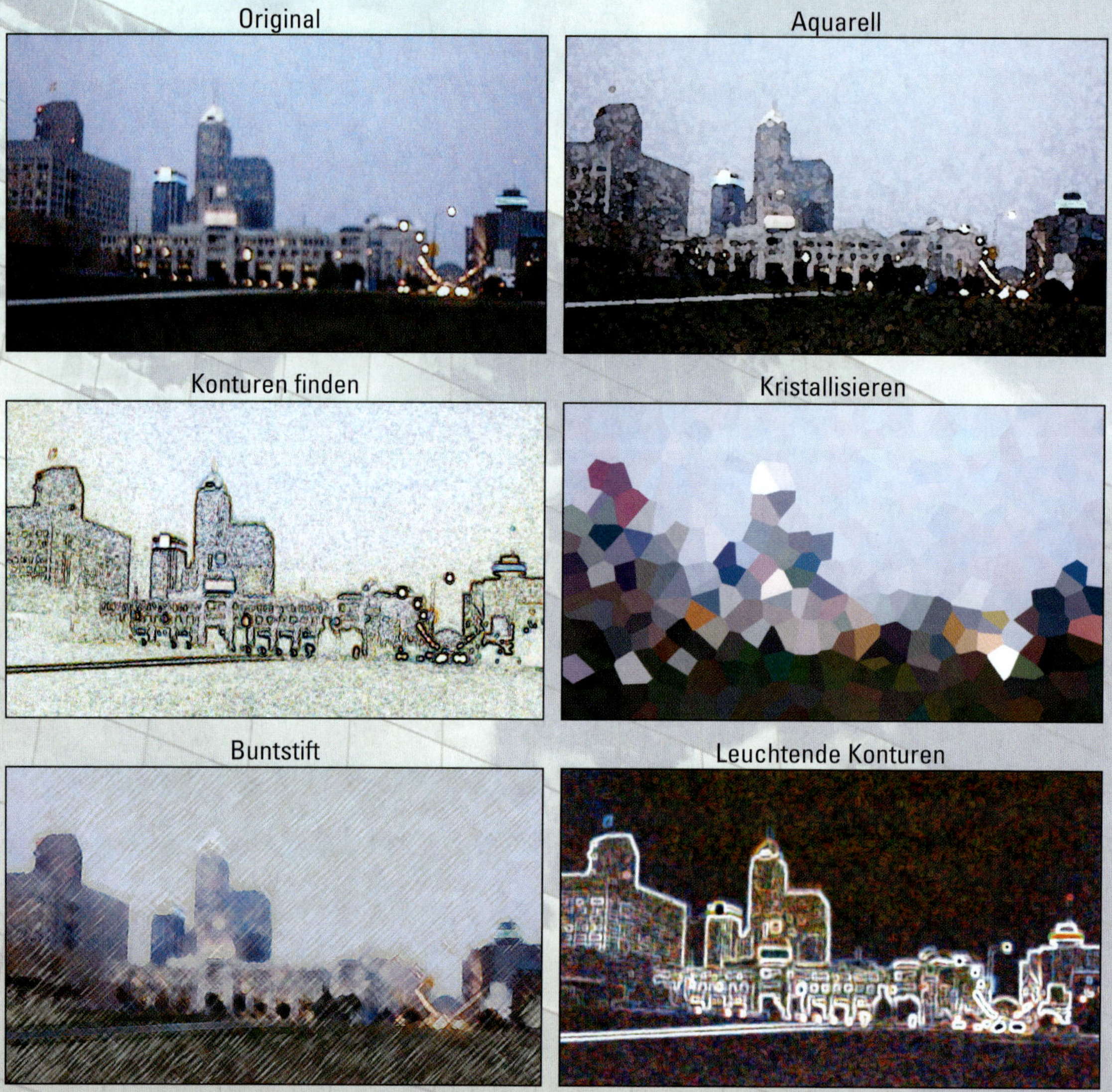

Farbtafel 12.5: Mit Hilfe einiger Spezialeffekt-Filter kann man aus manchem schlechten Bild Kunstwerke machen. Hier habe ich fünf verschiedene Filter aus Photoshop auf ein zu dunkles, körniges und unscharfes Bild angewendet. So entstanden einige interessante Farbkompositionen.

Erstellen einer transparenten GIF-Datei

Um eine transparente GIF-Datei zu erstellen, klicken Sie sich durch das nicht kinderleichte, aber auch nicht Hirnknoten erzeugende Gewirr der nachfolgend beschriebenen Schritte. Wieder beziehe ich mich hierbei auf Photoshop Elements, wobei der Ablauf in anderen Bildbearbeitungsprogrammen ähnlich ist.

Wenn Sie Ihr Bild auf 256 Farben heruntergerechnet haben, um es als GIF zu sichern, können Sie die Farben nicht zurückholen. Machen Sie also unbedingt eine Sicherungskopie Ihres Bildes, bevor Sie es in eine GIF-Datei verwandeln. Außerdem ist es schwierig, bei 256 Farben Bildbearbeitung zu betreiben. Überlegen Sie sich also, ob Ihr Bild Ihren Vorstellungen entspricht, bevor Sie es im GIF-Format sichern.

Wenn Sie diesen völlig berechtigten und entscheidenden Einwand berücksichtigt haben, finden Sie hier den Weg zur Transparenz in Photoshop Elements:

1. **Wählen Sie zunächst BILD|MODUS|INDIZIERTE FARBEN.**

   Das Dialogfeld INDIZIERTE FARBEN wird geöffnet. Markieren Sie hier die Option TRANSPARENZ und klicken Sie auf OK, um Ihr Bild in ein indiziertes Farbbild mit Transparenz zu konvertieren.

2. **Wählen Sie BILD|MODUS|FARBTABELLE.**

   Jetzt sehen Sie das Dialogfeld Farbtabelle, das in Abbildung 9.6 dargestellt ist.

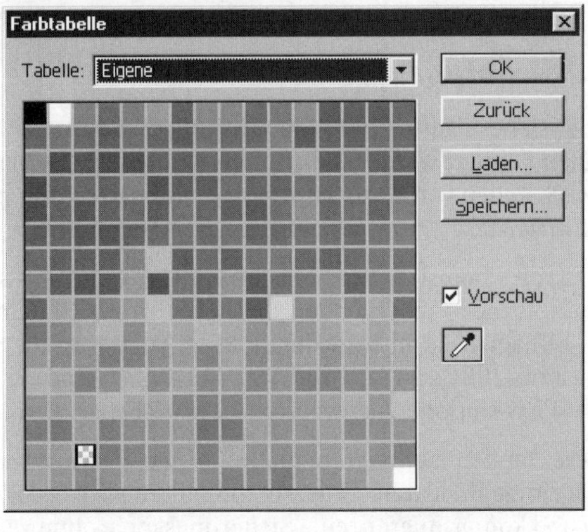

Abbildung 9.6: Klicken Sie auf ein Farbfeld oder in Ihr Bild, damit eine bestimmte Farbe transparent wird.

3. **Klicken Sie mit der Pipette auf die Farbe in der Tabelle oder im Bild, die durch Transparenz ersetzt werden soll.**

   Die aufgenommene Farbe wird in Ihrem Bild durch Transparenz ersetzt.

4. **Klicken Sie auf OK.**

   Das Dialogfeld Farbtabelle wird geschlossen.

5. **Wählen Sie Datei|Speichern unter|Für Web speichern.**

   Das Dialogfeld Für Web speichern wird geöffnet. Markieren Sie die Option Transparenz, um die Transparenz in Ihrer GIF-Datei zu erhalten. Außerdem können Sie hier auch wählen, ob Ihr Bild interlaced sein soll oder nicht. So wie bereits im Abschnitt *Hätten Sie das Bild gern auf einen Schlag oder Stück für Stück?* beschrieben, können Sie mit dieser Option bestimmen, wie das Bild beim Laden Ihrer Seite aufgebaut wird. Aktivieren Sie die Funktion, um ein Interlaced-Bild zu erzeugen, deaktivieren Sie die Funktion, um ein normales Bild zu erstellen.

6. **Klicken Sie auf OK.**

   Und schon geht's zum Dialogfenster Optimiert-Version speichern unter, das lediglich ein Standard-Speichern-Fenster ist, auch wenn der Name etwas ausgefallen klingt. Geben Sie einen Namen für Ihr Bild ein, wählen Sie den Ordner und das Speichermedium, wo Sie Ihr Bild hinsichern wollen, und klicken Sie Speichern.

JPEG: Freund des Fotografen

JPEG, das 24-Bit-Bilder sichern kann (16 Millionen Farben), ist immer die beste Wahl, wenn Bilder mit Farbverläufen benutzt werden sollen, Fotografien eingeschlossen. Um mehr über die Vorteile und Schwachstellen von JPEG zu erfahren, können Sie ein paar Seiten zuvor unter *Entscheidungen, Entscheidungen: GIF oder JPEG?* nachschlagen.

Um ein Bild mit Photoshop Elements im JPEG-Format abzusichern, durchschreiten Sie die folgenden aufregenden Stationen. Wenn Sie ein anderes Programm benutzen, schlagen Sie in der Hilfefunktion nach, um die genauen Befehle zur Erstellung eines JPEGs zu erfahren. Wahrscheinlich sind die Ihnen zur Verfügung stehenden JPEG-Optionen den von mir beschriebenen ziemlich ähnlich.

Um kleinere Dateien zu kreieren, bietet JPEG die verlustreiche Kompression an, mit der Sie einige Bilddaten verlieren. Sie sollten also, bevor Sie ein Bild als JPEG absichern und komprimieren, eine Sicherungskopie ohne Verlustkompression anlegen – zum Beispiel TIFF oder auch das Original-Photoshop-Format (PSD). Nachdem Sie eine JPEG-Kompression angewendet haben, können Sie die durch den Kompressionsprozess verloren gegangenen Daten nicht zurückholen. Mehr zu Kompression finden Sie in Kapitel 3 und auf der Farbtafel 3.1.

1. **Wählen Sie Datei/Speichern unter.**

   Das Dialogfenster Speichern unter wird geöffnet. Benennen Sie Ihre Datei, suchen Sie Ordner und Medium aus, wo das Bild hingesichert werden soll, und wählen Sie JPEG als Dateityp aus. Dann klicken Sie Speichern (siehe Abbildung 9.7).

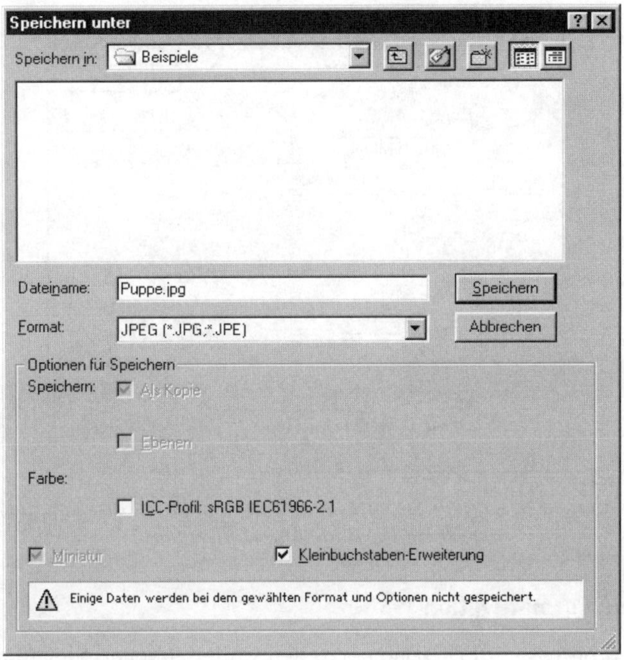

Abbildung 9.7: Im Dialogfenster Speichern unter sichern Sie Ihr Bild als JPEG-Datei.

2. **Das Dialogfeld JPEG-Optionen wird geöffnet.**

   Hier können Sie verschiedene Optionen für Ihre JPEG-Datei definieren (siehe Abbildung 9.8).

3. **Legen Sie die Kompression fest.**

   Unter Bild-Optionen bestimmen Sie die Kompressionshöhe, indem Sie die Qualitätsoption, die Dropdown-Liste oder den Regler benutzen. Hier wird die Kompressionsrate festgelegt, die sich auf Bildqualität und Dateigröße auswirkt. (Je besser die Qualität sein soll, desto geringer wird komprimiert und desto größer wird die Datei.) Das Popup-Menü stellt vier allgemeine Einstellungen zur Verfügung: Maximal, Hoch, Mittel, Niedrig, wobei Maximal die beste Qualität bzw. geringste Kompression und Niedrig die geringste Qualität bzw. höchste Kompression bedeuten. Der Regler und die Optionsfunktionen ermöglichen Ihnen, etwas genauere Einstellungen vorzunehmen. Sie können aus 12 Abstufungen auswählen, wobei aus 0 die unterste Bildqualität (höchste Kompression) und aus 12 die beste

Bildqualität (niedrigste Kompression) resultieren. Um Bilder auszudrucken, sollten Sie immer Maximal, mindestens aber hohe Qualität anwählen. Für Netzbilder reicht die mittlere Qualität vollkommen aus. Wählen Sie Einstellung aus dem Popup-Menü oder geben Sie 4–5 bei der Funktion QUALITÄT ein. Alternativ können Sie den Regler verschieben, bis die gewünschten Werte im Fenster BILDOPTIONEN erscheinen.

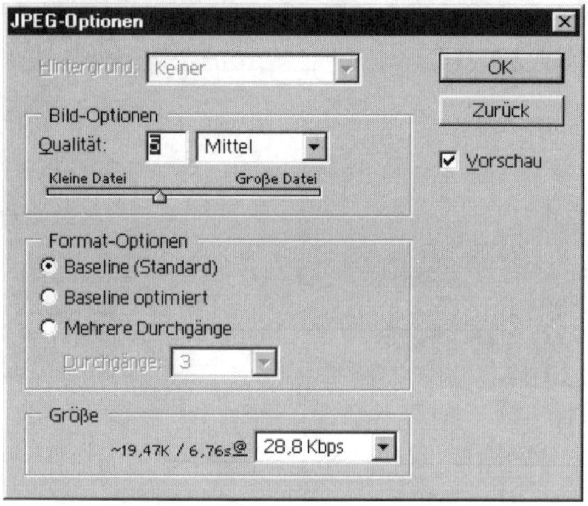

Abbildung 9.8: Wählen Sie eine Qualitätseinstellung, um festzulegen, wie stark Ihr Bild komprimiert wird.

4. **Wählen Sie eine Format-Option**

   Wenn Sie eine progressive JPEG-Datei erstellen wollen, klicken Sie auf die Option MEHRERE DURCHGÄNGE im Abschnitt FORMAT-OPTIONEN des Dialogfensters. Unter der Überschrift *Möchten Sie das Bild auf einen Schlag oder Stück für Stück?* wurde schon beschrieben, dass ein progressives Bild sich nach und nach aufbaut, in dem Maße, in dem die Daten übertragen werden. Zunächst erkennt der Betrachter nur eine vage Andeutung Ihres Bildes, die sich dann im Laufe des Ladevorgangs Stück um Stück verbessert. Der Wert, den Sie bei DURCHGÄNGE eingeben, bestimmt, wie viele Zwischenschritte erfolgen sollen, bis das Bild komplett dargestellt wird. Hier haben Sie keine große Spanne zur Auswahl, Sie können lediglich 3, 4 oder 5 Durchgänge eingeben. Es ist vollkommen okay, wenn Sie diese Option bei der Grundeinstellung 3 belassen.

   Um eine nicht-progressive Datei zu erstellen – also ein Bild, das erst dann erscheint, wenn alle Daten geladen sind, wählen Sie die Option BASELINE OPTIMIERT. Die zweite Option BASELINE (STANDARD) ist für die Bilder empfehlenswert, die eher gedruckt werden sollen, anstatt ins Netz gestellt zu werden.

5. **Wenn Sie die geschätzte Ladezeit wissen möchten, wählen Sie eine Modemgeschwindigkeit aus dem Popup-Menü GRÖSSE.**

   Diese Option ist nur verfügbar, wenn die Option VORSCHAU angeklickt wurde.

6. **Klicken Sie auf OK.**

   Die Datei wird ohne Ihr weiteres Zutun gesichert.

Progressive JPEGs benötigen für die Ansicht mehr RAM und werden von einigen älteren Webbrowsern nicht unterstützt. Das ist in der Regel kein tragisches Hindernis. Wenn sich aber doch jemand beschweren sollte, dass er Probleme beim Aufrufen oder Betrachten der Bilder auf Ihrer Website habe, wechseln Sie die Bilder einfach gegen nicht-progressive Bilder aus.

Ich hätte so gern ein Bild von Dir

Die Möglichkeit, Ihren Lieben und anderen wichtigen Menschen auf der ganzen Erde ein digitales Foto per E-Mail zu schicken, ist fast der genussvollste Aspekt für Besitzer einer Digitalkamera. Mit ein paar Mausklicks können Sie allen, die ein E-Mail Konto haben, ein Foto schicken. Und der oder die Glückliche kann sich Ihr Bild am Monitor anschauen, es auf Diskette sichern und es sogar bearbeiten oder ausdrucken.

Natürlich erweist sich diese Eignung auch für Geschäftsbelange als nützlich. Ich, als zeitweiliger Antiquitätenhändler zum Beispiel, tausche des öfteren Fotos mit anderen Händlern und Antiquitätenliebhabern im ganzen Land aus. Wenn ich beim Einordnen und Auszeichnen einer neuen Entdeckung Hilfe brauche, maile ich meinen Kontaktpartnern und hole mir ihren Rat. Irgendeiner kann mir meistens die gesuchten Informationen vermitteln.

Obwohl es wirklich einfach ist, ein Bild als Attachment in einer E-Mail zu verschicken, funktioniert der Vorgang zuweilen nicht, aufgrund der unterschiedlichen Mail-Programme und dem Handling von Dateien im Austausch zwischen Mac und PC. Außerdem wissen Neueinsteiger in die Welt der elektronischen Post oftmals nicht, wie sie Bilder ansehen oder verschicken können – was keinesfalls überrascht, wenn man bedenkt, wie selten die Software die intuitive Benutzung ermöglicht.

Um sicherzugehen, dass Ihr Bild heil ankommt, sollten Sie es unter anderem einwandfrei vorbereiten, bevor Sie es versenden. Zunächst bemaßen Sie es laut Anleitung im Kapitel *So viel zur Größe der Angelegenheit*.

Sichern Sie Ihr Bild dann im JPEG-Format, wie im vorangegangenen Kapitel erläutert. Benutzen Sie die BASELINE OPTIMIERT- Einstellung, und wählen Sie MITTEL oder HOCH bei der Einstellung der Qualität. Einige E-Mail-Programme akzeptieren GIF-Dateien, aber nicht alle, also nehmen Sie zur Sicherheit eben JPEG. Es sei denn, Sie wollen CompuServe-Benutzern Bilder schicken, deren Browser oft mit GIF, nicht aber mit JPEG funktionieren. (Anders gesagt: Falls der Empfänger Probleme mit einem Format hat, versuchen Sie's noch einmal, indem Sie ihm das andere Format schicken.)

Beachten Sie aber, dass diese Anleitung nichts mit Bildern zu tun hat, die Sie für spezielle Grafikbearbeitungen verschicken – wenn Sie zum Beispiel ein Logo für einen Kunden gestaltet haben, der das dann in seinen Firmenbrief einbauen will. Hierfür sollten Sie die Datei im vom Kunden benötigten Format speichern und die Auflösung wählen, die für das Endprodukt erforderlich ist, wie in Kapitel 2 erklärt wurde. Bei großen Bilddateien müssen Sie mit langen Ladezeiten rechnen. Wenn Sie es zeitlich schaffen, ist es tatsächlich günstiger, das Bild auf eine ZIP-Diskette oder andere Speichermedien zu sichern und es mit der Post zu schicken, statt es per E-Mail zu versenden.

Gesagt, getan. In den folgenden Schritten wird erklärt, wie man eine Bilddatei an eine E-Mail-Nachricht mit Netscape Communicator anfügt. Wenn Sie irgendein anderes Programm zum Senden und Erhalten von E-Mails benutzen, wird der Ablauf wahrscheinlich relativ ähnlich sein, vergewissern Sie sich aber in der Online-Hilfe Ihres Programms, wie der Ablauf im Detail ist.

1. **Wählen Sie sich ins Internet ein und starten Sie den Communicator.**

2. **Starten Sie das Mail-Programm und öffnen Sie ein neues Mailfenster, so wie sonst auch, wenn Sie eine E-Mail verschicken wollen.**

   In Netscape Communicator wählen Sie Communicator/Nachrichtenzentrum, um dann Datei/Neu/Neue Nachricht zu wählen.

3. **Geben Sie den Empfängernamen, E-Mail-Adressen und Subject-Informationen ein, wie Sie es immer tun.**

4. **Wählen Sie Datei/Datei anfügen oder klicken Sie auf das Anfügen-Symbol in der Werkzeugleiste, und wählen Sie Ihre Datei aus der Liste.**

   Die meisten Programme sind mit einer solchen Werkzeugleiste ausgestattet – suchen Sie nach einem Symbol mit einer Büroklammer. Die Büroklammer ist mittlerweile zum Standardsymbol für die Anfügen-Funktion avanciert.

   Nachdem Sie die Datei-Funktion gewählt haben, sehen Sie ein Dialogfenster, das fast genauso aussieht wie die Fenster, die Sie normalerweise benutzen, um Dateien zu finden und zu öffnen. Gehen Sie zur Bilddatei, die Sie anfügen wollen, markieren Sie die Datei und klicken auf das Öffnen-Symbol. Sie kommen dann wieder in das Message-Fenster zurück.

   Wenn Sie mehrere Bilder in der E-Mail verschicken wollen, wiederholen Sie Schritt 4.

5. **Klicken Sie auf Senden, um die Nachricht in den Cyberspace zu katapultieren.**

   Wenn alles richtig läuft, sollte Ihr E-Mail-Adressat die Nachricht in null Komma nichts erhalten. Im Netscape Navigator erscheint das Bild als *Inline Grafik* – das heißt, es wird direkt im E-Mail-Fenster gezeigt – so wie in Abbildung 9.9, oder aber als Text Link, den der Benutzer einfach anklickt, um das Bild sehen zu können.

Aber, wie gesagt, diese sagenhaften technischen Dinge können verschiedenste Fallstricke beinhalten. Wenn das Bild nicht wie gewünscht ankommt oder nicht angeschaut werden kann, sollte man zuerst die technische Unterstützung des Empfänger-Programms aufrufen oder die Service-Hotline des Programms oder des Poviders anrufen. Finden Sie heraus, ob irgendwelche speziellen Einstellungen zum Versenden von Bildern benötigt werden, um sicherzugehen, dass die Software des Empfängers korrekt eingestellt ist. Wenn am Ende alles im grünen Bereich ist, kontaktieren Sie Ihren E-Mail-Provider oder fordern Sie technische Unterstützung der Software Hersteller an. Es ist möglich, dass Ihre E-Mail-Einstellungen ein paar Feineinstellungen bedürfen, wobei Ihnen das technische Support-Personal sicherlich helfen kann, das Problem schnell aus der Welt zu schaffen.

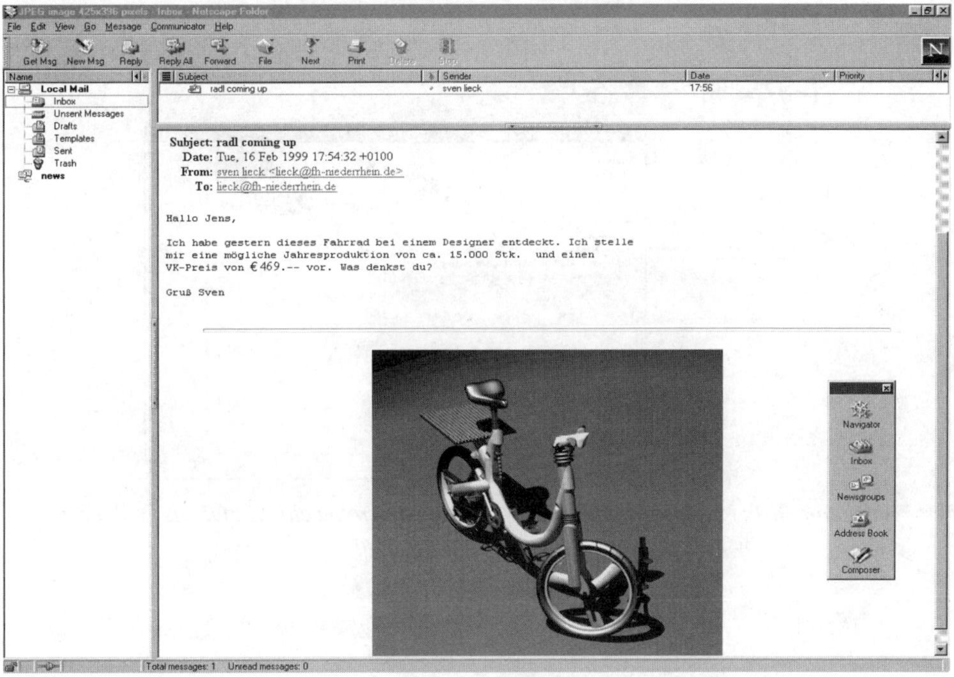

Abbildung 9.9: Sie können Bilder an E-Mail-Nachrichten anfügen, wie hier gezeigt.

Für spezielle Bilder wollen Sie vielleicht eine E-Mail-»Postkarte« verschicken, anstatt eine Datei an eine gewöhnliche Message anzuhängen. Bei einer Postkarte sieht Ihr Empfänger die Message und das Bild in einem Layout, das einer traditionellen Postkarte ähnelt. Manchmal kann man sogar eine Sounddatei anfügen. Kodak bietet auf seiner Website einen Postkartenservice umsonst an. (Klicken Sie den PICTURE THIS POSTCARDS- Link auf der Kodak-Homepage, `www.kodak.com an.`) Sie laden Ihr Bild auf diese Seite, schreiben eine Nachricht und geben die E-Mail-Adresse Ihres Empfängers ein. Der Empfänger muss dann auf die Kodak-Website gehen, um die Postkarte lesen zu können. Sie können aber auch Postkartensoftware kaufen, wie zum Beispiel NetCard von Picture Works Technology ($ 29,95), um Ihre eigene Postkarten zu gestalten. Mit diesen Programmen fügen

Sie Ihre Postkartendatei an eine E-Mail-Nachricht an, zusammen mit einer Datei, die dem Empfänger die Betrachtung Ihres Kunstwerkes ermöglicht. Sie können die Postkarte auch in eine Standard-JPEG-Datei konvertieren, sodass man das Bildbetrachterprogramm gar nicht benötigt. Abbildung 9.10 zeigt die Vorder- und Rückseite einer Postkarte, die mit NetCard gemacht wurde.

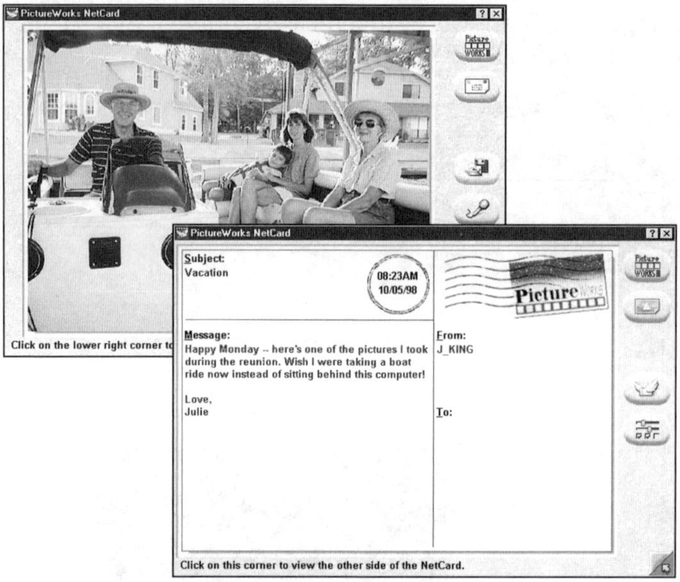

Abbildung 9.10: Mit Programmen wie NetCard können Sie eine E-Mail als Postkarte erzeugen und verschicken.

Teil IV

Tricks der digitalen Art

In diesem Teil ...

Wenn Sie gerne Spionage-Filme sehen, werden Sie bemerkt haben, dass Bildbearbeitung inzwischen in fast jeder Story auftaucht. Üblicherweise geschieht Folgendes: Ein Held à la Mel Gibson schafft es, ein Foto von den Bösewichtern zu machen. Leider ist das Foto aus zu großer Entfernung aufgenommen worden, als dass man die Schurken identifizieren könnte. Also geht Mel mit dem Foto zu einem Kumpel, der als Spezialist für digitale Bildbearbeitung in einem Top-Secret-Labor der Regierung arbeitet. Mirakulöserweise ist der Kumpel in der Lage das Bild zu verbessern und Mel auf Wunsch eine kristallklare Aufnahme zu übergeben: Die Menschheit ist gerettet. Bis auf den Kumpel natürlich, dessen unausweichliches Schicksal es ist, von den Fieslingen umgebracht zu werden – nur Sekunden nachdem Mel das Labor verlassen hat, versteht sich.

Es tut mir furchtbar leid, es sagen zu müssen, aber im wahren Leben funktioniert Bildbearbeitung nicht so. Vielleicht haben Top-Secret-Regierungsmenschen die Software, mit der Sie diese Filmtricks aufführen können, – hey, soweit ich weiß, könnten unsere Agenten tatsächlich Strahlenkanonen und auch geheime Decoder-Ringe haben. Aber die Bildbearbeitungsprogramme, die Sie und ich erwerben können, sind einfach nicht in der Lage, fotografische Details aus dem Nichts zu erschaffen.

Das heißt aber nicht, dass Sie nicht trotzdem einige ziemlich erstaunliche Dinge tun können, wie Ihnen dieser Teil des Buches auch beweisen wird. Kapitel 10 zeigt Ihnen, wie Sie geringfügigere Korrekturen ausführen können, zum Beispiel das Bild freistellen oder die Farbbalance einstellen. In Kapitel 11 erfahren Sie, wie Sie nur einen bestimmten Teil Ihres Bilds bearbeiten, indem Sie eine Auswahl erzeugen. Außerdem lernen Sie, wie Sie zwei oder mehr Bilder ausschneiden und zusammenfügen und kleinere Bilddefekte und unerwünschte Hintergrundelemente abdecken können. In Kapitel 12 erhalten Sie einen Vorgeschmack auf einige fortgeschrittenere Bearbeitungstechniken, wie ihr Bild zu bemalen, Fotomontagen zu erstellen und Spezialeffekt-Filter anzuwenden.

So machen Sie Ihr Bild präsentationsfähig

10

In diesem Kapitel ...

- Öffnen und sichern Sie Bilder
- Schneiden Sie unerwünschte Elemente heraus
- Verbessern Sie die Farbsättigung
- Hellen Sie zu dunkle Bilder auf
- Stimmen Sie die Farbbalance ab
- Vergrößern Sie die Bildschärfe
- Verwischen Sie den Hintergrund
- Entfernen Sie Störungen und Treppchen

Einer der großen Vorteile der digitalen Fotografie ist, dass Sie nie auf das eingeschränkt sind , was aus der Kamera herauskommt, wie das bei der traditionellen Fotografie der Fall ist. Auf einem Film bleibt ein lausiges Foto einfach ein lausiges Foto – für immer. Natürlich können Sie sich einen tollen Stift kaufen, mit dem Sie die lästigen roten Blitz-Augen entfernen können. Und wenn Sie ein Scherenschnittprofi sind, dann können Sie sogar unerwünschte Teile aus Ihrem Foto herausschnippeln. Damit haben Sie aber auch schon die Grenzen der Korrekturmöglichkeiten erreicht. Es sei denn, es steht Ihnen zufällig ein gut ausgerüstetes Fotolabor zur Verfügung.

Mit einem digitalen Bild und einem einfachen Bildbearbeitungsprogramm kann man jedoch erstaunliche Dinge erreichen – mit erfreulich wenig Aufwand. Zusätzlich zu den Freistell-, Farbbalance- und Aufhellungsmöglichkeiten können Sie störende Hintergrundelemente abdecken, verwaschene Farben wiederbeleben, zwei oder mehrere Bilder zusammenfügen und allerlei kreative Effekte anwenden.

In Kapitel 11 lernen Sie Bildstörungen zu entfernen und zwei Fotos auszuschneiden und zusammenzufügen. Kapitel 12 macht Sie mit den Malwerkzeugen, den Spezialeffekt-Filtern und anderen fortgeschrittenen Bildbearbeitungstechniken vertraut. Dieses Kapitel erklärt Ihnen die Grundlagen: einfache Bildbearbeitungstricks, mit denen Sie kleinere Defekte an Ihrem Bild beheben können.

Ein Wort zu Bildbearbeitungsprogrammen

In diesem Kapitel und in anderen, die konkrete Bildbearbeitungsbefehle beschreiben, zeige ich Ihnen, wie Sie diese Befehle mit Adobe Photoshop Elements ausführen können. Ich habe diese Software gewählt, da sie von vielen Digitalkamera-Marken bereits mitgeliefert wird. Daher besitzen viele Leser dieses Programm bereits. Zudem bietet Photoshop Elements viele der Features, die auch das anspruchsvollere (und teurere) Adobe Photoshop beinhaltet, eines der besten Profi-Bildbearbeitungsprogramme.

Dieses Buch wird jedoch keine Komplettbesprechung von Photoshop Elements vornehmen; ich möchte nur einige grundsätzliche Befehle und Werkzeuge erklären und gehe davon aus, dass Sie mit dem Programm schon ein wenig vertraut sind.

Text, der am Rand mit einem Photoshop Elements-Symbol markiert ist, bezieht sich speziell auf Photoshop Elements. Wenn Sie ein anderes Bildbearbeitungsprogramm verwenden, sei Ihnen hiermit versichert, dass fast alle –Elements-spezifischen Informationen in diesem Kapitel und im restlichen Buch auch ohne Probleme auf Ihre Software angewendet werden können. Die meisten Bildbearbeitungsprogramme bieten ähnliche Werkzeuge und Befehle, wie sie hier besprochen werden, obwohl die exakten Werkzeug- und Befehlsbenennungen sich möglicherweise leicht unterscheiden. Die grundsätzlichen Bearbeitungsmethoden und fotografischen Ideen, die hier vorgestellt werden, sind dieselben, ganz gleich, welches Bildbearbeitungsprogramm Sie verwenden.

Gebrauchen Sie dieses Buch also als Anleitung zur grundlegenden Herangehensweise für Ihre Bildbearbeitung, und ziehen Sie das Handbuch oder das Online-Hilfesystem Ihrer Software zu Rate, wenn Sie Details zur Anwendung spezieller Techniken erfahren möchten.

Falls Sie noch gar keine Bildbearbeitungssoftware besitzen oder Sie sich noch nach einem neuen Programm umsehen, können Sie die Demo-Versionen verschiedener Bildbearbeitungsprogramme testen, die sich auf der Begleit-CD dieses Buchs befinden. Außerdem enthält die CD auch einige Bildbeispiele für den Fall, dass Ihnen noch keine zur Verfügung stehen.

Wie Sie Bilder öffnen

Bevor Sie ein Bild bearbeiten können, müssen Sie es in Ihrem Bildbearbeitungsprogramm öffnen. In etwa jedem Bearbeitungsprogramm dieses Planeten öffnen Sie ein Bild mit dem Öffnen-Befehl aus dem Datei- (bzw. Ablage-) Menü. Um noch schneller an Ihre Datei zu gelangen, verwenden Sie den universellen Öffnen-Tastaturkurzbefehl: Drücken Sie ⌘+O am Mac oder Strg+O am PC.

Wenn Sie ein komplett neues Bild erzeugen möchten anstatt ein bereits vorhandenes Foto zu bearbeiten, wählen Sie den Befehl Neu aus dem Datei-Menü oder benutzen das Tastenkürzel

[⌘]+[N] am Mac oder [Strg]+[N] am PC. Ihr Bildbearbeitungsprogramm zeigt dann eine Dialogbox, in der Sie den Namen, die Größe und die Auflösung des Bilds festlegen können.

Und hier noch ein paar skandalöse Gerüchte zum Thema Bilder öffnen:

Wenn Sie ein Bild mit Photoshop Elements öffnen, analysiert das Programm die Datei, um das Dateiformat zu bestimmen, und öffnet die Datei im entsprechenden Format. Es ist empfehlenswert, eine Kopie des Originals im programmeigenen PSD-Format zu speichern und mit dieser zu arbeiten. Dann können Sie immer zum Original zurückkehren, falls bei der Bearbeitung etwas schief gegangen sein sollte. (Weitere Möglichkeiten zur Fehlerbehebung erfahren Sie im kommenden Abschnitt *Sicherheitsnetze bei der Bearbeitung*. Informationen zum Sichern von Bildern finden Sie im folgenden Abschnitt.)

Warum empfehle ich Ihnen, in Photoshop Elements mit dem PSD-Format zu arbeiten? Weil Programme in ihren eigenen *nativen* Formaten Bilder schneller berechnen können, als Bilder, die in anderen Formaten gesichert worden sind. Noch wichtiger ist wahrscheinlich die Tatsache, dass das PSD-Format dafür ausgelegt ist, die Werkzeuge und Features des Programms zu unterstützen. PSD ist beispielsweise in Photoshop Elements eins der beiden einzigen Formate, das Bildebenen unterstützt (damit umgehen kann). Ebenen kommen dann ins Gespräch, wenn Sie mehrere Bilder kombinieren (siehe Kapitel 12). Das andere Format, das Ebenen unterstützt, ist das Photoshop PDF-Format.

- ✔ Zur Bildbearbeitung benötigen Sie eine bestimmte Menge an freiem RAM (Arbeitsspeicher). Falls Ihr Bildbearbeitungsprogramm zickt, wenn Sie ein Bild öffnen möchten, versuchen Sie es damit: Schließen Sie alle Programme, starten Sie Ihren Computer neu und dann öffnen Sie lediglich Ihr Bildbearbeitungsprogramm. (Gehen Sie sicher, dass Sie sämtliche Startroutinen deaktiviert haben, die Programme automatisch im Hintergrund hochfahren, sobald Ihr System startet.) Jetzt arbeiten Sie mit dem maximalen RAM. Wenn Ihr Bildbearbeitungsprogramm immer noch über Speicherprobleme jammert, sollten Sie sich überlegen, mehr Arbeitsspeicher einzubauen – RAM Preise sind zum Glück im Augenblick relativ niedrig.

- ✔ Einige Bildbearbeitungsprogramme, einschließlich Photoshop Elements und Photoshop, benutzen sowohl Festplattenspeicher als auch RAM, während sie Bilder berechnen. Wenn Sie einen Arbeitsschritt ausführen, kopiert das Programm alle Daten, die sich augenblicklich im Arbeitsspeicher befinden, auf die Festplatte. Daher müssen Sie natürlich über die gleiche Menge an freiem Festplattenspeicher verfügen, wie Sie RAM besitzen. Wenn Ihr System mit 96 MB RAM ausgestattet ist, benötigen Sie beispielsweise 96 MB freien Festplattenspeicher.

  In Photoshop Elements und Photoshop erscheint eine Meldung, dass das primäre Arbeitsvolumen voll ist, sobald der notwendige Festplattenspeicher nicht mehr vorhanden sein sollte. Andere Programme verwenden möglicherweise andere Formulierungen. Auf jeden Fall können Sie das Problem beheben, indem Sie einige überflüssige Dateien löschen, um etwas Platz auf Ihrer Festplatte zu gewinnen.

- Die meisten Bildbearbeitungsprogramme können die Dateiformate, die einige Digitalkameras zur Speicherung ihrer Bilder benutzen, nicht lesen. Falls Ihr Bildbearbeitungsprogramm sich aufgrund des Formats eines Bilds weigert, dieses zu öffnen, informieren Sie sich im Handbuch Ihrer Kamera über mitgelieferte Software, die für das Herunterladen der Bilder verwendet wird. Sie sollten mit dieser Software in der Lage sein, Ihre Bilder in Standardformate wie JPEG oder TIFF zu konvertieren. (Mehr zum Thema Dateiformate finden Sie im Kapitel 7.)
- Einige Programme, auch Photoshop Elements, können jedoch Bilder direkt von der Digitalkamera aus öffnen. Schauen Sie also in das Handbuch Ihres Programms und der Kamera, um herauszufinden, wie Ihre Hard- und Software miteinander reden können. Suchen Sie nach Informationen zu dem Begriff TWAIN-Zugang (TWAIN Access). Kapitel 7 bietet noch mehr Erleuchtung zu diesem interessanten Akronym.

Falls Ihr Bild auf der Seite liegt, wenn Sie es öffnen, wählen Sie unter BILD|DREHEN die Option 90 ° LINKS oder 90 ° RECHTS, um es in Photoshop Elements richtig herum zu drehen. Um ein Bild horizontal zu spiegeln oder es auf den Kopf zu stellen, wählen Sie HORIZONTAL SPIEGELN beziehungsweise VERTIKAL SPIEGELN, die Sie ebenfalls unter BILD|DREHEN finden.

Sichern Sie jetzt! Sichern Sie oft!

Falls Sie sich nicht angewöhnen, Ihre Bilder regelmäßig zu sichern, werden Sie sich mit Sicherheit bald und oft die Haare raufen.

Bis zu dem Moment, in dem Sie Ihr Bild sichern, ist Ihre Arbeit sehr gefährdet. Wenn Ihr Computer abstürzt, Ihr System aufgibt, der Strom ausfällt oder irgendetwas anderes Hinterhältiges geschieht, geht der gesamte Arbeitsprozess, den Sie gerade ausgeführt haben, flöten, – für immer und ewig. Und glauben Sie nur nicht, dass das Ihnen nicht passieren kann, weil Sie ja gerade erst das neueste und beste Betriebssystem geladen haben. Große Bilder können selbst das stärkste System aus den Schuhen hauen. Ich arbeite an einem fetten Pentium 4 mit 768 MB RAM (Mann, ich liebe es, so zu reden...), und trotzdem bekomme ich gelegentlich die freundliche Meldung »Das Programm Soundso musste beendet werden, weil Fehler Blablabla aufgetreten ist«, wenn ich mit großen Bildern arbeite.

Um sich davor zu schützen, prägen Sie sich folgende Bild-Speichern-Regeln ein:

- Um ein Bild zum ersten Mal zu sichern, verwenden Sie einfach den Universal-Sichern-Befehl: Wählen Sie aus dem DATEI-Menü SPEICHERN oder drücken Sie [⌘]+[S] am Mac oder [Strg]+[S] am PC. Ihr Programm sollte Ihnen jetzt eine Dialogbox präsentieren, in die Sie einen Namen für Ihr Bild eingeben und den Ort auf Ihrer Festplatte wählen können, wo die Datei abgelegt werden soll – ganz genau wie Sie es vom Sichern anderer Dokumente auch gewohnt sind.

- ✔ Nachdem Sie ein Bild zum ersten Mal gesichert haben, sichern Sie es nach einigen Arbeitsschritten erneut. Normalerweise können Sie einfach das Tastenkürzel ⌘+S (oder Strg+S am PC) verwenden, oder Sie wählen den Befehl SPEICHERN aus dem DATEI-Menü, um das Bild erneut zu sichern – ohne sich mit einer Dialogbox herumzuquälen. Wenn Sie das Bild unter einem anderen Namen absichern möchten, wählen Sie aus dem aus dem DATEI-Menü SPEICHERN UNTER.

In den meisten Programmen können Sie, wenn Sie den SPEICHERN-Befehl oder den SPEICHERN UNTER-Befehl wählen, entscheiden, in welchem Dateiformat Ihr Bild abgesichert werden soll. Photoshop Elements öffnet eine Dialogbox, in der mehrere Dateiformate zur Auswahl stehen. Nähere Informationen zu den unterschiedlichen Dateiformaten und den Optionen, die erscheinen, wenn Sie sich für eins entscheiden, finden Sie in Kapitel 7.

Wenn Ihr Photoshop Elements-Bild Ebenen enthält, sollten Sie immer im Adobe Photoshop-Format PSD oder als Photoshop PDF sichern. Nur dann werden die Ebenen in Photoshop Elements erhalten. Andere Formate klatschen alle Ebenen zu einer zusammen. Mehr zu Ebenen finden Sie in Kapitel 12.

- ✔ Wenn Sie ein Bild mit Photoshop Elements in einem anderen Format absichern, beachten Sie, dass dabei einige Bilddaten (wie Ebenen) verloren gehen können. Sichern Sie Ihr Bild deshalb solange im PSD-Format, bis es fertiggestellt ist. Danach können Sie es zur weiteren Verwendung in einem anderen Format sichern.

Sichern Sie das Bild, an dem Sie gerade arbeiten, auf der Festplatte und nicht auf einer Diskette oder einem anderen transportablen Medium. Ihr Computer kann mit den Dateien, die sich auf der Festplatte befinden, sehr viel schneller arbeiten. Allerdings sollten Sie immer Sicherheitskopien Ihrer Arbeit auf irgendeinem Wechselmedium (Diskette, Zip etc.) machen, damit sie im Falle eines Systemabsturzes geschützt ist. In Kapitel 4 finden Sie mehr Informationen zu Wechselmedien.

Sicherheitsnetze bei der Bearbeitung

Während Sie fröhlich im Land der Bildbearbeitung herumspazieren, werden Sie sicherlich hier und da auch einmal eine falsche Abzweigung nehmen. Vielleicht klicken Sie, wo Sie eigentlich hätten ziehen sollen. Oder schneiden aus, wo Sie kopieren wollten. Oder Sie malen Ihrer Tante einen dicken Schnurrbart ins Gesicht, obwohl Sie doch nur vorhatten, ein paar Fältchen zu entfernen.

Zum Glück können die meisten Fehler mit den folgenden Möglichkeiten einfach rückgängig gemacht werden:

- Die meisten Programme bieten einen Widerrufen-Befehl an, den Sie üblicherweise im Bearbeiten-Menü finden. Der Widerrufen-Befehl versetzt Sie einen Schritt im Leben zurück und widerruft den zuletzt ausgeführten Arbeitsschritt. Wenn Sie zum Beispiel eine Linie auf Ihr Bild gezeichnet haben, entfernt der Widerrufen-Befehl diese Linie wieder.

Den Befehl Datei|Zurück zur letzten Version finden Sie sowohl in Photoshop Elements als auch in Photoshop. Ihr Bild erscheint dann wieder so, wie es aussah, als Sie es das letzte Mal gesichert hatten. Dieser Befehl ist sehr hilfreich, wenn Sie sich in einem totalen Schlamassel befinden und einfach nur noch zurück zum Anfang möchten. Allerdings funktioniert dieser Befehl nur, wenn Sie Ihr Bild auch zum ersten Mal gesichert haben. (Siehe *Sichern Sie jetzt! Sichern Sie oft!* weiter vorn in diesem Kapitel, um Informationen über das Sichern von Bildern zu erhalten.)

Der Befehl Zurück zur letzten Version ist ziemlich eindeutig. Wenn Sie Ihr Bild ohne zu sichern schließen und es dann wieder öffnen, haben Sie eigentlich nichts anderes getan. Mit diesem Befehl sparen Sie sich jedoch ein paar Klicks.

Widerrufen ist auch ein sehr einfacher Befehl, aber ich muss trotzdem ein paar Worte dazu verlieren:

Widerrufen löst leider nicht alle Probleme. Wenn Sie beispielsweise aus Versehen vergessen haben, ein Bild zu sichern, bevor Sie es schließen, kann Ihnen der Widerrufen-Befehl auch nicht mehr helfen. Auch kann er nicht den Sichern-Befehl rückgängig machen. Außerdem müssen Sie Widerrufen *sofort* nachdem Sie den Fehler begangen haben, anwenden. Sobald Sie ein anderes Werkzeug oder einen anderen Befehl gewählt haben – einschließlich des Sichern-Befehls – verlieren Sie die Möglichkeit zu widerrufen.

Die einzige Ausnahme bildet der Drucken-Befehl. In den meisten Programmen können Sie einen Arbeitsschritt ausführen, das Bild ausdrucken und danach immer noch Widerrufen wählen, wenn Ihnen das Ergebnis nicht gefällt.

In vielen Programmen können Sie Widerrufen wählen, indem Sie das praktische Tastenkürzel [⌘]+[Z] am Mac oder [Strg]+[Z] am PC verwenden.

- Manche Programme ermöglichen Ihnen sogar mehrere Rückschritte. So können Sie eine ganze Folge von Arbeitsschritten widerrufen. Nehmen wir an, Sie haben das Bild freigestellt, die Größe verändert, Text eingefügt und es mit einen Rahmen versehen. Später ändern Sie Ihre Meinung zum Text, also gehen Sie zurück zu dem Punkt, wo Sie ihn eingefügt haben. und widerrufen ihn einfach. In den meisten Programmen werden dann aber auch alle Arbeitsschritte eliminiert, die nach dem widerrufenen stattgefunden haben. Wenn Sie also Ihren Textarbeitsschritt widerrufen, ist der Rahmen zum Beispiel auch futsch. Photoshop Elements bietet diese Flexibilität mit der Protokollpalette, ebenso Photoshop 6 und die meisten anderen professionellen Bildbearbeitungsprogramme.

- ✔ Sie haben Ihre Meinung über das WIDERRUFEN geändert? Dann halten Sie nach dem WIEDERHERSTELLEN-Befehl Aussschau (Sie finden ihn gewöhnlich im BEARBEITEN-Menü an derselben Stelle wie den WIDERRUFEN-Befehl). WIEDERHERSTELLEN bringt alles wieder so in Ordnung, wie es war, bevor Sie WIDERRUFEN gewählt hatten. Aber auch hier gilt: Sie müssen WIEDERHERSTELLEN sofort nach dem WIDERRUFEN-Befehl anwenden, sonst verlieren Sie die Möglichkeit, sich anders zu entscheiden.

Bearbeitungsregeln, die das ganze Jahr gelten

Bevor Sie sich kompletto in die Arbeit stürzen, sollten Sie noch ein paar einfache Grundregeln beherzigen:

Bevor Sie mit der Bearbeitung beginnen, fertigen Sie immer eine Sicherheitskopie von Ihrem Bild an. Auf diese Weise können Sie nach Herzenslust experimentieren, immer mit der Gewissheit, dass Sie ja notfalls ganz gelassen zu Ihrem Original zurückkehren können.

- ✔ **Sichern Sie Ihr Bild regelmäßig während des Arbeitsprozesses, damit Sie im Falle eines Systemabsturzes nicht die Arbeit eines ganzen Tags verlieren.** Sichern bietet Ihnen auch mehr Freiheit in der Bearbeitung. Nachdem Sie einen bestimmten Arbeitsprozess zufrieden stellend beendet haben, sichern Sie am besten Ihr Bild, bevor Sie weiterarbeiten. Falls in der nächsten Phase Ihres Projekts alles schief gehen sollte oder Sie entscheiden, dass Ihnen das Bild besser gefallen hat, bevor Sie die letzten Änderungen ausgeführt haben, können Sie einfach zur gesicherten Fassung zurückkehren.
- ✔ **Wenn Ihr Bildbearbeitungsprogramm wie Photoshop Elements Ebenen anbietet, kopieren Sie das gesamte Bild in eine neue Ebene, bevor Sie eine entscheidende Änderung ausführen.** Dann wenden Sie den Arbeitsschritt auf diese Ebene an. Ihnen gefällt nicht, was Sie sehen? Dann löschen Sie doch einfach die Ebene und versuchen es noch einmal.
- ✔ **Die meisten Bildbearbeitungsprogramme ermöglichen es Ihnen, einen Teil Ihres Bilds *auszuwählen* und die gewünschte Bearbeitung nur auf diese ausgewählte Fläche anzuwenden.** Wenn der Himmel in Ihrem Bild zum Beispiel sehr hell und die Landschaft sehr dunkel ist, können Sie die Landschaft auswählen und ausschließlich diese Fläche aufhellen. Mehr zu dieser sehr nützlichen Technik finden Sie in Kapitel 11.

Wenn Sie die Menüs und Buttons Ihres Bildbearbeitungsprogramms erforschen, werden Sie ohne Zweifel einige »Sofort-Hilfe«-Filter finden. Viele Programme bieten zum Beispiel Filter, die versprechen, jedes Problem mit Kontrast, Belichtung, Sättigung und Schärfe mit einem Mausklick zu beheben. Probieren Sie diese Filter nach Lust und Laune aus – wer bin ich denn, dass ich Sie auf der Suche nach der super-einfach-Lösung entmutige? Aber machen Sie sich klar, dass diese automatischen Korrektur-Filter üblicherweise nur sehr unbefriedigende Ergebnisse erzielen, indem sie entweder das Problem über- oder unterkompensieren. Aus diesem Grunde enthalten die meisten Programme »manuelle« Korrekturwerkzeuge, mit denen Sie die Art und den Grad der Änderungen, die Sie an Ihrem Bild vornehmen möchten, kontrollieren können.

Korrekturen mit diesen manuellen Werkzeugen dauern zwar ein paar Sekunden länger, aber Ihre Bilder werden es Ihnen danken. In diesem Buch konzentriere ich mich auf die manuellen Korrekturwerkzeuge, auch wenn ich Ihnen einige der beliebteren automatischen Filter vorstellen werde.

✔ **Vergessen Sie nicht, dass Sie die Resultate Ihrer Bearbeitung, falls sie Ihnen nicht gefallen, normalerweise rückgängig machen können, indem Sie Bearbeiten/Widerrufen wählen.** Näheres dazu im Abschnitt *Sicherheitsnetze bei der Bearbeitung*, weiter vorne in diesem Kapitel.

Freigestellt ist halb gewonnen

Werfen Sie mal einen Blick auf das Foto in Abbildung 10.1. Ein klasse Motiv, aber eine lausige Komposition – meine lieben Nichten sehen in dem großen Pool etwas verloren aus. (Die ältere wollte mich davon überzeugen, in den Pool zu steigen, um näher heran zu kommen. Aber irgendwie fand ich die Idee nicht sehr aufregend, mit einer ziemlich wertvollen Kamera im Wasser zu planschen ...)

Tja, wenn das ein Papierfoto wäre, hätte ich jetzt mit dem Ergebnis zu leben oder müsste mich mit einer scharfen Schere bewaffen. Aber da dieses Foto nicht von einem Film stammt und Photoshop Elements (sowie wahrscheinlich jedes andere Bildbearbeitungsprogramm auch) ein Freistellen-Werkzeug (in anderen Programmen auch Schneiden-Werkzeug genannt) bietet, kann ich einfach etwas von dem Pool wegschneiden und erhalte ein sehr viel ansprechenderes Ergebnis in Abbildung 10.2.

Die folgenden Schritte erklären, wie Sie mit dem Freistellen-Werkzeug Ihrem Bild einen Haarschnitt verpassen können:

1. **Wählen Sie das Freistellen (oder Schneiden)-Werkzeug.**

   In Photoshop Elements klicken Sie einfach auf das Freistellungswerkzeug in der Toolbox,um es zu aktivieren.

2. **Ziehen Sie das Werkzeug, um eine Freistellungsmarkierung zu erzeugen.**

   Markierung ist der Bildbearbeitungsausdruck für Umriss. Die Fläche innerhalb der Markierung ist der Teil, der übrig bleiben wird, wenn Sie den Freistellungsvorgang abgeschlossen haben. Um die Markierung zu erzeugen, ziehen Sie das Werkzeug von der einen Ecke der Fläche, die Sie behalten möchten, zur anderen. Der Umriss erscheint auf Ihrem Bild, wie in Abbildung 10.1 gezeigt. Mit den Kästchen können Sie die Markierung falls nötig noch verändern. Wie das funktioniert, wird im nächsten Schritt erklärt.

Abbildung 10.1: Dieses Bild leidet stark an seinem langweiligen Hintergrund und schreit geradezu danach, freigestellt zu werden.

Abbildung 10.2: Durch großzügiges Schneiden wird das Bildmotiv wieder stärker betont.

Menschen, die mit Bildbearbeitung ihren Lebensunterhalt verdienen, nennen diese kleinen Kästchen »Griffe«. Kästchen wäre ja auch zu einfach gewesen. Was denken Sie darüber? Senden Sie Ihre Meinung per Email an `www.adobe.de`.

3. Ziehen Sie die Markierungsgriffe, um die freizustellende Fläche genauer festzulegen.

In Photoshop Elements können Sie außerdem auch innerhalb des Umrisses klicken, um die gesamte Markierung zu verschieben.

4. Wenden Sie das Freistellungswerkzeug an.

In Photoshop Elements klicken Sie in der Optionsleiste für das Werkzeug auf die Schaltfläche Aktuellen Freistellungsvorgang bestätigen oder drücken [↵]. In anderen Bildbearbeitungsprogrammen müssen Sie möglicherweise außerhalb der Markierung klicken oder doppelklicken, um freizustellen. Im Hilfe-System Ihres Programms sollten Sie die Details dazu erfahren.

Wenn Ihnen nicht gefällt, was Sie sehen, wählen Sie den Widerrufen-Befehl und kehren Sie einfach zum Ausgangspunkt zurück.

Dem gewieften Leser ist wahrscheinlich aufgefallen, dass die Objekte in Abbildung 10.2 größer aussehen als in Abbildung 10.1. Um das zweite Bild zu erzeugen, habe ich das Foto vergrößert, mit dem Nebeneffekt, die Auflösung des Bilds leicht zu reduzieren. Das Bild hatte ursprünglich eine Auflösung von 226 ppi, während das vergrößerte Bild nur 200 ppi besitzt. Denken Sie daran, dass durch die verringerte Auflösung möglicherweise auch die Druckqualität verringert wird. In diesem Fall erzeugen 200 ppi ein akzeptables Schwarzweiß-Druckergebnis, auch wenn das Foto nicht ganz genauso scharf wie das Original ist. Für eine kleine Auffrischung zum Thema Auflösung, Bildgrößenänderung und Druckqualität nehmen Sie am besten den Direktflug zu Kapitel 2 und danach zu Kapitel 8.

Eine Spezialfunktion des Freistellen-Werkzeugs in Photoshop-Elements ermöglicht Ihnen, das Bild zu drehen und freizustellen – alles auf einen Schlag. Mit Hilfe dieser Technik können Sie Bilder begradigen, die etwas aus dem Lot geraten sind, wie zum Beispiel das linke Bild in Abbildung 10.3. Photoshop und viele andere Bildbearbeitungsprogramme bieten ähnliche Funktionen.

Um dieses Feature von Photoshop Elements zu nutzen, ziehen Sie die Markierung wie gewohnt. Positionieren Sie Ihre Maus außerhalb der Markierung. Der Cursor verwandelt sich in einen gebogenen Pfeil und Sie können die Markierung rotieren lassen. Wenn Sie das Bild jetzt freistellen, dreht und beschneidet Photoshop Elements das Bild in einem Schritt, wie im zweiten Bild in Abbildung 10.3 gezeigt. Der schiefe Turm von Indianapolis ist nicht mehr schief.

Abbildung 10.3: Manche Schneidewerkzeuge bieten auch eine Rotier-Funktion, mit der Sie ein etwas schräges Subjekt (links) wieder zu einem aufrechten Bürger machen können (rechts).

Gehen Sie sparsam mit dieser Methode um. Jedes Mal wenn Sie ein Bild drehen, werden die Pixel von der Software durchgeschüttelt, um das neue Bild zu erzeugen. Wenn Sie dasselbe Bild mehrmals rotieren lassen, werden Sie möglicherweise eine Qualitätsminderung des Bilds feststellen.

Rücken Sie Ihr Bild ins rechte Licht

Auf den ersten Blick sieht das unterbelichtete Bild auf der linken Seite von Abbildung 10.4 nach einem hoffnungslosen Fall aus. Geben Sie solche Bilder nicht gleich auf, denn mit etwas kreativer Bearbeitung können Sie das zu dunkle Bild noch retten, wie es mir mit dem Foto auf der rechten Seite von Abbildung 10.4 gelungen ist. Die nächsten zwei Abschnitte verraten Ihnen wie's geht.

Die Helligkeits- und Kontrast-Regler

Viele Bildbearbeitungsprogramme bieten einen automatischen Helligkeit/Kontrast-Filter. Wie bereits erwähnt, tendieren diese automatischen Korrekturwerkzeuge dazu, entweder zu wenig oder zu viel zu bewirken, und abhängig vom jeweiligen Bild, ändern sie oft sogar dramatisch die Farben. Zum Glück bieten die meisten Programme manuelle Korrektur-Regler, mit denen Sie das Ausmaß der Änderungen bestimmen können. Diese Regler sind sehr einfach zu bedienen und erzeugen meist bessere Ergebnisse als die automatische Variante.

Abbildung 10.4: Ein unterbelichtetes Bild (links) findet Erleuchtung dank etwas Helligkeits- und Kontrastregelung (rechts).

In Photoshop Elements können Sie die Helligkeit und den Kontrast zum einen über den Befehl Helligkeit/Kontrast im Menü Überarbeiten-Menü einstellen. Es erscheint die in Abbildung 10.5 gezeigte Dialogbox. Ziehen Sie den Helligkeitsregler nach rechts, um Ihr Bild aufzuhellen, ziehen Sie ihn nach links, um die Szene abzudunkeln. Alternativ dazu können Sie auch Werte zwischen 100 und -100 in das entsprechende Optionsfeld eingeben.

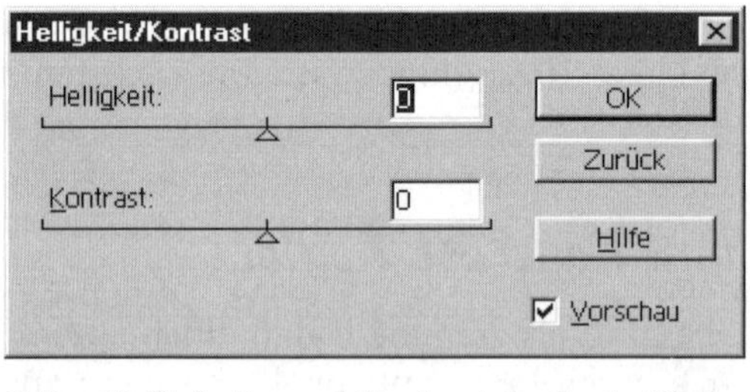

Abbildung 10.5: Der Helligkeits- und Kontrast-Regler in Photoshop Elements

Im Gegensatz zu den meisten Bildbearbeitungsprogrammen für den Heimanwender bietet Photoshop Elements eine weitere Funktion für Helligkeit und Kontrast, die Sie auch in Profi-Programmen (z.B. Photoshop) finden. Mit der so genannten Tonwertkorrektur können Sie die

Helligkeit der Tiefen, der Mitteltöne und Lichter getrennt beeinflussen. (Siehe folgenden Abschnitt für nähere Informationen.) Mit der Option Helligkeit/Kontrast hellen Sie dagegen alle Pixel gleichzeitig auf, bzw. dunkeln alle gemeinsam ab.

Das ist in Ordnung, solange das gesamte Bild zu dunkel ist. Aber wenn ein Teil Ihres Bilds bereits hell ist, sind Sie ein wenig im Zwiespalt. Wenn Sie das Bild aufhellen, um die dunklen Flächen sichtbar zu machen, werden die bereits hellen Teile zu hell. In diesem Fall wählen Sie die dunklen Stellen des Bilds aus und wenden die Helligkeit nur auf diese Auswahl an. (Wie eine Auswahl erstellt wird, erfahren Sie in Kapitel 11.)

In Abbildung 10.4 habe ich die Helligkeitskorrektur auf das gesamte Bild angewandt. Das Ergebnis wäre sicher netter gewesen, wenn ich mir die Zeit genommen hätte, den Himmel nicht mit auszuwählen, bevor ich das Bild aufgehellt hatte. Auf diese Weise könnte man besser zwischen Sonnenblumen und Himmel unterscheiden. In Farbe heben sich die Sonnenblumen weit mehr vom Hintergrund ab, da der Himmel strahlend blau ist. In Graustufen verschwimmen die Sonnenblumen an manchen Stellen fast mit dem Himmel. Mit einem komplizierten Vordergrundsobjekt, wie diesen Sonnenblumen, kostet es einige Zeit und Mühe, bis der Hintergrund ausgewählt ist. Ich muss dafür zum Beispiel auch die kleinen Lichtflecken zwischen den Blättern und Blüten auswählen.

Nachdem Sie ein Bild aufgehellt haben, mögen die Farben etwas ausgewaschen wirken. Damit wieder Leben in Ihr Foto kommt, verwenden Sie den Sättigungsregler, der im folgenden Abschnitt *Knalligere Farben* behandelt wird. Versuchen Sie auch ein wenig mit dem Kontrast zu spielen, so wie ich es für das rechte Bild in Abbildung 10.4 getan habe. In Photoshop Elements finden Sie den Kontrastregler in der Helligkeit/Kontrast-Dialogbox. Ziehen Sie den Regler nach rechts, um den Kontrast zu erhöhen, und nach links, um ihn abzuschwächen.

Helligkeit auf höheren Ebenen

Professionelle Bildbearbeitungsprogramme und auch Photoshop Elements bieten den Befehl Tonwertkorrektur an. Mit diesem Werkzeug lässt sich die Helligkeitseinstellung wesentlich präziser vornehmen. Wenn Ihr Bildbearbeitungsprogramm über einen solchen Befehl verfügt, nehmen Sie sich die Zeit zu lernen, wie man damit umgeht. Denn dieses Werkzeug erzielt weit bessere Ergebnisse als der einfache Hellikeit/Kontrast-Befehl, der im vorhergehenden Abschnitt besprochen wurde. (Beachten Sie bitte, dass die Benennung dieses Werkzeugs je nach Software variieren kann. Ziehen Sie das Handbuch oder die Online-Hilfe Ihres Programms zu Rate, um herauszufinden, ob Sie über eine Funktion wie diese verfügen.)

Tonwertkorrektur-Dialogboxen enthalten in der Regel entmutigend viele merkwürdig klingende Optionen, Grafiken und Ähnliches. Abbildung 10.6 zeigt eine Tonwertkorrektur-Dialogbox von Adobe Photoshop Elements.

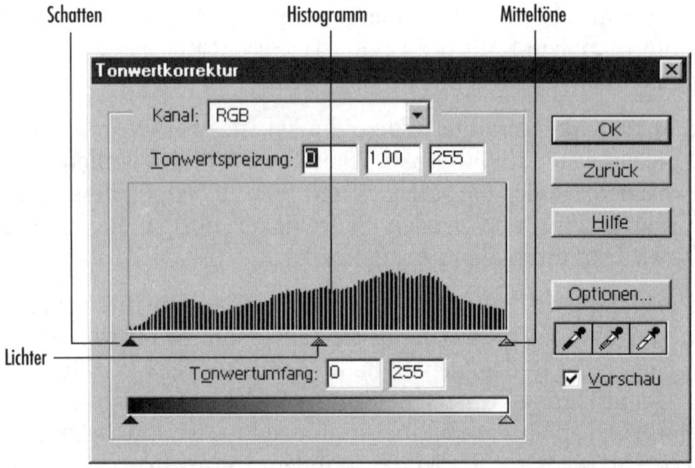

Abbildung 10.6: Der Tonwertkorrektur-Befehl in Photoshop Elements ermöglicht Ihnen größere Flexibilität bei der Abstimmung der Bildbelichtung.

Dieses diagrammartige Ding in der Mitte der Dialogbox nennt sich *Histogramm*. Ein Histogramm zeigt alle Helligkeitswerte des Bilds, die dunkelsten Pixel werden auf der linken Seite der Grafik angezeigt und die hellsten auf der rechten. Bei einem guten, vernünftig belichtetem Bild sollten die Helligkeitswerte klar über das Histogramm verteilt sein.

Ein Histogramm zu lesen ist ein nettes Rätselspiel, aber der wirkliche Sinn der Sache ist, die Helligkeitswerte so anzupassen, dass ein besseres Bildergebnis erzielt wird. Und hier die dazu notwendigen Einzelheiten:

- ✔ Tonwertkorrektur-Dialogboxen bieten gewöhnlich drei wichtige Einstellungsmöglichkeiten, oft auch Tonwertspreizung genannt. In Adobe Photoshop Elements können Sie diese in den Optionsfeldern über dem Histogramm per Zahleneingabe einstellen oder die Schieberegler unter dem Histogramm bewegen.
  - In Photoshop Elements bestimmen sowohl das Optionsfeld ganz links als auch der linke Schieberegler die Schattenwerte des Bilds. Ziehen Sie den Regler nach links oder erhöhen Sie den Wert im Optionsfeld, um die Schatten Ihres Bilds abzudunkeln. Einige Programme bezeichnen diese Regler auch als *Tiefen*-Regler.
  - Der mittlere Regler und das entsprechende Optionsfeld beeinflussen die mittelhellen Pixel, die meist auch *Mitteltöne* genannt werden. Üblicherweise müssen die Mitteltöne aufgehellt werden, besonders für Druckerzeugnisse. In Photoshop Elements ziehen Sie den Regler nach links oder erhöhen den Wert im mittleren Optionsfeld, um die Mitteltöne aufzuhellen. Ziehen Sie nach rechts oder verringern Sie den Wert, um abzudunkeln.

Eine weitere Bezeichnung für die Mitteltöne ist *Gamma*. Einige Bildbearbeitungsprogramme sprechen von Gamma-Einstellung, wenn es um die Regelung der Mitteltöne geht

- Das Optionsfeld ganz rechts und der rechte Regler stellen die hellsten Pixel im Bild ein. Hiermit können Sie zum Beispiel Zähne und Augen weißer machen. Um das hellste Pixel im Bild heller zu machen, ziehen Sie den Schieberegler nach links oder verringern Sie den Wert im dazugehörigen Optionsfeld. In einigen Bildbearbeitungsprogrammen wird diese Einstellungsmöglichkeit auch Lichter- oder Höhen-Einstellung genannt.

✔ Tonwertkorrektur-Dialogboxen können auch Tonwertumfang-Optionen beinhalten. Mit diesen Optionen lassen sich die Maximum- und Minimum-Helligkeitswerte einstellen. Mit anderen Worten: Sie können Ihre dunkelsten Pixel heller und Ihre hellsten Pixel dunkler machen – was oft den unerwünschten Nebeneffekt hat, dass der Kontrast Ihres Bilds abnimmt. Manchmal jedoch lässt sich ein extrem überbelichtetes wieder in ein druckbares Bild verwandeln, indem Sie den maximalen Helligkeitswert leicht verringern. In Photoshop Elements schubsen Sie den rechten Tonwertumfang-Regler nach links, um den Maximal-Helligkeitswert zu verringern.

Wenn Sie ein professionelles Bildbearbeitungsprogramm besitzen, werden Sie wahrscheinlich auch noch andere Werkzeuge als die Tonwertkorrektur zur Verfügung haben, um gegen unter- oder überbelichtete Bilder vorzugehen. Viele Programme, auch Photoshop Elements, bieten beispielsweise Werkzeuge an, mit denen Sie Helligkeiten und Dunkelheiten auf Ihr Bild »malen« können, indem Sie mit der Maus darüberziehen (suchen Sie in Ihrem Hilfe-System oder Handbuch nach Werkzeugen namens NACHBELICHTER und ABWEDLER). Und in anderen Programmen einschließlich Photoshop Elements können Sie Helligkeit und Kontrast der Rot-, Grün-, und Blaukanäle des Bildes unabhängig voneinander regeln. Informieren Sie sich in Ihrem Handbuch zum Thema Aufhellen von Bildern, um herauszufinden, welche Einstellungsmöglichkeiten verfügbar und wo sie zu finden sind.

Knalligere Farben

Ihre Bilder sehen schlapp und leblos aus? Werfen Sie sie mit einem Messbecher voll Farbsättigung in die Bildbearbeitungsmaschine – das ist der beste Weg, müde, bleiche Farben wieder kräftig und lebendig zu machen!

Ehe man es sich versieht, klingt man wie eine Waschmittelreklame – das kommt davon, wenn man zu viele »Alltags-Dramen« im Fernsehen sieht. Schnell möchte ich Ihre Aufmerksamkeit auf die Farbtafel 10.1 lenken. Das Bild auf der linken Seite sieht aus, als ob es ein paar Mal zu oft gewaschen wurde (huch, schon wieder!) Na, auf jeden Fall sind die Farben in diesem Bild, tja, sagen wir mal etwas farblos.

Für einen farbigeren Look müssen Sie nach einem Befehl Ausschau halten, der Sättigung heißt. Sie finden ihn in Photoshop Elements und auch in vielen anderen Programmen. Das Bild auf der rechten Seite von Farbtafel 10.1 zeigt das Ergebnis, das Sie erhalten, wenn Sie die Sättigung aufdrehen. Das Grün ist grüner, der Himmel ist blauer und die natürlichen Farben des Steins treten mehr hervor. (Übrigens wurde das Bild auf Farbtafel 10.1, wie viele andere in diesem Buch auch, im Indianapolis Museum of Art aufgenommen.)

Die Option Sättigung finden Sie in Photoshop Elements, indem Sie im Menü Überarbeiten die Optionen Farbe|Farbton/Sättigung wählen. Es erscheint die in Abbildung 10.7 gezeigte Dialogbox auf Ihrem Bildschirm, die Ihnen drei Einstellungsmöglichkeiten bietet: Farbton, Sättigung und Helligkeit. Diese arbeiten wie folgt:

- ✔ Ziehen Sie den Sättigungsregler nach rechts, um die Farbintensität zu steigern, ziehen Sie ihn nach links, um die Farben aus Ihrem Bild herauszusaugen.
- ✔ Der Farbtonregler schiebt die Pixel rund um das Farbrad – eine kreisförmige Grafik, die Wissenschaftler und Künstler verwenden, um alle Farben des Regenbogens (und andere farbige Sachen) auszugeben. Mehr zum Farbtonregler in Kapitel 12.
- ✔ Der Helligkeitsregler ist nicht zu verwechseln mit den Helligkeitseinstellungen, die im vorhergehenden Abschnitt diskutiert wurden. Verwenden Sie ihn nicht, um Ihre Bilder aufzuhellen, dieser Befehl ist sehr ungünstig für den Kontrast. Helligkeit benutzen Sie am besten nur, wenn Sie Ihrem Bild einen blassen oder verwaschenen Eindruck verpassen möchten.

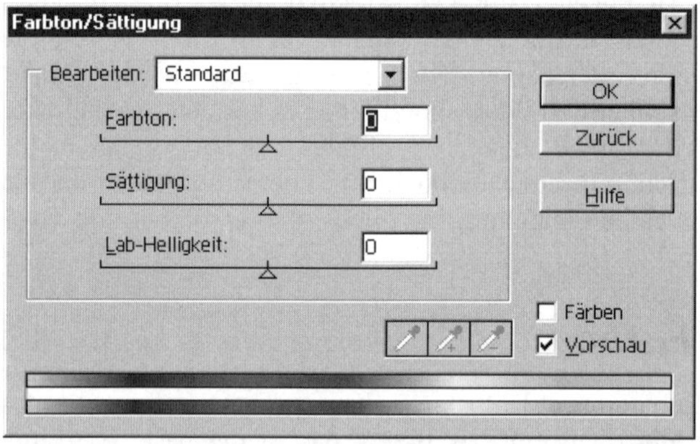

Abbildung 10.7: Um Farben lebendiger zu machen, erhöhen Sie den Sättigungswert.

Hilfe für unausgeglichene Farben

Sowohl gescannte als auch Bilder von Digitalkameras haben oft ein Problem mit der *Farbbalance*. Mit anderen Worten, das Bild ist zu blau, zu rot oder zu grün oder hat irgendwelche anderen Farbkrankheiten. Farbtafel 10.2 zeigt einen solchen Fall. Dieses Bild ist im Botanischen Garten des Indianapolis Museum of Art aufgenommen worden und leidet an chronischem Grün-Mangel oder, wenn Sie so wollen, an einer Überdosis Rot und Blau.

Die meisten Programme bieten mindestens eine von zwei Lösungen für das Farbbalance-Problem: einen FARBBALANCE-Befehl und/oder einen VARIATIONEN-Befehl. Möglicherweise hat der entsprechende Befehl in Ihrem Programm einen etwas anderen Namen, Ihr Handbuch kann Ihnen da weiterhelfen. (Das grundsätzliche Prinzip der Farbbalance ist immer dasselbe, ganz gleich welches Programm Sie verwenden, also lesen Sie ruhig weiter.)

Farbbalance nach Zahlen

Farbbalance-Werkzeuge treten in zwei Formen auf. Die erste arbeitet wie in Abbildung 10.8, in der Sie die Dialogbox FARBTON/SÄTTIGUNG von Photoshop Elements sehen. In dieser Dialogbox können Sie die einzelnen Farbtöne auswählen und dann über die Schieberegler verändern.

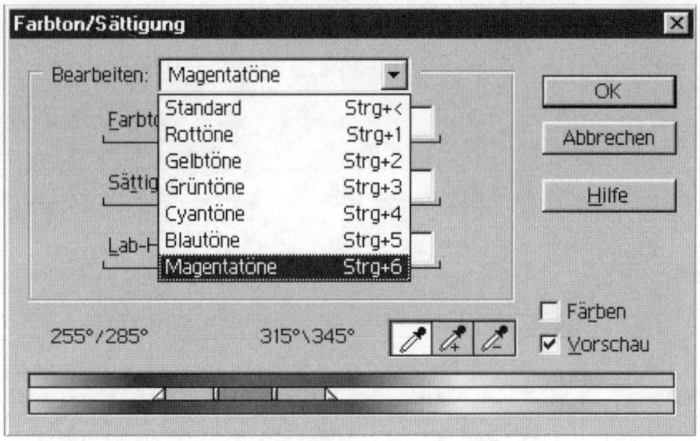

Abbildung 10.8: Wählen Sie in der Dialogbox FARBTON/SÄTTIGUNG einen Farbton aus und ziehen Sie die Schieberegler, um die Farben in Ihrem Bild abzustimmen.

Um diese Dialogbox aufzurufen wählen Sie ÜBERARBEITEN|FARBE|FARBTON/SÄTTIGUNG. Die Dialogbox lässt Sie den entsprechenden Farbton auswählen und dann über drei Schieberegler verändern. Ziehen Sie an den dreieckigen Reglern, um den Farbmix Ihres Bilds zu verändern.

Wenn Sie die Regler bewegen, spiegeln die Werte in den entsprechenden Optionsfeldern der Dialogbox Ihre Änderungen wider. Wenn Sie möchten, können Sie auch auf ein Optionsfeld doppelklicken und den gewünschten Wert per Tastatur eingeben. Die Maximalwerte sind 100 und -100, aber für optimale Ergebnisse beschränken Sie Ihre Bewegungen am besten auf 30 und -30. Falls nicht, erzeugen Sie unnatürliche, knallige Farben. Wenn Sie mit Ihrem Bild zufrieden sind, klicken Sie auf OK.

In den meisten Bildbearbeitungsprogrammen können Sie die Auswirkungen Ihrer Änderungen in einer Vorschau betrachten. Aber dazu müssen Sie in Photoshop Elements, Photoshop und vielen anderen Bildbearbeitungsprogrammen zuerst die Vorschau-Checkbox in der entsprechenden Dialogbox aktivieren.

Denken Sie daran, dass Ihre Änderungen das ganze Bild betreffen werden, es sei denn, Sie wählen nur einen Teil des Fotos aus, bevor Sie den Befehl benutzen. Mehr zum Thema Auswahl finden Sie in Kapitel 11.

Variationen eines Farbschemas

Andere Methoden zur Farbkorrektur finden Sie in Abbildung 10.9, die die VARIATIONEN-Dialogbox von Photoshop Elements zeigt. Der VARIATIONEN-Befehl bietet eine visuellere Variante der Farbbalancierung. Viele Bildbearbeitungsprogramme bieten eine ähnliche Funktion an.

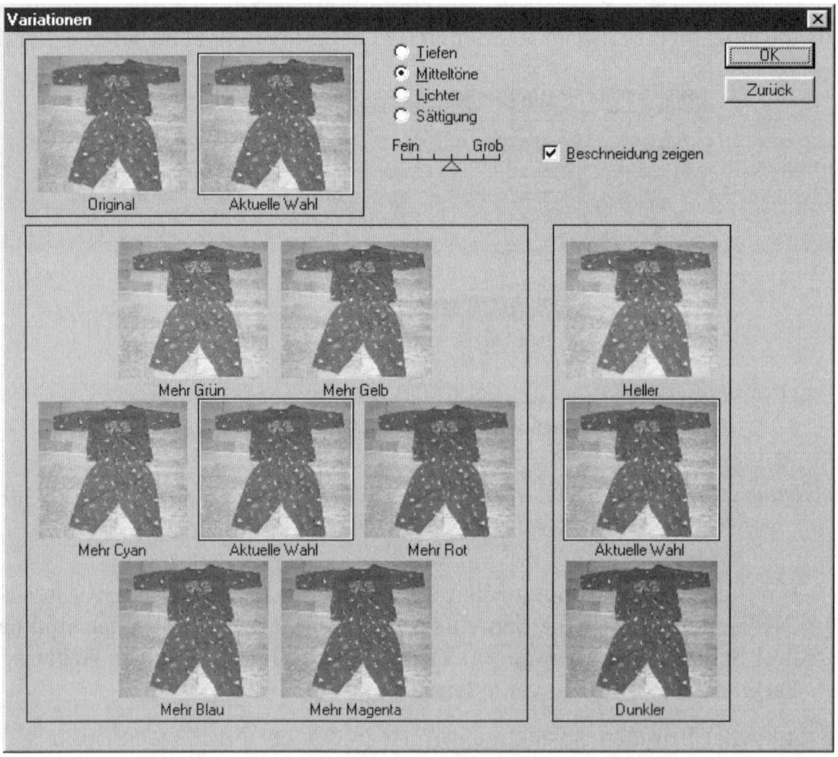

Abbildung 10.9: Die VARIATIONEN-Dialogbox bietet Ihnen eine weitere Möglichkeit, die Farbbalance in Ihrem Bild einzustellen.

Zugang zur Variationen-Dialogbox erhalten Sie, indem Sie Überarbeiten|Variationen wählen.

Wie Sie in Abbildung 10.9 sehen, enthält die Variationen-Dialogbox verkleinerte Ansichten Ihres Bilds. Um die Farben zu variieren, klicken Sie auf die Ansicht, die der Farbe entspricht, die Sie verstärken möchten. Wenn Sie zum Beispiel auf die Mehr Gelb-Ansicht klicken, erhält Ihr Bild mehr Gelb. Wenn Sie zu viel von einer Farbe hinzufügen, klicken Sie die gegenüberliegende (gegenteilige) Farbe. Falls Sie also zu viel Gelb hinzugefügt haben, klicken Sie zum Beispiel auf die Mehr Blau-Ansicht.

Jedes Mal wenn Sie eine Mehr-Ansicht angeklickt haben, verändert sich entsprechend die Aktuelle Wahl-Ansicht, damit Sie sehen können, wie Ihr Bild aussehen wird, wenn Sie die Farbkorrektur anwenden. Die Original-Ansicht zeigt Ihnen ... na? Darauf kommen Sie wohl selbst ...

In Photoshop Elements und anderen professionellen Programmen ist dieses Farbkorrekturwerkzeug sehr vielseitig. Sie können meist festlegen, ob Sie Ihre Änderungen in großen Schritten oder feiner abgestimmt vornehmen möchten. (Ziehen Sie in Photoshop Elements den Regler am Kopf der Dialogbox in Richtung Grob für den maximalen Farbeinfluss und in Richtung Fein für weniger auffällige Änderungen.) Außerdem ist es möglich, die Farbbalance der Schatten, Lichter und Mitteltöne Ihres Bilds getrennt zu verändern. Ob Sie die Vorschau der Korrekturen im Bildfenster direkt betrachten können oder nicht, kommt auf das Programm an, mit dem Sie arbeiten. Die Variationen-Dialogbox in Photoshop Elements bietet diese Möglichkeit, aber andere Bildbearbeitungsprogramme bieten sie möglicherweise nicht.

Schärfe-Korrekturen (Scharf- und Weichzeichnen)

Digitale Bilder sind oft chronisch »weich« – das heißt, sie erscheinen leicht unscharf. Auch wenn kein Bildbearbeitungsprogramm ein völlig unscharfes Bild wieder in Ordnung bringen kann, können Sie im Allgemeinen die Dinge mit Hilfe der *Scharfzeichnen*-Werkzeuge doch ein gutes Stück verbessern. Die folgenden Abschnitte erklären, wie man die Schärfe eines Bilds erhöht, aber auch wie Sie den Bildhintergrund weichzeichnen können, mit dem Resultat, dass das Vordergrundobjekt schärfer aussieht.

Scharfzeichnen

Bevor ich Ihnen zeige, wie Sie die Bildschärfe erhöhen, möchte ich sichergehen, dass Sie verstehen, was Scharfzeichen tatsächlich tut. Scharfzeichnen erzeugt die Illusion von Bildschärfe, indem es kleine Reflexe entlang der Grenzen zwischen hellen und dunklen Flächen setzt. Um den Effekt in Farbe zu betrachten, blättern Sie vor zu Farbtafel 10.3.

Verschiedene Scharfzeichnen-Filter wenden Reflexe unterschiedlich an und erzeugen so unterschiedliche Schärfeeffekte. Die nächsten Abschnitte erklären einige der gängigen Scharfzeichnen-Filter.

Automatische Scharfzeichnen-Filter

Scharfzeichnen-Werkzeuge, genau wie andere Bildkorrekturwerkzeuge in diesem Kapitel, gibt es sowohl in der automatischen als auch in der manuellen Variante. Mit dem automatischen Filter wendet das Programm Scharfzeichnen in einer vorgegebene Stärke auf das Bild an.

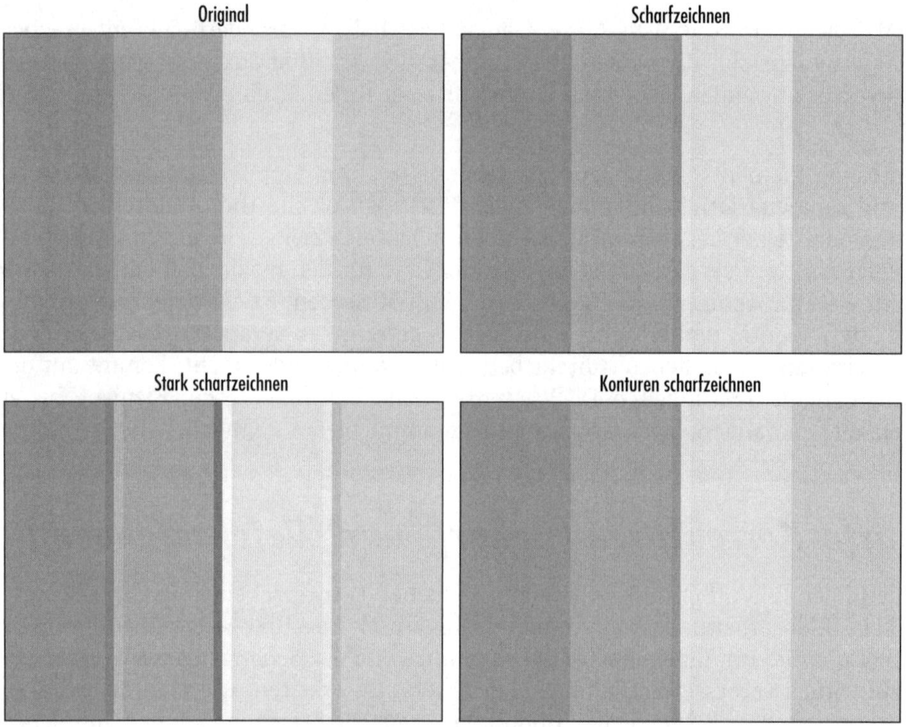

Abbildung 10.10: Ein genauer Blick auf die Auswirkungen der drei in Photoshop und Photoshop Elements verfügbaren Scharfzeichnen-Befehle

In Photoshop Elements und auch Photoshop stehen Ihnen drei automatische Scharfzeichnungs-Filter zur Verfügung: SCHARFZEICHNEN, STARK SCHARFZEICHNEN und KONTUREN SCHARFZEICHNEN. Um diese Filter auszuprobieren, wählen Sie aus dem Menü FILTER die Option SCHARFZEICHNUNGSFILTER. Dann klicken Sie auf den Namen des Scharfzeichnungs-Filters, den Sie anwenden möchten.

Die folgende Liste erklärt, wie jeder dieser automatischen Filter funktioniert. Um die Filter in Aktion zu erleben, betrachten Sie Abbildung 10.10 und die Farbtafeln 10.3 und 10.5.

- ✔ Der einfache alte Scharfzeichnen-Befehl schärft Ihr komplettes Bild. Wenn Ihr Bild nicht allzu schlecht dran ist, dann hilft SCHARFZEICHNEN wahrscheinlich schon. Aber meist wird das Bild davon nicht scharf genug. In Abbildung 10.5 beispielsweise macht eine einmalige Anwendung des Scharfzeichnen-Filters kaum einen Unterschied für die Unschärfeprobleme des Bilds (siehe Beispiel links oben).

- ✔ STARK SCHARFZEICHNEN arbeitet genau wie SCHARFZEICHNEN, nur eben stärker. Ich bin ziemlich sicher, dass ich richtig liege, wenn ich behaupte, dass dieser Befehl selten eine Antwort auf Ihre Probleme sein wird. Er verschärft in den meisten Fällen einfach zu sehr. Das Bild rechts oben in der Farbtafel 10.5 zeigt ein Beispiel. Sehen Sie, wie körnig das marineblaue Gebäude auf der linken Seite des Bilds aussieht? Und dass der Himmel weniger weich erscheint als auf den anderen Bildern? Beide Effekte sind Resultate von zu starkem Scharfzeichnen.

- ✔ KONTUREN SCHARFZEICHNEN sucht nach Flächen, wo signifikante Farbänderungen auftreten, und fügt nur dort schärfende Reflexe hinzu. In Abbildung 10.10 erscheinen die Scharfzeichnungs-Reflexe zwischen den beiden mittleren Farbbalken, weil dort der Kontrastunterschied am auffallensten ist. Es gibt jedoch keine Reflexe zwischen diesen beiden und den äußeren Balken. Die Intensität der Reflexe ist genauso groß wie die des SCHARFZEICHNEN-Effekts. Daher hat dieser Befehl bei der Bearbeitung des Bilds (siehe Farbtafel 10.5 unten links) auch keine Verbesserung erzielt. Ich vermute, dass KONTUREN SCHARFZEICHNEN Ihren Bildern auch nicht wirklich behilflich sein wird, aber Sie können es ja mal ausprobieren, wenn's Ihnen Spaß macht. Sollten Sie herausgefunden haben, dass ich Recht habe, können Sie sich dem UNSCHARF MASKIEREN-Filter widmen, der im nächsten Abschnitt erklärt wird.

Je nach Bildbearbeitungsprogramm finden Sie vielleicht, dass all diese Scharfzeichnungs-Optionen gleich sind – auch wenn sie unterschiedliche Namen haben – oder Sie verfügen nur über einen festgelegten Scharfzeichnungs-Filter, der das gesamte Bild beeinflusst. Wie stark jeder Filter wirkt, ist aber in jedem Programm unterschiedlich, also experimentieren Sie ein wenig. Für beste Scharfzeichnungsergebnisse empfehle ich Ihnen jedoch, die automatischen Filter allesamt zu ignorieren und sich auf die manuellen Filter Ihres Programms (soweit vorhanden) zu verlassen.

Manuelle Schärfeabstimmung

Einige Heimanwender-Programme bieten Ihnen ein ziemlich grobes manuelles Scharfzeichnungswerkzeug an. Sie ziehen an einem Regler in eine Richtung, um die Schärfe zu erhöhen, und in die andere, um sie zu verringern.

Photoshop Elements und Photoshop sowie andere ausgefeiltere Programme verfügen jedoch über die Mutter aller Scharfzeichnungs-Werkzeuge, die den merkwürdigen Namen UNSCHARF MASKIEREN trägt.

Der UNSCHARFMASKIEREN-Filter ist nach einer Technik, die in der traditionellen Film-Fotografie bei der Fokussierung verwendet wird, benannt. In der Dunkelkammer hat die Maskierung der Unschärfe damit zu tun, dass der Laborant aus dem unscharfen Negativ ein noch etwas unschärferes, überbelichtetes Positiv als »Maske« anfertigt, durch die hindurch das Fotopapier belichtet wird. Mathematisch gesehen zieht man von einem unscharfen Bild ein noch unschärferes ab, und das Ergebnis ist – ein leidlich scharfes Bild. Wenn Sie das kapieren, dann sind Sie ein gutes Stück smarter als ich ...

Trotz seines merkwürdigen Namens ist der UNSCHARF MASKIEREN-Filter das Beste, was die Welt des Scharfzeichnens zu bieten hat. Sie können entweder das ganze Bild oder auch nur die Kanten/Grenzen schärfen, und Sie haben die präzise Kontrolle darüber, wie viel Schärfe Sie anwenden.

Um den UNSCHARF MASKIEREN-Filter anzuwenden, wählen Sie in Photoshop Elements FILTER|SCHARFZEICHNUNGSFILTER|UNSCHARF MASKIEREN. Die in Abbildung 10.11 gezeigte Dialogbox erscheint.

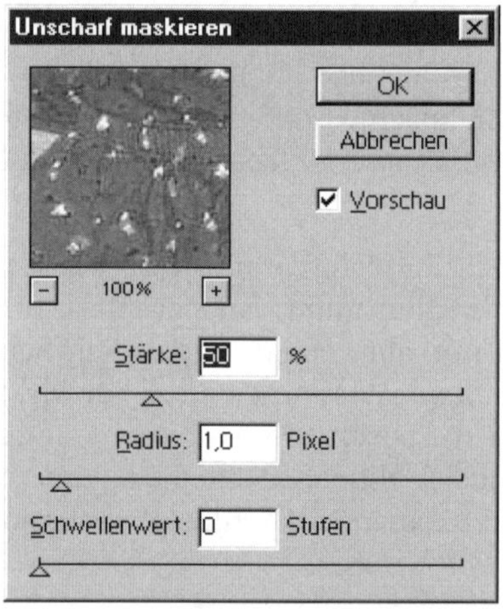

Abbildung 10.11: Der UNSCHARF MASKIEREN-Filter ermöglicht präzise Schärferegulierung.

Die UNSCHARF MASKIEREN-Dialogbox von Photoshop Elements enthält drei Einstellungsmöglichkeiten zur Scharfzeichnung: STÄRKE, RADIUS und SCHWELLENWERT. Diese Optionen finden Sie in den meisten UNSCHARF MASKIEREN-Dialogboxen, auch wenn die Optionsnamen je nach Programm variieren können. Und hier erfahren Sie, wie Sie die Einstellungen abstimmen, um den richtigen Schärfegrad zu erzielen:

- ✔ Der Stärke-Wert bestimmt die Intensität der Scharfzeichnungs-Reflexe. Höhere Werte bedeuten intensiveres Scharfzeichnen. In Abbildung 10.12 habe ich das Originalbild aus Abbildung 10.10 mit zwei verschiedenen Stärke-Werten in Verbindung mit zwei unterschiedlichen Radius-Werten und einem Schwellenwert von 0 scharfgezeichnet. Diese Abbildung finden Sie auch in Farbe auf Farbtafel 10.4.

Für beste Resultate wenden Sie den Unscharf Maskieren-Filter mit einem niedrigen Stärke-Wert an – zwischen 50 und 100. Wenn Ihr Bild zu weich ist, wenden Sie den Filter nochmals mit demselben oder einem niedrigeren Stärke-Wert an. Diese Technik erzielt gewöhnlich weichere Resultate als die einmalige Anwendung eines hohen Stärke-Werts.

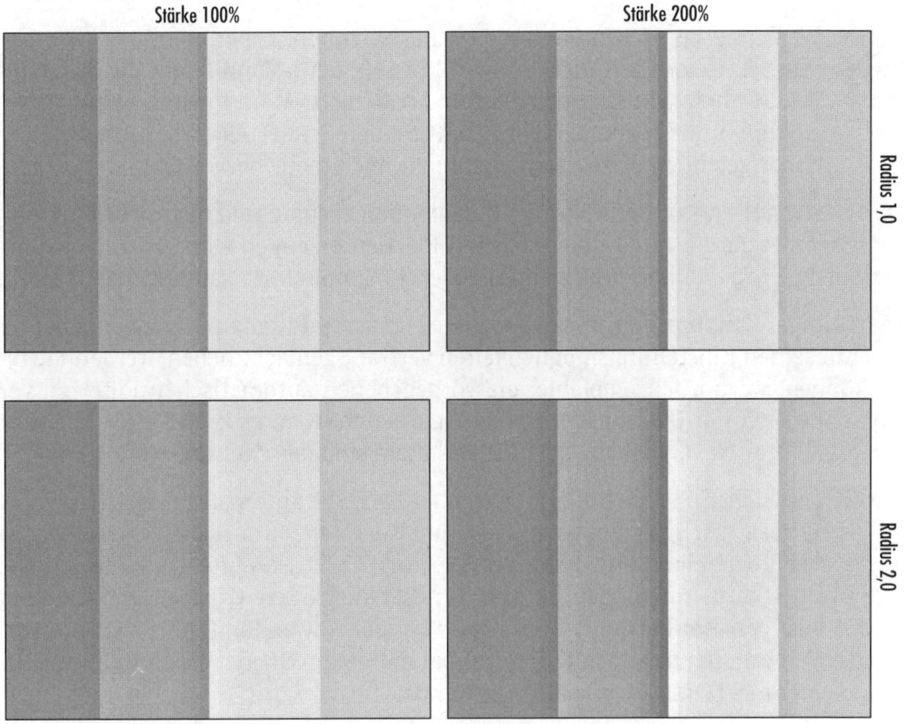

Abbildung 10.12: Die Resultate unterschiedlicher Radius- und Stärke-Werte auf das Originalbild von Abbildung 10.10

- ✔ Der Radius-Wert bestimmt, wie viele Pixel in der Nähe einer Grenze vom Scharfzeichnen betroffen werden. Mit einem niedrigen Radius-Wert wird der Reflex-Effekt auf eine schmale Region konzentriert, wie am Kopf der beiden Bilder in Abbildung 10.12 und der Farbtafel 10.4. Wenn Sie einen höheren Radius-Wert einstellen, dehnen sich die Reflexe auf eine größere Fläche aus und laufen allmählich von der Grenze weg aus.

Im Allgemeinen sind RADIUS-Werte zwischen 0,5 und 2 zu empfehlen. Gebrauchen Sie niedrige Werte dieser Spanne für Bilder, die auf dem Bildschirm verwendet werden, und hohe Werte für hochauflösende Druckerzeugnisse Ihres Bilds.

- Der SCHWELLENWERT bestimmt, wie stark sich Pixel unterscheiden müssen, damit sie als Grenze – die dann eben geschärft wird – definiert werden. Die automtatische Voreinstellung ist 0, das heißt, dass selbst die geringsten Unterschiede zwischen Pixeln mit einem Kuss von der Scharfzeichnungsfee bedacht werden. Wenn Sie den Wert erhöhen, werden weniger Pixel beeinflusst. Lediglich Flächen mit hohem Kontrast werden dann im Gegensatz zum Rest des Bilds geschärft (ähnlich wie bei der Anwendung des KONTUREN SCHARFZEICHNEN-Effekts, der im vorhergehenden Abschnitt besprochen wurde).

Wenn Sie Fotos von Menschen scharfzeichnen, experimentieren Sie am besten mit SCHWELLENWERT-Angaben von 2 bis 10, denn dann bleibt die Darstellung der Haut wahrscheinlich noch glatt und natürlich. Wenn Ihr Bild an zu körniger Darstellung und Störungen leidet, hilft es, den SCHWELLENWERT anzuheben, damit das Scharfzeichnen diese Störungen nicht noch mehr hervorhebt.

Da ein SCHWELLENWERT, der höher als 0 liegt, auch abrupte und offensichtliche Übergänge zwischen geschärften und ungeschärften Flächen erzeugen kann, ist es gewöhnlich am besten, diesen Wert unberührt zu lassen oder ihn zumindest nicht höher als 3 einzustellen.

Es bedarf einiger Zeit, um sich an den UNSCHARF MASKIEREN-Filter zu gewöhnen. Aber nachdem Sie sich mit seinen Einstellungsmöglichkeiten vertraut gemacht haben, werden Sie nachvollziehen können, warum ich empfehle, die vorgegebenen automatischen Filter zu vergessen und ausschließlich mit UNSCHARF MASKIEREN zu arbeiten. Klar, es kostet etwas mehr Anstrengung, diesen Filter zu verwenden, aber die Resultate sind den Aufwand wert.

Als Beweis vergleichen Sie die Bilder in Farbtafel 10.5. Die automatischen Scharfzeichnungs-Filter – SCHARFZEICHNEN, STARK SCHARFZEICHNEN und KONTUREN SCHARFZEICHNEN – reichen entweder nicht aus oder übertreiben. Mit Hilfe des UNSCHARF MASKIEREN-Filters konnte ich genau die richtige Dosis Schärfe hinzufügen, so dass das Bild knackigere Grenzen und Kanten erhielt, aber nicht unangenehm körnig wurde, wie es bei der Anwendung des STARK SCHARFZEICHNEN-Befehls der Fall war. Ich habe den Filter dreimal mit einem STÄRKE-Wert von 50, einem RADIUS von 2 und einem SCHWELLENWERT von 3 angewendet.

Eine weitere Methode, die Intensität des Scharfzeichnens zu kontrollieren, ist die *Auswahl*. Sie können einfach nur einen Teil Ihres Bilds schärfer zeichnen und den Rest unberührt lassen. Mehr zum Thema Auswahl finden Sie im nächsten Kapitel.

Weichzeichnen, um scharfzustellen?

Wenn Ihr Hauptgegenstand unscharf ist und die Scharfzeichnen-Werkzeuge das Problem nicht komplett beheben können, versuchen Sie es mal damit: Wählen Sie alles bis auf den

Hauptgegenstand (und alle anderen Flächen, die scharf aussehen sollen) aus. Dann wenden Sie den WEICHZEICHNEN-Filter auf den Rest des Bilds an. Dieser Filter ist in den meisten Bildbearbeitungsprogrammen vorhanden. Oft erscheint das Vordergrundobjekt schärfer, wenn Sie den Hintergrund auf diese Weise weicher machen. Ein Beispiel für diese Methode sehen Sie in Abbildung 10.3.

Abbildung 10.13: Indem Sie alles hinter dem Auto leicht weichzeichnen, erscheint das Auto deutlicher und der unwichtige Hintergrund drängt sich nicht mehr so stark nach vorne.

In dieser Abbildung habe ich alles, was sich hinter dem Auto befindet, ausgewählt und einen Hauch Weichzeichner angewendet. Danach habe ich die Auswahl umgekehrt, sodass nun das Auto und der Vordergrund ausgewählt wurden, und habe diese ganz leicht scharfgezeichnet. Jetzt sieht das Auto nicht nur viel knackiger aus als vorher, auch die störenden Hintergrundelemente nehmen viel weniger Einfluss auf den Hauptgegenstand.

Photoshop Elements verfügt über sechs Weichzeichnungs-Filter, die Sie alle über Filter|Weichzeichnungsfilter erreichen. Zwei dieser Filter, Bewegungsunschärfe und Radialer Weichzeichner, erzeugen ausschließlich Spezialeffekte. Um etwas »normaler« weichzuzeichnen, verwenden Sie Weichzeichnen, Gaussscher Weichzeichner, Selektiver Weichzeichner und Stark weichzeichnen.

Mit den Effekten Weichzeichnen und Stark weichzeichnen wird Ihr Bild in einer festgelegten Intensität automatisch weichgezeichnet. Für sensibles Weichzeichnen verwenden Sie den Befehl Weichzeichnen, wenn dieser Effekt nicht stark genug ist, wählen Sie Stark weichzeichnen, oder wenden den Weichzeichnen-Befehl wiederholt an, bis Sie den gewünschten Weichheitsgrad erreicht haben. Wenn Sie die Weichzeichnungsmenge genauer bestimmen möchten, wählen Sie Gaussscher Weichzeichner oder Selektiver Weichzeichner. In den entsprechenden Dialogboxen können Sie dann mit Hilfe von Schiebereglern den gewünschten Grad für das Weichzeichnen einstellen.

Wenn Sie nicht Photoshop Elements benutzen, wird Ihr Bildbearbeitungsprogramm zumindest einen Weichzeichnen-Filter anbieten. Informieren Sie sich im Handbuch oder Hilfesystem, wo Sie den Filter finden. Die meisten Weichzeichnen-Filter sind entweder automatische Filter wie Weichzeichnen und Stark weichzeichnen, oder bieten Ihnen Mittel an, die Menge des Weichzeichnens zu steuern, wie Gaussscher und Selektiver Weichzeichner.

Weg mit Euch, Ihr bösen Flecken!

Wenn Sie mit ein paar Digitalfotografen in einem Café herumsitzen, kommt das Gespräch schnell auf das Thema *Treppchen* (*Jaggies*). Dieser Ausdruck bezieht sich auf einen Defekt von digitalen Bildern.

Der Defekt erinnert also an kleine Treppenstufen in Ihrem Bild, die entstehen, wenn es zu sehr komprimiert oder vergrößert wurde. Anstatt weich und geschmeidig auszusehen, haben Ihre Bilder einen eckigen, stufigen Look – na, eben Treppchen. Einige Menschen bevorzugen eine etwas gewähltere Ausdrucksweise und verwenden den schlau klingenden englischen Begriff *Aliasing* an Stelle von Treppchen. Das sind dieselben Leute, die entkoffeinierten, fettarmen Milchkaffe mit einem Hauch Zimt bestellen ...

Ein ähnlicher Defekt wie das Aliasing (ach, wo bleibt denn mein Milchkaffee?) sind *Störungen*, die Ihrem Bild ein körniges Aussehen verpassen. Störungen werden meist durch schlechte Beleuchtung des Motivs, aber manchmal auch durch Fehler in den elektrischen Signalen, die Ihre Kamera bei der Aufnahme von Bildern produziert, verursacht.

In Abbildung 10.4 sehen Sie ein Bild mit einem schlimmen Fall der Treppchen-Krankheit. Ein Beispiel für Störungen finden Sie auf Farbtafel 12.5 links oben. Wenn Ihr Bild eine dieser peinlichen Eigenschaften aufweist, versuchen Sie einen leichten Weichzeichner mit dem Weichzeichnen-Befehl Ihres Bildbearbeitungsprogramms auf Ihr Bild anzuwenden. Wenn möglich wenden Sie den Weichzeichner nur auf die Flächen an, die am schlimmsten betroffen sind, damit nicht alle Details im Rest Ihres Bilds verloren gehen.

Nach dem Weichzeichnen benötigen Sie vielleicht einen Scharfzeichnen-Filter, um die verloren gegange Schärfe wiederherzustellen. Das Problem ist, dass Scharfzeichner diese Defekte wieder sichtbar machen können. Wenn Ihr Bildbearbeitungsprogramm über einen Unscharf Maskieren-Filter verfügt, dann können Sie diesen Teufelskreis vermeiden, indem Sie den Schwellenwert höher als den vorgegebenen Wert 0 einstellen. Ich wende meist einen Schwellenwert zwischen 1 und 3 an, wenn ich mich einem Bild voll von Störungen und Treppchen gegenübersehe.

Abbildung 10.14: Zu starke Komprimierung und zu wenige Pixel führen zu diesem Aliasing-Phänomen.

Viele Bildbearbeitungsprogramme bieten einen Störungen entfernen-Filter, der speziell dazu erdacht ist, Störungen zu beheben. Alles, was diese Art Filter tut, ist, einen leichten Weichzeichner auf ein Bild anzuwenden, genau wie ein Weichzeichnen-Filter. Wenn es mit Ihrem Weichzeichnen-Filter möglich ist, den Grad des Weichzeichnens zu bestimmen, vergessen Sie den Störungen entfernen-Filter und verwenden Sie den Weichzeichnen-Befehl. Falls Ihr Weichzeichner aber nur ein automatischer Filter ohne Einstellungsmöglichkeiten ist, probieren Sie beide Filter, Weichzeichnen und auch Störungen entfernen, um herauszufinden, welcher Filter besser geeignet ist. Der eine zeichnet vielleicht stärker weich als der andere.

Einige Menschen bezeichnen Störungen, Treppchen und andere Bilddefekte als *Artefakte*. In der Welt der Archäologie sind Artefakte Schätze, Überbleibsel einer verschwundenen Zivilisation. Digitale Artefakte sind Überbleibsel von einem Berechnungs- oder Bildaufnahme-Ausrutscher, die man wahrlich nicht als Schätze betrachten kann.

Ausschneiden, einsetzen und abdecken

11

In diesem Kapitel ...

- Bearbeiten Sie bestimmte Teile Ihres Bilds
- Verwenden Sie verschiedene Arten von Auswahlwerkzeugen
- Verfeinern Sie Ihre Auswahl
- Bewegen, Kopieren und Einfügen der Auswahl
- Erzeugen Sie einen Flicken, um Flecken und anderes abzudecken
- Unerwünschte Elemente mit der Klonen-Funktion verhüllen

Erinnern Sie sich noch an den Fall O. J. Simpson? Seine Verhandlung wurde in den USA größtenteils im Fernsehen übertragen. An einem bestimmten Punkt des Verfahrens wendete die Verteidigung ein, dass eine Fotografie des Angeklagten digital verändert worden sei, damit es aussehe, als ob er einen bestimmten Typ Schuh trage. Diese Art Einwand und die Entwicklung der Bildbearbeitungssoftware, die digitale Manipulation wirklich möglich macht, ließ für viele Menschen die Frage aufkommen, ob wir nun in einem Zeitalter leben, in dem man Fotografie nicht mehr als zuverlässiges und vertrauenswürdiges Mittel zur Aufnahme eines Geschehens verwenden kann.

Ich kann mich nicht an das Entstehen der Schuhdebatte erinnern – leider hab ich diese Gerichtsfernsehstunde verpasst – aber ich kann Ihnen sagen, dass ein Foto ebenso einfach tausend Lügen erzählen kann wie tausend Worte auch. Natürlich waren Fotografen seit jeher in der Lage, die öffentliche Meinung über ein Motiv zu beeinflussen, indem sie einfach den Kamerawinkel, Hintergund oder andere Kompositionselemente des Bilds veränderten. Fotografieren Sie einen Politiker von einem niedrigen Winkel aus, sodass Sie zu ihm hochschauen, und schon geben Sie dem zukünftigen Senator oder Bürgermeister eine überlebensgroße, eindrucksvolle Erscheinung. Machen Sie von demselben Politiker eine Aufnahme von oben, geben Sie so der Person eine verkleinerte Statur. Aber mit Bildbearbeitungssoftware sind die Möglichkeiten, ein Foto zu beeinflussen, enorm erweitert worden.

Dieses Kapitel stellt Ihnen einige der grundlegenden Methoden vor, den Inhalt Ihres Bilds zu manipulieren. Ich möchte zuvor noch betonen, dass Sie diese Techniken nur im Sinne des kreativen Ausdrucks verwenden sollten, und nicht, um Ihr Publikum zu betrügen. Elemente von vier oder fünf verschiedenen Fotos zu einer Collage zu kombinieren ist eine Sache; aber ein Foto Ihres Hauses zu verändern, um ein riesiges Schlagloch in der Einfahrt zu retuschieren, bevor Sie eine Verkaufsanzeige im Immobilienteil aufgeben, ist eine andere (und auch ziemlich illegal).

Mit diesem moralischen Zeigefinger im Hinterkopf zeigt Ihnen dieses Kapitel, wie Sie mehrere Bilder zu einem verschmelzen, wie Sie ein Objekt von einem Punkt in Ihrem Bild zum anderen bewegen können und sogar wie Sie ganze Bildflächen, wie beispielsweise störende Hintergrundelemente, abdecken. Auf diesem Weg bekommen Sie eine Einführung zum Thema *Auswahl,* die Ihnen die Ausführung all der zuvor erwähnten Bearbeitungstricks und noch mehr ermöglicht.

Warum (und wann) wähle ich etwas aus?

Wenn Ihr Computer ein etwas intelligenteres Wesen wäre, könnten Sie einfach verbale Anweisungen geben, wie Ihr Bild geändert werden soll. Sie könnten zum Beispiel sagen: »Computer, nimm meinen Kopf und montiere ihn auf Madonnas Körper.« Und der Computer würde Ihre Bitte erfüllen, während Sie eine Spezialausgabe von *Herzen in Not* oder ähnlich Erhellendem kaufen gehen.

In *Star Trek* und Spionagefilmen können Computer solche Sachen. Aber im echten Leben sind Computer nicht so ausgefuchst (zumindest nicht die, die Sie und ich kaufen können). Wenn Sie möchten, dass Ihr Computer mit einem bestimmten Teil Ihres Bilds etwas veranstaltet, müssen Sie der Maschine ein Bild zeichnen – naja, nicht wirklich ein Bild, sondern einen Umriss, eine so genannte *Auswahlkante*.

Indem Sie die Fläche des Bilds umreißen, die Sie bearbeiten möchten, sagen Sie Ihrem Computer, welche Pixel verändert werden und welche in Ruhe gelassen werden sollen. Wenn Sie zum Beispiel den Hintergrund von einem Bild weichzeichnen möchten, aber den Vordergrund lassen wollen, wie er ist, wählen Sie den Hintergrund aus und wenden den Weichzeichner-Befehl an (ein Beispiel dafür finden Sie in Abbildung 10.3 in Kapitel 10). Wenn Sie gar nichts auswählen, wird das gesamte Bild weichgezeichnet.

Eine *Auswahl* schränkt jedoch nicht nur den Einfluss von Spezialeffekten und Bildkorrektur-Befehlen ein. Sie schützt Sie auch vor sich selbst. Nehmen wir mal an, Sie haben ein Bild von einer roten Blume auf grünem Hintergrund. Sie entscheiden sich, dass Sie lila Streifen auf die Blütenblätter malen möchten (naja, vielleicht ist Ihnen ja heute nach Streifen zumute ...). Aber falls Sie nicht gerade eine wahnsinnig sichere Hand haben, ist der Hintergrund ganz schnell auch lila angemalt. Menschen mit sagenhaft sicheren Händen bevorzugen es meist mit Skalpellen und nicht mit Bildbearbeitungswerkzeugen herumzuschnippeln. Den meisten Leuten, die sich im Blütenblätter-Bemalen versuchen, gerät jedenfalls immer irgendwo etwas Farbe auf den Hintergrund.

Wenn Sie die Blütenblätter *auswählen*, bevor Sie mit dem Malen beginnen, können Sie so schlampig sein, wie Sie möchten. Ganz egal wo Sie Ihren Pinsel hinbewegen, die Farbe kann nirgendwoandershin als auf die ausgewählten Blätter. Dieser Vorgang entspricht etwa dem Abkleben Ihrer Fensterscheiben mit Klebeband, bevor Sie den Rahmen anstreichen. Die Flächen unter dem Klebeband sind geschützt, genau wie die Pixel außerhalb der Auswahlkante.

Wie Sie sehen, ist eine Auswahl ein unschätzbares Werkzeug. Leider bedarf es etwas Zeit und Übung, um eine präzise Auswahl zu erstellen. Und eine präzise Auswahl ist der Hauptschlüssel für eine Bildbearbeitung, die professionell und glaubwürdig aussieht – und nicht so, als wäre ein Elefant durch den digitalen Porzellanladen gerast. Wenn Sie die in diesem Kapitel vorgestellten Techniken anwenden möchten, werden Sie anfangs noch ein paar Schwierigkeiten haben, genau die Flächen auszuwählen, die Sie möchten. Aber geben Sie nicht auf, denn je öfter Sie mit Auswahl-Werkzeugen arbeiten, desto mehr werden Sie aus Ihren Bildern herausholen können.

Auf dem Bildschirm erscheint der Umriss einer Auswahl als gepunktete Linie, die von Bildbearbeitungfreaks auch *Auswahlkante* genannt wird. Und wo wir schon einmal bei der Terminologie sind: Die Auswahl wird auch als *Maske*, die nichtausgewählte Fläche als *maskiert* bezeichnet.

Schnallen Sie sich Ihren Auswahl-Werkzeuggurt um

Die meisten Bildbearbeitungsprogramme bieten Ihnen eine ganze Reihe von Auswahl-Werkzeugen an. Einige Werkzeuge sind nur für spezielle Situationen gedacht, andere werden Sie nahezu täglich verwenden. In den folgenden Abschnitten erfahren Sie, wie die üblichen Auswahl-Werkzeuge funktionieren und wie man sie geschickt kombinieren kann, um eine professionelle Auswahl zu erstellen.

Im Verlauf dieses Abschnitts werde ich Ihnen einige spezielle Hinweise zur Auswahlerstellung in Adobe Photoshop Elements geben. Auswahl-Werkzeuge funktionieren jedoch in den meisten anderen Bildbearbeitungsprogrammen gleich – ein rechteckiges Auswahlwerkzeug ist ein rechteckiges Auswahlwerkzeug, ganz gleich in welchem Programm Sie arbeiten. Also überspringen Sie dieses Kapitel nicht, nur weil Sie nicht Photoshop Elements benutzen, denn der Großteil der Informationen lässt sich auf Ihr Programm übertragen. (Wenn Sie jedoch mit einem sehr einfachen Basis-Bildbearbeitungsprogramm arbeiten, stehen Ihnen vielleicht nur ein oder zwei der hier besprochenen Werkzeuge zur Verfügung.)

Wo finden Sie die Auswahl-Werkzeuge? Das hängt von Ihrem Bildbearbeitungsprogramm ab. Üblicherweise sind die Werkzeuge über die Werkzeug-Palette oder Werkzeugleiste erreichbar. In Photoshop Elements wählen Sie das Auswahl-Werkzeug aus der Toolbox, gezeigt in Abbildung 11.1. Haben Sie ein Auswahlwerkzeug aktiviert, stehen Ihnen in der Optionsleiste weitere Optionen zu diesem Werkzeug zur Verfügung.

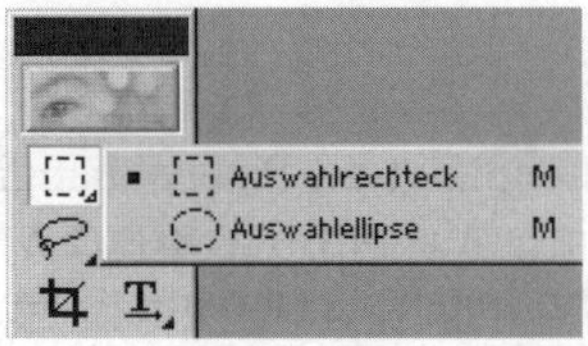

Abbildung 11.1: Die Auswahlwerkzeuge in der Toolbox von Photoshop Elements

Regelmäßige Formen auswählen

Mit den Basis-Auswahl-Werkzeugen können Sie regelmäßig geformte Auswahlkanten zeichnen. In Photoshop Elements stehen Ihnen zwei geometrische Auswahl-Werkzeuge direkt zur Verfügung: Rechteck und Ellipse. Hinter diesen beiden verbergen sich aber Funktionen, mit denen Sie auch Quadrate und Kreise ziehen können. Andere übliche Bildbearbeitungsprogramme verfügen mindestens über ein rechteckiges und ovales Auswahl-Werkzeug.

Um diese geometrischen Auswahl-Werkzeuge zu benutzen, ziehen Sie einfach von einer Seite der Fläche, die Sie auswählen möchten, zur anderen, wie in Abbildung 12.2 demonstriert.

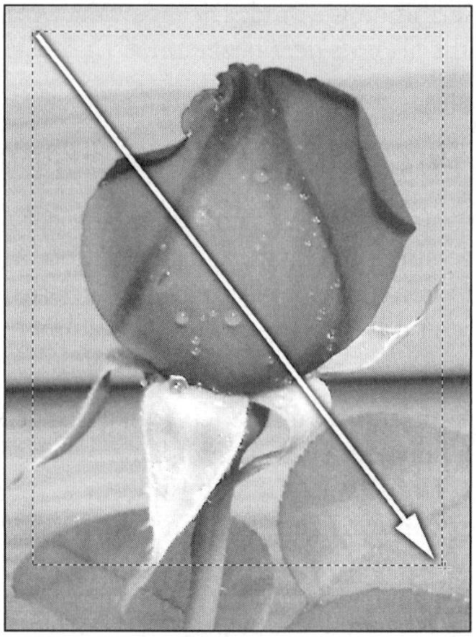

Abbildung 11.2: Um eine rechteckige Fläche auszuwählen, ziehen Sie von einer Ecke zur anderen.

Wenn Sie in Photoshop Elements eine quadratische Auswahl zeichnen möchten, drücken und halten Sie einfach die [⇧]-Taste, während Sie das Rechteck-Werkzeug ziehen. Um eine kreisförmige Auswahlkante zu zeichnen, drücken und halten Sie die [⇧]-Taste, während Sie das Oval-Werkzeug ziehen. Dieselbe Technik funktioniert auch in Adobe Photoshop.

Nach Farbe auswählen

Eine meiner Lieblingsauswahlwaffen fängt die Pixel abhängig von ihrer Farbe ein. Photoshop Elements nennt sein farbabhängiges Auswahl-Werkzeug Zauberstab. Andere Programme gebrauchen meist ähnliche Bezeichnungen. Unabhängig von seiner Benennung wählt dieses Werkzeug zusammenhängende Flächen gleichfarbiger Pixel aus.

Okay, noch einmal, aber diesmal verständlich: Nehmen wir an, Sie haben ein Bild wie das auf Farbtafel 11.1 (die Farbversion der Rose in Abbildung 11.2). Mit dem Zauberstab können Sie schnell die roten Pixel der Rose auswählen oder die grünen der Blätter oder auch die dreckig grauen Pixel im Hintergrund. Wenn Sie mit dem Zauberstab ins Bild klicken, wählen Sie alle Pixel aus, die dieselbe Farbe haben, wie die des Pixels, auf das Sie geklickt haben. Um die Rose auszuwählen, klicken Sie auf ein rotes Pixel in der Rose.

Allerdings werden ähnlich gefärbte Pixel nicht ausgewählt, wenn Pixel mit anderer Farbe zwischen ihnen und dem geklickten Pixel liegen. Wenn Sie beispielsweise auf das grüne Blatt in der rechten unteren Ecke des Rosenbilds auf Farbtafel 11.1 klicken, wird dieses Blatt ausgewählt – das Blatt in der linken unteren Ecke hingegen nicht, da graue Flächen zwischen den beiden Blättern liegen.

In den meisten Programmen können Sie bestimmen, wie diskriminierend das Werkzeug bei seiner Suche nach ähnlichen Farben sein soll. Sie können das Werkzeug so einstellen, dass es nur Pixel auswählt, die dem geklickten Pixel farblich sehr nah sind. Oder Sie können dem Programm sagen, es soll ein breites Spektrum an Schattierungen der geklickten Farbe auswählen. Wenn Sie nicht mit Photoshop Elements arbeiten, erkundigen Sie sich in Ihrem Hilfesystem, wie Sie diese Abstimmung, die gewöhnlich als *Toleranz* des Werkzeugs bezeichnet wird, vornehmen können.

In Photoshop Elements bestimmen Sie die Toleranz für den Zauberstab in der Werkzeugoptionsleiste, die Sie in Abbildung 11.3 sehen. Wenn Sie möchten, dass der Zauberstab sehr wählerisch bei der Pixelauswahl ist, geben Sie oben einen niedrigen Wert für die Toleranz ein. Damit der Zauberstab mehr Pixel auswählt, geben Sie einen höheren Wert ein.

Abbildung 11.3: Um die Auswirkungen des Zauberstabs abzustimmen, ändern Sie den Toleranz-Wert.

Farbtafel 11.1 zeigt die Resultate vier verschiedener Toleranz-Werte: 10, 32, 64 und 150. Der Zauberstab-Cursor in der Mitte jeder Rose zeigt die Position des Werkeugs an, als ich geklickt habe (ich habe einen kleinen blauen Pfeil im Bild links oben eingefügt, damit Sie den Cursor leichter finden). In Photoshop Elements können Sie einen Wert bis 255 eingeben, aber alles über 150 ist meist zu locker in der Pixelauswahl. In dem Bild auf Farbtafel 11.1 hat ein höher Wert als 150 zur Folge, dass anstelle der nur rosenfarbigen auch einige graue Pixel am Rand der Rose ausgewählt werden. Ein Wert von 255 wählt das gesamte Bild aus, was ziemlich sinnlos ist. Wenn Sie das ganze Bild auswählen möchten, finden Sie in fast allen Programmen einen Alles auswählen- oder einen ähnlichen Befehl, der den Job schneller erledigt.

Wie Sie auf Farbtafel 11.1 sehen, wurden mit einem Wert von 150 die meisten der Rosenpixel ausgewählt, und es sind nur ein paar weiße und graue Punkte ausgelassen worden – Flächen, die die Wassertropfen darstellen. Ich kann diese Punkte sehr einfach mit den Techniken, die im Abschnitt *Die Auswahlkante verfeinern* weiter hinten in diesem Kaptitel beschrieben werden, zur Auswahl hinzufügen.

Beachten Sie, dass die Auswirkungen unterschiedlicher Toleranzen in den verschiedenen Programmen leicht variieren können. Die hier angegebenen Werte beziehen sich auf Photoshop Elements. Falls Sie also ein anderes Bildbearbeitungprogramm verwenden, experimentieren Sie, um sich mit Ihrem Zauberstab-Werkzeug vertraut zu machen.

Eine freihändige Auswahl erstellen

Es gibt noch ein weiteres gängiges Werkzeug, mit dem Sie unregelmäßige Flächen Ihres Bilds auswählen können. Dazu müssen Sie einfach mit der Maus um diese Flächen rundherumziehen. Nun gut, »einfach«, das sagt sich leicht. Ehrlich gesagt brauchen Sie eine ziemlich ruhige Hand, um eine präzise Auswahlkante zu zeichnen. Einige Leute können das, ich kann's nicht. Deshalb nehme ich dieses Werkzeug nur, um eine grobe Fläche zu markieren und benutze dann andere Werkzeuge, um die genauen Pixel auszuwählen, die ich bearbeiten möchte. (Wie eine Auswahlkante auf diese Weise erstellt wird, finden Sie im folgenden Abschnitt *Die Auswahlkante verfeinern.*)

Dieses Werkzeug wird je nach Programm unterschiedlich benannt: Namen wie Freihand-Werkzeug, Lasso-Werkzeug oder Nachziehen-Werkzeug sind die beliebtesten Bezeichnungen. Adobe hat sich bei Photoshop Elements für Lasso entschieden. Aber wie auch immer das Werkzeug nun heißt, ziehen Sie es entlang der Grenze der Fläche, die Sie bearbeiten möchten. Wenn Sie den Punkt erreichen, an dem Sie begonnen haben, lassen Sie den Mausbutton los, um die Auswahlmarkierung zu schließen.

In Photoshop Elements finden Sie noch eine Variation des Lasso-Werkzeugs, das als Polygon-Lasso-Werkzeug bezeichnet wird. Dieses Werkzeug arbeitet ähnlich wie das Lasso-Werkzeug, aber es ermöglicht Ihnen zusätzlich, auf einfache Weise eine geradlinige Auswahl zu zeichnen. Für eine kurvige Auswahl ziehen Sie einfach mit dem Werkzeug, wie Sie es vom Lasso-Werkzeug kennen. Um ein geradliniges Segment hinzuzufügen, lassen Sie den Mausbutton an der Stelle los, an der das Segment beginnen soll. Dann klicken Sie dort, wo es enden soll. Photoshop Elements bildet automatisch eine gerade Verbindung zwischen den gewählten Punkten. Um die Auswahlkante zu vollenden, doppelklicken Sie.

Sie können ein ähnliches Werkzeug auch in vielen anderen Bildbearbeitungsprogrammen finden. Wie gerade und kurvige Linien gezeichnet werden, kann dort anders als in Photoshop Elements funktionieren. Ziehen Sie also für Gebrauchshinweise das Hilfesystem Ihres Programms zu Rate.

Nach Grenzen auswählen

In Kapitel 10 erfahren Sie, dass sich der Begriff Grenzen auf die Gebiete bezieht, wo sehr helle und sehr dunkle Flächen aufeinander treffen, oder wenn Sie sich sehr professionell ausdrücken möchten, Flächen mit hohem Kontrast. In vielen Bildbearbeitungsprogrammen einschließlich Photoshop Elements finden Sie ein Werkzeug, das Ihnen das Zeichnen einer Auswahl entlang solcher Kontrastgrenzen erleichtert.

In Photoshop Elements heißt dieses Werkzeug wie in Adobe Photoshop 5 MAGNETISCHES LASSO. Wenn Sie mit diesem Werkzeug ziehen, sucht es nach Grenzen und legt die Auswahl entlang dieser Grenzen. In Abbildung 11.4 sehen Sie eine Nahansicht, während ich dieses Werkeug verwende, um die Rose und eines der Blätter im Rosenbild von Abbildung 11.2 auszuwählen.

Die Vorgehensweise, wie ein solches Grenzensuch-Werkzeug benutzt wird, kann in den einzelnen Programmen variieren. Aber üblicherweise funktioniert es so: Klicken Sie an der Stelle, an der die Auswahl beginnen soll. Danach bewegen Sie die Maus entlang der Grenzkante des Objekts, das Sie auswählen möchten. Beachten Sie, dass ich *bewegen* sagte und nicht *ziehen* – Sie halten die Maustaste nicht wie beim Ziehen gedrückt. Während Sie die Maus bewegen, zeichnet das Werkzeug automatisch eine Auswahlkante entlang der Grenze zwischen Objekt und Hintergrund – unter der Voraussetzung, dass wenigstens ein bisschen Kontrast zwischen beiden besteht. In Abbildung 11.4 zum Beispiel hat das Werkzeug die Grenze zwischen den blätterfarbenen Pixeln und den Hintergrundpixeln gefunden. (Ich habe die Auswahl in der Farbversion dieses Bilds gezeichnet, in der ein höherer Kontrast zwischen Rose und Hintergrund besteht, als Sie es in dieser Graustufendarstellung der Abbildung sehen können.) Um die Auswahl zu vollenden, bewegen Sie den Cursor über den Ausgangspunkt Ihrer Auswahl und klicken dann.

Sowohl in Photoshop Elements als auch in Photoshop fügt das Programm regelmäßig kleine Kästchen in die Auswahlmarkierung ein, während Sie zeichnen. Diese Kästchen bezeichnet man auch als Auswahlpunkte. Sie können diese Punkte in Abbildung 11.4 sehen. Wenn Sie mit der Platzierung Ihres Auswahlrahmens nicht zufrieden sind, bewegen Sie Ihren Cursor über den zuletzt erzeugten Punkt und drücken die Löschen-Taste. Danach bewegen Sie die Maus erneut, um das Segment neu zu zeichnen. Wenn Sie wollen, können Sie auch klicken, um einen eigenen Auswahlpunkt einzufügen.

Ähnlich wie bei Auswahl-Werkzeugen, die auf Farbe basieren, können Sie gewöhnlich die Sensibilität der grenzsuchenden Werkzeuge bestimmen. In Photoshop Elements und Photoshop können Sie beispielsweise festlegen, welcher Kontrastunterschied bereits als Grenze erkannt wird und wie weit sich das Werkzeug von der Position des Mauscursors entfernen darf, wenn es nach Grenzkanten herumschnüffelt.

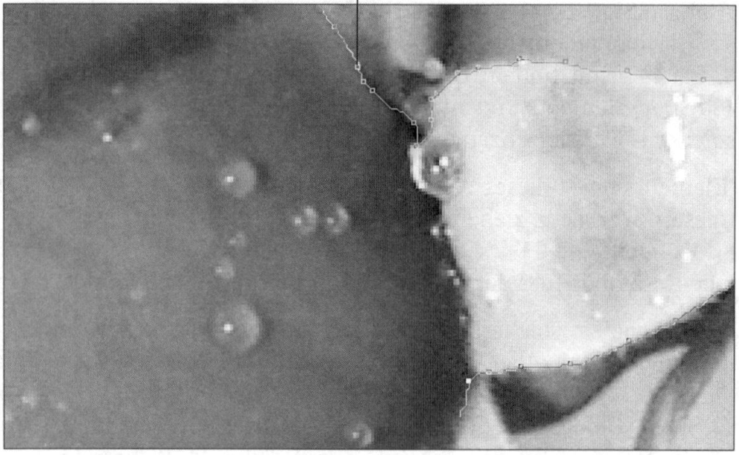

Abbildung 11.4: Das Magnetische Lasso *in Photoshop Elements spürt Grenzkanten auf und platziert die Auswahlkante entlang dieser Grenzen.*

Um die Sensibilität des Werkzeugs in Photoshop Elements festzulegen, stellen Sie die Werte in der Werkzeugsoptionsleiste ein, die in Abbildung 11.5 gezeigt ist. Die Optionsleiste erscheint, sobald Sie das Magnetisches-Lasso-Werkzeug in der Toolbox aktiviert haben. Erhöhen Sie den Wert Kantenkontrast, wenn das Werkzeug nicht diskriminierend genug ist – zum Beispiel wenn Sie Ärger haben, die Grenzkante zwischen einem roten Tischtuch und einem roten Apfel zu finden. Sie können Werte zwischen 1 und 100 eingeben. Der Wert Breite bestimmt, wie weit das Werkzeug auf seiner Suche nach Grenzkanten wandern darf. Höhere Werte lassen das Werkzeug weitere Gebiete absuchen, kleinere Werte halten das Werkzeug mehr in der Nähe. Sie können Werte von 1 bis 40 eingeben.

Abbildung 11.5: Bestimmen Sie hier die Sensibilität des Magnetischen Lassos in Photoshop Elements.

Alles auswählen (und die Auswahl wieder aufheben)

Sie möchten einen Arbeitsschritt auf das gesamte Bild anwenden? Dann frickeln Sie nicht mit den zuvor beschriebenen Auswahl-Werkzeugen herum. Die meisten Programme enthalten einen Befehl oder ein Werkzeug, um alle Pixel automatisch in Ihrem Bild auszuwählen. In einigen Anfänger-Bildbearbeitungsprogrammen können Sie einfach in das Bild mit einem bestimmten Auswahl-Werkzeug klicken, meist Auswahl- oder Pfeil-Werkzeug genannt. Klicken Sie einmal, um auszuwählen, und ein zweites Mal, um die Auswahl wieder aufzuheben.

Andere Programme verfügen über Menü-Befehle, um das gesamte Bild auszuwählen, bzw. die Auswahl wieder aufzuheben. Suchen Sie im Bearbeiten-Menü – oder dem Menü, wo sich die restlichen Auswahl-Werkzeug-Befehle befinden – nach einem Befehl der Alles auswählen oder ähnlich heißt. Sie können wahrscheinlich einen Auswahl aufheben- oder Keine-Befehl finden, der die Auswahl für das gesamte Bild wieder aufhebt – also die bestehende Auswahlkante entfernt.

In Photoshop Elements wählen Sie Auswahl|Alles auswählen, um das gesamte Bild auszuwählen. Um die Auswahl aufzuheben, wählen Sie Auswahl|Auswahl aufheben.

Brauchen Sie professionelle Auswahl-Power?

Professionelle Bildbearbeitungsprogramme wie Adobe Photoshop oder Corel PHOTO-PAINT bieten Ihnen einen ganzen Haufen zusätzlicher Auswahl-Features zu den Basis-Werkzeugen, die hier beschrieben wurden, an. Sie können beispielsweise in vielen Profi-Programmen die Auswahl als Teil der Bilddatei absichern. Diese Funktion kann sehr zeitsparend sein. Nachdem Sie einmal eine Auswahl erzeugt haben, können Sie diese wieder und wieder benutzen, ohne sie jedes Mal neu erstellen zu müssen. Und wenn Sie keine Zeit haben, um Ihre Auswahl in einer Arbeitssitzung zu erzeugen, können Sie die begonnene Auswahl absichern und diese später beenden.

Zudem verfügen Sie über eine breitere Vielfalt an Auswahl-Werkzeugen. Photoshop bietet außerdem einen Maskierungs-Modus, in dem Sie zusätzlich zu den Standard-Auswahl-Werkzeugen jedes der Malwerkzeuge verwenden können, um Ihre Auswahl zu erstellen. Sie markieren Pixel in einer Farbe, um sie auszuwählen, und in einer anderen, um sie zu maskieren (nicht auszuwählen). Zudem bietet das Programm einen Befehl, der automatisch die existierende Auswahlkante um eine bestimmte Pixelanzahl erweitert oder verkleinert. Des Weiteren können Sie mit einem Befehl alle Pixel auswählen, die in eine bestimmte Farbskala fallen (im Gegensatz zum Zauberstab, der nur zusammenhängende Pixel ähnlicher Farbe auswählt). Und schließlich gibt es noch einen Befehl, der nach verstreuten Pixeln entlang einer Auswahlkante sucht und diese entweder auswählt oder von der Auswahl ausschließt, abhängig von ihrer Position zur Auswahlkante.

Wenn Sie täglich kompliziertere Auswahlen erstellen müssen, können Sie Ihre gesamte Bildbearbeitung beschleunigen, indem Sie in ein Programm investieren, das solche Werkzeuge anbietet, und sich die Zeit nehmen, mit ihm vertraut zu werden.

Viele Bildbearbeitungsprogramme, inklusive Photoshop Elements und Photoshop, ermöglichen es Ihnen, das universelle Tastenkürzel für Alles auswählen zu verwenden: ⌘+A am Mac oder Strg+A am PC. Einige Programme bieten einen Kurzbefehl, um die Auswahl aufzuheben: In Photoshop Elements und Photoshop drücken Sie dazu ⌘+D am Mac oder Strg+D am PC.

Der umgekehrte Weg zur Auswahl

Manchmal können Sie ein Objekt schneller selektieren, wenn Sie zuerst die Fläche auswählen, die Sie *nicht* bearbeiten möchten, und danach die Auswahl *umkehren* (auch *invertieren* genannt). Invertieren kehrt die Auswahl einfach um, sodass die Pixel, die im Augenblick ausgewählt sind, es nicht mehr sein werden, und Pixel, die vorher nicht ausgewählt waren, jetzt ausgewählt sind.

Betrachten Sie das linke Bild in Abbildung 11.6. Nehmen wir an, Sie möchten nur die Gebäude auswählen. Eine Auswahl um all diese gewundenen Umrisse zu zeichnen dauert ewig. Aber durch ein paar simple Klicks mit dem Zauberstab von Photoshop Elements konnte ich leicht den Himmel auswählen und die Auswahl umkehren, um die Gebäude auszuwählen. Im rechten Bild von Abbildung 11.6 habe ich die Auswahl gelöscht, damit Sie sehen können, wie sauber diese Technik die Gebäude auswählt.

In Photoshop Elements wählen Sie aus dem Auswahl-Menü die Option Auswahl umkehren, um Ihre Auswahl umzukehren. Sie können diese Aufgabe auch schneller über das Tastenkürzel ⇧ + ⌘+I am Mac oder ⇧ + Strg+I am PC erledigen.

Um diese umgekehrte Richtung in anderen Bildbearbeitungsprogrammen einzuschlagen, sehen Sie sich nach einem Invertieren- oder Auswahl umkehren-Befehl um. Dieser Befehl sitzt meist gemeinsam mit den ganzen anderen Auswahl-Befehlen im selben Menü oder derselben Palette. Aber Vorsicht: Einige Programme verwenden den Namen Invertieren für einen Filter, der die Farben in Ihrem Bild invertiert und einen Fotonegativ-Effekt erzielt. Wenn Sie Invertieren oder Umkehren in einem Menü, das hauptsächlich Spezialeffekte enthält, finden, so handelt es sich hier eher um einen Negativeffekt als um die Umkehrung einer Auswahl.

Die Auswahlkante verfeinern

Theoretisch scheint es einfach zu sein, eine Auswahl zu erzeugen. Aber in der Praxis ist es ebenso wahrscheinlich, eine Auswahl auf Anhieb genau richtig zu erstellen, wie eine gemeinsame Entscheidung der Regierung und der Opposition, wessen Steuern erhöht und wessen gesenkt werden sollen. Mit anderen Worten: Sie sollten darauf gefasst sein, Ihre Auswahl nach Ihrem allerersten Versuch noch etwas verfeinern zu müssen.

Abbildung 11.6: Um diese ornamentalen architektonischen Strukturen auszuwählen (links), habe ich den Himmel ausgewählt und die Auswahl umgekehrt. Das Löschen der Auswahl (rechts) zeigt, wie präzise die Gebäude ausgewählt wurden.

In allen professionellen Bildbearbeitungsprogrammen und vielen Heimanwender-Programmen können Sie die Auswahl korrigieren, indem Sie ihr Pixel hinzufügen bzw. abziehen oder die Auswahl an einen anderen Punkt des Bildes bewegen. Üblicherweise bearbeiten Sie die Auswahl wie folgt:

✔ Um die Auswahl zu vergrößern, muss das Auswahl-Werkzeug im additiven Modus sein. Auf diese Weise können Sie eine neue Auswahlkante zeichnen, ohne die bestehende zu verlieren. Um die verbliebenen Flächen im Bild unten rechts in Farbtafel 9.1 auszuwählen, ziehen Sie zum Beispiel einfach mit dem Oval-Auswahl-Werkzeug um diese herum.

✔ Um bestimmte Pixel wieder von der Auswahl auszuschließen, muss das Auswahl-Werkzeug im Substraktionsmodus sein. Das Werkzeug arbeitet dann umgekehrt und wählt keine Pixel aus, sondern bestimmt, welche Pixel von der Auswahl ausgeschlossen werden. Nehmen wir zum Beispiel an, Sie haben die Rose und die Blätter von Farbtafel 11.1 ausgewählt. Jetzt ändern Sie jedoch Ihre Meinung und möchten nur die Blätter auswählen. Also nehmen Sie Ihren Zauberstab und verwenden ihn im Substraktionsmodus. Dann klicken Sie in die Rose, um alle roten Pixel von der Auswahl auszuschließen.

✔ Um vom normalen Arbeitsmodus Ihrer Auswahl-Werkzeuge in den additiven oder Substraktionsmodus zu wechseln, gibt es je nach Programm unterschiedliche Methoden. In einigen Programmen klicken Sie auf ein Symbol in der Werkzeugleiste, in anderen Programmen drücken Sie eine Taste auf der Tastatur, um die Additions- und Substraktionsmodi ein- und auszuschalten. In Photoshop halten Sie beispielsweise die [⇧]-Taste gedrückt, während Sie mit dem Auswahl-Werkzeug klicken oder ziehen, wenn Sie einer bestehenden Auswahl eine weitere hinzufügen möchten. Wenn Sie eine Auswahl von der bestehenden abziehen möchten, halten Sie die [Alt]-Taste gedrückt.

Photoshop Elements lässt Sie den Auswahl-Modus über Schaltflächen in der Werkzeugoptionsleiste ändern. Wenn Sie auf die Schaltfläche DER AUSWAHL HINZUFÜGEN klicken, können Sie mit jedem Auswahl-Werkzeug der bestehenden Auswahl weitere hinzufügen. Wenn Sie zu viele Flächen ausgewählt haben, klicken Sie in der Werkzeugoptionsleiste auf die Schaltfläche VON AUSWAHL SUBSTRAHIEREN. Wenn Sie jetzt mit einem Auswahl-Werkzeug ziehen oder klicken, werden Sie Pixel von der Auswahl ausschließen, anstatt sie hinzuzufügen.

✔ Manchmal möchten Sie vielleicht die Auswahl einfach nur bewegen, anstatt sie zu vergrößern oder zu verkleinern. Stellen Sie sich vor, Sie haben ein Bild, in dem unter anderem ein Ball auf einem Teppich liegt. Der Ball stört Sie in dieser Szene, und Sie wollen einige Teppich-Pixel kopieren, um den Ball mit einem Teppichflicken zu verdecken. Wählen Sie den Ball aus und bewegen Sie die Auswahl auf den Teppich. Voilà, jetzt haben Sie eine Teppichfläche ausgewählt, die genau der Größe und Form des Balls entspricht. Alles was Sie jetzt noch tun müssen, ist die Teppichpixel zu kopieren und auf dem Ball einzufügen. (Siehe *Einen nahtlosen Flicken erzeugen* weiter hinten in diesem Kapitel.)

Nicht alle Bildbearbeitungsprogramme ermöglichen es Ihnen, eine Auswahl zu bewegen. Informieren Sie sich in Ihrem Handbuch, ob Sie diesen Trick anwenden können. In Photoshop Elements aktivieren Sie das VERSCHIEBEN-Werkzeug in der Toolbox. Klicken Sie dann in die Auswahl und verschieben Sie diese. Alternativ dazu können Sie die Auswahl auch mit den gedrückten [⌘]+[Alt]-Tasten am Mac oder [Strg]+[Alt] am PC sowie den Pfeiltasten auf Ihrer Tastatur an die richtige Stelle schubsen. Jedes Mal, wenn Sie die Pfeiltasten drücken, wird die Auswahl um ein Pixel in die Pfeilrichtung verschoben.

✔ In einigen Einsteiger-Bildbearbeitungsprogrammen wie zum Beispiel LivePix von Live-Picture Inc. verändern Sie eine Auswahl auf etwas andere Art. Nachdem Sie eine Auswahl gezeichnet haben, ziehen Sie an kleinen Kästchen, Griffe genannt, die entlang Ihrer Auswahlkante verteilt sind. Diese Kästchen funktionieren genau so wie die des SCHNEIDEN-(FREISTELL)-Werkzeugs, das in Kapitel 10 besprochen wurde. Wenn Sie die Kästchen ziehen oder verschieben, ändert sich entsprechend die Auswahl. Sie können auch auf die Auswahlkante klicken, um weitere Punkte hinzuzufügen und so die Auswahl präziser einzustellen.

Wenn Sie einen Fehler gemacht haben sollten, können Sie meist den letzten Klick oder die letzte Bewegung rückgängig machen, indem Sie den WIDERRUFEN-Befehl aus dem BEARBEITEN-Menü anwenden. In Kapitel 10 finden Sie mehr zum Thema Fehlerbehebung.

Die Auswahl bewegen, kopieren und einsetzen

Nachdem Sie einen Teil Ihres Bilds ausgewählt haben, können Sie alles Mögliche mit den ausgewählten Pixeln veranstalten. Sie können sie anmalen, ohne befürchten zu müssen, Farbe auf die nicht ausgewählten Pixel zu klecksen. Sie können ausschließlich auf die ausgewählten Flächen Spezialeffekte oder Farbkorrektur-Befehle anwenden und dabei den Rest Ihres Bilds unberührt lassen.

Meist erstellen Sie jedoch eine Auswahl, um die ausgewählten Pixel an eine andere Position in Ihrem Bild (oder sogar in ein neues Bild) zu bewegen oder zu kopieren – so, wie ich es zum Beispiel auf Farbtafel 11.2 getan habe. Ich habe die Rose aus dem Bild links ausgeschnitten und in das Marmorbild in der Mitte eingesetzt, um das neue Bild rechts zu erzeugen.

In den nächsten Abschnitten erfahren Sie alles, was Sie wissen müssen, um ein Experte im Bewegen, Kopieren und Einsetzen einer Auswahl zu werden.

Sie können außerdem mit einem Spezial-Werkzeug namens Kopie oder Stempel Pixel kopieren. Mit diesem Werkzeug ist es möglich, einen Teil von Ihrem Bild quasi auf einen anderen Teil Ihres Bilds zu »malen«. Wie das genau funktioniert, erfahren Sie weiter hinten in diesem Kapitel unter *Klonen ohne DNA*.

Immer verlässlich: Ausschneiden, Kopieren, Einsetzen

Die Klassiker unter den Computerbefehlen sind immer noch Ausschneiden, Kopieren und Einsetzen, wenn Sie eine Auswahl bewegen und kopieren möchten. Über diese Befehle verfügt praktisch jedes Bildbearbeitungsprogramm, einschließlich Photoshop Elements.

In Photoshop Elements finden Sie diese Befehle, wie in den meisten Programmen auch, im Bearbeiten-Menü. Aber Sie können sie schneller anwenden, indem Sie die universellen Tastenkürzel verwenden: ⌘+C am Mac oder Strg+C am PC für Kopieren, ⌘+X bzw. Strg+X für Ausschneiden und ⌘+V bzw. Strg+V für Einsetzen.

Hier die Ausschneiden/ Kopieren/ Einsetzen-Routine zusammengefasst:

- ✔ Ausschneiden schnippelt die Pixel aus Ihrem Bild heraus und platziert sie in der Zwischenablage, der temporären Abstellkammer für Ihre Daten. Wo Ihre Pixel vorher waren, befindet sich jetzt nur noch ein Loch, wie Sie links in Abbildung 11.7 sehen können.
- ✔ Kopieren dupliziert die Pixel in der Auswahl und platziert eine Kopie in die Zwischenablage. Ihr Originalbild bleibt intakt.
- ✔ Einsetzen klebt den Inhalt der Zwischenablage in Ihr Bild ein.

Die eingesetzten Pixel werden von den verschiedenen Programmen unterschiedlich behandelt. In einigen Programmen wirkt der Einsetzen-Befehl wie superstarker Sekundenkleber, Sie können die eingesetzte Auswahl nicht bewegen, ohne ein Loch in Ihr Bild zu reißen, dies wäre genau so, als würden Sie die Auswahl ausschneiden.

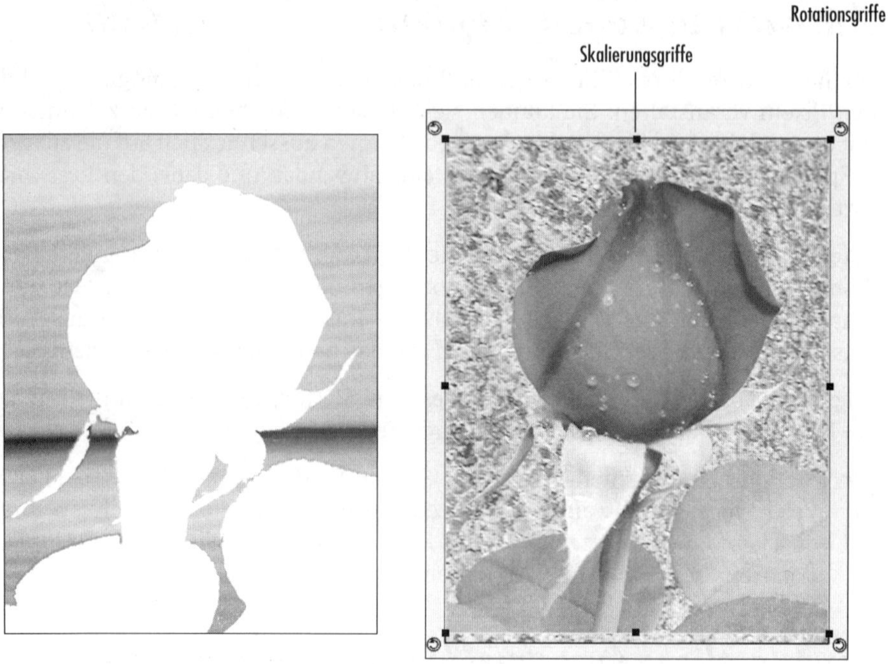

Abbildung 11.7: Wenn Sie eine Auswahl ausschneiden (und damit in die Zwischenablage bewegen), entsteht ein Loch in Ihrem Bild (links). Nachdem Sie die Auswahl eingesetzt haben, können Sie sie skalieren und rotieren lassen (rechts).

In anderen Programmen verhalten sich Ihre eingesetzten Pixel so, als befänden sie sich auf einem Klebe-Notizzettel. Sie können sie wieder »ablösen« und in der Gegend bewegen, ohne das darunter befindliche Bild zu beschädigen. Nachdem Sie so Ihre eingesetzten Pixel positioniert haben, können Sie den Befehl wählen, der sie permanent im Bild befestigt.

Photoshop Elements und Photoshop wählen den zweiten Weg für das Einsetzen von Pixeln. Beide Programme platzieren Ihre Pixel auf eine neue *Ebene*. Ebenen werden ausführlicher in Kapitel 12 behandelt, aber im Augenblick versuchen Sie sich nur folgende Fakten zu Ihrer eingesetzten Auswahl zu merken:

- Nachdem Sie den EINSETZEN-Befehl gewählt haben, ist automatisch das OBJEKTAUSWAHL-Werkzeug aktiviert und Markierungen für Rotieren und Skalierung erscheinen rund um die Auswahl, wie rechts in Abbildung 11.7 gezeigt. Sie können die Auswahl überall hinbewegen, indem Sie innerhalb der Auswahl ziehen. Ziehen Sie an einer der Rotieren-Markierungen (in Abbildung 11.7 beschriftet), um die Auswahl zu drehen.
- Sie können die Auswahl skalieren, indem Sie an den quadratischen Markierungen ziehen. Bedenken Sie jedoch, dass dies eine Verschlechterung der Bildqualität zur Folge haben kann. Sie erzielen bessere Resultate, wenn Sie den Befehl BILDGRÖSSE im Menü BILD|SKALIEREN zur hauptsächlichen Skalierung *vor* dem KOPIEREN oder AUSSCHNEIDEN verwenden.

Wenn Sie möchten, dass Ihre kopierten Pixel ihre Größe beibehalten, wenn Sie sie in ein anderes Bild einsetzen, sollten Sie sichergehen, dass beide Bilder dieselbe Auflösung haben. Die Software ändert die Auflösung der eingesetzten Pixel automatisch, um sie ihrem neuen Zuhause anzupassen. Wenn die Auflösung des Quellbildes (dem Bild, von dem Sie die Pixel kopieren) niedriger als die des Zielbildes ist, schrumpft das kopierte Objekt in seiner Größe, wenn Sie es einsetzen. Wenn die Auflösung der Quelle höher als die Zielauflösung ist, vergrößert sich das kopierte Objekt nach dem Einsetzen. (In den Kapiteln 2, 8 und 9 finden Sie weitere Informationen zum Thema Skalierung und Auflösung.)

Eine weitere Methode, Ihre Auswahl zu bewegen, bietet das Tastenkürzel ⌘+G am Mac oder Strg+G am PC. Es aktiviert das Verschieben-Werkzeug. (Sie können es auch direkt aus der Toolbox wählen.) Wenn das Verschieben-Werkzeug aktiv ist, haben Sie die Möglichkeit, die Auswahl mit den Pfeiltasten Ihrer Tastatur zu bewegen. Jedes Mal, wenn Sie auf eine Pfeiltaste drücken, wird die Auswahl um ein Pixel in Pfeilrichtung verschoben. Um die Auswahl in Zehn-Pixel-Schritten zu bewegen, halten Sie zusätzlich zur Pfeiltaste die ⇧-Taste gedrückt. Diese Technik ist ideal, um eine Auswahl präzise zu platzieren – wenn Sie die Auswahl zum Beispiel nur etwas waagerecht verschieben möchten, aber nicht senkrecht. Mit der Maus können Sie abrutschen und die Auswahl nach oben oder unten verschieben, obwohl Sie sie nur zur Seite bewegen wollten.

- ✔ Befindet sich die Auswahl an ihrem gewünschten Platz, haben Sie zwei Möglichkeiten. Sie können die Auswahl auf ihrer eigenen Ebene lassen oder sie mit der darunter liegenden Ebene verschmelzen. Wenn Sie sich für das Erstere entscheiden, können Sie weiterhin die Ebene separat vom restlichen Bild bearbeiten. Wenn Sie die Auswahl mit dem darunter liegenden Bild verschmelzen möchten, wählen Sie aus dem Menü Ebene die Option Mit darunterliegender auf eine Ebene reduzieren. In Kapitel 12 erfahren Sie mehr zum Umgang mit dem Menü Ebene, der Ebenen-Palette und der Bearbeitung von Bildern mit mehreren Ebenen.

Wenn Sie nicht mit Photoshop Elements oder Photoshop arbeiten, informieren Sie sich in Ihrem Hilfesystem darüber, wie stark sich der Einsetzen-Befehl auf Ihr Bild auswirkt. Sonst kann es Ihnen passieren, dass Sie ein Loch in Ihr Bild reißen, wenn Sie versuchen, die eingesetzte Auswahl zu bewegen. (Zum Glück können Sie normalerweise den Widerrufen-Befehl anwenden, um den Schaden zu beheben – ausführliche Informationen dazu in Kapitel 10.)

Ziehen, um zu kopieren und zu bewegen

Zusätzlich zu den Ausschneiden-, Kopieren- und Einsetzen-Befehlen, die in den vorhergehenden Abschnitten besprochen wurden, können Sie oft die *Drag&Drop-* Funktion (Ziehen und Ablegen) verwenden, um ausgewählte Pixel zu verschieben oder zu kopieren. Ziehen Sie die Auswahl einfach von einem Punkt zum anderen – kein Grund sich mit dem nervigen Wählen von

Menü-Befehlen herumzuärgern. Wenn Sie die Maustaste loslassen, legt das Programm die Auswahl an der Stelle ab.

Die meisten Bildbearbeitungsprogramme verfügen über diese Funktion, aber Sie müssen im Handbuch nachsehen, welches Werkzeug aktiv sein muss, um das Ziehen und Ablegen auszuführen. Versichern Sie sich auch, ob die abgelegte Auswahl permanent mit dem Bild verschmolzen wird oder weiterhin manipulierbar bleibt, ohne das darunter liegende Bild zu beeinflussen.

Die folgende Ziehen- und Ablegen-Übung bezieht sich ausschließlich auf Photoshop Elements. In diesem Fall gibt es wirklich keinen Bezug zu anderen Bildbearbeitungsprogrammen. Wenn Sie also nicht Photoshop Elements verwenden, nehmen Sie sich ein bisschen frei, und werfen Sie vielleicht einen Blick in Ihr Hilfesystem, um die Ziehen- und Ablegen-Funktionen Ihrer Software kennen zu lernen, anstatt diese Liste durchzulesen.

- ✔ Um die Auswahl von einem Teil Ihres Bilds zu einem anderen zu bewegen, wählen Sie irgendein Auswahl-Werkzeug. Klicken Sie dann auf das Verschieben-Werkzeug in der Toolbox. Dann ziehen Sie innerhalb der Auswahlkante. Das Ziehen der Auswahl hat denselben Effekt wie das Ausschneiden: Es hinterlässt ein auswahlförmiges Loch in Ihrem Bild.
- ✔ Nachdem Sie das Ziehen beendet und die Maustaste losgelassen haben, wird die Auswahl auf einer Schwebende Auswahl-Ebene platziert, einer temporären Ebene. Mehr zu Ebenen finden Sie in Kapitel 12, aber die Kurzfassung der Geschichte ist, dass Ihre Auswahl auf einer vom restlichen Bild separaten Schicht existiert. Sie können Ihre Auswahl jetzt mit den Pfeiltasten hin- und herschubsen. Um die Auswahl um jeweils einen Pixel zu bewegen, drücken Sie die Pfeiltaste, um sie in Zehn-Pixel-Schritten zu verschieben, halten Sie zusätzlich die [⇧]-Taste gedrückt.
- ✔ Wählen Sie Auswahl aufheben im Menü Auswahl oder klicken Sie mit einem anderen Auswahl-Werkzeug in das Bild, damit die bewegten Pixel mit dem darunter liegenden Bild verschmelzen.

Sie können das Verschieben-Werkzeug mit zwei verschiedenen Methoden wählen: Entweder klicken Sie auf das Verschieben-Werkzeug in der Toolbox oder Sie drücken das Tastenkürzel [⌘]+[G] am Mac oder [Strg]+[G] am PC.

- ✔ Um eine Auswahl auf eine andere Position im selben Bild zu kopieren, wählen Sie ein beliebiges Auswahl-Werkzeug und klicken auf das Verschieben-Werkzeug in der Toolbox. Halten Sie während des Verschiebens die [Alt]-Taste gedrückt. Ihre kopierte Auswahl wird zu einer Schwebenden Auswahl, wie zwei Punkte zuvor beschrieben. Solange die Auswahl schwebend bleibt, können Sie sie mit den Pfeiltasten bewegen (siehe vorhergehende Punkte).

- ✔ Um eine Auswahl zwischen zwei Bildern zu kopieren, öffnen Sie beide Bilder und legen Sie sie nebeneinander. (Wählen Sie dazu FENSTER|NEBENEINANDER.) Aktivieren Sie ein beliebiges Auswahl-Werkzeug , klicken Sie auf das VERSCHIEBEN-Werkzeug in der Toolbox und ziehen Sie die Auswahl von einem Bild zum anderen. (Gehen Sie sicher, dass Ihr Cursor innerhalb der Auswahlkante ist, während Sie ziehen.) Nun sollte ein kleines Pluszeichen neben Ihrem Cursor erscheinen, das Ihnen verdeutlicht, dass Sie in der Tat die Auswahl kopieren und nicht bewegen. Sie brauchen dazu nicht wie beim Kopieren innerhalb desselben Bilds die [Alt]-Taste zu drücken.
- ✔ Sie können nicht mit der Ziehen-und-Ablegen-Methode eine Auswahl von einem Bild zum anderen bewegen. Dazu müssen Sie die AUSSCHNEIDEN- und EINSETZEN- Befehle anwenden, die im Abschnitt *Immer verlässlich: Ausschneiden, Kopieren, Einsetzen* beschrieben sind.

Sagen Sie Ihrer Auswahl Sayonara

Es ist so unglaublich einfach, eine Auswahl zu löschen: In den meisten Programmen, einschließlich Photoshop Elements, drücken nur Sie die beliebte [Löschen]-Taste. Welchen Weg Sie auch wählen, Sie haben Ihre Auswahl in die ewigen Jagdgründe geschickt, und sie wird niemals wieder auf Erden gesichtet werden. Alles, was Sie dann noch an Ihre frühere Auswahl erinnert, ist das auswahlförmige Loch in Ihrem Bild. Falls Sie eine Ebene bearbeiten, können Sie die darunter liegene Ebene durch das Loch sehen. Mehr zu Ebenen in Kapitel 12.

Digitale Schönheitskorrekturen

Als ich das Bild in Abbildung 11.8 geschossen habe, hat sich doch die Stadt Indinanapolis geweigert zu kooperieren und den verdammten Turm im Hintergrund zu verschieben. Ich habe das Bild trotzdem gemacht. Schließlich wusste ich, dass ich den Turm in der Bildbearbeitungsphase leicht verdecken kann. Die nächsten Abschnitte beschreiben zwei Methoden, wie Sie diese Art Fotokorrekturen vornehmen können: Abdecken und Klonen.

Einen nahtlosen Flicken erzeugen

In vielen Bildbearbeitungsprogrammen können Sie eine weiche Auswahlkante erzeugen. Das bedeutet, dass Sie die Kante ein wenig ausfransen lassen. In Abbildung 11.9 sehen Sie den Unterschied zwischen einem Stückchen Schwarz, das ich mit der Standard-Auswahl (mit harter Kante) kopiert habe, und einem, das mit weicher Auswahlkante kopiert wurde.

Abbildung 11.8: Dieses Bild könnte hübsch sein, wenn nur nicht der hässliche Turm im Hintergrund wäre.

Abbildung 11.9: Eine normale Auswahl hat harte Kanten (links); eine weiche Auswahlkante läuft allmählich in den Hintergrund aus (rechts).

Eine weiche Auswahlkante bewirkt, dass Ihre Bearbeitung weniger auffällt, da die Änderungen, die Sie vornehmen, zum Rand hin auslaufen. Ohne eine weiche Auswahlkante entstehen oft harte und abrupte Übergänge am Rand der Auswahl, die Ihre Bearbeitung sehr auffallen lassen. Abbildung 11.10 zeigt Ihnen ein Beispiel. In beiden Abbildungen, die auf dem Bild von Abbildung 11.8 basieren, habe ich den störenden Turm aus meinem Bild entfernt, indem ich einige Himmelspixel kopiert und über dem Turm eingesetzt habe.

Für das linke Bild habe ich eine Standard-Auswahl im Bereich des Himmels gezeichnet und dann die Auswahl auf den Turm kopiert. Wie Sie sehen, ist das Resultat alles andere als zufrieden stellend. Oben am Turm fügt sich mein »Flicken« gut in den umgebenden Himmel ein, da ich eine einheitliche Farbfläche kopiert habe. Aber unten im Bild kann man deutlich die Ränder entlang der Fläche, die ich kopiert habe, erkennen, da mein Flicken harte Kanten hat, der die wattigen Wolken roh unterbricht.

Abbildung 11.10: Ein Flicken ohne weiche Auswahlkante fällt auf (links), während ein weicher Flicken sich nahtlos in das Original-Bild einfügt (rechts).

Mit einer weichen Auswahlkante konnte ich einen sehr viel weniger auffälligen Flicken kopieren und über dem Turm einsetzen.

Sie können in vielen Bildbearbeitungsprogrammen eine weiche Auswahlkante erzeugen, nachdem Sie eine Auswahl gezeichnet haben. In Photoshop Elements und Photoshop wählen Sie zum Beispiel AUSWAHL|WEICHE AUSWAHLKANTE und geben dann einen Wert ein – ein höherer Wert, um eine »ausgefranstere« Auswahlkante zu erzeugen, niedrigere Werte für weniger weiche Kanten (siehe Abbildung 11.11). Nachdem Sie die weiche Auswahlkante erstellt haben, ziehen und legen Sie die Auswahl einfach dorthin ab, wo Sie sie haben möchten (oder wählen Sie die KOPIEREN- und EINSETZEN-Befehle, wenn Sie das bevorzugen).

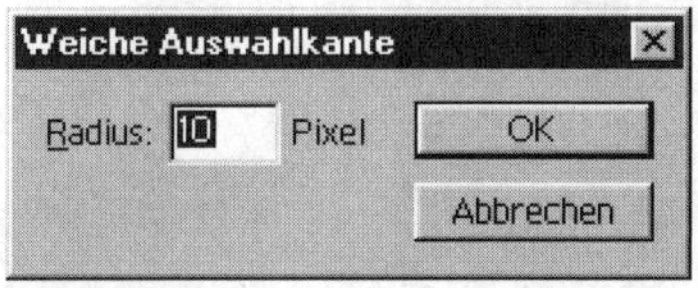

Abbildung 11.11: Die Dialogbox WEICHE AUSWAHLKANTE ermöglicht sowohl natürlich wirkende Bearbeitung als auch Spezialeffekte.

Mit Hilfe der weichen Auswahlkanten können Sie fast jedes störende Element abdecken. Es gibt aber auch noch andere Techniken, die Sie ausprobieren sollten, wenn Sie einen bestimmten Teil Ihres Bilds verschwinden lassen möchten. Eine davon bietet das KOPIE- oder auch STEMPEL-Werkzeug. Wenn Sie mit diesem Werkzeug malen, »klont« es Pixel von einer anderen Stelle des Bildes auf die, die Sie abdecken möchten. Im nächsten Abschnitt können Sie einen genaueren Blick auf dieses Werkzeug werfen. In vielen Fällen werden Sie mit dem KOPIE-Werkzeug bessere Resultate erzeugen als mit der zuvor beschriebenen »Flicken«-Methode. Es ist jedoch immer gut, beide Tricks auf Lager zu haben.

Klonen ohne DNA

Nachdem die Menschheit erfolgreich herausgefunden hat, wie man ein Schaf klont – schließlich brauchen Schafe dringend unsere Hilfe, um sich zu vermehren – sollte es Sie nicht überraschen, dass Sie auch Ihre Pixel auf einfachste Weise in Ihr Bild klonen können.

Mit dem KOPIE- oder STEMPEL-Werkzeug, das in vielen Heimanwender- und allen professionellen Bildbearbeitungsprogrammen verfügbar ist, können Sie Pixel von einem Bild in das andere klonen, so wie ich es zum Beispiel in der rechten Hälfte von Abbildung 11.12 getan habe. Normalerweise verwende ich dieses Werkzeug jedoch, um Pixel innerhalb desselben Bilds zu duplizieren, um auf diese Weise Flecken und Fehler in der Darstellung zu korrigieren. Auf Farbtafel 11.3 sehen Sie, wie ich den oberen Teil der Zitrone mit dieser Technik repariert habe.

Es gibt für das KOPIE- (oder STEMPEL-) Werkzeug kein vergleichbares Gegenstück in der Realität – verrückte Wissenschaftler mal ausgenommen – daher werden Sie ein wenig Übung benötigen, um zu verstehen, wie es funktioniert. Aber ich garantiere Ihnen, sobald Sie mit ihm vertraut sind, werden Sie es nur noch benutzen wollen.

Abbildung 11.12: Mit dem KOPIE-Werkzeug kann man ein Bild (links) in ein anderes hineinmalen (rechts).

In Photoshop Elements steht zu diesem Zweck das Kopierstempel-Werkzeug zur Verfügung. Die folgende Liste erklärt, wie Sie dieses Werkzeug verwenden. Aber die meisten Werkzeuge dieser Art funktionieren ähnlich. Vielleicht müssen Sie hier und da eine andere Taste drücken, um die unterschiedlichen Features des Werkzeugs zu aktivieren, aber im Allgemeinen ist die Herangehensweise dieselbe, ganz gleich welches Programm Sie verwenden. Und das müssen Sie wissen:

- ✔ Um das Werkzeug zu aktivieren, wählen Sie das Kopierstempel-Werkzeug aus der Toolbox. In der Werkzeugoptionsleiste können Sie in der Popup-Palette Pinsel festlegen, wie groß und wie weich die Kopierstempel-Werkzeugspitze ist. Wenn Sie eine der ersten sechs Optionen in der Palette wählen, malt das Kopierstempel-Werkzeug mit einem hartkantigen Strich, vergleichbar mit dem eines Stifts. Die anderen Werkzeugspitzen erzeugen Striche mit weicheren Kanten, ähnlich wie ein Pinsel.

  In den ersten zwei Reihen der Palette zeigen die Symbole die tatsächliche Größe der Werkzeugspitze an. Die Spitzen in der unteren Reihe der Palette sind zu groß, um sie in Originalgröße zu zeigen, daher listet Photoshop Elements die tatsächliche Pixelgröße mit auf.

  Um eine Werkzeugspitze auszuwählen, klicken Sie einfach auf das entsprechende Symbol in der Palette.

  Sie können die Deckkraft der geklonten Pixel mit Hilfe der Option Deckkraft festlegen. Schieben Sie den Regler nach links für eine niedrigere Deckkraft, nach rechts für eine höhere Deckkraft. Ich verwende oft sechzig oder siebzig Prozent Deckkraft, um die geklonten Pixel natürlicher in das Bild einzublenden. Wenn Ihre geklonten Pixel jedoch die Originalpixel komplett abdecken sollen, wählen Sie 0 für die volle Deckkraft.

- ✔ Wenn Sie das Kopierstempel-Werkzeug aktiviert haben, erscheinen mehrere Cursor in Ihrem Bildfenster. Die runde Zielscheibe markiert den *Quellpunkt*. Dieser Cursor zeigt an, wo das Kopierstempel-Werkzeug seine Mission beginnen wird – das Ausgangspixel, das als Erstes geklont wird, wenn Sie mit dem Werkzeug klicken oder ziehen. Um den Quellpunkt neu zu positionieren, ziehen Sie einfach innerhalb der Zielscheibe.

- ✔ Der andere Cursor zeigt, wohin die geklonten Pixel gemalt werden. (Das Stempelsymbol ist von Adobe Photoshop übernommen worden. Offensichtlich war das Symbol-Budget von Photoshop Elements für ein neues Cursorsymbol zu knapp bemessen. Ich persönlich fände ein Schäfchen als Cursor am passendsten. Einige Programme verwenden dieses Symbol übrigens tatsächlich für ihr Kopie-Werkzeug.)

- ✔ Um nun wirklich zu klonen, können Sie entweder ziehen oder klicken. Wenn Sie klicken, werden die Pixel, die sich direkt unter dem Quellpunkt-Cursor befinden, auf die Pixel unter dem Kopierstempel-Cursor (dem Stempelsymbol) gemalt. Wie viele Pixel geklont werden, hängt von der Größe der gewählten Werkzeugspitze ab – je größer die Spitze, desto mehr Pixel klonen Sie.

- Wenn Sie mit dem Kopierstempel-Werkzeug ziehen, klonen Sie die Pixel entlang der gezogenen Richtung und Entfernung, relativ zum Quellpunkt. Sobald Sie ziehen, entsteht ein Fadenkreuz-Cursor aus dem Quellpunkt, um anzuzeigen, welche Pixel Sie klonen. Dieses Fadenkreuz bewegt sich jetzt parallel mit dem Kopierstempel-Cursor, quasi im Tandem, und spiegelt jede Bewegungen wider. Wenn Sie zum Beispiel nach unten links ziehen, klonen Sie alle Pixel, die sich links unterhalb des Quellpunkts befinden.

  Wenn Ihnen diese Erklärung zu schwammig klingt, probieren Sie das Werkzeug doch einfach mal aus. Dies ist ein typisches Beispiel, das völlig logisch ist, wenn Sie es auf dem Bildschirm betrachten, aber total verwirrend klingt, wenn man es zu beschreiben versucht. (Naja, ich finde es jedenfalls schwierig.)

- Wenn Sie die Maustaste loslassen und erneut ziehen, fliegt der Fadenkreuz-Cursor zurück nach Hause zum Quellpunkt, und Sie beginnen wieder vom Quellpunkt aus zu klonen.

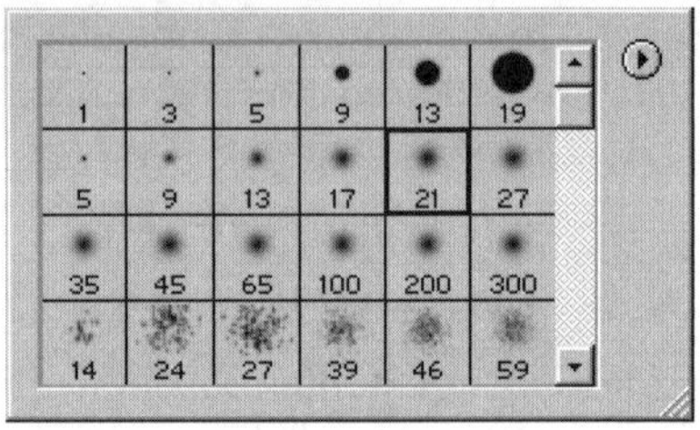

Abbildung 11.13: Wählen Sie hier eine Werkzeugspitze für Ihr Kopierstempel-Werkzeug.

Bevor Sie mit dem Klonen beginnen, empfehle ich Ihnen Folgendes: Kopieren Sie die Ebene, die die Pixel, die Sie klonen möchten, enthält. Diese neue Ebene können Sie dann leicht loswerden, falls etwas beim Klonen schief geht – löschen Sie die neue Ebene einfach, oder benutzen Sie den Radiergummi, um die störenden Pixel zu entfernen. Wie man Ebenen kopiert und mit Ihnen arbeitet, erfahren Sie in Kapitel 12.

- Das Kopierstempel-Werkzeug kann nicht durch Ebenen hindurchschauen. Es kann nur die Pixel der aktiven Ebene klonen. Wenn Sie zum Beispiel auf Ebene 2 arbeiten, können Sie nicht die Pixel von Ebene 1 kopieren.

- Sie können jedoch recht einfach zwischen zwei Bildern klonen. Öffnen Sie beide Bilder nebeneinander (Wählen Sie Fenster|Nebeneinander, um die Bildfenster anzuordnen.) Klicken Sie mit dem Kopierstempel-Werkzeug in das Bild, das die Pixel enthält, die Sie klonen wollen. Ziehen Sie den Quellpunkt-Cursor an die gewünschte Stelle. Dann ziehen Sie dort ins Bild, wo Sie die geklonten Pixel malen möchten.

Das Kopierstempel-Werkzeug eignet sich hervorragend dazu, das Rote-Augen-Problem zu beseitigen – dieser rote Schein, den der Blitz der Kamera in den Augen fotografierter Personen erzeugen kann. Normalerweise bedeckt dieser rote Reflex nur einen Teil des Auges. Auf diese Weise können Sie einige der nicht betroffenen Pixel über die roten klonen. Aber klonen Sie nicht über die weißen Reflexe im

Auge, denn sonst geht der natürliche Ausdruck verloren. Allerdings bietet Photoshop Elements für dieses Problem auch einen speziellen Rote-Augen-Pinsel, der auf dem gleichen Prinzip basiert.

Vielleicht finden Sie aber gar keine guten Augen-Pixel, die Sie als Klonquelle verwenden könnten. In diesem Fall wählen Sie die roten Pixel aus und füllen sie mit Hilfe eines der Malwerkzeuge, die in Kapitel 12 besprochen werden, mit der ursprünglichen Augenfarbe.

Hey Vincent, wie wär's mit einer größeren Leinwand?

Wenn Sie Bilder ausschneiden und ineinander kopieren, brauchen Sie eine größere Leinwand – in Ihrem Fall eine größere digitale *Arbeitsfläche* für Ihr Bild. Die Arbeitsfläche ist nichts anderes als der unsichtbare Hintergrundrahmen, der Ihre Pixel in Ihrem Bild festhält.

Nehmen wir an, dass Sie zwei Bilder haben, die Sie nebeneinander in einem Bild zusammenfügen möchten. Vielleicht ist Bild A ein Bild von Spock und Bild B ein Foto von Ihnen. Sie öffnen Bild A und vergrößern die Arbeitsfläche an einer Seite des Bilds, danach setzen Sie Bild B in die leere Arbeitsfläche ein.

In Photoshop Elements wählen Sie Bild|Skalieren|Arbeitsfläche, um die Arbeitsfläche-Dialogbox zu öffnen (siehe Abbildung 11.14). Hier können Sie die Arbeitsflächengröße einstellen. Geben Sie die neuen Maße in die Breite- und Höhe-Optionsfelder ein. (Wenn Sie möchten, können Sie eine andere Maßeinheit aus dem Dropdown-Menü neben den Optionsfeldern wählen.) Mit Hilfe des Rasters im unteren Teil der Dialogbox legen Sie fest, wo das bestehende Bild auf der neuen Arbeitsfläche positioniert werden soll. Wenn die zusätzliche Arbeitsfläche gleichmäßig rund um das Bild verteilt werden soll, klicken Sie zum Beispiel in das mittlere Quadrat.

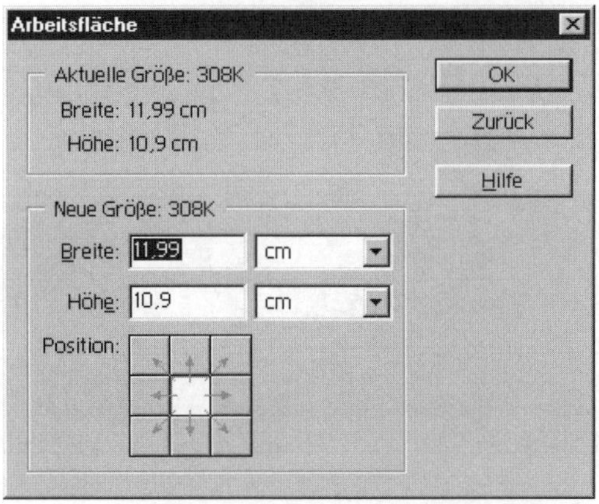

Abbildung 11.14: In Photoshop Elements benutzen Sie die Arbeitsfläche-Dialogbox, um die Arbeitsfläche eines Bilds zu vergrößern.

Wenn Sie überflüssige Arbeitsfläche abschneiden möchten, verringern Sie die BREITE- und HÖHE-Werte. Und wiederum klicken Sie in das Raster, um zu bestimmen, wo das Bild entsprechend der neuen Arbeitsfläche positioniert wird. Wenn die Arbeitsfläche rund um das Bild abgeschnitten werden soll, klicken Sie auf das Quadrat in der Mitte. Mit dem SCHNEIDEN (FREISTELLEN)-Werkzeug können Sie natürlich ebenso überflüssige Arbeitsfläche abschneiden, siehe Kapitel 10 für genauere Informationen. Der Vorteil des ARBEITSFLÄCHE-Befehls ist jedoch, dass Sie eine präzise Fläche entfernen können, zum Beispiel einen Zentimeter auf allen vier Seiten.

Sie wenden exakt dieselbe Methode an, um in Photoshop die Größe der Arbeitsfläche zu ändern. Wenn Sie mit einem anderen Bildbearbeitungsprogramm arbeiten, suchen Sie nach Informationen zur Arbeitsfläche, Bildhintergrund oder Bildgröße in Ihrer Online-Hilfe oder im Handbuch.

Unglaubliche Dinge, die auch Sie können

12

In diesem Kapitel ...

- Malen Sie in Ihr Bild
- Wählen Sie Ihre Farben in Windows und am Mac
- Füllen Sie eine Auswahl mit Farbe
- Ersetzen Sie eine Farbe durch eine andere
- Schicken Sie Ihre Pixel auf eine Fahrt mit dem Farb-Rad
- Verwenden Sie Ebenen für größere Flexibilität und Sicherheit
- Radieren Sie sich Ihren Weg frei
- Wenden Sie Spezialeffekte mit Filtern an

Egal, durch welches bekannte Magazin Sie heutzutage auch blättern, überall finden Sie beeindruckende Beispiele digitaler Kunstwerke. Eine Anzeige für einen Fernsehsender vereinigt alle unterschiedlichen Serienhelden gemeinsam vor einem Weltraumhintergrund. Eine Autowerbung zeigt einen knallpinken Himmel anstatt des langweiligen alten Blaus. Eine Waschmittelreklame sieht aus, als ob der alte Van Gogh höchstpersönlich zum Pinsel gegriffen hätte. Grafik-Designer kommen heute nicht mehr mit geraden Portraits und Produktfotos davon – wenn Sie die Aufmerksamkeit des geschätzten Konsumenten erhaschen möchten, brauchen Sie etwas mehr Würze.

Auch wenn viele der Techniken, die zur Erschaffung dieser fotografischen Kunstwerke angewandt werden, ausgefeilte professionelle Bildbearbeitungswerkzeuge benötigen – ganz zu schweigen vom Zeit- und Übungsaufwand – sind doch viele Effekte erstaunlich einfach zu erzeugen, selbst mit einem Bildbearbeitungsprogramm für Einsteiger. Dieses Kapitel hilft Ihnen, mit Ihrer kreativen Reise zu beginnen, indem es Ihnen ein paar simple Tricks zeigt, mit denen Sie Ihre Fotos in eine völlig neue Dimension schicken können. Benutzen Sie diese Ideen, um Ihren Marketing-Bildern mehr Schliff zu verschaffen oder einfach nur Spaß bei der Erforschung Ihrer kreativen Seite zu haben.

Malen Sie Ihr Bild an

Erinnern Sie sich noch an die Zeit, als Sie im Kindergarten waren? Und die Kindergärtnerin ankündigte, es sei mal wieder Zeit für Fingerfarben? In einer Welt, in der Sie immer ermahnt wurden, ordentlich und sauber zu sein, kommt jemand daher und *ermuntert* Sie, Ihre Hände mit nasser Farbe zu beschmieren und ein großes, buntes Chaos zu veranstalten.

Bildbearbeitungsprogramme bringen diese glücklichen Momente Ihrer Jugend zurück und erlauben es Ihnen, auf Ihren digitalen Fotos nach Herzenslust herumzumalen. Dieser Vorgang bringt zwar nicht ganz so viel Spaß und ist nicht annähernd so chaotisch wie die Fingerfarb-Sessions Ihrer Kindheit, aber er ist immer noch ziemlich cool.

Um in einem Bildbearbeitungsprogramm zu malen, ziehen Sie zum Beispiel mit der Maus. Auf diese Weise erzeugen Sie Striche, die real existierende Malwerkzeuge wie Pinsel, Stifte oder einen Airbrush imitieren. Oder Sie füllen mit Hilfe eines Befehls eine Auswahl komplett mit Farbe.

Warum sollten Sie auf Ihr Bild malen wollen? Hier ein paar Gründe:

- ✔ **Um die Farbe eines bestimmten Bildelements zu ändern.** Nehmen wir an, Sie haben ein Foto von einem grünen Blatt gemacht, um es als Grafikelement in Ihre Web-Site einzubauen. Jetzt möchten Sie aber auch noch ein rotes und ein gelbes Blatt und haben keine Zeit bis Herbst mit dem Blättersammeln zu warten. Also erzeugen Sie in Ihrem Bildbearbeitungsprogramm zwei Kopien von dem grünen Blatt und färben diese dann gelb und rot.

- ✔ **Um Flecken auszubügeln.** Haben Sie einen kleinen Fleck, der ein an sich gutes Foto ruiniert? Stellen Sie eine passende Farbe für Ihr Malwerkzeug ein und decken Sie den Fleck ab. Mit dieser Technik können Sie auch das Rote-Augen-Problem beheben – der dämonische Glanz in den Augen, der vom Blitz Ihrer Kamera ausgelöst werden kann. Wählen Sie eine Farbe, die der natürlichen Augenfarbe ähnelt, und malen Sie über die roten Pixel drüber.

- ✔ **Um Ihre Kreativität auszuleben.** Wenn Sie gerne mit »traditionellen« Techniken malen oder zeichnen, werden Sie die Möglichkeiten der digitalen Maltechniken erst recht begeistern. Sie können Fotografie und handgemalte Kunstwerke verbinden, um grandiose Bilder zu erzeugen. Ich wünschte, ich könnte Ihnen meine Kunstwerke als Beispiel zeigen, aber leider bin ich auf diesem Gebiet völlig unbegabt, wie man in Abbildung 12.1 unschwer erkennen kann. Also ist es wohl besser, Sie in den nächsten Buchladen oder zur Bibliothek zu schicken, wo Sie etwas Anregung und Anleitung zum Thema digitale Maltechniken finden können.

- ✔ **Um Fotos von Freunden und Familie zu manipulieren.** Okay, da sind Sie sicher auch schon von selbst drauf gekommen. Geben Sie es zu – das Erste, was Sie ausprobiert haben, war jemandem einen Schnurrbart ins Gesicht zu malen, oder ?

Jetzt, wo Sie wissen, warum Sie vielleicht einmal ein Malwerkzeug anfassen wollen, finden Sie in den folgenden Abschnitten eine Einführung zu einigen gängigen Malwerkzeugen. Also ziehen Sie sich Ihren Kittel an, schnappen Sie sich ein Glas Milch und ein paar Kekse und los geht's.

Abbildung 12.1: Die Aussicht auf den See bekommt dank eines Malwerkzeugs Besuch vom lieben Herrn Sonne.

Was gibt's in der Malwerkzeugkiste?

Das Angebot an Malwerkzeugen variiert stark in den unterschiedlichen Malprogrammen. Einige Programme, wie Painter von Corel, sind auf malerische Bearbeitung von Fotos spezialisiert und bieten deshalb eine nahezu unbegrenzte Auswahl an Malwerkzeugen und Effekten. Sie können mit Pinseln arbeiten, die den Look von Kreide, Wasserfarben, Pastellkreiden und sogar flüssigem Metall imitieren. In Abbildung 12.2 sehen Sie einige der unterschiedlichen Pinselstriche, die Sie mit Painter erzeugen können.

Wenn Sie gut zeichnen oder malen können, bietet Ihnen ein solches Programm endlose Möglichkeiten zur kreativen Gestaltung. Vielleicht werden Sie in ein druckempfindliches Tablett investieren wollen, auf dem Sie mit einer Art Stift zeichnen können. Viele Menschen finden das angenehmer, als mit der Maus zu zeichnen. (Gehen Sie sicher, dass Ihre Software diese Funktion unterstützt, bevor Sie sich zu diesem Schritt entschließen.)

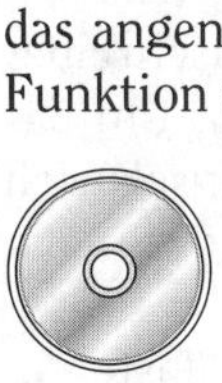

Die CD enthält auch Testversionen von Programmen, die ein gutes Sortiment an Malwerkzeugen bieten, zum Beispiel Ulead PhotoImpact und Jasc Paint Shop Pro.

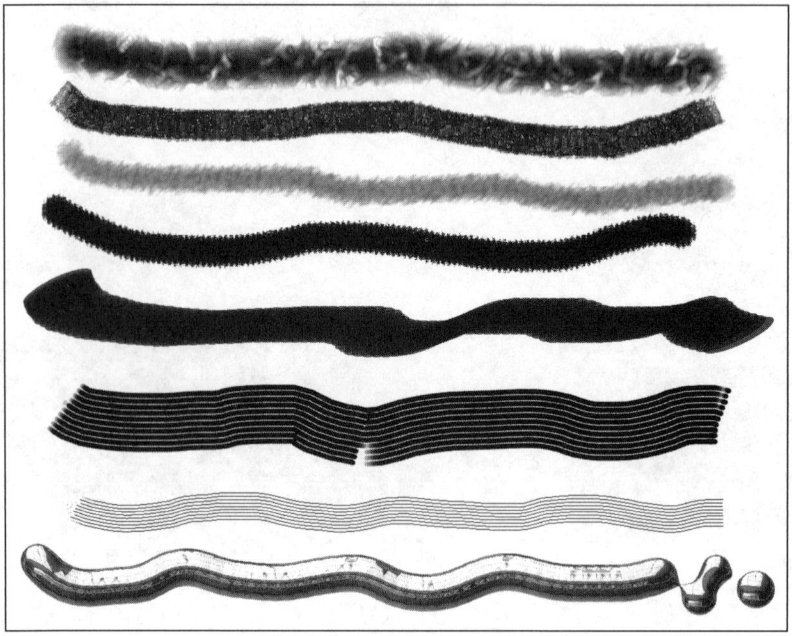

Abbildung 12.2: Paintshop bietet wie andere Programme zur künstlerischen Fotobearbeitung eine große Vielfalt an Malwerkzeugen.

Bedenken Sie, dass Programme, die sich auf Malwerkzeuge konzentrieren, meist nicht so viele Bildkorrektur- und Retuschiermöglichkeiten bieten, wie es auf Bildbearbeitung spezialisierte Programme wie Adobe Photoshop und Photoshop Elements tun. Auf der anderen Seite verfügen Programme, die hauptsächlich auf Retusche und Bildkorrektur ausgelegt sind, selten über eine breite Auswahl an Malwerkzeugen. Photoshop Elements beispielsweise bietet nur eine Handvoll Malwerkzeuge.

Photoshop Elements verfügt wie sein großer Bruder Photoshop nur über Basis-Malwerkzeuge. Aber selbst mit diesen wenigen Werkzeugen können Sie einiges erreichen. In der folgenden Liste erhalten Sie eine einführende Beschreibung der wichtigsten Malwerkzeuge in Photoshop Elements, die den Werkzeugen anderer Programme für den Heimanwender ähneln:

- **Pinsel-Werkzeug:** Dieses Werkzeug kann hartkantige Striche wie ein Kugelschreiber malen oder weichkantige Striche, ganz ähnlich wie ein traditioneller Pinsel. Um das Werkzeug zu aktivieren, klicken Sie einfach in der Toolbox darauf. Um einen Pinselstrich hinzulegen, ziehen Sie quer über das Bild.

Um einen perfekt geraden Pinselstrich zu malen, halten Sie die [⇧]-Taste gedrückt, während Sie ziehen. Oder Sie klicken an der Stelle, wo die Linie beginnen soll, und klicken dann mit gehaltener [⇧]-Taste an den gewünschten Endpunkt.

Die Größe der Pinselspitze und wie weich ihr Strich sein soll, können Sie bestimmen, indem Sie auf das entsprechende Symbol in der Pinsel-Palette in der Werkzeugoptionsleiste klicken. Diese erscheint, sobald Sie das Pinsel-Werkzeug aktivieren und ist in Abbildung 12.3 gezeigt. Die kleinste Pinselgröße ist ein Pixel, die größte 300 Pixel im Durchmesser.

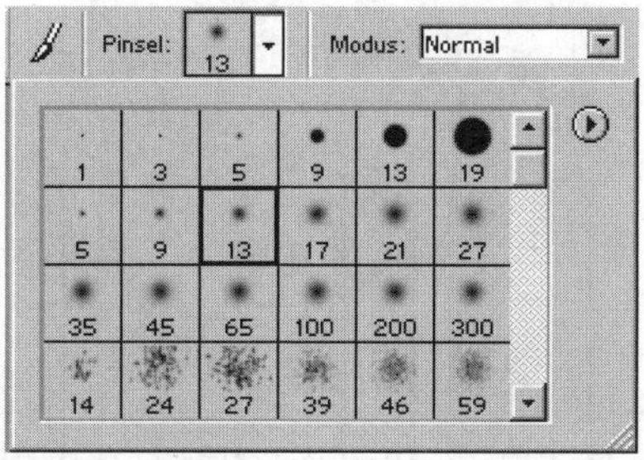

Abbildung 12.3: Klicken Sie auf ein Symbol, um Ihre Werkzeugspitze in Photoshop Elements zu ändern.

Die ersten sechs Optionen in der Palette sind hartkantige Spitzen, die anderen hingegen sind weich. Die Pinselspitzen in den ersten beiden Reihen werden in ihrer tatsächlichen Größe dargestellt. Die Spitzen in der letzten Reihe sind zu groß, um in ihrer wirklichen Größe in der Palette gezeigt zu werden, daher erscheint neben diesen Symbolen eine Zahl, die den Durchmesser in Pixeln angibt.

Um die Farbe des Pinsel-Werkzeugs zu verändern, klicken Sie in der Toolbox auf Vordergrundfarbe einstellen. Damit wird die Farbwähler-Dialogbox geöffnet. Hier können Sie eine Farbe einstellen. Mehr Informationen dazu unter *Wählen Sie eine Farbe* weiter hinten in diesem Kapitel. Dem Pinsel-Werkzeug ganz ähnlich sind die Werkzeuge Buntstift und Airbrush.

Wenn Sie mit dem Pinsel- und dem Buntstift-Werkzeug malen, können Sie auch die Deckkraft der erzeugten Striche verändern. Verschieben Sie hierfür den Regler der Option Deckkraft in der Werkzeugoptionsleiste. In Abbildung 12.4 sehen Sie Beispiele für verschiedene Deckkraft-Einstellungen. Ich habe in die Buchstaben mit weiß gemalt, aber die Deckkraft für jeden Buchstaben variiert.

✔ **Eigene-Form-Werkzeug:** Hinter dem Eigene-Form-Werkzeug verbergen sich in einem Popup-Menü Werkzeuge zum Zeichnen festgelegter Formen, wie beispielsweise Rechteck, Polygon, Ellipse oder Linienzeichner. Für alle Werkzeuge stehen verschiedene Optionen in der Werkzeugoptionsleiste bereit. So können Sie beispielsweise beim Linienzeichner die Stärke der Linie festlegen und die Farbe auswählen. Sie können übrigens auch mit dem Pinsel- oder Buntstift-Werkzeug gerade Linien zeichnen, indem Sie die [⇧]-Taste gedrückt halten, während Sie ziehen oder klicken.

Abbildung 12.4: Ändern Sie die Deckkraft Ihrer Pinselstriche, um unterschiedliche Effekte zu erzeugen.

- **Füllwerkzeug:** Sie können mit Hilfe dieses Werkzeugs Bereiche füllen, die eine ähnliche Farbe aufweisen. Sie können eine Auswahl auch mit einer Farbe oder einem Muster füllen, indem Sie den Befehl Fläche füllen im Bearbeiten-Menü wählen. Siehe auch den kommenden Abschnitt *Farbe in eine Auswahl gießen*.

- **Wischfinger-Werkzeug:** Dieses Spezialwerkzeug verschmiert die Farben in Ihrem Bild, ganz so, als ob Sie mit einem Finger durch nasse Ölfarbe wischen würden.

  Wenn Sie das Wischfinger-Werkzeug auswählen, erscheint in der Werkzeugsoptionsleiste die Wischfinger-Palette, die dieselbe Auswahl an Werkzeugspitzen bietet, die auch für den Pinsel verfügbar sind. Nachdem Sie auf ein Werkzeugspitzen-Symbol geklickt haben, ziehen Sie, um Ihre Pixel zu verschmieren.

Sie können den Effekt des Wischfinger-Werkzeugs beeinflussen, indem Sie den Druck verändern. Ziehen Sie hierfür den Schieberegler unter der Option Druck in der Werkzeugoptionsleiste nach links oder rechts. Bei voller Stärke zieht das Wischfinger-Werkzeug die volle Länge Ihres Zugs. Bei geringerer Stärke werden die Farben nicht die gesamte Strecke Ihres Zugs verschmiert.

In Abbildung 12.5 können Sie einen Eindruck bekommen, welche Effekte mit dem Wischfinger-Werkzeug erzeugt werden können. Mit verschiedenen Werkzeugspitzen und einer Stärke von 70 Prozent habe ich meinem antiken Porzellan-Tukan eine flauschige Frisur verpasst. Warum soll ein kleiner Tukan nicht auch mal etwas Spaß im Leben haben? Um diesen Effekt zu erzielen, habe ich mit der Maus vom Kopf des Vogels weg gezogen.

Falls Sie selbst einmal Hand anlegen wollen, können Sie den Tukan auch ein wenig frisieren. Das Bild befindet sich auf der CD und heißt *Toucan.jpg*.

Abbildung 12.5: Ich habe dem Tukan einen schicken Haarschnitt verpasst, indem ich mit dem Wischfinger-Werkzeug von seinem Kopf weg aufwärts gezogen habe.

Ganz gleich, welches Malwerkzeug Sie verwenden, empfehle ich Ihnen, – falls Ihr Bildbearbeitungsprogramm über Ebenen verfügt – auf einer separaten Ebene zu malen, sodass Sie Ihre Änderungen leicht entfernen können, wenn etwas schief geht. Mehr zum Löschen von Pinselstrichen erfahren Sie später in diesem Kapitel, wenn es wieder heißt: *Mit mehreren Ebenen arbeiten*. In Kapitel 10 finden Sie weitere Möglichkeiten zur Fehlerbehebung.

Wählen Sie eine Farbe

Bevor Sie eine Farbschicht auf Ihr Bild auftragen, müssen Sie eine Farbe auswählen. In den meisten Bildbearbeitungsprogrammen sind zwei Farben immer zur Hand, die *Vordergrundfarbe* und die *Hintergrundfarbe*. Gewöhnlich wenden die meisten Malwerkzeuge die Vordergrundfabe an, und nur ein paar andere Werkzeuge malen mit der Hintergrundfarbe.

Um zu erfahren, welches Werkzeug mit welcher Farbe malt, erkundigen Sie sich in Ihrer Online-Hilfe oder in Ihrem Handbuch – oder probieren Sie einfach alle Werkzeuge einmal aus.

In Photoshop Elements malen die meisten Malwerkzeuge in der Vordergrundfarbe. Die Hintergrundfarbe wird nur bei einigen Spezialeffekten angewendet.

Wie bei vielen Aspekten der Bildbearbeitung unterscheidet sich die Auswahl der Vorder- und Hintergrundfarbe kaum in den einzelnen Programmen. In manchen Programmen gibt es eine extra Farbpalette, in der Sie die gewünschte Farbe anklicken können. Andere Programme verwenden den Windows- oder Macintosh-Farbwähler, während wiederum andere, einschließlich Photoshop Elements, Ihnen die Wahl zwischen dem Farbwähler des Programms und dem System-Farbwähler lassen.

In den nächsten drei Abschnitten erfahren Sie, wie Sie eine Farbe mit dem Farbwähler von Photoshop Elements beziehungsweise dem Windows- und dem Macintosh-Farbwähler aussuchen. Wenn Sie alles über diese drei Farbwähler gelesen haben, dürften Sie eigentlich in der Lage sein, in jedem Bildbearbeitungsprogramm eine Farbe auszuwählen.

Farben in Photoshop Elements wählen

Klicken Sie in der Toolbox auf VORDERGRUNDFARBE EINSTELLEN oder HINTERGRUNDFARBE EINSTELLEN, um die entsprechende Farbe festzulegen. Die FARBWÄHLER-Dialogbox erscheint, wie in Abbildung 12.6 gezeigt.

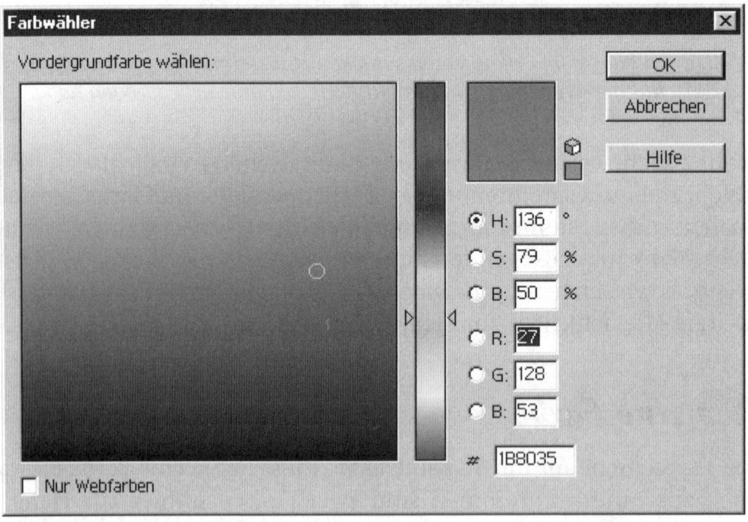

Abbildung 12.6: Die FARBWÄHLER-Dialogbox von Photoshop Elements

Die Dialogbox-Optionen funktionieren wie folgt:

- ✔ Klicken Sie auf eine Komponente neben den HSB- oder RGB-Werten .
- ✔ Wählen Sie die gewünschte Farbe, indem Sie in den Balken des Farbreglers klicken oder die weißen Dreiecke entlang des Reglers ziehen.
- ✔ Klicken Sie in das Farbfeld, um die Farbe auszuwählen. Dabei verändert sich auch die Farbe des Farbreglers.
- ✔ Sie können eine Farbe auch auswählen, indem Sie die numerischen Werte festlegen. Dabei können Sie im RGB-Modus die Werte von 0 bis 255 eingeben (0 steht für Schwarz, 255 für die reine Farbe). Im HSB-Modus legen Sie die Sättigung und Helligkeit in Prozent und den Farbton fest.

Wenn Sie Bilder für das Web erstellen, markieren Sie die Option Nur Webfarben. Dann können Sie nur die Farben auswählen, die von allen Browsern dargestellt werden können.

- ✔ Klicken Sie auf OK, um die Farbwähler-Dialogbox zu schließen, nachdem Sie Ihre Wahl getroffen haben.

Den Windows-Farbwähler verwenden

Viele Windows-Bildbearbeitungsprogramme, einschließlich Photoshop Elements, lassen Sie mit Hilfe der Farbe-Dialogbox von Windows, in Abbildung 12.7 gezeigt, eine Farbe wählen. Wählen Sie in Photoshop Elements Bearbeiten|Voreinstellungen|Allgemeine und setzen Sie die Option Farbauswahl auf Windows. In der folgenden Liste erfahren Sie, wie Sie Einstellungen in dieser Dialogbox vornehmen können.

- ✔ Um eine Farbe aus dem Grundfarben-Bereich zu wählen, klicken Sie auf ein Farbfeld.
- ✔ Um über mehr Farben zu verfügen, klicken Sie den Farbe hinzufügen-Button am unteren Ende der Dialogbox. Daraufhin erscheint die rechte Hälfte der Dialogbox, wie in Abbildung 12.7 gezeigt. (In Abbildung 12.7 ist der Button grau, weil ich ihn bereits angeklickt habe.)
- ✔ Ziehen Sie den Fadenkreuz-Cursor im Farbspektrum, um die Farbe und Sättigung (Intensität) zu bestimmen, und bedienen Sie dann den Helligkeitsregler rechts vom Farbspektrum, um den Anteil von Schwarz und Weiß in Ihrer Farbe festzulegen.
- ✔ Wenn Sie den Cursor oder den Regler ziehen, verändern sich die Werte in den Farbe-, Sätt.- und Hell.-Feldern, um die Änderungen der Farbe, Sättigung und Helligkeit widerzuspiegeln. Die Rot-, Grün- und Blau-Optionsfelder zeigen den Anteil von Rot, Grün und Blau in der Farbe, entsprechend dem RGB-Farbmodell. (In Kapitel 2 erfahren Sie mehr über Farbmodelle.)

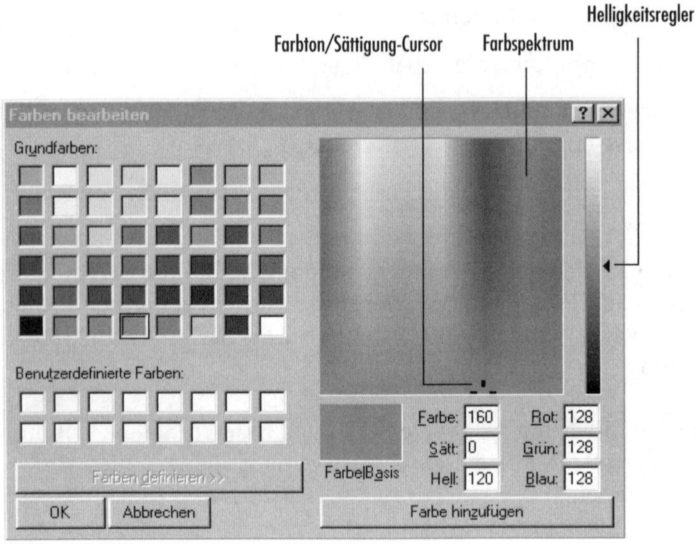

Abbildung 12.7: Der Windows-System-Farbwähler

Nachdem Sie eine Farbe erzeugt haben, können Sie sich die FARB-, SÄTT.- und HELL.- oder die RGB-Werte notieren. Das nächste Mal, wenn Sie diese Farbe verwenden möchten, brauchen Sie nur ihre Werte in die Optionsfelder eintragen, anstatt das Fadenkreuz und den Regler zu bedienen. Sie gehen in diesem Fall ganz sicher, genau dieselbe Farbe wie zuvor zu verwenden.

- ✔ Sie können die Farbe aber auch der BENUTZERDEFINIERTE FARBEN-Palette hinzufügen, die sich auf der linken Seite der Dialogbox befindet. Dazu klicken Sie auf den FARBE HINZUFÜGEN-Button. Die Palette kann bis zu 16 benutzerdefinierte Farben speichern. Um eine dieser Farben zu verwenden, klicken Sie auf ihr Farbfeld.
- ✔ Um ein Farbfeld der benutzerdefinierten Farben durch eine neue Farbe zu ersetzen, klicken Sie auf das entsprechende Farbfeld, bevor Sie auf den FARBE HINZUFÜGEN-Button klicken. Wenn alle 16 Farbfelder voll sind, wird Windows das gewählte Feld (das mit der dicken schwarzen Umrandung) ersetzen. Klicken Sie falls notwendig auf ein anderes Feld, um dieses zu ersetzen.

Das FARBE/BASIS-Feld unter dem Farbspektrum zeigt eine Vorschau der neuen Farbe. Technisch gesehen, zeigt das Feld zwei Versionen Ihrer Farbe – die linke Seite zeigt die von Ihnen definierte Farbe und die rechte Seite zeigt die nächstliegende Basis-Farbe. Ein Monitor kann nur eine bestimmte Menge an Basis-Farben darstellen. Den Rest erzeugt er, indem er die verfügbaren Basis-Farben kombiniert – ein Prozess, den man *Dithering* nennt. Ge*ditherte* Farben (ja, solche Begriffe werden oft einfach eingedeutscht) sehen meist gemustert aus und werden auf dem Bildschirm nicht so scharf dargestellt wie Basis-Farben.

Dieses Thema spielt nur eine Rolle, wenn Ihr Monitor auf eine 256-Farben-Darstellung eingestellt ist. Mit jeder anderen Einstellung, werden Sie wahrscheinlich keinen Unterschied zwischen den beiden Seiten des FARBE/BASIS-Feldes bemerken. Wenn Sie ein Bild erzeugen, das auf einem 256-Farben-Monitor gezeigt werden soll, können Sie auf eine der beiden Seiten des Feldes klicken, um die entsprechende Farbe zu wählen. Basis-Farben produzieren natürlich die beste Bildschirmdarstellung.

Nachdem Sie eine Farbe ausgewählt haben, klicken Sie auf OK, um die Dialogbox zu verlassen.

Den Apple-Farbwähler verwenden

Wenn Sie auf einem Macintosh-Computer arbeiten, können oder müssen Sie (je nach Programm) den Apple-Farbwähler, gezeigt in Abbildung 12.8, zur Farbauswahl verwenden.

Im Apple-Farbwähler können Sie eine Farbe entweder mit Hilfe des Apple-HSL-Farbmodells oder des RGB-Farbmodells (Red, Green und Blue) auswählen. Apple HSL (Hue, Saturation und Lightness) ist eine Variation des Standard-*HSB*-Farbmodells *(Hue, Saturation und Brightness*, engl. für: Farbton, Sättigung und Helligkeit). (In Kapitel 2 erfahren Sie mehr zu Farbmodellen.)

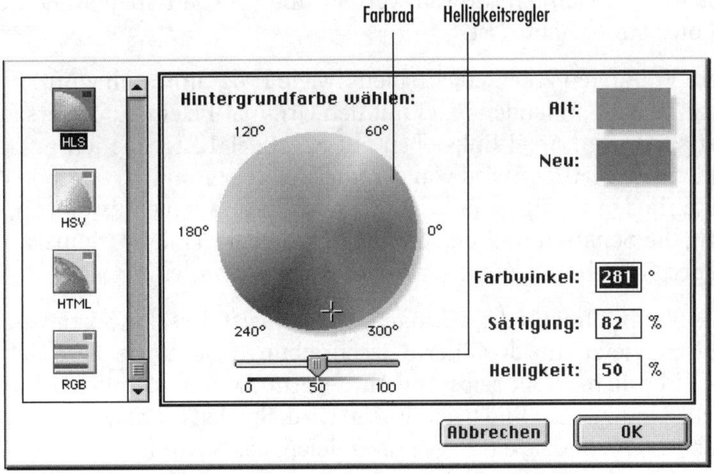

Abbildung 12.8: Der Macintosh-System-Farbwähler

Verwenden Sie ganz nach Belieben eins der beiden Farbmodelle – klicken Sie auf das Apple-HSL- oder Apple-RGB-Symbol auf der linken Seite der Dialogbox, um zwischen den Modellen zu wechseln.

Im HSL-Modus ziehen Sie das Fadenkreuz im Farbrad, um den Farbton und die Sättigung (Intensität) der Farbe festzulegen (siehe Abbildung). Ziehen Sie den Helligkeitsregler, um die Helligkeit der Farbe zu bestimmen. Wenn Sie den Regler in die Mitte bewegen (50 Prozent Helligkeit), erhalten Sie die lebendigste Version Ihrer Farbe. Im RGB-Modus ziehen Sie die

R-, G- und B-Regler, um Ihre Farbe auszuwählen – oder Sie geben Werte in die Rot-, Grün- und Blau-Optionsfelder ein.

Welches Farbmodell Sie auch verwenden, Sie können immer mit Hilfe der Neu- und Alt-Farbfelder zwischen Ihrer neuen und der ursprünglichen Vorder- oder Hintergrundfarbe vergleichen. Wenn Sie mit Ihrer Farbe zufrieden sind, drücken Sie die [↵]-Taste oder klicken auf OK.

Farbe in eine Auswahl gießen

Es kann sehr anstrengend sein, eine große Fläche mit dem Pinsel-Werkzeug zu bemalen. Deswegen bieten die meisten Bildbearbeitungsprogramme einen Befehl, der eine gesamte Auswahl mit Farbe füllt. (Informationen, wie man eine Auswahl erzeugt, finden Sie in Kapitel 11.) In den meisten Programmen wird dieser Befehl Füllen-Befehl genannt, aber in Photoshop Elements heißt er Fläche füllen.

Mit dem Fläche füllen-Befehl von Photoshop Elements habe ich den Apfel in der linken oberen Ecke der Farbtafel 12.1 mit lila gefüllt. Sie sehen das Resultat von einfachem Füllen in der Ecke oben rechts auf der Farbtafel. Der Effekt ist sehr unnatürlich, da das normale Füllen deckende Farbe in der gesamten Auswahl verteilt und die Glanzstellen und Schatten des ursprünglichen Fotos außer Acht lässt.

Um natürlichere Füllungen zu erzeugen, bieten viele Programme eine Anzahl verschiedener Füllmethoden an, die die füllenden Pixel mit den Original-Pixeln auf unterschiedliche Weise kombinieren können. Den Apfel links oben auf Farbtafel 12.1 habe ich mit der Farbe-Füllmethode gefüllt. Diese Methode wird von den meisten Programmen angeboten, die über verschiedene Füllmethoden verfügen. Farbe wendet die Farbe auf die Auswahl an, berücksichtigt aber gleichzeitig die Schatten und Lichter des darunter liegenden Originals. Jetzt haben Sie einen Apfel, in den Sie schon heute kraftvoll reinbeißen könnten.

Programme, die über Füllmethoden verfügen, bieten meist dasselbe Sortiment von Methoden an. Ich könnte Ihnen jetzt eine detaillierte Beschreibung liefern, wie diese Methoden funktionieren, aber es ist ehrlich gesagt selbst mit Hintergrundwissen ziemlich schwierig vorauszusagen, wie welche Methode Ihr Bild beeinflussen wird. Spielen Sie also einfach mit den verfügbaren Methoden herum, bis Sie ein Ergebnis erzielen, das Sie mögen.

Ihre Software bietet vielleicht zwei weitere Füll-Optionen: Sie können möglicherweise die Deckkraft der Füllung variieren, damit die darunter liegenden Pixel durchscheinen. Und vielleicht können Sie außerdem die Auswahl mit einem Muster anstatt einer Farbe füllen. Diese Möglichkeit ist beispielsweise sehr nützlich, wenn Sie Hintergründe für Collagen erzeugen wollen.

PE

Photoshop Elements bietet in seiner Fläche füllen-Dialogbox alle drei Füllmethoden, gezeigt in Abbildung 12.9. Um die Dialogbox zu öffnen, erzeugen Sie eine Auswahl und wählen Bearbeiten|Fläche füllen. (In Kapitel 11 erfahren Sie, wie eine Auswahl erstellt wird.)

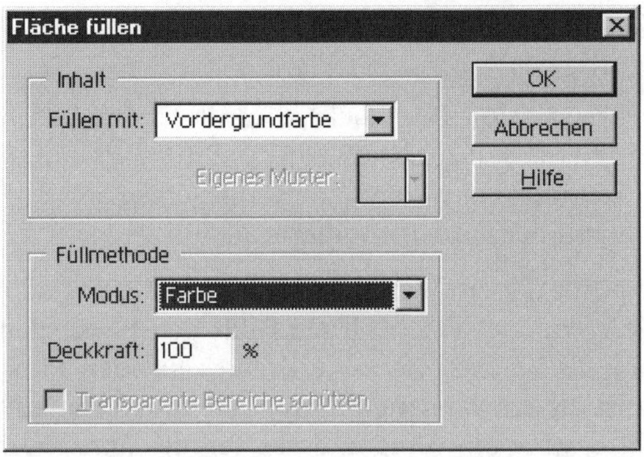

Abbildung 12.9: Die FLÄCHE FÜLLEN-Dialogbox von Photoshop Elements

Und hier alle notwendigen Informationen zu den Optionen der Dialogbox:

- ✔ Um eine Auswahl mit einer Farbe zu füllen, legen Sie zunächst die gewünschte Vordergrund- oder Hintergrundfarbe fest, wie in *Wählen Sie eine Farbe* vorher in diesem Kapitel beschrieben. Legen Sie dann unter FÜLLEN MIT fest, ob Sie mit der Vordergrund- oder Hintergrundfarbe füllen wollen.
- ✔ Sie können auch die Option MUSTER wählen, um die Auswahl mit einem Muster anstatt einer Farbfläche zu füllen. Im Popup-Menü EIGENES MUSTER können Sie die verfügbaren Muster betrachten. Wenn Sie ein Muster zur Füllung wählen, wiederholt Photoshop Elements das Muster so oft, wie es nötig ist, um die Auswahlfläche zu füllen.
- ✔ Der DECKKRAFT-Wert bestimmt, ob die von Ihnen angewandte Farbe oder Ihr Muster alle darunter liegenden Pixel überdecken wird. Jeder Wert unter 100 erzeugt eine halb-transparente Füllung, das heißt, einige der darunter liegenden Pixel werden sichtbar bleiben.
- ✔ Wie gesagt, die Füllmethoden bestimmen, wie die Farbe (oder das Muster) mit den darunter liegenden Pixeln vermischt wird. Für einen natürlichen Effekt probieren Sie es mit FARBE und INEINANDER KOPIEREN. NORMAL erzeugt einen deckenden Farbklecks, wie auf Fabtafel 12.2 oben rechts zu sehen ist.

Ein Füllwerkzeug verwenden

Ich werde Ihnen gleich noch eine weitere Möglichkeit zeigen, wie Sie einen Teil Ihres Bilds mit Farbe füllen können. Aber vorher möchte ich einwenden, dass ich diese Methode nicht empfehle. Ich erwähne sie nur, weil viele Programme diese Möglichkeit anbieten und Anwender unwiderstehlich von ihr angezogen werden.

Das Feature, um das es hier geht, ist ein Spezial-Werkzeug, eine Art Kombination aus einem Auswahl-Werkzeug und dem Füllen-Befehl. In Photoshop Elements heißt dieses Werkzeug wie in den meisten anderen Programmen FÜLLWERKZEUG. (Dieses Werkzeug wird oft mit einem Eimer-Symbol dargestellt.)

Wenn Sie mit dem Werkzeug in Ihr Bild klicken, wählt das Programm eine Fläche in Ihrem Bild aus, ähnlich, als hätten Sie den Zauberstab benutzt (erklärt in Kapitel 11). Wenn Sie zum Beispiel auf ein rotes Pixel klicken, werden alle umliegenden roten Pixel ausgewählt. Dann wird die gewählte Fläche mit der Vordergrundfarbe gefüllt.

Was ist also das Problem mit diesem Werkzeug? Die Ergebnisse sind nicht vorhersehbar. Sie können nie voraussagen, wie viel Fläche Ihres Bilds gefüllt werden wird. Betrachten Sie beispielsweise Abbildung 12.10. Das EIMER-Werkzeug zeigt den Punkt an, den ich geklickt habe, die weiße Fläche ist die entstandene Füllung. Wenn ich nur ein paar Pixel weiter links oder rechts geklickt hätte, wäre ein völlig anderer Teil des Apfels weiß gemalt worden. Für genauere Ergebnisse benutzen Sie die in Kapitel 11 beschriebenen Auswahl-Werkzeuge und wählen Sie die gewünschte Fläche manuell aus. Danach wenden Sie den regulären FÜLLEN-Befehl oder ein Malwerkzeug an, um die Auswahl zu kolorieren.

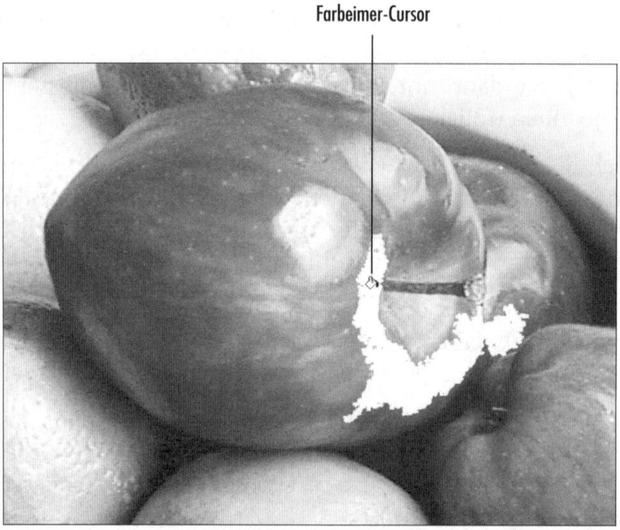

Abbildung 12.10: Hier sehen Sie das Ergebnis, nachdem ich das FÜLLWERKZEUG mit einem Toleranz-Wert von 32, 100 Prozent Deckkraft und weißer Füllfarbe verwendet habe.

Ich sehe schon, Sie sind von der skeptischen Sorte und möchten das Füllwerkzeug selbst ausprobieren. So funktioniert's in Photoshop Elements: Wählen Sie das Füllwerkzeug aus der Toolbox. In der Werkzeugoptionsleiste legen Sie fest, ob mit der Vordergrundfarbe oder einem Muster gefüllt werden soll. Dann klicken Sie auf die Fläche, die Sie füllen möchten.

Funktionierte nicht gut? Versuchen Sie die Deckkraft der Füllung abzustimmen, indem Sie den Schieberegler der Option DECKKRAFT nach links oder rechts schieben. Sie können außerdem die Sensibilität des Werkzeugs einstellen, indem Sie den Toleranz-Wert in der Werkzeugoptionsleiste ändern. Wenn Sie einen niedrigen Wert angeben, müssen die Pixel farblich näher an dem geklickten Pixel liegen, um ausgewählt und gefüllt zu werden. In Abbildung 12.10 habe ich an der Position des Eimer-Cursors mit der Füllfarbe Weiß, einem Toleranz-Wert von 32 und einer hundertprozentigen Deckkraft geklickt.

Sie können, wenn Sie möchten, den ganzen Tag damit verbringen, die Optionen zu verändern, bis Sie die gewünschte Einstellung gefunden haben. An Ihrer Stelle würde ich jedoch dieses Werkzeug völlig ignorieren und eine der anderen zuvor beschriebenen Methoden zur Kolorierung verwenden.

Schicken Sie Ihre Pixel auf eine Tour mit dem Farbrad

Eine weitere Methode, mit den Farben Ihres Bilds herumzuspielen, bietet der Farbton-Befehl oder -Regler – falls Ihr Bildbearbeitungsprogramm über einen solchen verfügt.

Dieser Befehl schickt die ausgewählten Pixel auf eine Tour mit dem Farbrad. Das Farbrad ist nichts weiter als eine kreisförmige Grafik der verfügbaren Farbtöne. Rot befindet sich auf der 0-Grad Position des Kreises, Grün auf 120 Grad und Blau bei 240 Grad. Wenn Sie den Farbton-Wert ändern, schicken Sie Ihre Pixel um den entsprechenden Grad auf dem Farbrad herum. Wenn Sie zum Beispiel mit Grün beginnen und den Farbton-Wert auf 120 Grad erhöhen, werden Ihre Pixel blau. Grün befindet sich bei 120 Grad, also ergeben zusätzliche 120 Grad 240 Grad – und dort liegt Blau.

Um die Farbe des Apfels rechts unten in Farbtafel 12.1 zu ändern, habe ich den Apfel ausgewählt und den Farbton-Wert mit dem Farbton/Sättigung-Befehl in Photoshop Elements um 83 Grad verringert. Auf den ersten Blick sieht das Ergebnis genauso aus, wie nach der Anwendung des Fläche füllen-Befehls mit der Farbe-Füllmethode. Aber mit der Farbe-Methode werden alle Pixel mit demselben Farbton gefüllt – in dem Apfel ergeben sich zwar hellere und dunklere lila Schattierungen, aber die grundlegende Farbe ist durchgängig Lila. Farbton hat die roten Apfel-Pixel zu Lila geändert, aber die gelblich-grünlichen Flächen in der Mitte der Frucht in helles Pink verwandelt.

Photoshop Elements-Anwender können mit dem Farbton/Sättigung-Befehl aus dem Überarbeiten-Menü auf das Farbrad steigen. Die Farbton/Sättigung-Dialogbox öffnet sich. Ziehen Sie den Farbton-Regler, um den Farbton-Wert zu erhöhen oder zu verringern.

Vielschichtige Möglichkeiten mit Ebenen

Photoshop Elements, Photoshop und viele andere Bildbearbeitungsprogramme bieten ein wirklich nützliches Feature namens *Ebenen* an. Unabhängig von seiner Benennung ist dieses

Feature der Schlüssel zur Erzeugung vieler ausgefeilter fotografischer Effekte, die Sie in einem Bildbearbeitungsprogramm produzieren können.

Um zu verstehen, wie Ebenen funktionieren, stellen Sie sich folgendes Beispiel vor:

Sie kennen sicher die durchsichtigen Folien, die für Overhead-Projektoren verwendet werden können und auch als einzelne Blätter erhältlich sind. Sie nehmen also die erste Folie und malen ein Vogelhäuschen. Auf die nächste zeichnen Sie einen Vogel, auf der dritten fügen Sie noch etwas Himmel und Gras hinzu. Wenn Sie diese Folien alle aufeinander legen, erscheinen das Vogelhäuschen, der Vogel und der Landschaftshintergrund, als seien sie alle Teil eines einzigen Bilds.

Ebenen funktionieren ganz genauso. Sie legen die verschiedenen Elemente Ihres Bilds auf unterschiedliche Ebenen, und wenn Sie alle Ebenen aufeinander stapeln, sehen Sie das gesamte Bild – die Elemente aller Ebenen gemeinsam. An der Stelle, wo eine Ebene leer ist, sind die Pixel der darunter liegenden Ebene zu sehen.

Folgende Vorteile bieten Ebenen bei der Bildbearbeitung:

✔ Sie können die Stapel-Reihenfolge der Ebenen verändern, um verschiedene Bilder aus denselben Ebenen zu erzeugen, wie in Abbildung 12.11 gezeigt. (Stapel-Reihenfolge ist nur eine schicke Bezeichnung für die Anordnung der Ebenen in Ihrem Bild.)

Abbildung 12.11: Indem ich die Ebenen des Originalbilds neu angeordnet habe, verschaffte ich dem Keramikhundi einen Ausritt auf Scotties Rücken.

Im linken Bild belegt der metallene Scottie-Hund die oberste Ebene, sein Keramik-Freund liegt eine Ebene weiter unten, und der Waldhintergrund befindet sich ganz hinten. In diesem Arrangement springt Scottie vor seinem Keramik-Freund herum, während dieser konzentriert irgendeinem Geräusch in der Ferne nachhorcht. Im rechten Bild habe ich die Stapel-Reihenfolge von Scottie und dem Keramikhundi vertauscht. Das Hundchen scheint jetzt auf Scotties Rücken zu reiten. Aber welche Reihenfolge ich auch wähle – beide Tiere scheinen völlig ahnungslos, während in der Waldhintergrundebene das Killer-Kaninchen auf sie lauert.

✔ Sie können Objekte auf einer Ebene Ihres Bilds bearbeiten, ohne die Pixel der anderen Ebenen zu beeinflussen. Sie können Malwerkzeuge, Retusche-Werkzeuge und Bildkorrektur-Befehle auf eine einzelne Ebene anwenden und den Rest des Bilds unberührt lassen. Sie können sogar eine gesamte Ebene löschen, ohne Folgen für die verbliebenen Ebenen.

Nehmen wir an, Sie entscheiden, dass es nur Platz für einen Hund in Abbildung 12.11 gibt. Wenn Hunde und Hintergrund auf derselben Ebene leben, entsteht ein hundeförmiges Loch im Bild, wenn Sie einen der Hunde löschen. Aber da sich die drei Elemente auf separaten Ebenen befinden, können Sie leicht eine der Hunde-Ebenen löschen. An der Stelle des veschwundenen Biests erscheint das Gras der Hintergrundebene.

✔ Sie können sehr einfach Fotocollagen anfertigen. Indem Sie jedes Element der Collage auf eine eigene Ebene legen, können Sie mit der Positionierung jedes Elements nach Herzenslust spielen, bis Sie mit dem Ergebnis zufrieden sind.

Betrachten Sie zum Beispiel die Farbtafeln 12.2 und 12.3. Um Farbtafel 12.3 zu erzeugen, habe ich die Objekte der oberen sieben Bilder in Farbtafel 12.2 kopiert und in das untere Ziegelbild eingesetzt. Ich habe jedes Objekt auf eine eigene Ebene gelegt und in derselben Reihenfolge gestapelt, wie sie in Farbtafel 12.2 gezeigt sind.

Wenn ich jedoch alle sieben Bilder in eine gemeinsame Ebene einsetze, muss ich alle Objekte auf Anhieb richtig positionieren. Warum? Wenn Sie ein Objekt in einem Bild bewegen, nachdem Sie es eingesetzt haben, hinterlässt es ein Loch – genau so, wie es beim Löschen eines Elements geschieht. Einzelne Ebenen aber können Sie unabhängig bewegen, ohne das Bild zu beschädigen. Sie ziehen sie einfach vor und zurück, hin und her – bis Sie mit der Komposition zufrieden sind.

✔ Sie können die Deckkraft der Ebenen variieren, um unterschiedliche Effekte zu erzielen. Abbildung 12.12 zeigt ein Beispiel. Beide Bilder enthalten zwei Ebenen: Die Rose befindet sich in der obersten Ebene, während der Marmor in der unteren Ebene liegt. Im linken Bild habe ich die Deckraft beider Ebenen auf 100 Prozent eingestellt. Im rechten Bild habe ich die Deckkraft der Rose auf 50 Prozent verringert, sodass das Marmorbild teilweise durch die Rose hindurchscheint. Das Ergebnis ist eine geisterhafte Rose, die fast wie ein Teil des Marmors aussieht.

Abbildung 12.12:Links liegt die Rosen-Ebene über der Marmor-Ebene mit einer Deckkraft von 100 Prozent. Rechts habe ich die Deckkraft der Rosen-Ebene auf 50 Prozent verringert und ihre ursprüngliche Erscheinung geisterhaft verändert.

Das Marmor- und das Rosenbild finden Sie auf der CD hinten im Buch. Die Namen der Bilder sind *Rose.jpg* und *Marble.jpg*. Jetzt können Sie selbst mit dieser Technik herumexperimentieren.

- ✔ Sie können beeinflussen, wie die Farben einer Ebene mit denen der darunterliegenden Ebenen verschmelzen werden, indem Sie verschiedene Methoden anwenden. *Ebenenmodi* bestimmen, wie Pixel in zwei Ebenen zusammengemischt werden, genau wie die vorher in diesem Kapitel beschriebenen Füllmethoden. In Abbildung 12.1 habe ich zwei verschiedene Füllmethoden verwendet, Normal und Farbe, um zwei verschiedene Effekte zu erzielen (siehe Bilder rechts oben und links unten). Dieselben Methoden, und noch viele andere, sind üblicherweise auch für Ebenen vorhanden. Einige erzeugen merkwürdige, außerirdische Farbkombinationen und sind also perfekt als Blickfang, während andere sich für Farbänderungen mit natürlicher Anmutung eignen.
- ✔ In einigen Bildbearbeitungsprogrammen können Sie eine Reihe von automatischen Ebenen-Effekten anwenden. Photoshop verfügt über einen Effekt, der automatisch einen Schlagschatten zu einer Ebene hinzufügen kann. Wenn Sie die Ebene bewegen, bewegt sich der Schatten mit.

Nicht jedes Bildbearbeitungsprogramm bietet all diese Ebenen-Effekte, die meisten Einsteigerprogramme verfügen noch nicht einmal über Ebenen. Wenn Ihr Programm jedoch mit Ebenen arbeitet, empfehle ich Ihnen dringend, sich mit diesem Feature vertraut zu machen.

Ich garantiere Ihnen, dass Sie nie wieder ohne Ebenen arbeiten werden, wenn Sie sich erst einmal daran gewöhnt haben.

Ebenen haben einen aber Nachteil: Jede Ebene erhöht die Dateigröße Ihres Bilds und zwingt Ihren Computer, mehr Speicher für die Berechnung des Bilds aufzuwenden. Deshalb sollten Sie die Ebenen Ihres Bilds zu einer einzigen zusammenfügen, wenn Sie mit dem Bild zufrieden sind – man nennt diesen Vorgang auch *auf eine Ebene reduzieren.*

Nachdem Sie die Ebenen zu einer einzigen reduziert haben, können Sie die einzelnen Ebenen-Elemente nicht mehr getrennt manipulieren oder bearbeiten, ohne den Rest des Bilds auch zu beeinflussen. Wenn Sie vorhaben, später weitere Änderungen an Ihrem Bild vorzunehmen, sollten Sie eine Kopie davon in einem Datei-Format absichern, das Ebenen unterstützt. Erkundigen Sie sich in Ihrem Handbuch nach Details zur Erhaltung und Reduzierung von Ebenen.

Für alle, die etwas mehr zum Umgang mit Ebenen erfahren möchten, bieten die nächsten Abschnitte einige Grundlagen zu Ebenen-Funktionen in Photoshop Elements. Ich erkläre Ihnen außerdem, wie ich die Collage in Farbtafel 12.3 erstellt habe.

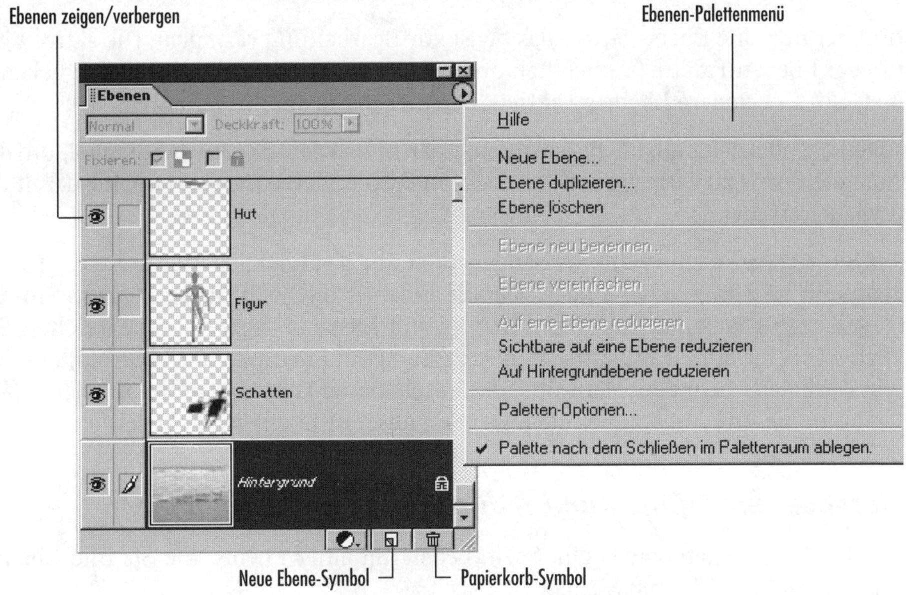

Abbildung 12.13: Die Ebenen-Palette ist der Schlüssel zum Umgang mit Ebenen in Photoshop Elements.

Auch wenn die Arbeitsschritte zur Anwendung von Ebenen in den einzelnen Programmen variieren mögen, sind die verfügbaren Features meist sehr ähnlich. Die Anleitungen für Photoshop Elements sollten also auch Anwendern von anderen Programmen einen Einblick in die Verwendung der eigenen Ebenen-Werkzeuge verschaffen.

Mit Ebenen in Photoshop Elements arbeiten

Um Ebenen zu betrachten, zu arrangieren und zu manipulieren, wählen Sie Fenster|Ebenen einblenden oder ziehen die Ebenen-Palette aus dem Palettenraum. Die Ebenen-Palette ist in Abbildung 12.13 dargestellt. Um die Palette zu schließen, wählen Sie Fenster|Ebenen Ausblenden oder schließen die Ebenen-Palette mit einem Klick auf die Schaltfläche Schliessen oben rechts in der Palette.

Wie man der Beschriftung von Abbildung 12.13 bereits entnehmen kann, enthält die Palette verschiedene grundlegende Werkzeuge zur Ebenenbearbeitung:

- ✔ Jede Ebene des Bilds ist in der Palette aufgelistet. Links neben dem Namen der Ebene zeigt eine verkleinerte Ansicht jedes Element auf dieser Ebene an.
- ✔ Es ist immer nur eine Ebene *aktiv* – das heißt zur Bearbeitung verfügbar. Die aktive Ebene ist in der Ebenen-Palette farblich hervorgehoben und durch ein Pinselsymbol gekennzeichnet. Um eine andere Ebene zu aktivieren, klicken Sie auf ihren Namen.
- ✔ Das Augen-Symbol zeigt an, ob die Ebene sichtbar ist. Klicken Sie auf das Symbol, um das Auge und die Ebene zu verbergen. Klicken Sie in die jetzt leere (Augen-) Spalte, damit die Ebene wieder erscheint.
- ✔ Klicken Sie auf den nach rechts weisenden Pfeil am Kopf der Palette, um das Ebenen-Palettenmenü zu öffnen. Hier finden Sie alle Befehle, die auch im Menü Ebene in der Menüleiste verfügbar sind. Den Neue Ebene- und Ebene löschen-Befehl erreichen Sie schneller, wenn Sie auf die Schaltflächen Neue Ebene und Ebene löschen klicken, die sich unten in der Palette befinden. Mehr über das Löschen und Hinzufügen von Ebenen erfahren Sie, wenn Sie Ihre Augen über die folgenden Abschnitte schweifen lassen.

Ebenen löschen, hinzufügen und reduzieren

Jedes Bild in Photoshop Elements beginnt sein Leben mit einer Ebene. Wie Sie Bild-Ebenen hinzufügen und löschen, erfahren Sie jetzt:

- ✔ Um eine neue Ebene hinzuzufügen, klicken Sie auf die Schaltfläche Neue Ebene unten in der Ebenen-Palette. Es erscheint die Dialogbox Neue Ebene, gezeigt in Abbildung 12.14. Hier können Sie der Ebene einen Namen geben, ihre Deckkraft einstellen und einen Ebenenmodus (eine Methode) wählen. Diese drei Optionen können Sie jederzeit wieder ändern, siehe *Mit mehreren Ebenen arbeiten* weiter hinten in diesem Kapitel.

Um den Inhalt einer Ebene auf eine neue Ebene zu kopieren, ziehen Sie die gewünschte Ebene auf die Schaltfläche NEUE EBENE.

- Wie auch immer Sie eine neue Ebene erzeugen, sie wird immer über der Ebene platziert, die aktiv war, als Sie die neue Ebene erstellt haben.
- Um eine Ebene zu löschen, – und alles, was sich auf ihr befindet – ziehen Sie den Namen der Ebene auf das Papierkorb-Symbol in der Ebenen-Palette. Oder klicken Sie auf den Ebenen-Namen und dann auf das Papierkorb-Symbol.

Mit steigender Ebenenzahl wächst auch die Dateigröße Ihres Bilds. Also versuchen Sie es mit den Ebenen nicht zu übertreiben, und reduzieren Sie sie auf eine einzige, sooft es möglich ist, indem Sie AUF EINE EBENE REDUZIEREN aus dem Palettenmenü wählen. Wenn Sie diesen Befehl verwenden, verschmilzt Photoshop Elements alle Ebenen zu einer einzigen.

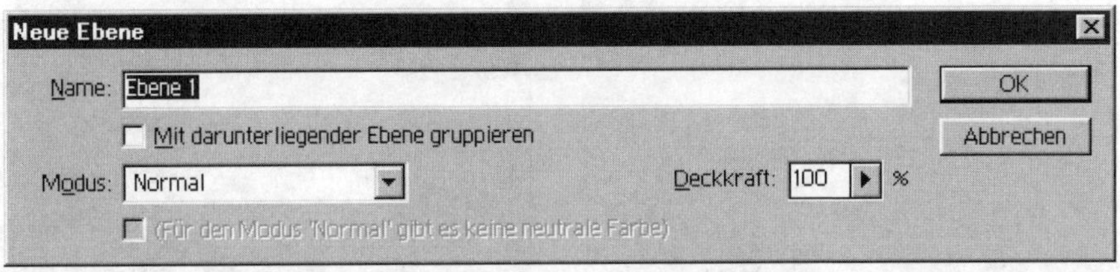

Abbildung 12.14: Benennen Sie hier Ihre Ebene und legen Sie die Deckkraft und Methode fest.

Sobald Sie die Ebenen auf eine reduziert haben, können Sie die einzelnen Ebenen-Elemente nicht mehr getrennt vom Rest des Bilds bearbeiten. Als Sicherheitsnetz können Sie eine Kopie des Bilds mit allen Ebenen im PSD-Format absichern, bevor Sie die Ebenen reduzieren. Siehe Kapitel 10 zum Thema Dateien sichern.

Mit mehreren Ebenen arbeiten

Ein Bild mit mehreren Ebenen zu bearbeiten unterscheidet sich von der Bearbeitung eines Bilds, das nur eine einzige Ebene beinhaltet. Und hier liegt der Hund begraben:

- Ziehen Sie einen Ebenen-Namen in der Ebenen-Palette herauf und hinunter, um die Ebenen-Reihenfolge zu ändern.
- Wenn Sie eine Auswahl auf einer Ebene erstellen und dann eine andere Ebene aktivieren, bezieht sich die Auswahl danach auf diese neu aktivierte Ebene.
- Um eine Auswahl auf eine neue Ebene zu kopieren – um zum Beispiel ein Bildelement auf eine eigene Ebene zu platzieren – müssen Sie Folgendes tun: Wählen Sie das Element aus, wählen Sie dann BEARBEITEN/KOPIEREN und danach BEARBEITEN/EINSETZEN. Photoshop Elements erzeugt automatisch eine neue Ebene und positioniert dort das kopierte Element.

✔ Wenn Sie eine Auswahl auf einer Ebene löschen, schneiden Sie damit ein Loch in die Ebene, und die darunter liegenden Pixel kommen zum Vorschein.

✔ Sie können auch das RADIERGUMMI-Werkzeug benutzen, um ein Loch in eine Ebene zu radieren (wählen Sie das Radiergummi aus der Toolbox), so wie ich es in Abbildung 12.15 getan habe. In der linken Hälfte der Abbildung habe ich eine Keramikelfe in ein Feld mit wilden Blumen gebastelt. Die Elfe wohnt in der oberen Ebene, während die Blumen in der unteren Ebene wuchern. In der rechten Hälfte sehen Sie, wie ich mit dem RADIERGUMMI-Werkzeug den Bauch und die Beine der Elfe wegradiere, damit die Blumen darunter zum Vorschein kommen.

Sie finden übrigens beide Bilder, die Elfe und die Wildblumen, auf der CD. Die Dateinamen der Bilder sind *Elf.jpg* und *Flowers.jpg*.

Abbildung 12.15: Um dieses Bild zu erzeugen, habe ich die Elfe auf die oberste Ebene und die Blumen auf die unterste Ebene platziert (links). Mit dem RADIERGUMMI-Werkzeug von Photoshop Elements habe ich ein paar Pixel der Elfe wegradiert, um die darunter liegenden Blumen zum Vorschein kommen zu lassen (rechts).

Wie weich und wie groß der RADIERGUMMI sein soll, können Sie festlegen, indem Sie zwischen verschiedenen Werkzeugspitzen in der Werkzeugoptionsleiste wählen, die erscheint, sobald Sie den RADIERGUMMI aktiviert haben. Die Palette für das Radiergummi funktioniert wie die PINSEL-Palette, in Abbildung 12.3 gezeigt und vorher in diesem Kapitel in *Was gibt's in der Malwerkzeugkiste?* beschrieben.

Zusätzlich können Sie die Deckkraft für das Radiergummi einstellen, indem Sie den Regler der Option Deckkraft nach links oder rechts schieben. Mit 100 Prozent radieren Sie die Pixel vollkommen weg, alles unter 100 Prozent hinterlässt noch einige Pixel.

- ✔ Um die Durchsichtigkeit einer ganzen Ebene zu verändern, klicken Sie auf den Namen der Ebene in der Ebenen-Palette und verändern oben in der Palette den Wert Deckkraft. Bei 100 Prozent verdeckt jedes Pixel auf der Ebene die darunter liegenden Pixel. (Aber alle leeren Flächen der Ebene sind komplett durchsichtig, unabhängig von der Deckkraft-Einstellung.)
- ✔ Sie können in der Ebenen-Palette außerdem die Methode ändern. Sie verfügen hier über dieselben Optionen wie beim Befehl Fläche füllen. (Mehr zu Füllmethoden finden Sie vorne im Kapitel unter *Farbe in eine Auswahl gießen*.)

Ebenen bewegen, skalieren und rotieren

Um den Inhalt einer Ebene zu bewegen oder zu skalieren, klicken Sie auf den Ebenen-Namen und dann mit dem Verschieben-Werkzeug auf irgendeine nicht-transparente Fläche der Ebene. Um das Werkzeug zu aktivieren, wählen Sie es in der Toolbox aus (siehe Kapitel 11).

Nachdem Sie mit dem Verschieben-Werkzeug geklickt haben, können Sie die Skalieren- und Rotieren-Griffe sehen, wie in Abbildung 12.16 gezeigt. Sie können jetzt den Inhalt der Ebene wie folgt skalieren, rotieren und bewegen:

- ✔ Ziehen Sie an den quadratischen Skalieren-Griffen, um die Ebene zu verkleinern oder zu vergrößern. Ziehen Sie an den oberen oder unteren Griffen, um den Ebeneninhalt vertikal zu skalieren; ziehen Sie an den seitlichen Griffen, um horizontal zu skalieren. Ziehen Sie die Eck-Griffe, um die Originalproportionen beim Skalieren beizubehalten.
- ✔ Ziehen Sie an den Rotieren-Griffen, um Ihren Pixeln Beine zu machen und sich zu drehen.
- ✔ Um den Ebeneninhalt anders zu positionieren, ziehen Sie innerhalb der Auswahlmarkierung. Beachten Sie, dass Pixel, die Sie außerhalb der sichtbaren Arbeitsfläche bewegt haben, nicht gelöscht, sondern nur verborgen sind. Wenn Sie sie hervorholen möchten, klicken Sie die Ebene mit dem Verschieben-Werkzeug, und ziehen Sie die Pixel wieder ins Blickfeld.

Wenn Sie das Bild jedoch in einem anderen Datei-Format als dem Photoshop-Format (PSD) absichern, werden die Pixel außerhalb der Arbeitsfläche gelöscht. Vielleicht möchten Sie deshalb eine Kopie des Bilds im PSD-Format sichern, bevor Sie in ein anderes Format abspeichern. Verborgene Pixel gehen auch verloren, wenn Sie das Bild mit dem Freistellen-Befehl freistellen, der in Kapitel 10 besprochen wurde.

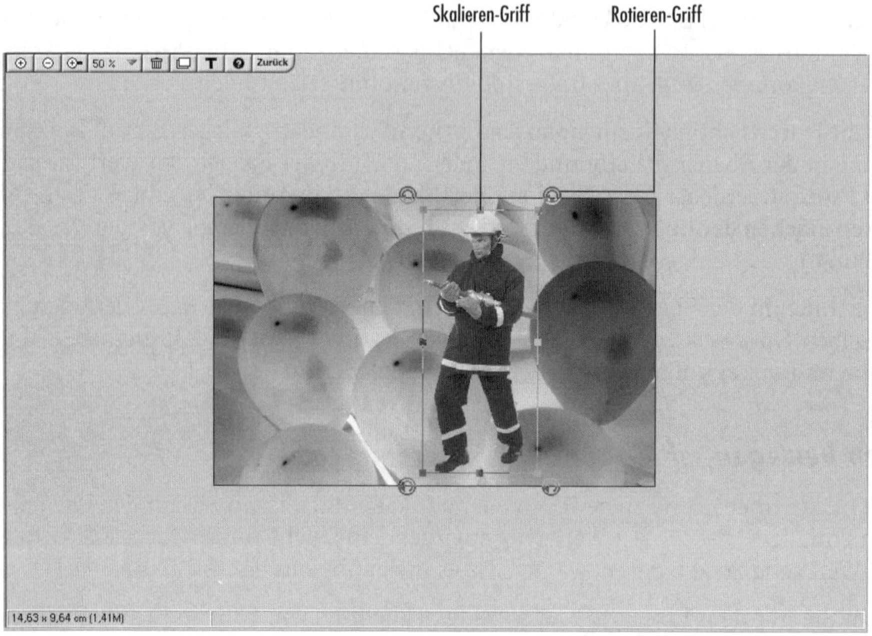

Abbildung 12.16: Ziehen Sie an den Skalieren- und Rotieren-Griffen, um eine Ebene in Größe und Position zu verändern.

- ✔ Sie können das VERSCHIEBEN-Werkzeug außerdem über das Tastenkürzel [⌘]+[G] am Mac oder [Strg]+[G] am PC verwenden. und den Inhalt der Ebene auch mit den Pfeiltasten Ihrer Tastatur an die richtige Stelle schubsen. Drücken Sie die Pfeiltaste einmal, und die Ebene verschiebt sich um einen Pixel, drücken Sie eine Pfeiltaste mit gehaltener [⇧]-Taste, und die Ebene bewegt sich um zehn Pixel.
- ✔ Nachdem Sie das Rotieren, Skalieren und Bewegen der Ebene beendet haben, klicken Sie außerhalb der Auswahlmarkierung, um Ihre Änderungen abzuschließen. Oder, falls das VERSCHIEBEN-Werkzeug aktiv ist, wählen Sie ein anderes Werkzeug.

Bedenken Sie, dass Skalieren und Rotieren von Bildelementen die Bildqualität vermindern kann. Normalerweise können Sie Ihr Bild recht problemlos verkleinern, aber versuchen Sie nicht, es zu sehr zu vergrößern, und rotieren Sie nicht wiederholt dieselbe Ebene.

Eine Collage mit mehreren Ebenen erzeugen

Ebenen sind für den täglichen Gebrauch sehr nützlich, da sie Ihnen mehr Flexibilität und Sicherheit bieten. Wirklich brillant sind Ebenen, wenn Sie eine Fotocollage wie auf Farbtafel 12.3 erzeugen möchten.

Die folgende Liste soll Ihnen helfen, den Entstehungsprozess einer Collage besser nachvollziehen zu können, und Sie hoffentlich inspirieren. Sie wird Ihnen eine Übersicht verschaffen, auf welche Weise ich die Farbtafel mit Hilfe von Photoshop Elements erzeugt habe.

✔ Als Erstes habe ich die Bilder für die Collage einzeln geöffnet und falls nötig Farbkorrekturen und Änderungen vorgenommen. Dann habe ich die Bilder gesichert und geschlossen.

✔ Um mit der Collage zu beginnen, habe ich zuerst das Ziegelbild, das als Hintergrund dienen sollte, geöffnet. Das Bild war sehr viel größer, als ich es für die Collage benötigte, daher habe ich es auf die Größe, die Sie in Farbtafel 12.3 sehen, skaliert.

✔ Danach habe ich die anderen Collagebilder nacheinander geöffnet, das jeweilige Objekt ausgewählt, kopiert und in das Ziegelbild eingesetzt. Wie Sie auswählen, kopieren und einsetzen, erfahren Sie in Kapitel 11.

Es spart Ihnen viel Zeit und Ärger, wenn Sie beim Fotografieren bereits bedenken, wofür Sie Ihr Bild verwenden möchten. Im Fall der Collage heißt das, ich wusste, dass ich die Bilder aus ihrem Hintergrund herausschneiden würde. Also habe ich die Objekte möglichst nah fotografiert, damit die Mehrheit der Bildpixel für das Objekt und nicht für den nutzlosen Hintergrund verwendet wurden. Mit dieser Methode erhalten Sie die höchstmögliche Auflösung für Ihre Collageobjekte (in Kapitel 2 finden Sie mehr Details zum Thema Auflösung).

Außerdem habe ich die Objekte vor einem einfachen Hintergrund fotografiert und dabei Hintergrundfarben verwendet, die mit den Objekten kontrastierten. Danach war ich in der Lage, die Hintergründe recht einfach mit dem Zauberstab und dem Magnetischen Lasso von Photoshop Elements auszuwählen. Nachdem der Hintergrund ausgewählt war, habe ich die Auswahl einfach umgekehrt: Jetzt war das Objekt ausgewählt und der Hintergrund von der Auswahl wieder ausgeschlossen.

✔ Photoshop Elements setzt eine Auswahl immer auf neue Ebenen ein. Daher waren zum Schluss, als ich das Auswählen, Kopieren und Einsetzen beendet hatte, acht Ebenen entstanden. Sie sehen die Stapelreihenfolge der Ebenen in Abbildung 12.17. Mit dem Verschieben-Werkzeug habe ich die einzelnen Ebenen bewegt, rotiert und mit verschiedenen Kompositionen gespielt, bis ich mit dem Ergebnis zufrieden war.

In einigen Fällen habe ich die einzelnen Elemente etwas verkleinert. (Bedenken Sie, dass Verkleinern meist harmlos ist, aber eine Ebene stark zu vergrößern der Bildqualität sehr schaden kann.) Mit Ausnahme der Elfe und dem Flaschenverschluss (das ist der kleiner Kerl mit der Melone auf dem Kopf), habe ich die Objekte so angeordnet, dass sich wenigstens ein kleiner Teil des Originalbilds außerhalb der sichtbaren Arbeitsfläche befindet. Im vorhergehenden Abschnitt *Ebenen bewegen, skalieren und rotieren* erfahren Sie mehr zu diesem Thema.

✔ Um den Kopf der Elfe zum Teil vor und zum Teil hinter dem Bügeleisen erscheinen zu lassen, habe ich die Elfen-Ebene unter die Bügeleisen-Ebene platziert. Mit dem Radiergummi-Werkzeug habe ich dann die Bügeleisen-Pixel um Ohren und Kinn wegradiert.

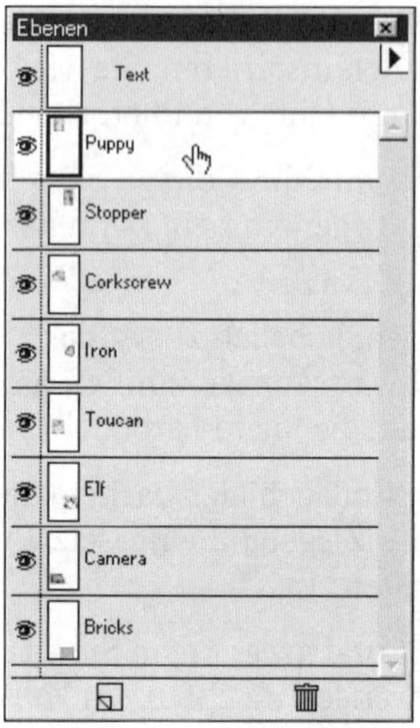

Abbildung 12.17: Um die auf Farbtafel 12.3 gezeigte Collage zu erzeugen, habe ich jedes Objekt von Farbtafel 12.2 auf eine eigene Ebene in dieser Stapelreihenfolge platziert.

- ✔ Ich habe eine Kopie des Bilds im Photoshop-Format abgesichert, damit die Ebenen für weitere Bearbeitung erhalten bleiben, falls ich plötzlich Lust bekommen sollte, alles neu zu arrangieren. Dann musste ich die Ebenen auf eine reduzieren, damit ich das Bild den Jungs in der Druckabteilung des mitp-Verlags zukommen lassen konnte. Also wählte ich SICHTBARE AUF EINE EBENE REDUZIEREN aus dem EBENEN-Palettenmenü und sicherte das »geplättete« Bild als TIFF-Datei. Indem ich das Bild auf eine Ebene reduziert habe, konnte ich die Dateigröße verringern. (Siehe Kapitel 10 für Details zum Absichern von Dateien und Kapitel 7 für Informationen zu Datei-Formaten.)
- ✔ Als zusätzlichen Effekt habe ich das Bild mit dem Befehl FARBE ENTFERNEN unter ÜBERARBEITEN|FARBE in ein Graustufenbild konvertiert. Dann habe ich eine neue Ebene erzeugt und diese mit einer dunklen goldenen Farbe gefüllt. Die Ebenen-Methode habe ich auf FARBE und die DECKKRAFT auf 50 Prozent eingestellt, sodass eine antike Fotoanmutung entstand, gezeigt in Abbildung 12.4. Diese Atmosphäre ist genau das Richtige für dieses Bildmotiv.

  Beachten Sie, dass Sie in einem anderen Bildbearbeitungsprogramm als Photoshop Elements das Bild eventuell wieder in den RGB-Modus konvertieren müssen, nachdem Sie es in Graustufen verwandelt haben, da Sie ansonsten die goldene Farbe nicht hinzufügen können. Da ich aber nur die Farbe entfernt und nicht den Farbmodus verändert habe, ist dieser Schritt hier nicht notwendig.

Wenn Sie die Collage von Farbtafel 12.3 und 12.4 einmal selbst erzeugen möchten, können Sie alle Bilder der Collage auf der Begleit-CD des Buches finden. Siehe Anhang B für mehr Informationen zum Gebrauch dieser Fotos.

Selbst für das stärkste Computersystem ist die Bearbeitung von vielen und großen Bildern eine Belastung. Sichern Sie also Ihre Collage in regelmäßigen Abständen, damit Sie vor Systemabstürzen gefeit sind.

Stroh in Gold verwandeln

Manchmal können weder Farbkorrekturen, Scharfzeichnen noch andere Bearbeitungstricks ein Bild retten. Das Bild links oben auf Farbtafel 12.5 ist so ein Beispiel. Ich habe diese Stadtansicht gerade nach Sonnenuntergang fotografiert, und ich wusste, dass ich damit die Grenzen meiner Kamera überschreite. Genau wie ich befürchtet hatte, wurde das Bild aufgrund der schlechten Lichtbedingungen sehr körnig.

Nachdem ich alle möglichen Korrekturversuche angewendet hatte, musste ich einsehen, dass dieses Bild niemals in seinem »realen« Zustand akzeptabel sein würde. Ich konnte einfach nicht genügend Helligkeit und Details in die Szene bringen, um ein vernünftiges Ergebnis im Druck oder für die Bildschirmdarstellung zu erzielen. Die Farben und die Komposition des Bilds gefielen mir aber. Daher entschied ich mich, es als Grundlage für etwas digitale Kreativität zu verwenden.

Mit Hilfe von verschiedenen Spezialeffekt-Filtern habe ich die anderen fünf Bilder auf der Farbtafel erzeugt. Für diese Bilder habe ich Adobe Photoshop Elements verwendet, aber Sie finden ähnliche Filter – oder zumindest ähnlich unterhaltsame Filter – auch in anderen Programmen. Wenn Sie mehr über Photoshop Elements erfahren möchten, kann ich Ihnen *Photoshop Elements für Dummies* empfehlen.

In wenigen Sekunden konnte ich ein lausiges Bild in eine interessante Komposition verwandeln. Die Bilder, die Sie auf der Farbtafel sehen, zeigen nur den Anfang der kreativen Bearbeitungsmöglichkeiten, die Ihnen für ein solches Bild zur Verfügung stehen. Sie können verschiedene Filter kombinieren, mit mehreren Ebenen und Füllmethoden spielen und alle anderen Tricks anwenden, die Sie in diesem und den anderen Kapiteln in diesem Teil des Buchs kennen gelernt haben, um ausgefallene und einfallsreiche Kunstwerke zu erschaffen.

Mit anderen Worten: Die künstlerischen Möglichkeiten, die in Ihren digitalen Bildern stecken, sind nicht auf die Szene beschränkt, die Sie durch den Sucher betrachten – genauso wenig, wie auf das Bild, das auf Ihrem Bildschirm erscheint, wenn Sie es zum ersten Mal in Ihrem Bildbearbeitungsprogramm öffnen. Geben Sie also niemals ein schlechtes Bild auf – wenn Sie genau genug hinsehen, finden Sie in dem einen oder anderen Pixel noch etwas Kunst.

Teil V

Der Top-Ten-Teil

» ... und hier bin ich mit Cindy Crawford. Und hier bin ich zusammen mit Madonna und Celine Dion ...«

In diesem Teil ...

Es gibt Menschen, die einem immer sagen, man solle sich nicht ständig für alles belohnen. Na, da kann ich nur sagen: »Wie Ihr wollt.« Aber warum sollte man bis morgen warten, wenn man auf der Stelle Spaß haben kann? Ich meine, wenn es nach diesen verrückten Wissenschaftlern geht, kann uns ja jederzeit irgendein dicker Komet aus dem All platt machen. So was kann einfach so passieren – schnipp, weg ist die Menschheit. Was hatte man dann von der ganzen Warterei? – Machen Sie die Augen zu, dann sehen Sie was, nämlich nichts.

In diesem Sinne ist der folgende Teil des Buchs an dies Menschen gerichtet, die Informationen kurz und knapp gebündelt haben wollen. Die drei Kapitel vermitteln nützliche Tipps und Ideen stark komprimiert. Sie müssen sich also nur noch ruck, zuck hindurcharbeiten und können dann direkt loslegen. Ohne lästige Verzögerungen, JETZT, verdammt noch mal!

Kapitel 13 zeigt Ihnen zehn Techniken, die Ihnen helfen, bessere digitale Fotos zu machen. In Kapitel 14 finden Sie zehn Vorschläge, was Sie mit Ihren digitalen Fotos alles machen können. Und Kapitel 15 besteht aus einer List der zehn besten Quellen im Internet zum Thema digitale Fotografie.

Wenn Sie es lieben, wenn die Dinge schnell und einfach laufen, ist das für Sie der richtige Teil des Buchs. Sollten Sie kein so ungeduldiger Mensch sein, dann schauen Sie mal ... nach oben! Ich glaube, da ist ein großes schwarzes Ding, sieht aus wie ein Asteroid, und er kommt auf uns zu!!!

Zehn Methoden Ihre digitalen Bilder zu verbessern

13

In diesem Kapitel ...

- Nehmen Sie die meisten Pixel auf
- Wählen Sie die optimale Komprimierungseinstellung
- Komponieren Sie eine Szene für den maximalen Effekt
- Werfen Sie etwas Licht auf Ihr Motiv
- Vermeiden Sie verwackelte Bilder
- Erreichen Sie eine digitale Perspektive
- Korrigieren Sie Defekte mit Ihrem Bildbearbeitungsprogramm
- Wählen Sie Papier für die beste Ausgabequalität
- Schießen Sie mehr Bilder, als Sie brauchen
- Beachten Sie die Herstellerhinweise

Menschen aus dem Marketingbereich sagen, dass digitale Kameras einen hohen »Wow«-Faktor haben. Das soll heißen, dass, wenn Sie in einem Raum voller Menschen ganz nebenbei ein paar Fotos mit Ihrer Digitalkamera machen, alle Anwesenden »Wow« sagen und sich die Kamera näher ansehen wollen. Natürlich gibt es dann immer einen Typen, der völlig unbeeindruckt aussieht und wahrscheinlich ein paar schlaue Bemerkungen macht. Aber das tut er nur, weil er insgeheim neidisch darauf ist, dass Sie ihn vernichtend im »Wer hat die neueste Technik«-Spiel geschlagen haben.

Wenn sich die Leute jedoch von diesem magischem Technik-Schock erholt haben, werden sie anfangen, sich für die Qualität Ihrer Bilder zu interessieren. Und wenn Ihre Foto enttäuschend sind, sei es aufgrund der Bildqualität oder der fotografischen Komposition, werden die anfänglichen »Wows« schnell in »Uuuahs« umschlagen: »Uuuuah! Das Bild sieht ja *schrecklich* aus. Man sollte meinen, nachdem du so viel Geld dafür ausgegeben hast, dass etwas Besseres herauskommt als *das.*«

Um Sie vor dieser speziellen Demütigung zu bewahren (sorry, leider kann ich nichts gegen alle anderen eventuellen Demütigungen Ihres Lebens machen), stellt dieses Kapitel zehn Wege vor, wie Sie bessere Digitalbilder erzeugen können. Wenn Sie auf diese Richtlinien achten, wird Ihr Publikum von Ihren Bildern genauso begeistert sein wie von Ihrer grandiosen Kamera.

Denken Sie an die Auflösung!

Bei digitalen Fotos ist die Bildqualität direkt von der Anzahl der Pixel pro Inch (ppi) abhängig – auch *Bildauflösung* genannt. Je mehr Pixel Sie haben, desto höher ist die Auflösung und desto besser ist die Bildqualität. Für eine gute Druckqualität braucht Ihr Bild eine Auflösung um ca. 300 ppi, für den reinen Bildschirmgebrauch reichen schon viel weniger – 72 bis 96 ppi.

Wenn Sie Bilder schießen, die Sie später drucken möchten, sollten Sie immer die höchstmögliche Anzahl an Pixeln, die Ihre Kamera erlaubt, wählen. Es werden dann allerdings nicht mehr so viele Bilder in den Speicher der Kamera passen, denn mehr Pixel bedeuten auch größere Dateien. Aber das ist ein fairer Preis für die deutlich besseren Bilder.

Wenn Sie die Größe Ihrer Bilder in einem Bildbearbeitungsprogramm ändern, achten Sie darauf, wie die Auflösung beeinflusst wird. Wenn Sie ein Bild vergrößern, können zwei Dinge passieren: Die Pixelanzahl bleibt gleich, in diesem Fall vergrößern sich die Pixel, um die neue Bildfläche zu füllen, und die Auflösung wird niedriger. Oder die Software fügt zusätzlich neue Pixel in die neue Bildfläche ein, und die Originalanzahl der Pixel pro Inch bleibt erhalten. Keine der beiden Möglichkeiten ist wirklich gut. Wenn Ihre Pixel zu groß werden, sieht Ihr Bild schnell sehr körnig aus. Pixel hinzufügen ist auch keine gute Lösung. Selbst ausgefeilte Bildbearbeitungsprogramme sind nicht besonders gut im Erfinden von neuen Pixeln, also werden Sie meist Bilddetails verlieren.

Mehr Einblick in das Thema Auflösung erhalten Sie in den Kapiteln 2, 8 und 9.

Komprimieren Sie Ihre Bilder nicht zu stark

Die meisten Kameras bieten Ihnen verschiedene Komprimierungsmöglichkeiten (*Compression Settings*). Komprimierung ist eine Technik, die die Größe einer Bilddatei im Speicher verkleinert.

In den meisten Fällen sind die Benennungen für die Komprimierungseinstellungen qualitätsbezogen – zum Beispiel Beste, Besser, Gut oder Fein und Normal. Viele Kameras haben eine verlustreiche Komprimierung, das heißt, einige Bilddaten werden während des Komprimierungsprozesses geopfert.

Je mehr Komprimierung Sie anwenden, desto geringer ist die Bildqualität. Verwenden Sie für beste Bildergebnisse immer die höchste Qualitätseinstellung, also die geringste Komprimierung. Natürlich werden die Bilddateien durch die geringe Komprimierung größer, und es werden daher auch weniger Bilder in den Speicher der Kamera passen, als es bei einer niedrigeren Qualitätseinstellung der Fall ist. Aber dieses Kapitel handelt davon, wie Sie Ihre Bildqualität erhöhen, und nicht davon, wie Sie das lange Herunterladen Ihrer Bilder vermeiden können, nicht wahr?

Über den Komprimierungsfaktor müssen Sie sich auch Gedanken machen, wenn Sie Ihre Bilder nach der Bearbeitung absichern. Einige Dateiformate wie JPEG wenden während des Sicherns verlustreiche Komprimierung an, während andere wie TIFF verlustfrei komprimieren. Bei Komprimierung ohne Verlust sparen Sie weniger Speicherplatz als mit verlustreicher Komprimierung, aber Sie verlieren dafür keine wichtigen Bilddaten.

In Kapitel 3 können Sie mehr zu Komprimierung herausfinden; Kapitel 7 informiert Sie über JPEG, TIFF und andere Dateiformate.

Suchen Sie nach dem unerwarteten Winkel

Wie in Kapitel 5 erörtert, kann die Änderung des Winkels, in dem Sie Ihr Motiv fotografieren, das Bild beeinflussen und interessanter machen. Anstatt Ihr Motiv gerade von vorne zu fotografieren, sollten Sie nach einem interessanten Blickwinkel suchen – legen Sie sich auf die Erde und betrachten Sie es aus der Froschperspektive, oder pirschen Sie sich auf einem (wackeligen) Stuhl an das Objekt heran, um es von oben aufzunehmen.

Wenn Sie Ihre Szenen komponieren, denken Sie an die Drittel-Regel – teilen Sie den Rahmen vertikal und horizontal in Drittel – und positionieren Sie das Hauptmotiv an einer Stelle, wo sich die teilenden Linien treffen. Bevor Sie auf den Auslöser drücken, prüfen Sie, ob sich nicht noch irgendetwas Störendes im Hintergrund befindet.

Mehr Tipps für bessere digitale Fotos finden Sie in den Kapiteln 5 und 6.

Rücken Sie sie in ein besseres Licht

Wenn Sie mit einer digitalen Kamera arbeiten, ist eine gute Beleuchtung Grundvoraussetzung für gute Bilder. Die Lichtempfindlichkeit der meisten Digitalkameras entspricht einem ISO-100-Film, das bedeutet, geringe Lichtverhältnisse erzeugen dunkle und körnige Bilder.

Wenn Ihre Kamera mit einem Blitz ausgestattet ist, können Sie ihn nicht nur in dunklen Innenräumen gebrauchen, sondern auch draußen, um Ihre Außenmotive von Schatten zu befreien. Für eine größere Blitzflexibiltät können Sie zusätzliche Blitzeinheiten kaufen, die mit dem kamerainternen Blitz zusammenarbeiten. Wenn Ihre Kamera nicht über einen Blitz verfügt, können Sie, wenn Sie möchten, in ein paar preiswerte Fotolampen investieren. Aber bevor Sie das tun, sollten Sie mit den Lampen, die Sie im Hause haben experimentieren, ob diese nicht ebenso gut funktionieren.

Wenn sich die Sonne oder Lichtquelle hinter Ihrem Objekt befindet, kann es sein, dass Sie Ihr Objekt zusätzlich von vorne beleuchten müssen. Viele Kameras bestimmen die richtige Belichtung, indem sie das Licht im gesamten Bildrahmen lesen. Ihre Kamera wird eventuell die Belichtung anhand des starken Hintergrundlichts festlegen, was ein unterbelichtetes Vordergrundobjekt zur Folge hat.

Beachten Sie auch Lichtreflexe auf glänzenden Oberflächen, wie Chrom oder Glas. In einigen Fällen müssen Sie vielleicht den Blitz ausschalten und stattdessen indirektes Licht verwenden. Platzieren Sie Ihr Objekt zum Beispiel an einem sonnigen Fenster, oder werfen Sie Licht an die Hintergrundwand.

Details zur Fotografie mit Blitz und andere Beleuchtungstricks finden Sie in Kapitel 5.

Arbeiten Sie mit einem Stativ

Um ein möglichst scharfes Bild aufzunehmen, müssen Sie die Kamera völlig still halten, während Sie fotografieren. Selbst die kleinste Handbewegung kann ein verschwommenes Bild zur Folge haben.

Dieses Problem haben Sie natürlich mit Filmkameras genauso wie mit digitalen Kameras. Aber da Digitalkameras eine geringe Lichtempfindlichkeit haben, benötigen sie eine längere Belichtungszeit als eine Filmkamera mit einem empfindlichen Film. Wenn Sie gewöhnt sind, mit empfindlichen Filmen zu arbeiten, bedenken Sie, dass Sie die Kamera länger still halten müssen, wenn Sie digital fotografieren.

Um die Kamera zu stabilisieren, versuchen Sie, wenn Sie auslösen, Ihre Ellbogen fest an Ihre Seiten zu drücken. Beste Ergebnisse erzielen Sie, wenn Sie die Kamera auf einem Stativ anbringen oder auf einen Tisch, einen Tresen oder irgendein anderes unbewegliches Objekt stellen. Professionelle Stative können mehrere hundert Euro kosten, es gibt aber auch akzeptable einfache Modelle für ca. zwanzig Euro.

Komponieren Sie aus digitaler Perspektive

Wenn Sie Objekte fotografieren, um Sie später in eine Montage, wie auf Farbtafel 12.2 bis 12.4, einzubauen, nehmen Sie Ihr Motiv bildfüllend auf. Ihr Ziel ist es, möglichst viele der Bildpixel Ihrem Motiv zu widmen, um eine höhere Bildauflösung und somit auch höhere Bildqualität zu erreichen. Verschwenden Sie keine teuren Bildpixel an einen Hintergrund, der ohnehin im Bearbeitungsprozess weggeschnitten wird.

Wenn wir schon einmal bei Bildcollagen angelangt sind: Machen Sie sich Ihr Leben einfacher, indem Sie Ihre Objekte vor einem uni-farbigen Hintergrund fotografieren, wie zum Beispiel die Motive auf Farbtafel 12.2. Achten Sie darauf, dass sich der Hintergrund farblich eindeutig vom Objekt unterscheidet. Auf diese Weise können Sie das Objekt leicht auswählen: Sie verwenden dazu ein Bildbearbeitungswerkzeug, das Pixel anhand der Farben auswählt (wie zum Beispiel der ZAUBERSTAB in Photoshop Elements).

In Kapitel 6 erfahren Sie weitere Details zur Fotografie für digitale Montagen. Wenn Sie erfahren möchten, wie Sie die Objekte auf Ihren Bildern auswählen können, blättern Sie zurück zu Kapitel 11.

Nutzen Sie Bildkorrekturwerkzeuge

Nur wenige digitale Bilder sind bereits von Geburt an unverbesserlich gut. Mit Hilfe eines Bildbearbeitungsprogramms können Sie unterbelichtete Fotos aufhellen, die Farbbalance korrigieren, störende Bildelemente entfernen und sogar kleine Bildstörungen abdecken, wie weiße Flecken, die durch reflektiertes Licht entstehen.

In Teil IV werden einige grundlegende Techniken und Werkzeuge besprochen, die Ihnen helfen, Ihre Bilder aufzubessern. Manche sind sehr leicht zu bedienen und benötigen nur einen leichten Klick mit der Maustaste. Andere erfordern etwas mehr Anstrengung, sind aber immer noch einfach zu handhaben, wenn Sie sich etwas Zeit nehmen.

Die Möglichkeit, Ihre Fotos zu bearbeiten, ist einer der Hauptvorteile der digitalen Fotografie. Also nehmen Sie sich täglich ein paar Minuten frei, um sich mit den Korrekturbefehlen, Filtern und Werkzeugen Ihres Bildbearbeitungsprogramms vertraut zu machen. Wenn Sie erst einmal mit ihnen arbeiten, werden Sie sich wundern, dass Sie je ohne sie ausgekommen sind.

Drucken Sie Ihre Bilder auf gutem Papier

Wie auf Farbtafel 8.1 gezeigt, kann der Papiertyp, den Sie beim Drucken Ihrer Bilder verwenden, dramatischen Einfluss auf das Aussehen Ihres Bilds nehmen. Dasselbe Bild kann zwei völlig unterschiedliche Druckergebnisse haben: Auf billigem Mehrzweck-Kopierpapier erscheint es verschwommen, dunkel und farblich unausgeglichen. Wird es jedoch auf spezielles Fotopapier (*Glossy Paper*) ausgedruckt, ist das Resultat scharf, hell und glänzend.

In der Gebrauchsanleitung Ihres Druckers erfahren Sie, welches Papier für Ihr Modell am geeignetsten ist. Einige Drucker sind so konstruiert, dass sie mit einer bestimmten Papiermarke am besten arbeiten. Aber haben Sie keine Scheu auch mit Papiersorten von anderen Firmen zu experimentieren. Papierhersteller arbeiten ständig an neuen Papiersorten, die speziell für den Druck von digitalen Bildern auf Heimanwender-Druckern ausgelegt sind. Es ist also möglich, dass Sie etwas finden, das sogar besser als die empfohlene Marke funktioniert.

Üben, üben, üben!

In diesem Punkt unterscheidet sich digitale Fotografie überhaupt nicht von anderen Kunstformen: Je mehr Sie üben, desto besser werden Sie. Machen Sie also so viele Bilder, wie Sie können, in so unterschiedlichen Lichtsituationen wie möglich. Während Sie fotografieren, schreiben Sie auf, welche Kameraeinstellungen Sie verwendet haben und welche Lichtverhältnisse zum Zeitpunkt des Fotografierens herrschten. Dann vergleichen Sie die Ergebnisse, um herauszufinden, welche Einstellungen in welchen Situationen gut funktioniert haben.

Apropos viele Bilder schießen: Professionelle Fotografen haben die Gewohnheit, dasselbe Bild mehrere Male zu fotografieren und bei jedem Foto die Belichtung oder andere Kameraeinstellungen zu variieren. Sie sollten es auch so halten. Auf Kameras mit LCD-Bildschirm können Sie leicht die Bilder betrachten und diejenigen löschen, die Sie nicht mögen. Haben Sie also keine Angst, mehr Bilder, als Sie womöglich brauchen, zu schießen. Wenn Sie sich daran halten, werden Sie mehr als nur ein brauchbares Bild dabeihaben.

Und die Bilder, die nicht gelingen, behalten Sie am besten für sich, rät Ihnen Al DeBat (technischer Herausgeber dieses Buches in den USA und erfahrener Profi-Fotograf). Zeigen Sie niemals Ihre schlechten Fotos! Zeigen Sie Ihrer Familie und Ihren Freunden zehn wirklich herausragende Bilder, und sie werden sagen: »Wahnsinn! Du bist ein wirklich toller Fotograf.« Wenn Sie ihnen stattdessen 50 gute und 50 mittelmäßige Bilder zeigen, werden sie von Ihren Fähigkeiten nicht so sehr beeindruckt sein. Vergraben Sie also Ihre schlechten Bilder, wenn Sie sich einen Ruf als guter Fotograf aufbauen möchten.

Lesen Sie die Gebrauchsanleitung (Schluck!)

Erinnern Sie sich noch an diese Gebrauchsanleitung, die mit Ihrer Kamera geliefert wurde? Die, die Sie direkt in die Schublade geworfen haben, ohne sie zu lesen? Holen Sie sie. Dann setzen Sie sich hin und verbringen eine Stunde damit, jedes bisschen darin enthaltene Information in sich aufzunehmen.

Ich weiß, ich weiß. Gebrauchsanleitungen sind tödlich langweilig, darum haben Sie ja auch dieses Buch gekauft, das so unglaublich lustig ist, dass Sie fast bei jedem Absatz vor Lachen platzen und Ihre Milch durch die Nase schnorcheln müssen. Aber digitale Kameras sind nun einmal keine einfachen Geräte, und Sie werden nicht die besten Bilder aus Ihrer Kamera herausholen, wenn Sie nicht verstehen, wie alle Einstellungen funktionieren. Ich kann Ihnen allgemeine Empfehlungen und Anleitungen in diesem Buch geben, aber für kameraspezifische Informationen ist die beste Quelle die Gebrauchsanleitung des Herstellers.

Nach dem ersten Durchlesen holen Sie die Gebrauchsanleitung ab und zu hervor und werfen noch einmal einen Blick hinein. Sie werden bestimmt ein paar Antworten auf manche Probleme, die Ihre Bilder plagen, finden oder sich an einige vergessene Optionen erinnern. Tatsächlich ist das Lesen Ihrer Gebrauchsanleitung die einfachste – und übersichtlichste – Möglichkeit bessere Ergebnisse mit Ihrer Kamera zu erzielen.

14 Zehn grandiose Verwendungsmöglichkeiten für digitale Bilder

In diesem Kapitel ...

- Gehören Sie zu der fröhlichen Gruppe, die über das World Wide Web kommuniziert
- Sparen Sie sich den Weg zum Postamt und schicken Sie Ihre Bilder per E-Mail
- Peppen Sie Ihr Marketingmaterial auf
- Bringen Sie Ihr lächelndes Antlitz auf eine Tasse oder ein T-Shirt
- Produzieren Sie eigene Kalender, Grußkarten und Visitenkarten
- Fügen Sie Bilder in Tabellen und Datenbanken ein
- Erzeugen Sie Namensschilder mit Fotos
- Zeigen Sie ihnen, was Sie meinen
- Verwenden Sie Ihr Lieblingsbild als Desktop-Hintergrund
- Drucken und rahmen Sie Ihre beste Arbeit

Wenn ich Menschen treffe, die noch nie eine Digitalkamera gesehen haben, verläuft das Gespräch meist folgendermaßen:

Sie: »Was ist das denn?«

Ich: »Das ist eine Digitalkamera.«

Sie: »Oh.« (Pause.) »Und was macht man damit?«

Ich: »Man kann digitale Bilder schießen.«

Sie (nachdenkliches Nicken): »Hmm.« (Noch eine Pause, diesmal länger.) »Und dann?«

An diesem Punkt kann die Konversation zwei verschiedene Richtungen einschlagen: Wenn ich in Eile bin, erwähne ich einfach nur die bekanntesten Anwendungen für digitale Bilder – die Möglichkeit sie elektronisch über das World Wide Web und per E-Mail zu vertreiben. Aber falls ich etwas Zeit zu viel oder in der letzten Stunde Koffein zu mir genommen habe, setze ich mich und die Person hin und lasse mich lang und breit über die wundervollen Möglichkeiten der digitalen Fotografie aus. Zu diesem Zeitpunkt fängt die Person unauffällig an, nach der nächsten Fluchtroute Ausschau zu halten und zu beten, dass das Telefon klingeln möge oder irgendeine andere göttliche Fügung mich ablenken wird. Ich kann ein bisschen, ein ganz klein bisschen über-enthusiastisch werden, wenn dieses Thema zur Sprache kommt.

Dieses Kapitel bietet Ihnen die erfreuliche Möglichkeit die lange Version meiner »Was kann man mit digitalen Bildern machen«-Rede in der sicheren Umgebung Ihres Büros oder Heims zu genießen. Gehen Sie, wann immer Sie wollen – ich erwarte Sie mit weiteren Ideen, wenn Sie zurückkommen. Aber bevor Sie gehen, könnten Sie mir vielleicht noch einen Kaffee bestellen? Ich habe das Gefühl, es kommt gleich jemand vorbei, der mich nach meiner komisch aussehenden Kamera fragt, und ich möchte doch lieber vorbereitet sein.

Eine aufregendere Website erstellen

Wie ich schon ein paar Sätze zuvor erwähnt habe, ist die wahrscheinlich gängigste Verwendung von Digitalbildern das Aufpeppen von Webseiten. Sie können Bilder von den Produkten, dem Hauptsitz oder den Mitarbeitern Ihrer Fima in Ihre Seiten einbauen, um potentiellen Kunden einen Eindruck zu vermitteln, wer Sie sind und was Sie verkaufen.

Und wenn Sie gar kein Geschäft anzupreisen haben? Das bedeutet nicht, dass Sie nicht trotzdem an der Web-Gemeinschaft teilnehmen können. Erstellen Sie eine persönliche Website von Ihnen und Ihrer Familie. Viele Internet Service Provider stellen eine begrenzte Menge an Platz zur Verfügung, für diejenigen, die persönliche Websites veröffentlichen möchten. Und mit der heutigen Software zur Erstellung von Sites ist der Prozess zur Gestaltung, Erstellung und Pflege einer Webseite nicht ganz so schwierig.

Wenn Sie gerne Ihre eigene Website erzeugen möchten, aber Sie nicht wissen, wo Sie anfangen sollen, besorgen Sie sich eine Ausgabe von *Webseiten für Dummies* von Bud Smith und Arthur Bebak (auch im mitp-Verlag erschienen).

In Kapitel 9 erfahren Sie, wie Sie Ihre Bilder für den Gebrauch im Netz vorbereiten können.

Bilder per E-Mail an Freunde und Familie schicken

Indem Sie Bilder als *Attachment* an eine E-Mail »hängen«, können Sie Ihre Fotos mit Freunden, Familie und Kollegen rund um die Welt teilen – und das innerhalb von Minuten. Keine Wartezeiten im Fotolabor, bis die Fotos entwickelt und abgezogen sind. Keine Jagd nach einem entsprechend passenden Umschlag, um die Biester zu verschicken, und kein Anstehen im Postamt, um herauszufinden, wie viele Briefmarken denn nun auf diesen Umschlag gehören. Schießen Sie einfach das Foto, laden Sie es auf Ihren Computer und klicken Sie den ABSCHICKEN-Button in Ihrem E-Mail-Programm.

Ob Sie Ihrer Lieblingstante ein Foto von Ihrem Baby schicken möchten oder einem Kunden Ihr neuestes Produktdesign präsentieren wollen – die Möglichkeit, visuelle Informationen schnell zu kommunizieren, ist einer der besten Gründe, eine digitale Kamera zu besitzen. Mehr zum Thema Attachments finden Sie in Kapitel 9.

Verleihen Sie Ihrem Marketingmaterial Gewicht

Mit einem Desktop-Publishing-Programm wie Adobe Pagemaker, Quark XPress oder Microsoft Publisher können Sie Ihre Digitalbilder in Broschüren, Flyer und Informationsbriefe oder anderem Marketingmaterial einfließen lassen. Oder importieren Sie Ihre Bilder in Multimedia-Präsentationen, die Sie zum Beispiel mit Microsoft PowerPoint erstellen.

Für beste Ergebnisse speichern Sie in Ihrem Bildbearbeitungsprogramm Ihre Bilder in der gewünschten Größe und Auflösung, bevor Sie sie exportieren. Informationen zur Vorbereitung Ihrer Bilder für Bildschirmpräsentationen erhalten Sie in Kapitel 9. Wie Sie Ihre Bilder für den Druck vorbereiten, erfahren Sie in Kapitel 8.

Ihr Lächeln auf einer Tasse

Wenn Sie einen neuen Farbdrucker besitzen, der speziell auf den Druck von Digitalbildern ausgelegt ist, verfügt dieser Drucker möglicherweise über Zubehör, mit dessen Hilfe Sie Tassen, T-Shirts und andere Objekte mit Ihren Bildern bestücken können. Mit den Werkzeugen der meisten Heimanwender-Bildbearbeitungsprogramme ist es oft nur ein Kinderspiel, Ihre Bilder für diesen Zweck vorzubereiten.

Ich bin eine etwas misstrauische Person und habe relativ schlappe Ergebnisse von dieser Art Druck-Projekt erwartet. Aber nachdem ich mein erstes Tassenset mit dem Fargo-FotoFUN!-Drucker produziert hatte, war ich überzeugter Anhänger: Ich wählte vier verschiedene Bilder von meinen Eltern, meinen Geschwistern, Nichten und Neffen und bestückte vier Tassen mit je einem Bild. Der Vorgang ist schnell ausgeführt – mit diesem speziellen Drucker und Tassen-Zubehör-Set können Sie das Bild drucken, auf die Tasse kleben, eine spezielle Klammer um die Tasse klemmen und dann die Tasse im Ofen 15 Minuten lang backen. Die Ergebnisse sehen extrem professionell aus.

Nennen Sie mich ruhig sentimental, aber ich kann diese Tassen noch Generationen in Gebrauch vor mir sehen (falls sie keiner zerbricht, natürlich): als Erinnerung daran, wie wir Helden des zwanzigsten Jahrhunderts aussahen. Hey, vor 100 Jahren hat auch kein Mensch gedacht, dass diese alten vergilbten, braunen Fotos als Erbstücke gehandelt werden würden, oder? Also warum sollten meine Foto-Tassen nicht morgen wertvoll sein? Inzwischen haben meine Familienmitglieder die Tassen in Beschlag genommen und sie bereits heute als kostbar eingestuft.

Eigene Kalender und Grußkarten anfertigen

Viele Bildbearbeitungsprogramme für den Heimanwender enthalten Vorlagen, mit denen Sie eigene Kalender mit Ihren Bildern anfertigen können. Die einzige Entscheidung, die Sie treffen müssen, ist, welches Bild Sie auf die Dezember-Seite haben möchten und welches auf die

Juli-Seite soll. Sie finden außerdem Vorlagen für persönliche Grußkarten und Visitenkarten, Etiketten und Ähnliches.

Wenn Ihr Bildbearbeitungsprogramm nicht über solche Vorlagen verfügt, versuchen Sie es mal mit der Software, die mit Ihrem Drucker geliefert wurde. Viele Drucker sind heute mit Software zur Gestaltung von Kalendern und ähnlichen Projekten ausgestattet.

Wenn Sie mehr als eine Handvoll Kopien von Ihren Erzeugnissen haben möchten, können Sie sie auch professionell reproduzieren lassen, anstatt selbst alles einzeln mit Ihrem Drucker auszudrucken. Bringen Sie ihre Dateien zu einem entsprechendem Copy-Shop oder einem Druck-Service.

Vergessen Sie nicht, dass das verwendete Papier für Ihre selbstgedruckten Karten oder Kalender eine große Rolle dabei spielt, wie das Endergebnis aussehen wird. Wenn Sie selbst drucken, investieren Sie in etwas hochwertigeres Papier oder Spezial-Grußkarten, die als Zubehör für viele Farb-Drucker erhältlich sind. Wenn Sie Ihr Projekt professionell drucken möchten, lassen Sie sich von Ihrem Drucker beraten, welches Papier die von Ihnen gewünschten Ergebnisse erzielt.

Visuelle Informationen in Tabellen und Datenbanken einbinden

Digitalbilder können leicht in Firmendatenbanken und Tabellen eingefügt werden und bieten Ihnen so eine Möglichkeit, Ihre Mitarbeiter sowohl mit visuellen als auch mit Text-Informationen zu versorgen. Wenn Sie viel mit Menschen zusammenarbeiten, können Sie Fotos Ihrer Mitarbeiter in die Mitarbeiterdatenbank einbauen. Oder wenn Sie zum Beispiel Besitzer eines Geschäfts sind und Ihre Produkte in einem Tabellenkalkulations-Programm aufgelistet haben, können Sie Bilder der einzelnen Produkte einfügen, um sich leichter einen Überblick zu verschaffen, welche Produkte welche Bestellnummern haben. Abbildung 1.4 in Kapitel 4 zeigt Ihnen ein Beispiel einer Tabelle, die ich in Microsoft Excel als Inventarliste für meinen kleinen Antik-Laden erstellt habe.

Text und Bilder auf diese Weise zu kombinieren ist nicht nur für geschäftliche Gelegenheiten dienlich. Sie können mit derselben Methode zum Beispiel auch eine Inventarliste Ihres Haushalts für die Versicherung erzeugen.

Ein Name zum Bild

Sie können digitale Bilder auch auf Visitenkarten, Ansteckschildchen oder Namensschilder für Gäste einer Konferenz drucken. Ich liebe Visitenkarten, die das Gesicht der Person zeigen, weil ich zu den Leuten gehöre, die nie ein Gesicht, aber leider immer den dazugehörigen Namen vergessen.

Viele Firmen bieten jetzt spezielles Papier für Tintenstrahldrucker an, das auf der Rückseite mit Klebefolie beschichtet ist. Mit diesem Papier lassen sich hervorragend Namensschilder und andere Sticker herstellen. Nachdem Sie das Bild gedruckt haben, kleben Sie es einfach auf das vorgedruckte Namensschild oder Ansteckschildchen auf.

Ein Bild statt tausend Worte

Vergessen Sie nicht die Überzeugungskraft eines Fotos um eine Idee oder eine Szene zu beschreiben. Ist Ihr Dach vom Sturm letzte Nacht beschädigt worden? Machen Sie ein Foto vom Schaden und senden Sie es per E-Mail an Ihren Versicherungsagenten und die Reparaturfirma. Sie suchen nach einem Regal, das zu Ihrer restlichen Büroeinrichtung passt? Nehmen Sie ein Foto von Ihrem Büro mit in Ihr Möbelgeschäft und lassen Sie sich dort beraten.

Geschriebene Beschreibungen können leicht missverstanden werden – und brauchen außerdem viel länger, als ein Foto zu schießen und auszudrucken. Also erzählen Sie den Leuten nicht, was Sie wollen oder brauchen – zeigen Sie es Ihnen!

Pflastern Sie Ihren Schreibtischhintergrund

Wenn Sie die Nase voll davon haben, täglich dieselbe Bildschirmoberfläche zu sehen, können Sie den Standard-Schreibtischhintergrund gegen Ihr Lieblingsbild austauschen. Kapitel 9 versorgt Sie mit Details.

Sie können auch mit einer ganzen Folge von Bildern einen persönlichen Bildschirmschoner erzeugen. Viele Einsteiger-Bildbearbeitungsprogramme bieten Werkzeuge, mit deren Hilfe es ein Kinderspiel ist, einen Bildschirmschoner zu entwerfen. Es gibt auch viele preiswerte eigenständige Programme, die dieselbe Hilfe zur Erstellung eines Bildschirmschoners bieten.

Ein Meisterwerk für Ihre vier Wände

Viele der in diesem Kapitel besprochenen Ideen schöpfen hauptsächlich die digitalen Möglichkeiten aus – Bilder auf dem Bildschirm darzustellen, sie in Desktop-Publishing-Projekte einzubinden und so weiter. Aber Sie können auch eine etwas traditionellere Verwendungsmöglichkeit nutzen und Ihre Lieblingsbilder einfach ausdrucken und einrahmen.

Für beste Ergebnisse drucken Sie Ihre Bilder mit einem Thermosublimations-Drucker oder einem guten Tintenstrahldrucker auf Glossy-Fotopapier aus. Wenn Sie keinen geeigneten Drucker besitzen, können Sie Ihre Bilddatei zu einem Druckservice bringen. Einige Fotolabors und Fotofachgeschäfte bieten auch Ausdruckmöglichkeiten, ebenso wie manche Copy-Shops. (Lesen Sie in Kapitel 8 mehr zu Druckern und Druckoptionen.)

Bedenken Sie, dass Ausdrucke von Tintenstrahl- und Thermosublimations-Druckern ausbleichen, wenn sie dem Sonnenlicht ausgesetzt werden. Für wirklich wichtige Bilder sollten Sie deshalb vielleicht einen Rahmen mit UV-Schutzglas anschaffen. Hängen Sie Ihr Bild also an eine Stelle, an der es nicht ständig starkem Licht ausgesetzt ist, und stellen Sie sicher, dass Sie eine Kopie der originalen Bilddatei behalten, damit Sie das Bild im Notfall noch einmal drucken können.

Teil VI

Anhang

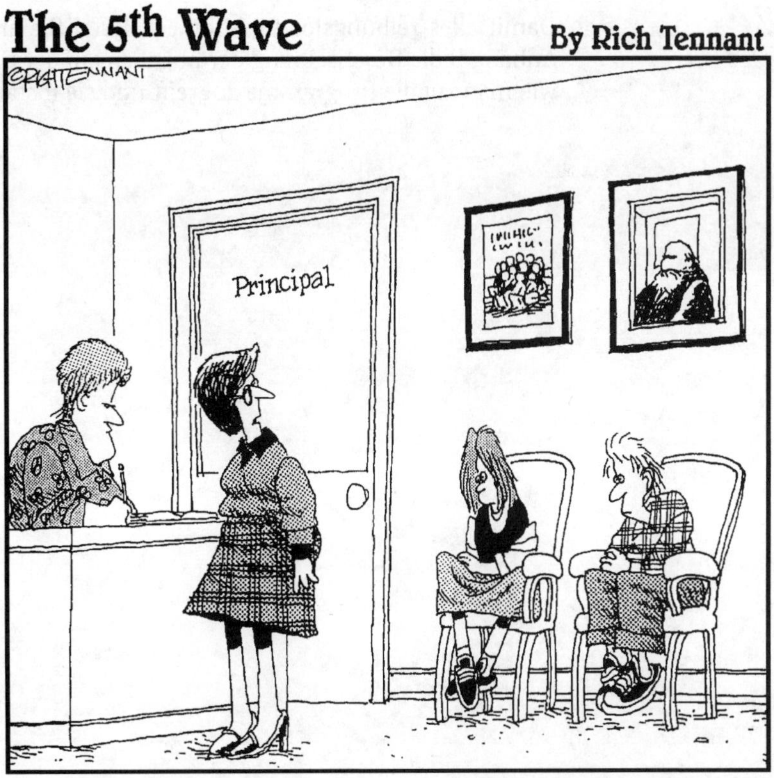

»Ich habe diese beiden Strolche gerade dabei erwischt, wie sie im Mulitmedialabor Bilder von Lehrern in gewöhnliche Hausschweine gemorpht haben.«

In diesem Teil ...

Stellen Sie sich vor, Sie lesen gerade in diesem oder einem anderen Werk über digitale Fotografie und stolpern über einen unbekannten Fachausdruck. Dann sollten Sie bloß keinen falschen Stolz an den Tag legen und so tun, als wüssten Sie Bescheid – nein, lesen Sie stattdessen Anhang A, dort werden Spezialausdrücke in verständlichem Deutsch erklärt.

Wenn Sie genug davon haben, sich mit seltsamen Computer-Kürzeln auseinander zu setzen und wieder Lust auf etwas Spaßigeres haben, dann nehmen Sie die CD, die hinten in diesem Buch zu finden ist, und stecken Sie sie in Ihren Computer. Auf der CD können Sie sich Demoversionen von einem Haufen anderer Programme anschauen, darunter Bildbearbeitungsprogramme, Katalogisierungsprogramme und andere Schmankerl. Und falls Sie keine eigenen Bilder haben, mit denen Sie die Software ausprobieren könnten, gibt es auf der CD auch noch einige Beispielbilder.

Damit alles reibungslos funktioniert, lesen Sie am besten in Anhang B die Beschreibung der Zugaben auf der CD-Rom und wie man auf die Programme zugreift und sie installiert.

Glossar für digitale Fotografie

A

Sie können sich nicht an den Unterschied zwischen einem Pixel und einem Bit erinnern? Oder an Auflösung und Interpolieren? Hat sich die Bedeutung verschiedener Begriffe der digitalen Fotografie hartnäckig in der dunkelsten Ecke Ihres Gedächtnisses versteckt? Zerren Sie sie wieder ans Licht – mit diesem Glossar haben Sie die Möglichkeit, Ihre Erinnerungen wieder aufzufrischen.

8-Bit-Grafik: Ein Bild, das 256 oder weniger Farben enthält.

16-Bit-Grafik: Ein Bild, das ungefähr 32.000 Farben enthält.

24-Bit-Grafik: Ein Bild, das ca. 16,7 Millionen Farben enthält.

Aliasing: Ein digitaler Bilddefekt, der Ihrem Bild einen zackigen, treppchenartigen Look verpasst, welcher meist aufgrund einer zu niedrigen Bildauflösung auftritt. ***Siehe*** Treppchen.

Artefakt: Störungen, unerwünschte Muster oder andere Bilddefekte, die bei der Bildaufnahme oder durch ein Berechnungsproblem entstehen.

Auflösung: Anzahl der Pixel pro linearem Zoll (ppi) in einem Bild. Eine höhere Auflösung bedeutet eine bessere Bildqualität. Wird außerdem verwendet, um Drucker-, Bildschirm- oder Scanner-Fähigkeiten zu beschreiben.

Auswahlkante: Die gepunktete Linie, die erscheint, wenn Sie einen Teil eines Bilds auswählen, manchmal auch Auswahlmarkierung genannt.

Bit: Steht für *Binary Digit* und ist die grundlegende Einheit für digitale Information. Acht Bits sind ein *Byte.*

BMP: Das Windows-Bitmap-Grafik-Format wird heute hauptsächlich für Systembestandteile am PC wie Bildschirmschoner oder Schreibtischhintergründe verwendet.

Byte: Acht Bits. ***Siehe*** Bit.

CCD: Abkürzung für *Charge-Coupled Device.* Einer von zwei Computerchiptypen, die zur Bildaufnahme in digitalen Kameras verwendet werden.

CIE: Ein Farbmodell, das von der Comission International de l'Eclairage entwickelt wurde. Wird meistens von Profi-Digitalfotografen verwendet.

CMOS: Wird *sie-moss* ausgesprochen (mit scharfem s am Anfang). Ein sehr viel einfacherer Weg *Complimentary Metal-Oxide Semiconductor* zu sagen. Ein Computerchip, der zur Bildaufnahme in digitalen Kameras dient; wird seltener verwendet als CCD-Chips.

CMYK: Das Druck-Farbmodell, in dem cyan-, magentafarbene, gelbe und schwarze Druckfarbe gemischt wird, um Farben zu produzieren.

CompactFlash: Ein auswechselbarer Speicherkartentyp, der in vielen digitalen Kameras verwendet wird. Die Mini-Version einer PC-Karte in der Größe eines Streichholzbriefchens.

Dateiformat: Eine Methode, Bilddaten als Datei zu speichern. Bekannte Dateiformate für Bilder sind TIFF, JPEG, FlashPix und GIF.

Downloading: ***Siehe*** Herunterladen

dpi: Abkürzung für *Dots per Inch* (Punkte pro Zoll). Maßeinheit, die angibt, wie viele Farbpunkte ein Drucker linear auf einem Zoll erzeugen kann. Mehr dpi bedeutet eine höhere Druckqualität auf einigen Druckertypen – auf anderen Druckern sind die dpi-Zahlen nicht so ausschlaggebend für die Qualität.

Thermosublimation: Ein Druckverfahren, das exzellente digitale Drucke erzeugt.

Farbkorrektur: Eine Methode, um die Menge der Grundfarben in einem Bild abzustimmen (zum Beispiel den Rot-Anteil in einem RGB-Bild zu reduzieren).

Farbmodell: Eine Methode, um Farben zu definieren. Im RGB-Farbmodell werden Farben durch Mischen von rotem, grünem und blauem Licht erzeugt. Im CYMK-Modell werden Farben definiert, indem Cyan, Magenta, Gelb und Schwarz gemischt werden.

Farbtemperatur: Bezieht sich auf den Anteil von rotem, grünem und blauem Licht, das von einer bestimmten Lichtquelle ausgeht.

FlashPix: Ein Bild-Dateiformat, das entwickelt wurde, um die Bearbeitung und Onlinebetrachtung von digitalen Bildern zu erleichtern (das aber schon wieder ausstirbt).

Gamut: Sprich: *Gämm-at*. Der Farbraum, den ein Monitor, Drucker oder andere Geräte erzeugen können. Farben, die ein Gerät nicht erzeugen kann, liegen außerhalb des *Gamut*.

GIF: Wird von manchen *dschiff* von anderen *giff* ausgesprochen. Jedenfalls steht GIF für *Graphics Interchange Format*. Eins der beiden Bild-Dateiformate, die im World Wide Web verwendet werden. Unterstützt lediglich 256 Farben.

Gigabyte: Ungefähr 1000 Megabyte oder 1 Milliarde Bytes. Mit anderen Worten, eine ganze Menge Bytes. Wird genauso wie Großbritannien, mit GB, abgekürzt.

Graustufen: Eine Grafik oder ein Bild, das nur aus verschiedenen Grautönen von Weiß bis Schwarz besteht.

Grenzen: Flächen, bei denen sich benachbarte Pixel farblich deutlich unterscheiden – also Flächen mit hohem Kontrast.

Herunterladen: Daten von einem externen Gerät auf den Computer transferieren.

HSB: Ein Farbmodell, das auf Farbton (*Hue*), Sättigung (*Saturation*) und Helligkeit (*Brightness*) basiert.

HSL: Eine Variation von HSB, dieses Farbmodell basiert auch auf Farbton (*Hue*), Sättigung (*Saturation*) und Helligkeit (*Lightness*).

Interpolieren (Resampling): Hinzufügen oder Löschen von Bildpixeln. Starkes Interpolieren verringert die Bildqualität.

JPEG: Wird *dschäi-päg* ausgesprochen. Eins der beiden Bild-Dateiformate, die im World Wide Web verwendet werden, und außerdem ein gängiges Format, um Fotos in digitalen Kameras zu speichern. Benutzt *verlustreiche Komprimierung* (*Lossy Compression)* und kann daher die Bildqualität beeinträchtigen.

Kelvin: Nein, nicht *Kelvin allein zu Haus*, sondern eine Maßeinheit, um die Farbtemperatur von Licht zu messen. Wird mit K abgekürzt, zum Beispiel 5000 K. (In der Computerwelt steht der Buchstabe K aber üblicherweise für Kilobyte, wie als Nächstes beschrieben.)

Kilobyte: 1024 Bytes. Wird mit K abgekürzt, zum Beispiel 64 K.

Klonen: Der Vorgang, einen Teil eines Bilds auf ein anderes Bild oder an eine andere Stelle desselben Bilds zu malen.

Komprimierung: Ein Prozess, der die Größe einer Bilddatei reduziert, indem einige Bilddaten gelöscht werden.

LCD: Steht für *Liquid Crystal Display.* Bezieht sich oft auf den kleinen Bildschirm, der in Digitalkameras enthalten ist.

Megabyte: Eine Million Bytes. Wird mit MB abgekürzt. ***Siehe*** Bit.

Megapixel: Bezieht sich auf digitale Kameras, die hochauflösende Bilder machen können; technisch für Kameras reserviert, die 1 Million Pixel oder mehr aufnehmen.

PCMCIA Karte: Ein auswechselbarer Speicherkartentyp, der in manchen digitalen Kameramodellen verwendet wird. Heute oft einfach nur PC-Karte genannt. (PCMCIA steht für *Personal Computer Memory Card International Association* oder, wie böse Zungen behaupten, für *People Can't Memorize Computer Industry's Acronyms.*)

Photo CD: Ein von Kodak entwickeltes Bildformat, das beim Brennen von Grafik/Bilddateien auf CDs verwendet wird. Einige Fotolabore können die Bilder der dort entwickelten Filme auf Photo CDs brennen; eine Eigenproduktion im heimischen CD-Brenner ist nicht möglich.

PICT: Das Standard-Format für Macintosh-System-Grafiken. Das Äquivalent zu BMP auf der Windowsplattform wird meist genutzt, um Bilder für Systembestandteile wie zum Beispiel Startupscreens zu erzeugen.

Pixel: Die Abkürzung für *Picture Element.* Der Basisbaustein von jedem Bild.

Plattform: Der Angeberausdruck für »Art des Computersystems«. Die meisten Menschen arbeiten entweder auf der PC-Plattform oder der Macintosh-Plattform.

ppi: Steht für *Pixel per Inch*. Drückt die Bildauflösung aus und wird an der Anzahl der Pixel, die sich linear auf einem Zoll befinden, gemessen. Höhere ppi-Werte erzeugen bessere Druckergebnisse bei Bildern.

RGB: Das Standard-Farbmodell für digitale Bilder; alle Farben werden durch Mischen von rotem, grünem und blauem Licht erzeugt.

Scharfzeichnen: In einem Bildbearbeitungsprogramm können Sie Korrektur-Filter anwenden, damit die Bildschärfe des Fotos höher erscheint.

SmartMedia: Eine dünne, auswechselbare Speicherkarte in der Größe einer Streichholzschachtel, die für digitale Kameras verwendet wird.

Störungen: (*Noise*) Körnige Darstellung von Bildern, die durch zu geringe Beleuchtung oder einen Defekt im elektrischen Signal während des Fotoaufnahmeprozesses entsteht.

TIFF: Wird *tiff* ausgesprochen und steht für *Tagged Image File Format*. Ein verbreitetes Bildformat, das von den meisten Macintosh- und Windows-Programmen unterstützt wird.

Treppchen: (Ganz hip auch *Jaggies* genannt.) Beschreibt etwas illustrativer den Aliasing-Defekt. Bezieht sich auf die zackige Monitor- oder Druckdarstellung von Bildern mit zu niedriger Auflösung.

TWAIN: Wird wie der Autor Mark Twain ausgesprochen. Ein spezielles Software-Interface, das Bildbearbeitungsprogrammen erlaubt, auf Bilder, die von Digitalkameras oder Scannern stammen, zuzugreifen.

Unscharf maskieren: Wenden Sie den UNSCHARF MASKIEREN-Filter an, der in vielen Bildbearbeitungsprogrammen enthalten ist, um den Anschein von höherer Bildschärfe zu erzeugen. Unterscheidet sich im Prinzip nicht vom Scharfzeichnen, klingt nur beeindruckender.

Uploading: Das Gleiche wie Downloading bzw. Herunterladen: Der Prozess zwischen zwei Computergeräten, Daten zu transferieren.

Verlustfreie Komprimierung: (*Lossless Compression*) Eine Form der Datei-Komprimierung, die während des Komprimierungsprozesses keine der lebendigen Bilddaten opfert. Diese Komprimierungsform löscht nur überflüssige Daten, sodass die Bildqualität nicht beeinflusst wird. (***Siehe*** Verlustreiche Komprimierung)

Verlustreiche Komprimierung: (*Lossy Compression*) Eine Komprimierungsform, die wichtige Bilddaten löscht, mit der lobenswerten Absicht, kleinere Bilddateien zu erzeugen. Ein hohes Maß an verlustreicher Komprimierung bedeutet starke Beeinträchtigung der Bildqualität.

Weißabgleich: Die Kamera wird auf den Lichttyp eingestellt, der das Fotomotiv trifft. Sie kompensiert und verhindert unerwünschte Farbverfälschungen, die durch einige Lichtquellen wie Neon-Bürobeleuchtung erzeugt werden kann.

Zacken: ***Siehe*** Treppchen.

Was finden Sie auf der CD?

B

In diesem Buch finden Sie eine CD-ROM. Diese CD enthält jede Menge Schätze:

- ✔ Evaluationsversionen von Adobe Photoshop 6 und Photoshop Elements, Ulead PhotoImpact 7 und Ulead PhotoExpress sowie Photoline 8.5 und Jasc. Paintshop Pro
- ✔ Demoversionen von Portfolio und Ulead Photo Explorer
- ✔ Vollversion von Kodak Picture Easy
- ✔ Demoversion von Ulead Gif-Animator

Der Abschnitt *Was Sie finden werden* weiter hinten in diesem Anhang gibt Ihnen eine grobe Beschreibung von jedem Programm, das sich auf der CD befindet.

Systemanforderungen

Um die CD benutzen zu können, muss Ihr Rechner gewissen Anforderungen genügen (keine Angst, die Anforderungen sind wirklich nicht groß). Wenn die Möglichkeiten Ihres Computers nicht mit den meisten dieser Anforderungen übereinstimmen, werden Sie möglicherweise Probleme bei der Anwendung der CD-Inhalte haben.

- ✔ **Ein PC mit 486er oder schnellerem Prozessor oder ein Mac OS-Computer mit einem 68030er Prozessor oder schneller.** Bedenken Sie, dass mit diesen minimalen Prozessor-Anforderungen das Öffnen und Bearbeiten von großen Bildern sehr langsam sein kann.
- ✔ **Microsoft Windows 95 oder später, oder Mac OS System Software 7.5 oder höher.**
- ✔ **Mindestens 16 MB installierten RAM in Ihrem Computer.** Für bessere Leistung würde ich sogar noch mehr RAM empfehlen.
- ✔ **Mindestens 630 MB (für Windows) oder 140 MB (für Macs) freier Festplattenspeicher, um die gesamte Software dieser CD zu installieren.** (Wenn Sie nicht jedes Programm installieren, benötigen Sie weniger Platz)
- ✔ **Ein CD-ROM Laufwerk – zweifach (2x) oder schneller.**
- ✔ **Eine Soundkarte für PCs.** (Mac OS-Computer haben eine eingebaute Soundunterstützung.)
- ✔ **Ein Monitor, der mindestens 256 Farben darstellen kann.**

Wie benutze ich die CD mit Microsoft Windows?

Um die Objekte auf der CD auf Ihre Festplatte zu spielen, befolgen Sie bitte folgende Schritte:

1. **Legen Sie die CD in das CD-ROM-Laufwerk Ihres Computers ein und schließen Sie das Laufwerkfach. Nun sollte sich die Startseite automatisch in Ihrem Standardbrowser öffnen. Von hier aus können Sie leicht die Programme Ihrer Wahl installieren. Wenn sich die Seite nicht automatisch öffnet, gehen Sie folgendermaßen vor:**

2. **Öffnen Sie den Windows-Explorer und suchen Sie das CD-ROM-Laufwerk (oft ist es D: oder E:).**

3. **Klicken Sie doppelt auf das Laufwerk und suchen Sie sich die Datei `start.html`, die im Hauptverzeichnis liegt.**

   Das Hauptverzeichnis Ihrer CD ist das Verzeichnis, in das Sie gelangen, wenn Sie die CD öffnen, indem Sie auf das Laufwerk-Symbol klicken. Die Ordner, die sich darin befinden, nennt man auch Unterverzeichnisse (irgendwie logisch, oder?). Jetzt sind Sie schon wieder ein Stück klüger und das Geld für dieses Buch hat sich auch schon gelohnt.

4. **Klicken Sie doppelt auf die `start.html`. Ihr Standardbrowser sollte sich jetzt öffnen und Ihnen die Anfangsseite zeigen. Von hier aus können Sie jedes Programm laden.** Wenn sich Ihr Browser nicht öffnet, oder Sie über keinen verfügen, dann gehen Sie einfach im Windows-Explorer in die Unterverzeichnisse (Bildverarbeitung/Archivierung/Bilder/Special) und suchen sich dort Ihre Programme aus. Doppelklicken Sie dort auf die .exe-Datei und folgen Sie den Anweisungen. Bitte lesen Sie auch die Lizenzbestimmungen (`license.txt`), die für die Programme auf der CD gelten.

   Wenn Sie Ihr Programm installiert haben, können Sie die CD jetzt auswerfen. Legen Sie sie zur Sicherheit vorsichtig in die Plastikhülle im Buch zurück.

   Für einige Programme ist es notwendig, die CD im CD-ROM-Laufwerk zu lassen, da Sie sonst einen sehr großen Anteil des Programms auf Ihre Festplatte spielen müssen. Dadurch würden Sie sehr viel Speicherplatz verbrauchen, den Sie für die Installation anderer Programme benötigen.

Wie benutze ich die CD mit einem Mac OS-Computer?

Um die Objekte der CD auf Ihre Festplatte zu installieren, befolgen Sie bitte folgende Schritte:

1. **Legen Sie die CD in das CD-ROM-Laufwerk Ihres Computers ein und schließen Sie das Laufwerkfach.**

   Kurz darauf erscheint ein Icon auf Ihrem Bildschirm, das die gerade eingelegte CD repräsentiert. Die Chancen stehen nicht schlecht, dass das Icon wie eine CD-ROM aussieht.

2. **Doppelklicken Sie auf das CD-Icon, damit der Inhalt der CD angezeigt wird.**
3. **Doppelklicken Sie auf die Datei `license.txt`.**

   Das ist die Anwender-Lizenz, der Sie zustimmen, indem Sie die CD benutzen. Nachdem Sie einen Blick darauf geworfen haben, können Sie die Datei schließen und sich den interessanten Dingen auf dieser CD zuwenden.

4. **Doppelklicken Sie die READ ME FIRST-Datei (zuerst lesen).**

   Diese Textdatei enthält Informationen zu den auf der CD befindlichen Programmen, und alle zur Installation eventuell notwendigen Last-Minute-Anleitungen, die nicht in diesem Anhang behandelt wurden.

5. **Die meisten Programme installieren Sie, indem Sie einfach den Ordner des Programms aus dem CD-Fenster auf Ihr Festplattensymbol ziehen und dort loslassen.**
6. **Um andere, größere Programme zu installieren, öffnen Sie den Ordner des Programms auf der CD und doppelklicken Sie auf das Icon mit der Benennung INSTALL oder INSTALLER.**

   Nachdem Sie alle gewünschten Programme installiert haben, können Sie die CD auswerfen und sie vorsichtig in die Plastikhülle zurücklegen.

Was Sie finden werden

Hier ist eine Zusammenfassung der Programme und anderen Gratisschätze, die sich auf dieser CD befinden. Wenn Sie Windows verwenden, wird das CD-Interface Ihnen helfen, die Software auf einfache Weise zu installieren. (Wenn Sie keine Ahnung haben, was ich meine, wenn ich von »Interface« spreche, blättern Sie zurück zum Abschnitt *Wie benutze ich die CD mit Microsoft Windows?* Dort wird die Datei `start.html` erwähnt. Sie ist das Interface.)

Wenn Sie mit einem Mac OS-Computer arbeiten, können Sie die Bequemlichkeiten des Mac-Interfaces genießen und Ihre Programme schnell installieren.

Bildbearbeitungsprogramme

Wenn Sie sich ein neues Bildbearbeitungsprogramm zulegen möchten oder einfach nur testen wollen, ob andere Programme Ihre Bedürfnisse besser erfüllen als Ihre derzeitige Software, schauen Sie sich die Angebote dieser gängigen Programme an. Wenn Sie mehr Information zu einem Programm brauchen, geben Sie die hier aufgelisteten Adressen in Ihren Webbrowser ein:

- **Adobe Photoshop 6 Tryout:** Demoversion für Windows und Macintosh. Der Marktführer und bekannteste Hersteller von Bildbearbeitungssoftware Adobe hat mit Photoshop den Klassiker unter den Bildbearbeitungsprogrammen entworfen. Ein professionelles Werkzeug, das Ihnen die Möglichkeit gibt, Ihre Bilder auf vielfältigste Weise zu verschönern.

  `www.adobe.com`

- **Adobe Photoshop Elements Tryout:** Der kleine Bruder von Photoshop. Schlank, knackig und wesentlich preisgünstiger als sein professionellers Gegenstück. Elements wurde für den Einsteiger konzipiert und wartet mit vielen nützlichen Funktionen auf. Demoversion für Windows und Macintosh.

  `www.adobe.com`

- **Paint Shop Pro, von JASC, Inc.:** Für fortgeschrittenere Anwender bietet dieses Programm eine gute Auswahl an Bearbeitungswerkzeugen und Spezialeffekten. Evaluationversion für Windows.

  `www.jasc.com`

- **PhotoExpress, von Ulead Systems:** Mit *PhotoExpress* steigt Ulead in den Heimanwender-Markt ein und bietet eine Reihe guter Werkzeuge und Spezialeffekte, die in ein leicht verständliches Interface eingebunden sind. Demo-Version für Windows.

  `www.ulead.com`

- **PhotoImpact, von Ulead Systems:** *PhotoImpact* bietet Bildbearbeitung auf Profi-Ebene und legt dabei Wert auf Werkzeuge zur Erstellung von Webseiten und Grafiken. Demo-Version für Windows.

  `www.ulead.com`

- **Photoline:** Mit Photoline können Sie professionell Grafiken erstellen. Schaltknöpfe, Animationen, Dia-Shows und Visitenkarten werden mit diesem Programm genauso leicht erstellt wie Flyer, Kalender oder Schrifteffekte.

  `www.pl32.de`

Spezial-Software

Zusätzlich zu den zuvor aufgelisteten Bildbearbeitungsprogrammen enthält die CD folgende Software für spezielle Anwendungen in der Digitalfotografie:

- **PictureEasy, von Kodak: Vollversion** für Windows. Für Fotografen, die Fotos nur schnell öffnen, drucken und per E-Mail versenden möchten, bietet *PictureEasy* eine einfach zu handhabende Lösung.

  `www.kodak.com`

- **Ulead Gif-Animator:** Hier können Sie Ihre Bilder zum Laufen bringen. Der Gif-Animator bringt Schwung in Ihre Webseiten und ist gut für allerhand Schabernack mit Ihren Foto-Opfern.

  `www.ulead.com`

Katalogisierungs- und Album-Programme

Nachdem Sie digitale Fotos in rauhen Mengen geschossen haben, brauchen Sie eine Methode, um sie zu organisieren. Die folgenden Programme eröffnen Ihnen unterschiedliche Wege, den Überblick über Ihre Bilder zu behalten:

- **Portfolio, von Extensis:** Test-Version für Windows und Macintosh. Mit *Portfolio* katalogisieren und organisieren Sie Bilder, Sound-Dateien, Film-Dateien und reguläre Dokument-Dateien. Bestimmte Bilder finden Sie über Schlüsselwörter oder andere Datei-Daten.

  `www.extensis.com`

- **ThumbsPlus, von Cerious Software, Inc.:** Shareware-Version für Windows. Mit diesem beliebten Shareware-Programm können Sie sich in einem Windows-Explorer-ähnlichen Interface bewegen und mit verkleinerten Ansichten Ihre Fotos überblicken. Sie können zusätzlich Film-Dateien, Schriften und andere Multimedia-Dateien organisieren.

  `www.thumbsplus.com` bzw. `www.thumbsplus.de`

  Shareware bedeutet, dass Sie das Programm kostenlos testen und benutzen können, so lange Sie es möchten. Es ist jedoch Ehrensache, eine Registrierungsgebühr zu zahlen, wenn Ihnen das Programm so gut gefällt, dass Sie es behalten wollen.

- **PhotoExplorer von Ulead:** Trialversion für Windows.Der PhotoExplorer ist ein professionelles Werkzeug, mit dem Sie Ihre Fotos, Tondateien und Texte verwalten können.

  `www.ulead.de`

Bilder auf der CD

Ich habe eine Auswahl der Originalbilder, die ich zur Erstellung einiger Abbildungen und Farbtafeln in diesem Buch verwendet habe, zur CD hinzugefügt. Abbildung B.1 zeigt verkleinerte Abbildungen der verfügbaren Bilder.

Sie können jedes Bild in einem Bildbearbeitungsprogramm oder mit einem Browser öffnen. Sie gehen dabei genauso vor, wie mit jeder anderen Datei, die Sie betrachten und öffnen möchten. Öffnen Sie den BILDER-Ordner auf der CD. Alle Bilder sind im JPEG-Format gesichert. Wenn Sie mit Windows arbeiten, haben die Dateien die Dateinamenerweiterung .jpg.

Verwenden Sie die Bilder nach Herzenslust und Laune. Sie sind Copyright-frei – mein kleines Dankeschön-Geschenk an Sie, wenn Sie möchten. Ich weiß, es ist nicht viel, aber es gab im Geschäft leider keine »I Love Julie«-T-Shirts mehr in Ihrer Größe. Wenn Sie mit einem meiner Bilder einen sagenhaften Geldgewinn oder Preis verliehen bekommen, erwarte ich natürlich von Ihnen, dass wir teilen.

Abbildung B.1: Sie finden diese Bilder im Images-Ordner auf der CD in diesem Buch.

Wenn Sie Probleme haben (mit der CD)

Ich habe mich bemüht, Programme auszuwählen, die auf den meisten Computern mit minimalen Systemanforderungen funktionieren. Aber es kann sein, dass Ihr Computer anderer Meinung ist und einige Programme aus irgendeinem Grund nicht korrekt arbeiten.

Die beiden wahrscheinlichsten Probleme sind, dass Sie nicht über genügend Arbeitsspeicher (RAM) für das Programm, das Sie verwenden möchten, verfügen – oder es laufen gleichzeitig andere Programme, die die Installation oder Ausführung des Programms stören. Wenn Sie Warnhinweise wie NICHT GENÜGEND ARBEITSSPEICHER oder ANWENDUNG KANN NICHT FORTFAHREN bekommen, versuchen Sie es mit einer oder mehreren der folgenden Methoden, und starten Sie die Software nochmals:

- ✔ **Deaktivieren Sie sämtliche Anti-Virus-Software, die sich auf Ihrem Computer befindet.** Installer verhalten sich manchmal ähnlich wie Viren und lassen Ihren Computer irrtümlich annehmen, er sei von einem Virus infiziert worden.
- ✔ **Schließen Sie sämtliche laufenden Programme.** Je mehr Programme laufen, desto weniger Speicher steht für andere Programme zur Verfügung. Installer führen oft Updates an Dateien und Programmen durch. Wenn Sie also andere Programme laufen lassen, während Sie installieren, kann die Installation möglicherweise nicht korrekt arbeiten.
- ✔ **Schließen Sie das CD-Interface in Windows und starten Sie Demos oder Installationen direkt vom Windows-Explorer.** Das Interface nimmt selbst System-Speicher in Anspruch oder kann sogar mit einigen interaktiven Demos in Konflikt geraten. Verwenden Sie den Windows-Explorer, um Dateien der CD zu durchsuchen und Installer oder Demos zu starten.
- ✔ **Lassen Sie mehr RAM in Ihren Computer einbauen.** Das ist zugegebenermaßen ein drastischer und recht teurer Schritt. Wie auch immer, zusätzlicher Arbeitsspeicher kann wirklich zu deutlichen Geschwindigkeitszuwächsen Ihres Computers beitragen und erlaubt Ihnen, mehrere Programme gleichzeitig laufen zu lassen.

Stichwortverzeichnis

Symbole

A

B

C

D

G

H

I

J

K

Q

R

S